21 世纪高职高专财经类能力本位型规划教材

国 际 投 资

主　编　高田歌
副主编　刘　敏　王言炉

北京大学出版社
PEKING UNIVERSITY PRESS

内 容 简 介

本书内容涉及国际投资学的基本理论与实务，结合最新国际投资实例，从国际直接投资、国际证券投资以及中国的国际投资现状等角度对国际投资学进行了系统地阐述。本书在国际投资一般理论的基础上增加了近几年国际投资理论的新发展，同时大量收纳了近几年热门的国际投资案例，例如中国中小企业海外并购、中国中小企业香港和境外 IPO、中国私营企业获得风险投资等财经类读者感兴趣的国际投资案例，并对案例进行了深入分析，以便于读者更好地理解本书内容。本书各章以案例为引导，提出问题，进入主题，鼓励学生自主学习；此外，各章后还附有名词解释、不定向选择题及案例分析题等多种题型供读者练习。

本书可作为高职高专国际经济贸易类以及相关专业的教学用书，同时也可作为经济管理及相关业务人员的培训用书。

图书在版编目(CIP)数据

国际投资/高田歌主编. —北京：北京大学出版社，2012.8

(21 世纪高职高专财经类能力本位型规划教材)

ISBN 978-7-301-21041-3

Ⅰ. ①国…　Ⅱ. ①高…　Ⅲ. ①国际投资—高等职业教育—教材　Ⅳ. ①F831.6

中国版本图书馆 CIP 数据核字(2012)第 172347 号

书　　　名：国际投资
著作责任者：高田歌　主编
策 划 编 辑：王红樱
责 任 编 辑：陈颖颖
标 准 书 号：ISBN 978-7-301-21041-3/F · 3274
出　版　者：北京大学出版社
地　　　址：北京市海淀区成府路 205 号　100871
网　　　址：http://www.pup.cn　http://www.pup6.cn
电　　　话：邮购部 62752015　发行部 62750672　编辑部 62750667　出版部 62754962
电 子 邮 箱：pup_6@163.com
印　刷　者：三河市博文印刷厂
发　行　者：北京大学出版社
经　销　者：新华书店
787mm×1092mm　16 开本　17.5 印张　400 千字
2012 年 8 月第 1 版　2012 年 8 月第 1 次印刷
定　　　价：33.00 元

前 言

本书为北京大学出版社“21世纪高职高专财经类能力本位型规划教材”之一。为适应21世纪职业技术教育发展的需要，培养财经行业中具备国际投资理论和操作技能的应用型人才，编者根据国际投资发展的最新趋势，针对高职高专有关专业国际投资教学的需要编写了本书。

本书内容共分为10章，主要包括国际投资导论、国际直接投资理论、国际直接投资、国际投资环境、国际投资风险、国际证券投资、国际股票投资、国际债券投资、国际投资基金及中国与国际直接投资。

本书教学可按照40～64学时安排，推荐学时分配为第1章2～4学时，第2章6～10学时，第3章6～10学时，第4章4～6学时，第5章6～8学时，第6章2～4学时，第7章4～6学时，第8章4～6学时，第9章4～6学时，第10章2～4学时。使用本书教学时，教师可根据不同的专业灵活安排学时；课堂重点讲解每章主要知识模块，章节中的应用案例和习题等模块可安排学生在课后阅读和练习。

本书突破了已有相关教材的知识框架，突出针对性和实践性。本书内容丰富，加入了国内外大量国际投资的最新案例，并附有名词解释、不定项选择题、简答题和案例分析题等多种题型习题供读者练习。

本书由浙江工贸职业技术学院高田歌担任主编，浙江工贸职业技术学院刘敏、王言炉担任副主编，具体章节编写分工为：高田歌编写第1章的1.1部分、第3章、第4章、第5章和第9章；刘敏编写第1章的1.2部分、第2章和第10章；王言炉编写第6章、第7章和第8章。

本书得以出版要感谢北京大学出版社编辑和浙江工贸职业技术学院同仁的关心、支持和帮助。

本书在编写过程中，参考和引用了大量国内外的书籍和报刊的文章，在此谨向相关文献资料的作者表示衷心感谢！

由于编者水平有限，本书难免存在不足和疏漏之处，敬请各位读者批评指正。

编 者

2012年5月

目　录

第1章 国际投资导论

知识目标

- 掌握资本、投资和国际投资的基本概念
- 掌握国际投资的特征及分类
- 了解国际投资发展的最新趋势

技能目标

- 能够运用国际投资的概念初步分析宏观经济现象
- 学会运用国际投资的定义和特征初步分析中国投资者的对外投资行为
- 熟悉国际直接投资与证券投资的区别

知识结构

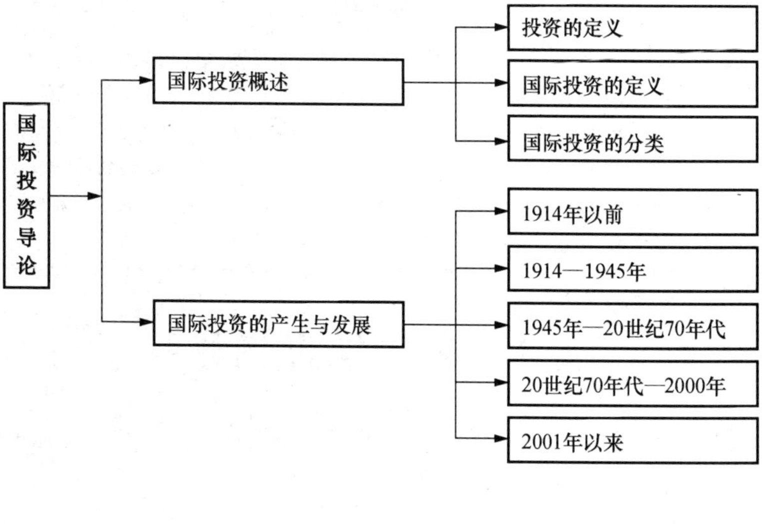

导入案例

腾中收购悍马交易失败

2010年2月25日早晨，通用汽车公司在底特律总部宣布四川腾中重工机械有限公司(以下简称腾中重工)未能按期完成对悍马汽车品牌(以下简称悍马)的收购，此项收购交易失败。因此，通用汽车公司将开始有秩序地终止悍马品牌汽车的生产和运营。

中华人民共和国商务部(以下简称商务部)新闻发言人姚坚25日在商务部例行新闻发布会上说，商务部迄今未收到腾中重工提交的收购悍马正式申请方案。

姚坚说，完整的收购方案包括企业的组织模式、投资模式以及融资方案的设计，如腾中重工收购悍马之后的主体企业应设在中国还是美国。在企业对完整收购方案的决策行为还没有完成的情况下，便没有走到政府决策这一步，是否上报完整收购方案是企业自主行为。

姚坚称，商务部有关部门曾与四川省商务厅、腾中重工所在地方政府以及腾中重工企业一起评估过收购方案。

姚坚表示，商务部一直鼓励企业走出去投资，但需要按市场规律来办事，如果企业不能在规定期限内提交完整方案，可能会出现协议失败。

据美国媒体报道，腾中重工由于无法获得国内监管机构对收购悍马的批准，所以已经不能按既定计划在2010年初完成收购。

通用汽车公司负责统筹规划的副总裁约翰·史密斯说：“一年前，通用汽车公司宣布将剥离悍马。我们为悍马做了诸多设想，但是很失望，腾中重工的收购计划未能完成。”

讨论题：你怎样看待中国民营企业对外投资的行为？你认为企业对外投资的目的是什么？

随着经济全球化的发展，国际投资在世界经济活动中扮演着越来越重要的角色，极大地增强了国际生产、贸易和金融的联系。特别是21世纪以来，随着以中国为首的“金砖四国”经济的迅速发展，发展中国家在吸引国际外资和对外国际投资方面都有了飞跃性的发展。国际投资已经成为一国参与国际经济活动的主要方式，也是一个企业参与国际竞争的必然选择。

小知识

金砖四国

2001年，美国高盛公司首席经济师吉姆•奥尼尔(Jim O’Neil)首次提出“金砖四国”这一概念，来自这4个国家的英文国名开头字母所组成的词“BRIC”，指巴西(Brazil)、俄罗斯(Russia)、印度(India)和中国(China)，其发音类似英文的“砖块”(Brick)一词。2003年，奥尼尔在一份题为《与“金砖四国”一起梦想》的研究报告中预测，到2050年，“金砖四国”将超越包括英国、法国、意大利、德国在内的西方发达国家，与美国、日本一起跻身全球新的六大经济体。高盛公司这份报告出台后，中国、印度、俄罗斯和巴西作为新兴市场国家的领头羊，受到世界广泛关注，“金砖四国”这一概念由此风靡全球。

1.1 国际投资概述

众所周知，国际投资对世界经济活动产生了极大的影响。而在了解国际投资如何影响世界经济之前，掌握国际投资的定义与形式是非常重要的。

1.1.1　投资的定义

在满足了一切消费后，当手里仍有一些多余的现金时，你打算怎样处理这些现金？答案是多种多样的。例如，可以存到银行，可以买基金，也可以低价买入一套正在升值的房子，然后在价格升到自己比较满意的程度时再把房子卖出去。这些行为的最终目的都是为了获取预期的各种资产增值。这些行为即被称为投资，而你在这些行为中则扮演了投资者的角色。

投资(Investment)是指投资主体(自然人或法人)为获得预期收益或社会收益，将货币、实物或其他形式的资产或生产要素投入经济活动的行为过程。

投资者可以将自己的资产投到国内，也可以投到国外。因此，按照不同的投资方向，投资可以分为国内投资与国际投资。

1.1.2　国际投资的定义

当投资者在国内投资已经无法获得自己所预期的高收益时，他们便将眼光投向国外——越来越自由的经济环境和金融环境加速了资本流动的自由化。

国际投资又称跨国投资或海外投资，指各类投资主体(公司、金融机构、官方与半官方机构及居民个人等)对他国进行跨国界的投资运营，以获得比国内更高的价值增值的经济行为。

从定义可以看出，首先，国际投资的投资者不仅仅包括个人，还包括各种经济法人，如跨国公司、金融机构、各级政府和半官方机构等，这些投资者具有独立的投资决策权，对自己的投资结果负责任。其次，国际投资的投资对象，也就是投资客体，包括货币性资产、实物资产和无形资产(如专利、生产技术和商标等)。

1.1.3　国际投资的分类

国际投资依据不同的标准，可分为不同的类型。这里主要介绍 3 种分类。

1. 按投资主体不同划分

按照投资主体(投资者)身份的不同，或称按照投资资本的来源及用途的不同，国际投资可以分为私人投资(Private Investment)和公共投资(Public Investment)。

私人投资又称民间投资，一般是指一国的个人或企业以盈利为目的而进行的投资。私人投资一直是国际投资中的主要部分。

公共投资，或称官方投资，是指由一国政府或国际组织(如世界银行、国际货币基金组织等)为获取社会公共利益而进行的投资。这类投资的特点多为项目贷款，不以盈利为目的，带有国际援助的性质，一般情况下，公共投资多流向民间资本认为收益低且风险大的国家和行业。

小知识

国际货币基金组织和世界银行的区别

国际货币基金组织(International Monetary Fund，IMF)和世界银行在多个领域进行协作，特别是在支持低收入国家政府实行减贫战略、向最贫困国家提供债务减免以及评估各国的金融部门方面。两个机构每年举行两次联合会议。

国际货币基金组织的主要任务是向成员国提供政策建议、临时贷款和技术援助，从而使成员国能够实现金融稳定并保持健康的经济增长。

国际货币基金组织的大多数工作人员是经济学家。

国际货币基金组织有两种贷款形式：贷款期限较短的一种约1年内拨付，3~5年内偿还；贷款期限较长的最长3年内拨付，7~10年内偿还。资金来源于国际货币基金组织过去出售黄金的收入和各个成员国的份额缴款。

世界银行的主要任务是通过提供技术和资金支持帮助各国改革特定部门或实施具体项目，如修建学校和医疗中心、供水和供电、防治疾病和保护环境、促进长期经济发展和减贫。

与国际货币基金组织工作人员相比，世界银行工作人员的技能和涉及学科范围更广。

世界银行的援助方式一般是长期贷款，由成员国捐款或发行债券提供融资。

(资料来源：余宁. 谁会成为IMF总裁. 第一财经周刊，2011，19.)

2. 按投资期限不同划分

投资的期限有长有短。按照投资期限长短的不同，国际投资可以分为长期投资(Long-Term Investment)和短期投资(Short-Term Investment)。

按照国际收支统计分类，投资期限在1年以内的债权称为短期投资，投资期限在1年以上的债权、股票以及实物资产等称为长期投资。

3. 按投资方式不同划分

按照投资方式的不同，国际投资可以分为国际直接投资(International Direct Investment)和国际间接投资(International Indirect Investment)。

1) 国际直接投资的概念及分类

国际直接投资(Foreign Direct Investment，FDI)，又称境外直接投资(Transnational Direct Investment，TDI)或海外直接投资(Overseas Direct Investment，ODI)，是指投资者以获取国外企业持续的管理收益为主要目的资本对外输出。

国际直接投资又可以分为外国直接投资(Inward Foreign Direct Investment，IFDI)和对外直接投资(Outward Foreign Direct Investment，OFDI)。前者是指一国企业吸引外国投资者的资本流入，而后者是指一国企业对外进行国际投资。由此看来，国际投资涉及两类国家，即投资国或东道国。投资国又称母国(Home Country)，是指从事对外投资活动的经济主体所在的国家。东道国(Host Country)是指投资资本流入的国家。

根据国际货币基金组织(IMF)的定义，国际直接投资是“从事获取投资者所在国之外的企业的长期利益的投资活动，投资者的目的是能够对企业的管理拥有有效的控制”。国际直接投资最基本的特征是投资者拥有对企业的经营管理权和控制权。在国际直接投资方式中，投资者预期通过控制企业的经营管理获得收益。对于投资者而言，其投资的企业是以跨国经营为特征的，在这种特征下，来自不同国家的投资者可以调动各自国家的资源，从而使企业获得盈利。因此，通过国际直接投资方式，投资者不仅获取其投入资本的投资收益，还获取参与企业经营的收益。获取这种来源于投资者和企业合作的额外收入通常需要比较长的一段时间。

涉及国际直接投资的经济活动通常包括对国外企业经营和管理的参与、合资企业的经营、专利与技术的转移等。国际直接投资的形式可以是股权投资、收益的再投资、其他形式的长期投资以及短期投资等。

相关链接

外资在中国

截至 2010 年 3 月，外商对华投资累计设立企业近 69 万家，实际使用外资超过 1 万亿美元，中国连续 17 年位居发展中国家之首。在全球跨国直接投资下降近 40%的情况下，2009 年中国吸收外资仍保持在 900 亿美元的高位，仅下降 2.6%，居全球第二。

2010 年 4 月，中国发布了针对外资的最新文件。中国对高科技产业、服务业、节能和环保产业的海外投资表示欢迎，但对重污染和高能耗及产能过剩的产业的投资则受到限制。合格的外资公司甚至可以在华上市，发行公司债券或开展中期票据业务。

2) 国际间接投资的概念及分类

国际间接投资又称对外间接投资(Foreign Indirect Investment，FII)，是指投资者以资本增值为目的，以取得利息、股息或者买卖差价为形式，通过购买外国的股票、公司债券、政府债券、衍生证券等金融资产而进行的投资。国际间接投资者并不直接参与国外企业的经营管理活动，其投资活动主要通过国际资本市场(或国际金融证券市场)进行。

国际间接投资主要包括国际证券投资和国际信贷投资。国际证券投资是指一国居民与第三国居民之间进行股票、债权以及其他各种衍生金融工具交易的投资方式。国际信贷投资是指有一国的政府、银行或由国际金融组织向第三国政府、银行及其他自然人或法人提供借贷资金的一种资金运动形式或投资形式。

经典人物

金融天才：乔治·索罗斯

乔治·索罗斯(George Soros)(如图 1.1 所示)1930 年生于匈牙利布达佩斯。1947 年他移居到英国，并在伦敦经济学院毕业。1956 年前往美国，在美国通过他建立和管理的国际投资资金积累了大量财产。

图 1.1　乔治·索罗斯

1979 年，索罗斯在纽约建立了他的第一个基金会，开放社会基金。1984 年他在匈牙利建立了第一个东欧基金会，又于 1987 年建立了苏联索罗斯基金会。现在他为基金会网络提供资金，这个网络在 31 个国家中运作，遍及中欧和东欧，前苏联和中部欧亚大陆，以及南非、海地、危地马拉和美国。这些基金会致力于建设和维持开放社会的基础结构和公共设施。索罗斯也建立了其他较重要的机构，如中部欧洲大学和国际科学基金会。

索罗斯曾获得社会研究新学院、牛津大学、布达佩斯经济大学和耶鲁大学的名誉博士学位。1995 年波伦亚大学(意大利)将最高荣誉——Laurea Honoris Causa 授予索罗斯先生，以表彰他为促进世界各地的开放社会所做的努力。

索罗斯是 LCC 索罗斯基金董事会的主席，民间投资管理处任命他为量子基金集团的顾问。量子基金在量子基金集团内是最老和最大的基金，普遍认为在其 28 年历史中在全世界的任何投资基金中具有最好的业绩。

乔治·索罗斯号称“金融天才”，从 1969 年建立“量子基金”至今，他创下了令人难以置信的业绩，以平均每年 35%的综合成长率令华尔街同行望尘莫及。他好像具有一种超能的力量，左右着世界金融市场。他的一句话就可以使某种商品或货币的交易行情突变，市场的价格随着他的言论上升或下跌。一名电视台的记者曾对此作了如此形象的描述：索罗斯投资于黄金，正因为他投资于黄金，所以大家都认为应该投资黄金，于是黄金价格上涨；索罗斯写文章质疑德国马克的价值，于是马克汇价下跌；索罗斯投资于伦敦的房地产，那里房产价格颓势在一夜之间得以扭转。索罗斯成功的秘密是许多人都急切地想知道的，但由于索罗斯对其投资方面的事守口如瓶，这更给他蒙上了一层神秘的色彩。

3) 国际直接投资与国际间接投资的区别

作为国际投资的两种重要的形式，国际直接投资和国际间接投资在投资方式上是有很大区别的。前面讲过，国际直接投资最基本的特征是投资者拥有对企业的经营管理权和控制权。而能否有效地控制投资国对象的经营管理权也是区分国际直接投资与国际间接投资的主要标志。

那么，怎样才算对国外企业掌握了控股权呢？根据国际货币基金组织的解释，这种“有效控制权”是指投资者拥有企业一定数量的股份，因而能行使表决权并在企业的经营决策和管理中享有发言权。也就是说，国际直接投资方式中，投资者或者通过设立新企业，或者增加资本扩展原有企业，或者通过购买已有企业，掌握企业一定数量的股权，并实际参与到企业的经营管理中去，从而获取管理收益。而在国际间接投资方式中，投资者不参与企业的经营管理，仅以获得债权股息、股票股息或债权和股票的买卖差价为目的。

目前，国际上对“拥有多少股份才算掌握控股权”还没有形成统一标准。许多国家以及国际组织为了划分国际直接投资与国际间接投资，相应地规定了最低股权比例的标准。根据国际货币基金组织的定义，只要拥有 25%的股权，即可视为直接投资。按照美国的规定，凡拥有外国企业股权达 10%以上者均属直接投资。而根据中华人民共和国国家统计局的定义，如果一个企业全部资本中 25%或以上来自外国或其他地区(包括我国香港、澳门、台湾)投资者，该企业就被称为外国(商)投资企业。不满足有效控制权标准的国际投资则被视为国际间接投资。

相关链接

青岛啤酒控股权无虞 朝日啤酒持股 19.99%

青岛啤酒股份有限公司(以下简称青岛啤酒)公告，2009 年 8 月 27 日，公司与朝日啤酒株式会社(以下简称朝日啤酒)签订战略性合作协议，朝日啤酒承诺，任何时候其持有的青岛啤酒股份不得超过届时公司已发行股份总数的 19.99%，但取得公司的事先书面同意除外。

朝日啤酒目前持有青岛啤酒已发行股份总数的 19.99%，而青岛啤酒集团持有 31.41%，公众一度担心朝日啤酒会通过增持青岛啤酒股份而控股青岛啤酒。本次双方签订战略性合作协议，朝日啤酒还承诺，青岛啤酒是朝日啤酒在中国啤酒市场的唯一啤酒战略合作伙伴。朝日啤酒将有权分别提名一位非执行董事和一位监事进入青岛啤酒董事会及监事会。

同时，自协议签署日起的 5 年内，朝日啤酒集团不得向任何人(朝日啤酒或其全资附属公司除外)出售或以其他方式处置其所持有的公司股份；5 年后，朝日啤酒集团不得向与公司的啤酒生产、销售及其相关业务有直接或间接竞争的人士出售或以其他方式处置其所持有的公司股份，也不得向其知晓在紧接该等出售或处置之后将至少累计/合计拥有届时公司已发行股份总数的 19.99%的人士出售或处置其所持有的公司股份。

1.2　国际投资的产生与发展

国际投资是商品经济发展到一定阶段的产物，并随着国际资本的发展而发展。当商品经济发展到资本主义社会以后，银行资本与生产资本相融合并日益发展，促进了资本积累的进一步扩大，并形成了规模庞大的金融资本，出现了大量的资本过剩，以资本输出为早期形态的国际投资也随之产生。

纵观整个国际投资的发展历程，大致可分为以下 5 个阶段。

1.2.1　1914 年以前

从 18 世纪末一直到第一次世界大战前夕，是国际投资的起步阶段。这一时期，以电力革命为标志的第二次科技革命出现后，生产力得到了快速发展，国际分工体系和国际垄断组织开始形成，银行资本和产业资本相互渗透融合，从而形成了巨大的金融资本，为资本输出提供了条件，以资本输出为特征的国际投资也随之形成。

1.2.2　1914—1945 年

1941—1945 年是两次世界大战之间的时期。第一次世界大战给国际投资的格局带来了重大变化。美国从一个国际净债务国变成最大的债权国，取代英国成为新的长期国际资本的主要来源地。但由于两次世界大战和 20 世纪 30 年代的大危机，资本主义国家不同程度地受到了战争的破坏，资金极度短缺，市场萎缩，国际投资活动也处于低迷徘徊之中。

1.2.3　1945 年—20 世纪 70 年代

第二次世界大战后，国际投资的整体环境大大改善，如国际货币基金组织的建立、关税及贸易总协定的签订、美元的可兑换使其成了全球使用范围最广的国际硬通货等。1947 年美国“马歇尔计划”的实施，为大规模的对外投资活动拉开了序幕。加上这一阶段世界政治局势相对平稳以及第三次工业革命的兴起，使国际投资活动迅速恢复并快速增长。

1.2.4　20 世纪 70 年代—2000 年

进入 20 世纪 70 年代后，生产国际化的程度进一步提高，国际投资规模超过了以往任何一个时期。在科技进步、金融创新、投资自由化和跨国公司全球化等多种因素的共同作用下，国际投资在这一阶段蓬勃发展，成为世界经济舞台上最为活跃的角色。但不同国家的国际投资增长速度并不一致。其中美国的增长速度放慢，而日本的增长速度加快。

这一时期，国际投资呈现的特点如下所述。

(1) 国际投资总额不断增长，各国对外投资增长不平衡。日本对外投资扶摇直上，异军突起，并取代美国成为世界上最大的债权国。

(2) 直接投资在国际投资中占据重要的地位。进入 20 世纪 80 年代以后，一些主要对外投资大国国际直接投资的增长速度放慢了。尽管如此，由于参与国际直接投资的国家和地区不断增加，国际直接投资的规模仍在不断扩大，再加上经济全球化的迅猛发展，国际直接投资进入了飞速发展的新阶段。20 世纪 80 年代初，全球外国直接投资流量每年为 500 亿～600 亿美元，到 20 世纪 90 年代初达到 2 000 亿美元，1999 年增加至 1 万亿美元，2000 年总流量飙升到 1.2 万亿美元。图 1.2 反映了 1991—2000 年全球对外直接投资不断增长的态势。图 1.3

则反映了国际直接投资的增长率大大超过了同期世界总产值和世界出口的增长率，成为国际经济联系中更主要的载体。

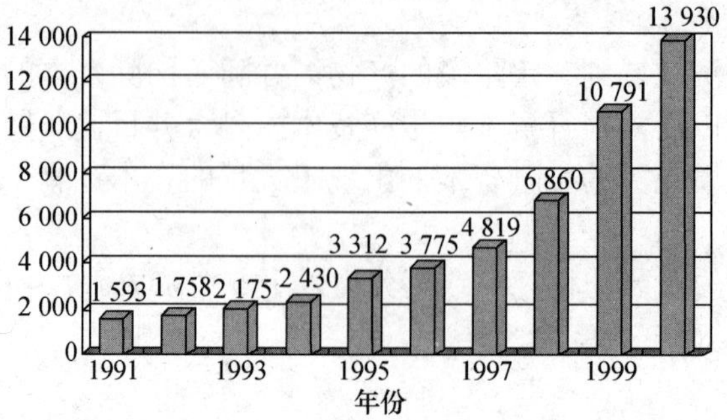

图 1.2　1991—2000 年全球对外直接投资走势

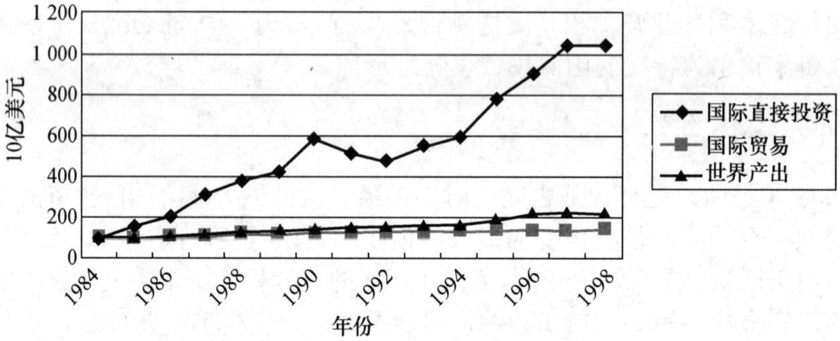

图 1.3　1984—1998 年国际直接投资、国际贸易和世界产出的增长

(3) 国际经济格局发生了巨大的变化，呈现出美国、日本、西欧“三足鼎立”的新局面。从 20 世纪 70 年代一直到 2000 年，美国始终是国际投资领域当中的佼佼者。日本作为战后经济发展的后起之秀，加速了对外直接投资，在国际投资领域的地位日益提高，到 1980 年底，日本对外直接投资余额为 365.2 亿美元，已成为世界第四大对外投资国，与美国和欧洲联盟(以下简称欧盟)的强势地位形成了鲜明对比。20 世纪 80 年代后，西欧各国对外投资增长在国际投资领域也扮演着一个重要的角色，不仅增长速度很快，而且其中的英国、法国、德国等国在国际投资舞台上发挥了愈来愈重要的作用。

尽管这一时期广大发展中国家开始积极参与对外投资，20 世纪 70 年代末发展中国家对外投资累计额仅相当于发达国家的 1%，20 世纪末达到 10%，但发达国家仍然处于主导地位。

(4) 发达国家之间的资金对流，即相互投资成为国际投资的主流趋势。由于世界经济的不平衡发展，使得投资风险增加，因而投资者寻找投资环境较好的发达国家进行投资。

20 世纪 80 年代以来，发达国家间的相互投资(又称交叉投资)增长迅速，不仅在国际资本流动中占据 2/3 的比重，成为国际投资的主体，而且在全球投资中形成了以德国为中心的欧盟圈、以美国为中心的北美圈和以日本为中心的亚洲圈，占据了发达国家之间资本输出的 91%和资本输入的 93%[①]。据联合国《1992 年世界投资报告》统计，1990 年流向发达国家的直接投资额占全世界国际直接投资总额的 80%以上。

(5) 国际投资方式和投资行业出现新变化。20 世纪 80 年代以来，国际投资的发展出现了直接与间接投资齐头并进的发展局面。除了对高技术的海外投资仍较多地采用全资拥有的股

① 陈宝森．新世纪跨国公司的走势及其全球影响．世界经济与政治，2000，8．

权参与方式外，与东道主兴办合资企业的方式被许多国家采用，非股权参与的方式也获得了发展。

第二次世界大战后，国际直接投资的行业重点进一步转向第二产业。各发达国家纷纷增加了制造业的对外投资，投资方向主要集中在电子、飞机制造、计算机、汽车、化学、机械、仪器仪表、制药、石油化工等高新技术行业。20 世纪 80 年代中期以来，随着世界产业结构的升级，国际投资的行业分布转向了第三产业——服务业。20 世纪 70 年代初期，国际直接投资存量中只有 25%投向服务业，而到了 20 世纪 90 年代，这一比例已增加到 55%左右，如图 1.4 所示。即使在发展中国家，第三产业的投资比重也一直处于上升态势。随着科技的进步，服务业和高科技、高附加值产业在各国国内生产总值中地位的确立，国际投资正在进一步向技术、知识密集型产业和服务业倾斜。

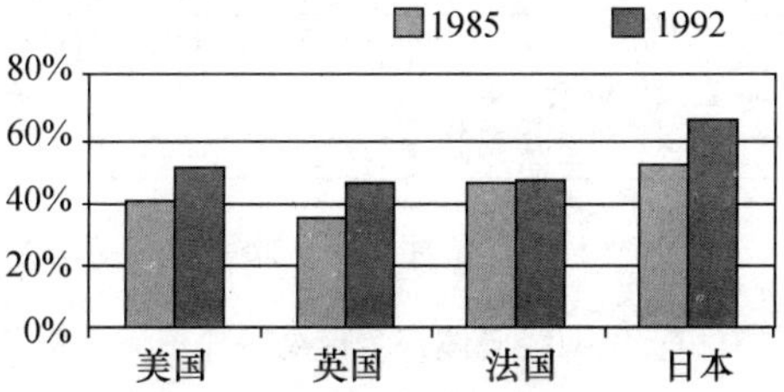

图 1.4　西方主要发达国家服务业投资比重对比

1.2.5　2001 年以来

进入 21 世纪以来，随着国际分工的不断深入，经济的进一步全球化，贸易和投资的自由化以及以资本和技术要素为主的各种生产要素的国际移动，国际投资活动呈现以下发展趋势。

(1) 国际投资的规模剧烈波动。

如图 1.5 所示，21 世纪之初，伴随着全球大部分地区经济增长放缓和复苏前景不乐观，国际直接投资规模不断下滑。2002 年全球对外直接投资为 6 510 亿美元，只有创纪录的 2000 年的一半。2003 年连续第三年下滑，跌至 5 600 亿美元。但 2004 年出现反弹，连续三年出现增长，2006 年达 13 060 亿美元，非常接近 2000 年的纪录，于 2007 年到达顶峰。之后由于受到金融危机的影响，全球对外直接投资流量又再次出现下滑，于 2009 年下半年跌至谷底，2010 年开始缓慢复苏。

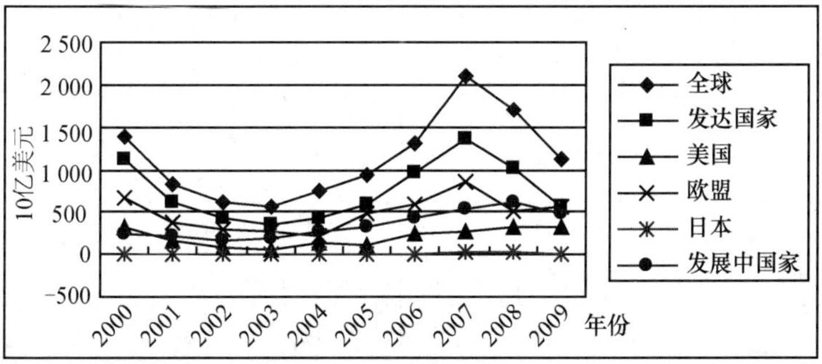

图 1.5　2000—2009 年全球和部分地区国际直接投资规模变化

(2) 全球外国直接投资的格局发生重大变化。

随着新的重要东道国和母体经济体的出现，外国直接投资的地理分布正在改变。来自发展中国家和转型期经济体的外国直接投资的上升，以及南南外国直接投资的增长，是近年来的主要趋势。

至 2009 年，发展中和转型期经济体吸引了全球直接外资流入量的一半，其对外投资占到全球直接外资流出量的 1/4。它们引领着直接外资的回升，并将继续成为受欢迎的直接外资目的地，如图 1.6 所示。其中最有吸引力的目的国是中国和印度，而东亚、南亚和东南亚则被视为最有吸引力的投资地区。

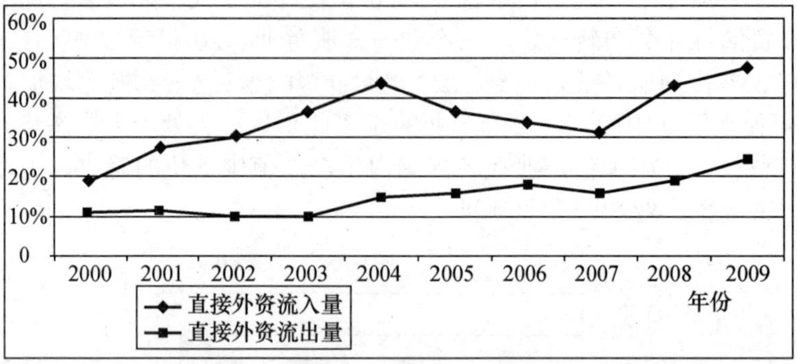

(资料来源：联合国贸易与发展会议，2010 年世界投资报告.)

图 1.6　2000—2009 年发展中和转型期经济体在全球直接外资流入量和流出量中所占份额(百分比)

(3) 大型跨国公司主宰全球经济。

随着国际化大生产的发展，跨国公司在世界经济全球化中所起的作用越来越大。至 2008 年，全世界共有约 82 000 家跨国公司，其国外子公司共计 810 000 家。这些公司在世界经济中发挥主要作用，且作用愈来愈大。

尽管经济和金融危机对全行业以及各公司都造成了严重影响，但跨国公司世界 100 强在所有跨国公司的国际生产总量中仍然占有相当大的比重。2006 年至 2008 年的 3 年间，这 100 家公司占所有跨国公司的国际资产、销售和就业的比例分别为 9%、16%和 11%。其附加值总共约占全球国内生产总值的 4%，自 2000 年以来这一比例即保持相对稳定。

2008 和 2009 年，跨国公司外国子公司销售额和增加值的下降幅度与世界经济的收缩相比较为有限。因此，外国子公司在全球国内生产总值中所占份额创下 11%的历史新高，见表 1-1。2009 年跨国公司的外国雇员人数略有增加，升至 8 000 万人。

表 1-1　1990—2009 年某些直接外资和国际生产指标

项目	按时价计算的价值(10 亿美元)				年增长率(百分比)				
	1990	2005	2008	2009	1991—1995	1996—2000	2001—2005	2008	2009
跨界并购	99	462	707	250	49.1	64.0	0.6	−30.9	−64.7
外国子公司销售额	6 026	21 721	31 069	29 298	8.8	8.2	18.1	−4.5	−5.7
外国子公司总产值	1 477	4 327	6 163	5 812	6.8	7.0	13.9	−4.3	−5.7
外国子公司总资产	5 938	49 252	71 694	77 057	13.7	19.0	20.9	−4.9	7.5
外国子公司出口额	1 498	4 319	66 663	5 186	8.6	3.6	14.8	15.4	−22.2
我国子公司雇员(千人)	24 476	57 799	78 957	79 825	5.5	9.8	6.7	−3.7	1.1

(资料来源：贸发会议，2010 年世界投资报告.)

(4) 外国直接投资的结构不断变化，投资重点也有所变化。

在 20 世纪 70 年代初期，服务业仅占全世界外国直接投资存量的 1/4；1990 年这一比例不到 1/2；而 2002 年，这一比例已上升到 60%，约为 4 万亿美元。在同一时期，初级部门占全世界外国直接投资存量的比例由 9%下降到 6%，而制造业降幅更大，由 42%降至 34%。平均而言，2001—2002 年，服务业占外国直接投资总流入量的 2/3，价值约为 5 000 亿美元。此外，由于母国和东道国服务部门的跨国度落后于制造业，因此存在进一步向服务业转移的空间。

此外，近年来低碳直接外资迅速增加，虽然由于金融危机，这些投资在 2009 年有所下降，但是据估计，低碳外国直接投资已经达到很高的水平。仅在替代/可再生发电、回收利用以及环境技术产品(如风轮机、太阳能电池板和生物燃料)制造这 3 个主要行业，2009 年的投资流量就达 900 亿美元。这些行业成为开展新的低碳业务方面最初机会的核心。随着时间的推移，低碳投资将渗透所有行业，如在跨国公司采用降低温室气体排放量的工序等。如果不只考虑直接外资，则现在和将来的低碳外国投资还会更多，因为它还包括非股权形式的跨国公司参与，如建造-经营-转让安排。

(5) 国际投资制度趋于采取更加平衡的做法。

进入 21 世纪后，越来越多的国家签署了双边投资协定和双重课税协定。2009 年，共缔结了 211 项新的国际投资协定(82 项双边投资条约、109 项避免双重征税条约和 20 项其他国际投资协定)，平均每周缔结大约 4 项新协定。截至 2009 年底，协定总数达到 5 939 项。快速缔约趋势在 2010 年得以持续，前 5 个月又达成 46 项国际投资协定(6 项双边投资条约、33 项避免双重征税条约和 7 项其他国际投资协定)。①

一些国家不断完善其国际投资协定中的投资者与国家间争端解决条款，设法降低相关条款易于使投资者提出请求的可能性，或提高争端解决程序的效率及正当性。此外，几套国际仲裁规则，包括国际投资争端解决中心(投资争端解决中心)、国际商会及联合国国际贸易法委员会(贸易法委员会)的规则，已得到修订或正在修订。

(6) 中国将成为全球最有活力的外商投资地区。

2001 年流入中国的外国直接投资达 470 亿美元，比 2000 年增长 15%，实际使用外资居发展中国家第一位，在全球居第六位。2002 年中国吸收外商直接投资增速强劲，外国直接投资流量增至 527 亿美元，实际使用外资一举超过美国，跃居全球首位。2003 年和 2004 年中国利用外资继续增长，2003 年和 2004 年分别利用外资 535.05 亿美元和 606.3 亿美元。截至 2005 年 12 月 31 日，将批准设立的外商投资企业累计达 55.3 万家。2010 年 1—12 月，全国新批设立外商投资企业 27 406 家，同比增长 16.94%。2010 年实际使用外资金额 1 057.35 亿美元，同比增长 17.44%。

目前中国已设立的外商投资企业总体运行良好，对国民经济持续、快速、健康发展的促进作用明显增强。由于中国经济的基础稳固，结构调整成效显著，吸收外资的综合优势日益凸显，中国将继续成为全球最具活力的外商投资地区。

---

① 联合国贸发会议，2010 年世界投资报告。

本章小结

国际投资是各类投资者对他国进行跨国界的投资运营，以获得比国内更高的价值增值的经济行为。国际投资体现的是资本和生产要素的国际流动。自 20 世纪后半叶以来，国际投资的速度大大加强，并且对世界经济的一体化产生了深远的影响。虽然 2008 年的金融信贷危机对世界资本的流动产生了一些消极影响，但是近两年来，国际投资又开始呈现恢复上升趋势。国际投资的分类多种多样，其中，最主要的一种分类是分为国际直接投资和国际间接投资。这两种形式最主要的区分标志是能否有效地控制外国企业的经营管理权。

课后习题

1. 名词解释

(1) 投资　(2) 国际投资
(3) 公共投资　(4) 私人投资
(5) 长期投资　(6) 投资国
(7) 国际直接投资　(8) 外国直接投资
(9) 国际间接投资　(10) 国际信贷投资

2. 不定项选择题

(1) 下列属于国际直接投资的是(　　)。
A．购买公司债券　B．购买国际股票
C．跨国并购　D．购买政府债券

(2) 国际投资的最终目的是(　　)。
A．实现价值增值　B．进行企业管理
C．收购公司　D．贡献社会

(3) 下列属于国际投资的投资主体的是(　　)。
A．春雨国际有限责任公司　B．美国花旗银行
C．浙江省政府　D．世界银行

(4) 按照投资期限长短的不同，国际投资可以分为(　　)。
A．长期投资　B．短期投资
C．公共投资　D．私人投资

(5) 下列关于国际投资的叙述不正确的是(　　)。
A．国际投资的形式单一
B．国际投资又称跨国投资或海外投资
C．国际投资的投资对象包括货币性资产、实物资产和无形资产
D．国际投资的投资者不仅仅包括个人，还包括各种经济法人

(6) 按照投资主体的不同，国际投资可以分为(　　)。
A．公共投资和私人投资　B．国际直接投资和国际间接投资
C．长期投资和短期投资　D．外国直接投资和对外直接投资

(7) 一国政府或国际组织(如世界银行、国际货币基金组织等)为获取社会公共利益而进行的投资是(　　)。

A．公共投资　　B．民间投资

C．境外投资　　D．国际证券投资

(8) 下列属于国际间接投资的有(　　)。

A．外国直接投资　　B．国际证券投资

C．对外直接投资　　D．国际信贷投资

(9) 国际直接投资最基本的特征是投资者拥有(　　)。

A．发言权　　B．控制权

C．表决权　　D．经营管理权

(10) 下列属于国际直接投资形式的是(　　)。

A．股权投资　　B．收益的再投资

C．股票投资　　D．债券投资

(11) 下列关于国际间接投资的叙述不正确的是(　　)。

A．国际间接投资又称为对外间接投资

B．国际间接投资者并不直接参与国外企业的经营管理活动

C．国际间接投资和国际直接投资在投资方式上没有区别

D．区分国际间接投资与国际直接投资的主要标志是能否有效地对投资国对象的经营管理权进行控制

(12) 国际间接投资主要包括(　　)。

A．股权投资　　B．国际信贷投资

C．短期投资　　D．国际证券投资

(13) 至 2009 年，发展中和转型期经济体吸引了全球直接外资流入量的一半，其对外投资占到全球直接外资流出量的(　　)。

A．1/2　　B．1/3

C．1/4　　D．1/5

(14) 国际投资的发展历程大致可以分成(　　)。

A．3 个阶段　　B．4 个阶段

C．5 个阶段　　D．6 个阶段

(15) 国际投资的起步阶段是(　　)。

A．18 世纪末到第一次世界大战前夕　　B．1914 年—1945 年

C．1945 年—20 世纪 70 年代　　D．20 世纪 70 年代—2000 年

(16) 第一次世界大战给国际投资的格局带来了重大变化，从一个国际净债务国家变成最大债权国家的是(　　)。

A．英国　　B．美国

C．日本　　D．法国

(17) 第二次世界大战后，国际投资的整体环境大大改善，全球使用范围最广的国际硬通货是(　　)。

A．美元　　B．日元

C．英镑　　D．人民币

(18) 20 世纪 70 年代末发展中国家对外投资累计额仅相当于发达国家的(　　)。

A．1%　　B．2%

C．3%　　D．4%

(19) 据联合国《1992 年世界投资报告》统计，1990 年流向发达国家的直接投资额占全世界国际直接投资总额的(　　)。

A．50%以上　　B．60%以上

C．70%以上　　D．80%以上

(20) 20 世纪 80 年代中期以来，随着世界产业结构的升级，国际投资的行业分布转向了(　　)。

A．服务业　　B．汽车制造业

C．电子科技行业　　D．飞机制造业

3. 简答题

(1) 简述国际投资的主要分类。

(2) 简述国际直接投资和国际间接投资的主要区别。

(3) 简述国际投资在 20 世纪 70 年代—2000 年时期所呈现的特点。

(4) 简述进入 21 世纪国际投资活动呈现的发展趋势。

(5) 简述你所了解的国际投资现象。

4. 案例分析

世界银行贷款改善钱塘江流域小城镇环境基础设施

2011 年 1 月 20 日，世界银行执行董事会批准为浙江省钱塘江流域小城镇环境综合治理项目提供 1 亿美元贷款，用于供水、污水及固体废弃物行业的建设投资，改善城镇环境基础设施服务。

浙江省地处中国东南沿海长江三角洲南翼，近年来经历了经济的快速增长。钱塘江被称为浙江人的“母亲河”，是浙江省最大的河流，也是流域内城镇的主要水源。然而，浙江省的快速发展和城市化对钱塘江的水质造成了压力，根据监测数据，流域的水质达标率仅有 62%。水质恶化趋势对当地城乡人口的健康和生活质量构成了严重的威胁。

浙江省政府已将小城镇特别是钱塘江流域的小城镇环境基础设施建设作为一个重点，其具体目标是到 2020 年安全供水普及率达到 100%，污水处理率达到 70%，生活垃圾收集处理率达到 90%。浙江省钱塘江流域小城镇环境综合治理项目旨在协助政府实行这些目标，带来当地居民的生活质量改善。

项目将覆盖浙江省 10 个小城镇，资金用于自来水厂和供水管道、污水处理厂和污水收集管网、垃圾填埋场和垃圾渗滤液处理厂等工程项目建设，世界银行还为项目实施管理以及浙江省制定小城镇环境基础设施可持续发展总体规划提供技术援助。

浙江省钱塘江流域小城镇环境综合治理项目总投资 2.16 亿美元，世界银行贷款约占 46%。

阅读以上材料，讨论世界银行的主要作用有哪些？

课 后 阅 读

为什么打破常规，投资比亚迪

在投资天才巴菲特(Warren Buffett)的一些投资原则中，最著名的是绝不投资于那些不了解的生意。执行这条原则的最好例子就是他未涉足 20 世纪 90 年代繁荣的美国高科技。

但巴菲特在朋友和长期合作伙伴、伯克希尔·哈撒韦公司(Berkshire Hathaway)的副董事长芒格(Munger)的推荐下，打破了一贯遵循的原则，投资于中国的电池、手机和电动汽车制造公司比亚迪股份有限公司(以下简称 BYD)。芒格对记者称，经营 BYD 的企业家王传福，是一位兼有爱迪生解决科技问题的能力和通用电器公司(CE)总裁杰克·韦尔奇能够办到所有需要完成事情的人物。

巴菲特在征询了另一位值得信赖的合作伙伴大卫·索科尔(David Sokol)的意见，并请他到中国考察了 BYD 的实际情况后做出投资决定。巴菲特 2008 年秋季花去 2.3 亿美元购入了 BYD 的 10%股份，这宗需中国政府批准的交易在开始并未引起多少关注。尽管全球金融市场暴跌，但这 3 位决策者仍坚持认为这是很有价值的投资。他们认为，BYD 通过生产电动汽车制造商，最终将成为世界上最大的汽车制造商，以及成为快速增长的太阳能工业领袖。

王传福 1995 年在深圳创建公司，从 2000 年起就成为世界上最大手机电池生产厂家之一。公司此后进一步为摩托罗拉、诺基亚等品牌手机厂制造手机和零部件。他 2003 年通过收购一家倒闭的国企汽车厂进入造车业。2003 年 9 月，公司推出了首款在中国最畅销的 F3 轿车，销量超过著名的大众公司的捷达和丰田汽车公司的花冠轿车。

BYD 早在通用汽车公司、本田汽车公司和丰田汽车公司之前就开始销售带有备份汽油发动机的电动汽车。公司在 2010 年下半年推出的 F3DM 品牌轿车，在一次充电后能行驶 62 英里(1 英里=1 609.34 米)，远超过其他电动汽车；该车售价仅 2.2 万美元，远低于丰田汽车公司普锐斯和通用汽车公司 Chevy Volt 两种品牌汽车所预计的成本。这家被人知之甚少的企业之星，在制造能够买得起的电动汽车的竞赛中，已加速超过了许多大型竞争对手。

巴菲特投资 BYD 打破了自己制订的投资原则。他承认自己不了解汽车工作原理，但因好友了解，并给予很大帮助。BYD 自 1995 年以来的事业成功令他宽心。更让巴菲特感到更放心的是，他的公司最初曾想持 BYD 25%的股权，但王传福只同意持股比例不超过 10%。故巴菲特认为王传福不愿出售自己的企业对未来是好征兆。

制造电动汽车的最大问题是生产成本，其中最复杂和成本最高的问题是如何造出安全可靠，工作时间更长，并能快速充电的电池。BYD 宣称已在电池化学成分上取得突破性进展。但令外界仍不能确定的是它能否具有像所宣称的一样的功能。怀疑者认为，BYD 无法制造出比竞争对手更廉价、更强劲的产品。美国能源部甚至也采购了一台 F3DM 品牌轿车，拆下电池研究。一直关注公司进展的野村证券分析师称 BYD 将全部赌注押在了新科技上，但无法证明其大规模低成本的生产能力。一些赞赏者认为，在实现产品商业化之前，公司还有很长的路要走。目前公司产品肯定在丰田汽车公司之后。

第 2 章　国际直接投资理论

知识目标

- 掌握主流的国际直接投资理论
- 熟悉发展中国家的对外直接投资理论
- 了解国际直接投资理论的最新发展态势
- 了解国际直接投资与国际贸易的相互关系及影响

技能目标

- 学会从不同角度来划分国际直接投资并掌握其特点
- 能够对相关国际直接投资理论进行正确评述
- 能够运用相关理论解释企业跨国经营行为

知识结构

- 国际直接投资理论
  - 西方投资理论
    - 垄断优势理论
    - 产品生命周期理论
    - 内部化理论
    - 比较优势理论
    - 国际生产折衷理论
  - 发展中国家的理论
    - 小规模技术理论
    - 技术地方化理论
    - 投资发展周期理论
  - 国际直接投资理论的最新发展
    - 竞争优势理论
    - 投资诱发要素组合理论

导入案例

三星的国际化之路

三星集团(以下简称三星)(如图 2.1 所示)曾一度是廉价货的代名词，三星也曾采取过分追求规模化的产量以谋求价格制胜的经营方式，在国际市场上没什么地位和影响力。美国《商业周刊》的数据显示：2000 年，三星品牌开始发力，此后一路飙升，从 2000 年的 43 位，价值 52 亿美元，2001 年的 42 位，价值 64 亿美元，2002 年的 34 位价值，83 亿美元，到 2003 年的 25 位，价值 108 亿美元，2004 年已经上升到 22 位，仅以 1 位之差排在索尼之后，成为亚洲第二大品牌。

图 2.1　三星

早在 1993 年，三星就认识到只有国际化和复合化才能提高企业自身的竞争力。三星陆续将国内的生产基地转移到生产成本具有比较优势的国家和地区，还将研发、设计、研究所等都逐步迁往欧美发达国家，以跟踪最前沿的技术。三星在 1993 年大规模提拔了一批在海外经营中具有丰富实战经验的人才，晋升在海外技术方面具有特长的人才。

三星最先选择在美国和德国建立销售机构有一定的必然性。20 世纪 50—60 年代的韩国与美国的政治、经济关系十分密切，美国技术领先、市场容量大和自由度高都给三星提供了机遇。而德国电器制造业长久以来尽显欧洲产品的精致、卓越和华贵之美，选择从德国突破欧洲市场也显示了三星初生牛犊不怕虎的勇气，而三星得益的不仅仅是电器产品的潮流和市场的信息，更是获得了融资方面的便利。

以三星对中国的投资为例，中国已经成为三星公司全球发展战略的重要部分，也是除韩国外全球最大的投资对象国。在过去几年内，三星对中国进行了大规模的投资。2004 年末，三星设立中国总部属下生产企业近 30 家、投资公司 1 家、销售企业 16 家、研发中心 1 家、售后服务中心 1 家，员工人数达到 34 000 名，总投资额近 24 亿美元，到中国发展事业的三星子公司达到 24 家。三星一直把工作重点放在已经投资的企业经营正常化、扩大企业生产规模及对其技术改造的投资等方面。三星计划以后对其具有优势的领域，如通信、半导体、电子零部件、保险、证券等进行投资，并且将三星的新技术及先进经营理念转移到中国，不断扩大事业并稳步成长。

在进行国际化的同时，三星也在调整自身没有比较优势的产品，如由于中国市场微波炉竞争相当激烈，使得三星微波炉在中国已经没有任何优势，三星就把该工厂转移到了东南亚其他生产成本较低的国家。

讨论题：从《三星的国际化之路》这个案例中我们可以以哪些国际直接投资理论来进行解释？

国际直接投资理论是研究跨国公司对外直接投资决定因素、发展条件及其行为方式的理论，它的形成和发展与国际直接投资实践有着密切的关系。自第二次世界大战以来，跨国公司对外直接投资急剧增长且不断发展，对外直接投资已成为经济全球化的一种重要经济现象。从 20 世纪 50 年代开始，学者们对这种现象展开了广泛研究，形成了诸多理论。随着世界经济形势的变化，这些理论也在不断发展完善，研究对象由发达国家扩大到发展中国家，由大型跨国公司扩大到中小企业。

2.1　西方投资理论

第二次世界大战后，特别是 20 世纪 50 年代后期，跨国公司的迅速崛起及其对外直接投资的急剧增长引起了西方经济学家的普遍关注，他们开始注重国际直接投资理论的研究，并从不同层次、不同角度进行抽象和实证研究，形成多种国际投资理论派别。

2.1.1 垄断优势理论

垄断优势理论(Monopolistic Advantage Theory)又称市场不完全论(Market Imperfection Theory)，最早是由美国麻省理工学院教授斯蒂芬·海默(Stephen H.Hymer)于1960年在其博士论文《国内公司的国际经营：对外直接投资研究》(International Operational of National Firms: A Study of Direct Foreign Investment)中提出的。他认为国内和国际市场的不完全性的特点造成了跨国公司具有相应的垄断优势。这些垄断优势使跨国公司能排斥东道国企业的竞争，维持较高的垄断价格和利润，导致不完全竞争，而这是跨国公司从事对外直接投资的主要原因。垄断优势理论的提出标志着国际直接投资理论开始形成，海默因此被称为国际直接投资理论的先驱。

1. 垄断优势理论的基本观点

传统的国际资本运动理论认为：各国的产品和生产要素市场是完全竞争的，资本从“资本过剩”的国家流向“资本短缺”的国家；国际资本运动的根本原因在于各国间利率的差异。

海默通过对美国1914—1956年对外投资的有关资料进行实证分析后发现，美国公司的对外投资仅限于少数几个行业，这些行业对利率的差异并不敏感，美国公司的海外资产相当部分是通过在海外举债筹集的，对外直接投资和垄断的工业部门结构有关。海默认为，市场的不完全竞争是跨国公司进行国际直接投资的根本原因，对外直接投资是市场不完全的副产品。由于市场的不完全竞争，包括产品和生产要素市场的不完全竞争，以及由于规模经济、政府干预和税收制度等引起的市场不完全竞争的存在，导致市场机制不能充分发挥和有效运行，才使国际直接投资成为可能，并且成为市场机制不完善的重要补充。基于垄断优势理论的对外直接投资产生机制如图2.2所示。

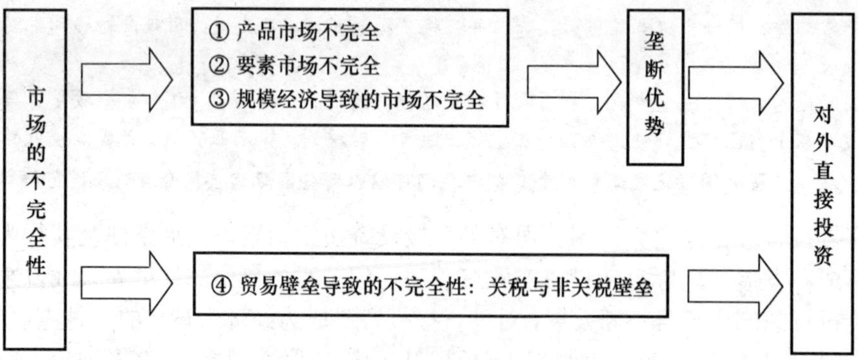

图2.2 基于垄断优势理论的对外直接投资产生机制

海默将美国跨国公司对外直接投资的决定因素归结为美国企业所拥有的垄断优势。美国跨国公司之所以能够跨越国界，远涉重洋，到海外建立子公司，是由于它拥有某种垄断优势，因而能获得比国内市场高、并超过东道国当地竞争者的收入。由于存在不完全竞争，跨国公司拥有如下垄断优势。

1) 技术优势

跨国公司拥有庞大的研发队伍，拥有专利、专有技术等知识产权，可以不断地开发出新技术、新产品和新工艺。在实践中跨国公司更改倾向于以独有的先进技术对东道国进行直接投资，获取垄断利润。

2) 资金优势

跨国公司规模庞大，不仅拥有巨额的资本，而且拥有信誉等无形资产。因此，它不仅可以在各子公司之间灵活调度资金，还能轻易地从许多国际金融机构获得贷款，并在投资地获得东道国银行或其他金融机构的贷款。这是其他类型的企业所无法比拟的。

3) 组织管理优势

跨国公司拥有较为完善的组织系统，这为企业的高效率运营提供了基础。它们还拥有人数众多的有经验的高级管理人员和训练有素的员工队伍，这就保证了企业的投资能获取更高的回报。

4) 信誉和商标优势

信誉与商标是跨国公司所拥有的重要无形资产，也是其垄断优势的一个重要方面。大型跨国公司凭借其悠久的历史和显赫的信誉度，能比其他企业更容易巩固老市场和开拓新市场。

5) 规模经济优势

规模经济包括内部规模经济和外部规模经济。内部规模经济(Internal Economic to Scale)是深化横向一体化的优势。跨国公司利用国际专业化生产，避免了投资国和东道国对规模经济的限制，利用各国生产要素的差异，取得了内部规模经济的优势。外部规模经济(External Economic to Scale)是强化的、有助于加强纵向一体化的优势，主要是指跨国公司利用纵向一体化所取得的，并使之转化为垄断利润的优势。这是因为外部规模经济的取得，必须拥有庞大的资本，限制竞争者的进入，来进一步增强其垄断地位。

2. 垄断优势理论的发展和完善

海默和金德尔伯格提出了垄断优势理论之后，很多学者开始对该理论进行补充和发展，其中对此理论发展贡献较大的学者包括以下几位。

1) 约翰逊

约翰逊(Harry G.Johnson)于 1970 年发表了一篇题为《国际公司的效率和福利意义》的论文。文中指出："知识的转移是直接投资过程的关键。"知识包括技术、诀窍、管理与组织技能、销售技能等一切无形资产在内，垄断优势来自企业对知识资产使用的控制。他认为，知识资本的生产过程亦即研究与开发(R&D)过程，其成本相当高，但通过直接投资利用这些资产的边际成本却很低，甚至等于零，这是因为企业在过去为获得这些资产已经支付了成本。而且知识资产的供给富有弹性，可以在若干不同地点同时使用。由于知识资产的这些特点，企业对它的占有能力使其在对海外直接投资中拥有优势，子公司可以花费很少的成本就可利用总公司的知识资产，而当地企业获取同类知识资产却需要付出全部成本。因此，跨国公司具有当地企业所无法比拟的垄断优势。

2) 凯夫斯

凯夫斯(Richard E.Caves)在 1971 年发表的《国际公司：对外投资的产业经济学》论文中，从产品差别能力的角度对垄断优势论进行补充，强调创造差异产品的能力是跨国经营企业拥有的重要优势。凯夫斯指出，跨国公司所具有的垄断优势体现在它能够使产品发出异质化的能力。跨国公司凭借强大的资金和技术优势可以根据不同的层次、不同的偏好，设计并生产适合不同消费层的产品，并能运用强有力的促销手段说服消费者购买其产品，这正是跨国公司进行直接投资的真正优势所在。

3) 尼克博克

美国学者尼克博克(Frederick T.Knicker Bocker)沿着与海默的不同思路，对美国公司的对外直接投资现象提出了新的见解。他在分析了美国1948—1967年的对外投资状况后，于1973年发表了一篇题为《寡占反应与跨国公司》(Oligopolistic Reaction and Multinational Enterprise)的论文。他认为美国企业对外直接投资主要是由寡占行业的少数几家寡头公司进行的，他们的投资大都集中在同一时期成批发生。鉴于这个特点，他指出垄断优势不适宜全面解释美国企业对外直接投资的决定因素，寡占反应行为才是导致战后美国跨国公司对外直接投资的主要原因。

所谓寡占，是指由少数几家大公司组成，或由几家大公司占统治地位的行业或市场结构。在寡占市场结构中，少数几家大公司相互警惕地注视着竞争对手的行动，随时准备在竞争对手采取对外直接投资行动之后，紧跟其后实行跟进战略。其动机是保持相互之间的竞争平衡，巩固自己的竞争地位。

尼克博克将对外直接投资区分为“进攻性投资”和“防御性投资”两大类。前者指的是在海外建立第一家子公司的寡头公司所进行的投资；后者是指同一行业的其他寡头公司追随进攻性投资，在同一地点所进行的投资。他还认为寡占行为必然导致国际直接投资的成批进行，因为只有盈利率高的行业的跨国公司，才能拥有雄厚的资金实力，才能做出防御性反应。寡占反应论实际上就是对防御性投资的一种论证，尼克博克的解释使垄断优势理论更加完善。

3. 对垄断优势理论的评价

垄断优势理论开创了国际直接投资理论研究的先河。首先，它突破了传统理论的分析框架，首次提出不完全市场竞争是导致国际直接投资的根本原因；其次，它将直接投资与间接投资明确地区分开来，使国际直接投资理论从过去侧重国际资本流动的宏观角度转到了投资厂商行为及市场结构运行的微观角度；第三，它将分析的重点越来越集中在“垄断优势”和不完全竞争市场(或寡占市场)结构上，为众多的国际直接投资理论的产生和发展提供了广阔的空间。

但是垄断优势理论偏重强调竞争优势的绝对化和静态化，认为企业优势是国际投资的前提条件，把企业的竞争优势作为既成事实来研究，没有深入研究企业如何才能具备竞争优势，缺乏动态分析。同时，这一理论以美国经济技术实力雄厚的跨国公司作为研究对象，只说明和解释了战后美国企业急剧向海外扩张的动机和原因，其结论缺乏普遍意义，难以解释发达国家中小企业的对外投资行为，更不能解释不具备垄断优势的发展中国家企业的境外投资行为。此外，该理论只回答了企业为什么能到国外投资，从事直接生产，而基本上没有回答企业为什么要到国外生产和到哪儿去生产等问题。

2.1.2 产品生命周期理论

产品生命周期理论(The theory of Product Life Cycle)原先是市场营销学的一个概念，是指产品像任何事物一样，有一个诞生、发展、衰退、消亡的过程。美国哈佛大学教授雷蒙德·弗农(Raymond Vernon)于20世纪60年代中期把这一概念用于分析国际直接投资现象。

1966年，弗农在《经济学季刊》上发表了《产品周期中的国际投资与国际贸易》一文，提出了著名的产品生命周期理论。该理论在垄断优势理论的基础上，将垄断优势、产品生命周期和区位因素结合起来，用于解释国际直接投资的动机、时机和区位的选择。弗农认为，产品生命周期的发展与跨国公司的对外直接投资有着密切的关系，产品周期理论可以解释发达国家出口贸易、技术转让和对外直接投资的发展过程。

1. 产品生命周期理论的基本观点

产品生命周期是指产品在市场销售过程中的兴与衰，即从推出新产品，到广泛流行，再到退出市场的全过程。弗农把产品生命周期划分为三个不同阶段，即产品创新阶段、成熟阶段和标准化阶段，然后用产品生命周期的变化规律来解释美国与其他国家之间国际贸易格局和国际投资格局之间的变化规律。该理论如图 2.3 所示。

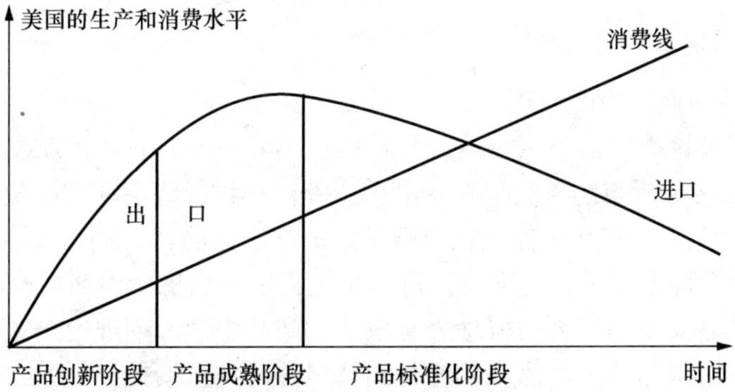

图 2.3 美国新产品的生命周期与国际贸易格局

1) 产品创新阶段(New Product Stage)

产品创新阶段的产品主要满足本国市场的需求，销售量不断上升，只有少量产品出口到较发达国家。由于产品尚未达到标准化，产品需要不断地改进设计和性能才能适应消费者的需求。而且此时的产品具有较强的独立性，其需求的价格弹性较低，因而厂商可以制定垄断价格获取高额利润。

在这一阶段，由于创新企业拥有技术垄断优势，因此缺乏强有力的竞争对手，基本上控制了市场份额，而且对技术密集型的新产品在国内生产将更为有利。所以在这一阶段生产未发生转移，国际直接投资也未发生。

2) 产品成熟阶段(Mature Product Stage)

在产品成熟阶段，新技术日趋成熟，产品基本定型。这时市场将会出现以下几个变化：一是技术和市场的寡占程度被削弱。随着新产品生产技术的日益成熟，产品销售价格降低，需求量增大。垄断技术开始不断扩散，众多竞争者涌入，市场上出现了仿制品和替代品，市场竞争日趋激烈，新产品生产企业的技术垄断地位和寡占市场结构被削弱。二是成本因素成为市场竞争的主要手段。随着产品的设计和性能日益完善，产品价格逐渐下降，产品的需求价格弹性逐步增大，降低成本对提高竞争力的作用增强，因此企业开始寻求低成本生产。三是开始出现跨国生产。在国内竞争日趋激烈、国内市场日趋饱和、国外市场对这类产品的需求不断扩大，以及各国纷纷实行贸易保护主义的情况下，仅通过出口来维持和扩大在国外的市场利益是相当困难的，企业开始倾向于到海外直接投资设厂。对外投资选择的地区一般是那些劳动力成本略低于创新国，但消费水平与创新国相似，生产条件好的地区。

跨国公司通过直接投资，转让成熟技术，就地生产和销售来延伸新技术的垄断优势，弥补出口减少带来的损失，预先防止东道国企业的潜在竞争。

3) 产品标准化阶段(Standardized Product Stage)

在产品标准化阶段，产品的生产技术、规模及样式都已经完全标准化，创新厂商所拥有的垄断优势已经消失。企业之间的竞争更加激烈，竞争的焦点和基础是成本和价格。因此，企业开始在世界范围内寻找产品生产成本更低的地区投资设厂。于是投资国开始在一些自然资源丰富、劳动力成本低的发展中国家投资生产并将生产的产品返销到母国或第三国市场。此时产品创新国成为该产品的进口国，而该产品生产企业也将转向另一新产品的研究和开发。当另一新产品推出时，旧产品的生命周期终结，新产品的生命周期开始。

随着产品生命周期从新产品阶段过渡到标准化产品阶段，投资流向呈现出发达国家—次发达国家—发展中国家的梯度式演变。

2. *产品生命周期理论的发展*

1) 弗农对产品周期理论的修正

产品生命周期理论提出后不久，这一理论的提出者——弗农本人就发现了其不足。他在1974年出版的《经济分析与跨国公司》一书中，专门探讨经济活动的区位这一论题，对产品生命周期理论作了修正。1979年他又在《哈佛经济学统计周刊》上发表了题为《一个新的国际环境下的产品生命周期假说》的文章，进一步完善了产品生命周期理论。

弗农通过引入寡头市场行为的概念来对原来的产品生命周期理论进行修正。他把跨国公司定义为寡占者，用国际寡占行为来解释跨国公司的对外直接投资行为，将产品周期重新划分为“以创新为基础的寡占”、“成熟的寡占”和“老化的寡占”三个阶段。

技术创新时期的寡占者拥有技术的垄断优势，为了保持垄断优势需投入大量的资金和技术力量，扩大现有产品的差别，以加强对新产品和技术的垄断。受要素禀赋的影响，生产在创新国国内，寡占者享受着垄断利润。

成熟期的寡占者由于其垄断技术的扩散和逐渐丧失，并在由于贸易壁垒导致出口成本增加的条件下把生产移至国外，利用技术转移以及生产、销售与研制的规模经济来代替创新因素，排斥竞争者的进入。他们采用的是相互牵制战略和顶住战略来维持自己的市场份额。

衰退期的寡占者的技术优势已经丧失，寡占利润已不复存在，跨国公司力图组成卡特尔，或通过商标、广告宣传等使它们的产品互有差别，以建立新的垄断优势。但由于竞争者不断的进入，成本和价格的竞争日趋严峻，这时跨国公司对外直接投资区位的选择主要取决于成本的差异，市场距离和寡占反应成为次要因素，所以拥有廉价劳动力和广阔市场的发展中国家成为跨国公司的理想投资地。

弗农对产品生命周期理论的修正实际上是从寡占竞争的角度分析对外直接投资的，解释了寡占对外投资的目的就是使其寡占利润最大化。弗农的修正，在强调产品生产周期的基础上，开始关注生产效率，这就使产品生命周期理论更贴近现实，对直接投资的指导性更强。

2) 约翰逊对产品周期理论的发展

在弗农产品周期三阶段模型的基础上，美国学者约翰逊进一步分析和考察了导致国际直接投资的各种区位因素，这些因素主要包括以下几方面。

(1) 劳动力成本和劳动者素质。

劳动力成本和劳动者素质在不同的国家差异是很大的。在产品生命周期的创新和成熟阶段，要求高素质的劳动力与高技术的生产过程相结合，这时只能利用发达国家的劳动力。一旦产品生产进入标准化阶段，企业迫于成本和价格竞争的压力，就趋向于把生产活动转移到劳动力资源丰富、成本较低的发展中国家。

(2) 市场需求。

有利的东道国市场也是吸引企业对外直接投资的重要原因。在产品的创新和成熟阶段，价格相应较高，只有发达国家的消费者才能负担，所以新产品都首先在这些国家生产和消费。

当产品进入标准化阶段后，生产成本降低，产品价格也为越来越多的发展中国家消费者所接受。随着发展中国家市场规模的扩大和迅速增长，一些企业转向发展中国家投资办厂，以形成和利用其生产和销售的规模经济。

(3) 贸易壁垒。

在产品生命周期发展到成熟阶段时，其他发展中国家出现了新产品的仿制者，同时这些国家为了保护和发展本国工业，纷纷利用关税和非关税壁垒来限制进口。创新企业为了绕开这些贸易壁垒、占领海外市场，只好进行对外直接投资。

(4) 东道国对外资的态度。

不同国家政府会在一定时期内向外国投资者提供各种优惠措施和激励政策，以借助外国资本实现本国的经济利益和政治目标。有利的投资政策环境也是吸引外国企业进行国际直接投资的又一重要因素。

3. 对产品生命周期理论的评价

弗农的产品生命周期理论的贡献主要体现在两个方面：一是将垄断优势、产品生命周期和区位因素结合起来，解释了国际直接投资的动机、时机和区位的选择，从动态角度分析对外直接投资，并增添了时间因素。二是把国际直接投资同国际贸易和产品的生命周期结合起来解释美国第二次世界大战后对外直接投资的动机与区位的选择，使国际投资理论既可以解释对外直接投资，也可以用来解释新产品的国际贸易。这是较先前理论的一个新颖之处。

但首先由于该理论是对美国企业在特定时期对外直接投资实证研究的结果，因此其结论缺乏普遍意义，对非制造业企业、发展中国家、非出口替代领域和高科技与研发领域的对外投资行为无法作出科学的解释。其次，该理论认为母国垄断优势的丧失导致对外直接投资。实际上，许多跨国公司在保有垄断优势的同时，还进行大量对外直接投资。再次，20世纪80年代以后，发达国家的跨国公司为了适应海外市场的需求，在国外生产非标准化的产品或直接在国外发展新产品，产品研发活动跨越国界，这显然都不符合产品周期理论的结论，显示了该理论的局限性。

相关链接

保持产品生命的秘密

影业巨人Disney公司在进入其高品质动画片新纪元之时，将“小美人鱼”(如图 2.4 所示)作为首部片子重新推出，重燃老观众的旧日激情；Tupperware公司突然间面貌一新，吸引人们购买其重新设计的器皿，即使他们原来使用的塔珀器皿仍然完好如初。

不论产品已达到其生命周期的哪个阶段，企业都会千方百计重新激发和保持顾客对其产品的需求。虽然多数商品和服务的生命是有限的，但精心的营销和管理却能防止其过早夭折。

图 2.4 小美人鱼

1. 开发期：简单的任务

企业通常是在某些特定地区推出产品，然后尽可能多结合几种反馈机制，能帮助企业测量产品能否达到预期目标，是否需要调整推出产品的营销工具和策略。

2. 成长期：关键的决策

在这一时期，应努力占领大部分目标市场。此时各种广告活动的目标也从增强顾客的产品意识转向了解顾客的产品偏好，必须不断拿出证据支持产品的卓越之处。

3. 成熟期：十字路口

产品进入成熟期后，营销人员经常会设法改变产品的销售市场。产品也许会因此需要作出改变，以便使顾客更经常地使用该产品或增加每次的使用量。此外，在产品的成熟期，需要重新审视营销工具组合。

4. 衰退期：打破僵局

当产品步入不可挽回的衰退期后，企业通常会将注意力转向企业内部。但此时绝不是抛弃该种产品顾客的时候。相反，企业应再次聆听顾客的意见，如何才能在不给顾客造成麻烦的情况下逐步将产品撤出市场，要确保每位顾客都买得到现有产品或服务的替代品，这其中所需的周密安排丝毫不亚于推出产品。

(资料来源：http://www.ceconline.com/retailer_wholesaler/ma/8800021511/02/，有删改.)

2.1.3 内部化理论

20 世纪 70 年代中后期，西方跨国公司发展迅速，国际生产体系逐步形成。西方的经济学家不满足于海默、弗农的特殊投资理论。他们从企业内部的资源配置、交换机制的形成过程出发，提出了市场“内部化”理论。

内部化理论(The Theory of Internalization)又称市场内部化理论，最早是科斯(Coase.R.H.)于 1937 年提出的，但很长时间一直未能引起人们的广泛注意。1976 年，英国学者巴克莱(Peter.J Buckley)和卡森(Mark Casson)在《跨国公司的未来》一书中提出了内部化理论，主要回答了为什么和在怎样的情况下，到国外投资是一种比出口产品和转让许可证更为有利的经营方式。所谓内部化，是指把外部市场建立在公司内部的过程，其目的在于，以内部市场取代原来的外部市场，从而降低外部市场交易成本并取得市场内部化的额外收益。1981 年，加拿大学者拉格曼(Allan M.Rugman)出版了《跨国公司内部》一书，该书对内部化理论作了更为深入的讨论，扩大了内部化理论的研究范围。

1. 内部化理论的基本观点

内部化理论认为，由于市场的不完全，企业之间通过市场进行的买卖不能保证企业盈利，因而会出现企业之间固定的供需合作，这种供需合作与市场上的买卖商品有所不同，这是在一个共同的大企业内部进行的供求交换。这种变市场上的买卖关系为企业内部的供需交换关系的现象被称为“市场的内部化”。当这种内部化跨越了国界，跨国公司和国际直接投资就产生了。因此，内部化动机是企业进行对外直接投资的主要原因。

1) 内部化理论的基本假设

内部化理论是以市场不完全为假设的，这种市场不完全假设主要体现在三个方面：第一，企业在不完全市场上从事经营的目的是追求利润最大化；第二，当生产要素特别是中间产品的市场不完全时，企业就有可能统一管理活动，以内部市场取代外部市场；第三，内部化超越国界就产生了跨国公司。

基于以上假设，在不完全市场上，当中间产品市场(原材料、知识、信息、技术、管理等)交易成本高于内部市场的交易成本时或难以保证交易正常进行时，企业为了实现利润最大化，会将其市场内部化。

2) 市场内部化的影响因素

按照巴克莱的观点，决定企业内部化有四个因素，即产业特定因素、区位特定因素、国家特定因素和公司特定因素。

产业特定因素(Industry-Specific Factor)，主要包括产品性质、外部市场结构和规模经济等有关的因素。

区位特定因素(Region-Specific Factor)，主要包括区位地理上的距离、文化差异和社会特点等引起的交易成本变动。

国家特定因素(Country-Specific Factor)，主要包括东道国的政治、法律和财经制度对跨国公司业务的影响。

公司特定因素(Firm-Specific Factor)，主要包括企业的组织结构、管理经验、控制和协调能力等。

内部化理论把分析的重点放在产业特定因素和公司特定因素上。巴克莱认为由于在多阶段生产过程中必然存在中间产品，若中间产品的供需在外部市场进行，则供需双方无论如何协调也难以消除外部市场供需的剧烈变化。为了克服中间产品期货市场的“不完全性”，就可能出现内部化。

3) 内部化的成本

实现内部化的目的是为了增加利润，但内部化的过程也需要支付一定的额外费用。内部化的成本主要包括以下几方面。

(1) 资源成本。跨国公司将市场内部化后，这些内部市场将对企业取得最优规模经济起着限制作用，因此资源成本实际上是以牺牲规模经营而产生的成本。

(2) 通信成本。由于通过外部信息系统可能会有泄密的风险，每个企业都必须建立各自独立的信息系统，这导致了通信成本及相应管理费用的大量增加。另外由于跨国公司分支机构在全球的分布，语言、社会环境和地理距离的差异也会增加这方面的成本。

(3) 国家风险成本。内部化后，跨国公司在当地市场形成垄断或者损害当地企业生产经营活动时，往往导致东道国政府的干预，会使跨国企业面临的政治风险加大。

(4) 管理成本。内部化要求母公司对其分支机构实行更多的监督和管理，以鼓励企业内部提高效率，这就会牵涉大量人力和物力的投入，因而会增加公司的管理费用。

市场的内部化是有成本的，有些方面的成本会高于非跨国公司。但从总体上说，内部化后的市场交易成本会降低，这就诱使具有某种特殊优势的企业向境外扩张，形成跨国企业。

4) 内部化的收益

市场内部化的收益来源于消除外部市场不完全所带来的经济效益，具体包括以下几个方面。

(1) 统一协调相互依赖的企业各项业务，消除“时滞”所带来的经济效益。内部化后的跨国企业，实施相对的统一计划和统一生产，这样母公司可以准确地根据市场的供求变化不断调整个分支结构的中短期投资计划，协调内部市场的供求关系，避免外部市场由于时滞或外部市场信息的不准确给企业带来的经济损失。

(2) 制定有效的差别价格和转移价格所带来的经济效益。内部化后，跨国企业可以根据内部市场上流转的中间产品的性能、应用性和时效来制定不同的价格，并在各分支机构间实施转移定价，使跨国企业整体利益最大化。这是外部市场上非内部化的企业所无法达到的。

(3) 消除外部市场因垄断造成经济损失所带来的经济效益。市场内部化后，一种最终产品的大部分中间产品都由市场内部提供，这样不仅可以保持供求稳定，而且还可以使内部供应价格稳定，从而可以保持稳定的利润。

(4) 防止技术优势扩散和丧失所带来的经济效益。市场内部化后，跨国公司可以通过知识产品的内部转移来避免知识产品外溢，消除外国竞争者的迅速仿制，从而防止知识产品优势迅速丧失，维持其技术优势和市场垄断地位。

(5) 消除国际市场不完全所带来的经济效益。在外部市场上，各国政府一般都通过税收和价格等手段对市场进行干预，通过市场内部化，跨国公司不仅避免了上述干预造成的损失，还可以享受东道国的各种优惠政策，从而得到更多的经济利润。

市场的内部化实际上就是建立由公司调拨价格起作用的内部市场，使之在不受或少受外部市场的干扰的情况下继续有效地发挥作用，以保持其技术等方面的垄断优势地位。只有在内部化后的交易与成本之比大于非内部化后交易收益与成本之比时，企业才会对外进行直接投资，创建跨国企业。

2. 对内部化理论的评价

内部化理论的出现标志着西方国际直接投资理论研究的重要转折。内部化理论从成本和收益的角度解释国际直接投资的动因，论证了只要内部化的收益大于外部市场交易成本和内部化成本之和，企业就有动机并实现跨国投资经营。因此，在理论上，内部化理论较好地解释了跨国公司的性质、起源以及对外投资形式，该理论即可运用于发达国家，又适用于发展中国家，既可用于国内又可用于国外，属于一般理论，能解释大部分对外直接投资的动因。

然而，内部化理论注重对所谓生产组织一般形式的分析，力图解释各国企业的投资动机与决定因素，忽略了对跨国公司这一典型的国际化垄断组织行为特征的研究。作为战后对外直接投资主体的跨国公司，不但服从国际生产的一般规律，又拥有其作为垄断资本的典型特征。另外，内部化理论的不足还体现在它没有对国际直接投资的地理方向和区域分布作出一些解释，并且它只强调了市场竞争的不完全性对国际直接投资的影响，而忽视了市场积极方面对国际直接投资的促进作用。

相关链接

科斯定理的应用

假定有一工厂，其排放的烟尘污染了周围 5 户居民晾的衣服，每户居民由此受到损失 75 元(5 户总损失 375 元)。假定有两个解决办法：①花 150 元给工厂烟囱安装一台除尘器，②给每户买 1 台价值 50 元的烘干机(5 户共需 250 元)。

无论把产权给工厂还是给居民(即无论工厂拥有排污权，还是 5 户居民有不受污染的权利)，如果听任私有制为基础的市场发生作用，工厂或居民都会自动采取 150 元解决问题的方法，因为这样最节省，150 元最低成本表示资源配置最优。

科斯定理认为：外部性之所以导致资源配置失当是由于产权不明确。如果产权明确，且得到充分保障，有些外部影响就不会发生。在上述例子中，只要产权归工厂或是居民是明确的，则他们中任何一方都会想出用 150 元安装一个除尘器来消除污染，即解决外部影响问题。也就是说，解决外部影响的问题不一定要政府干预，而只要产权明确，市场会自动解决外部性问题，而在此以前，传统经济学家认为，解决外部性问题，需要政府干预。出现外部不经济时，要用征税办法，其数额应等于外部不经济给其他社会成员造成的损失，使私人成本等于社会成本；出现外部经济时，可用政府津贴办法，使私人利益和社会利益相等，这样，都可使资源配置达到帕累托最优。因此，科斯定理的问世，被认为是对传统经济学的修正。

科斯定理既适用于居民和厂商，也适用于政府。美国纽约与新泽西州于 1987 年 9 月达成的合作协议就是一个例子。

多年来，从纽约港水上垃圾收集处流散的垃圾对新泽西州的海岸产生消极的影响，而且还造成海滩的污染。1987年8月13日发生了最严重的事件，当时夹带有注射器和纯可卡因瓶的200多吨垃圾在新泽西州的海岸外形成一条50英里长的漂浮带。

新泽西州有权保持海滩的清洁，所以它能够对纽约提出起诉，要求赔偿因垃圾溢出而造成的损失，或者要求停止使用水上垃圾收集处。对新泽西州来说，它希望保持海滩的清洁，而不是金钱的赔偿；对纽约来说，它想保留水上垃圾收集处，愿意解决海上污染问题。经过两周的谈判，新泽西州同意不对纽约提出起诉，纽约则同意用特殊的船只和其他浮动装置来装载溢出的垃圾，并建立一支临察队来监视水上垃圾收集处，新泽西州的官员可以不受限制地进入水上垃圾收集处实施监督。

由于产权界定明确，交易费用不高，双方能够实现社会资源的有效配置，并把外部负效应内在化。

2.1.4 比较优势理论

20世纪70年代，日本著名的国际经济学家——小岛清(K.Kojima)教授提出了比较优势理论(The Theory of Comparative Advantage to Investment)，即边际产业扩张理论。小岛清分析了美国在“垄断优势论”指导下出现的贸易替代型(Trade Supplanting)的对外直接投资的弊端。他指出，美国最具有比较优势的企业，如生产电子计算机等知识密集型产品的大企业，肆意推行对外直接投资的结果是严重丧失了出口商品技术产品所能获得的更高的利润和广阔的海外市场，从而引起国际收支逆差扩大，就业困难，产品结构退化，传统工业部门比较优势日趋衰退等一系列问题。因此，小岛清决意从宏观经济出发，经过反复调查研究，提出了自己的对外直接投资理论——比较优势理论。

1. 比较优势理论的3个命题

小岛清的比较优势理论对对外直接投资的分析是围绕着以下3个命题展开的：

(1) 国际贸易理论中赫克歇尔-俄林模型(H-O模型)中的资源禀赋或资本-劳动要素比例的假定是基本合理的，但在运用其分析对外直接投资时可使用比资本更广义的经营资源(Managerial Resources)的概念来代替。经营资源是一种特殊要素，既包括有形资本、也包括技术与技能等人力资本。如果两国劳动与经营资源的比率存在差异，那么它们在两种商品中的密集程度也有差异，结果将导致比较成本的差异。

(2) 比较利润率的差异与比较成本的差异有关。凡是具有比较成本优势的行业，其比较利润率也较高。对外直接投资和国际贸易一样，既受比较成本，又受比较利润率的支配，日本型的对外直接投资就是受比较利润率的支配。因此可以根据国际分工原理对国际贸易与对外直接投资进行分析。

(3) 美国和日本的对外直接投资方式不同。美国型投资人为地把经营资源作为一种特殊生产要素，在此基础上产生了寡头垄断性质的对外直接投资。而日本根据国际分工原则进行对外直接投资，决定了日本对外投资的承担者以中小企业为主。

2. 比较优势理论对对外直接投资动机的分析

根据比较优势理论，对外直接投资能同时促进投资国和东道国的经济发展。小岛清对企业对外投资作了深入的分析后认为，企业对外直接投资的动机可分为以下几种类型。

1) 自然资源导向型

这种投资是向资源丰富的国家进行直接投资，这类投资者的目的是进口国内不可能生产的产品或稀缺的资源，其中很多是用于生产的资源和中间产品，形成一种垂直的国际分工。这种动机有时也可以弥补国内失去的比较优势，其结果是促进制造品与初级产品生产国之间的垂直化专业分工。小岛清也称之为贸易替代性的对外直接投资。

2) 劳动力导向型

这种投资是由于发达国家劳动力成本提高，因此将标准化的传统劳动力密集产品或密集使用廉价劳动力的新产品，转移到劳动力成本较低国家的一种投资方式。这是符合比较成本和国际分工原则的，劳动力成本的变化会使国际分工发生变化，其结果是加速了国家间的产业调整和资源配置，增加了投资国与东道国之间的贸易。

3) 市场导向型

这类投资又可分为两类：一是由东道国的贸易壁垒引起的，投资国为了绕过壁垒，对东道国进行国际直接投资。这类投资一般符合东道国的进口替代政策，也属贸易导向型投资。另一类是寡头垄断性质的对外直接投资，如美国对外直接投资基本由新兴制造业即技术密集行业的大寡头公司控制，这种对外直接投资则是反贸易导向型的。

4) 交叉投资导向型

小岛清认为，在发达国家之间应停止对东道国不具备比较优势的行业进行直接投资，而应当采取在产业内部相互直接投资。也就是说要对东道国具有比较优势的产业进行投资，如日本对美国的大型轿车进行直接投资，而美国对日本的小型轿车进行投资，这样可以发挥各自的比较优势。

以上4种动机决定了跨国企业从事对外直接投资的规模和方式。

3. 比较优势理论的核心内容

小岛清认为国际分工与比较成本的原则是一致的，不同国家劳动和经济资源的比率存在差异，导致比较成本和比较利润率出现差异，垄断优势理论过分强调了对外直接投资的微观经济因素的分析，却忽略了宏观经济因素的分析。根据比较成本和比较利润来分析对外贸易和对外投资更具普遍性。

比较优势理论的基本内容是：对外直接投资应从本国(投资国)已经处于或即将处于比较劣势的产业(可称为边际产业)依次进行。小岛清认为，可以将国际贸易和对外直接投资的综合理论建立在“比较优势原则”的基础上。在国际贸易方面，根据比较成本，一国应大力发展拥有比较优势的产业，并出口该产业生产的商品；缩小拥有比较劣势的产业，并进口该产业生产的产品，就可以获得贸易利益。在对外直接投资方面，投资国应从处于或即将处于比较劣势的边际产业依次进行，这样，就可以将东道国因缺少资本、技术和管理经验而没有发挥的潜在比较优势挖掘出来。因此，可以扩大两国间的比较成本差距，为双方进行更大规模的进出口贸易创造条件。

小岛清的对外投资理论将投资国已经处于或即将处于比较劣势的产业称为边际产业，这里的边际产业包括边际性产业、边际性企业和边际性部门。

(1) 边际性产业，是指那些在日本由于劳动力成本的逐步提高，和发展中国家相比已经失去或即将失去比较优势的劳动密集型产业。

(2) 边际性企业，是指在劳动密集型的企业中，失去或即将失去比较优势的中小型企业。

(3) 边际性部门，是指在同一企业中，那些处于比较劣势的部门。

4. 比较优势理论的推论

小岛清的比较优势理论利用国际分工的比较成本原理进行宏观的考察，并详细分析和比较日本和美国对外直接投资的特点，得出了日本企业对外投资发展之路的推论。

(1) 可以将国际贸易和对外直接投资的综合理论建立在“比较优势(成本)原理”的基础上。国际贸易是按既定的比较成本进行的(扩大比较优势)，而国际直接投资则可以创造新的比较成本(扩大比较成本)。对外直接投资应该从本国已经处于或即将处于比较劣势的产业依次进行，这样既可以使投资国发挥比较优势，又可以扩大比较成本的差距，这就使双方都能获取投资利益。

(2) 日本式的对外直接投资与对外贸易的关系不是替代关系，而是互补关系。从本国已经处于或即将处于比较劣势的产业依次进行对外投资，不仅可以带动机器设备的出口，国外廉价的产品可以返销国内或其他国家，东道国国民收入提高后会进口更多的日本产品，因此，日本对外投资是属于贸易创造型的。

(3) 对外经济应当立足于“比较成本原理”进行判断。应从比较成本的角度对两种或两种以上产品或产业进行分析，建立在一种产品或产业基础上的分析是缺乏科学性的。

(4) 在国际直接投资中，投资国与东道国从技术差距最小的产业依次进行，由投资国的中小企业作为这种移植的承担者(这类企业与东道国的技术差距较小)。这样可以在发展中国家找到立足点，占领当地市场，对双方都会产生更大的比较优势和创造更高的利润。

5. 对比较优势理论的评价

1) 比较优势理论的意义

(1) 比较优势理论在把微观分析作为既定前提的基础上，从投资国的角度而不是从企业或跨国公司的角度来分析对外直接投资动机，克服了传统的国际投资理论只注重微观而忽视宏观的缺陷，能较好地解释对外直接投资的国家动机，具有开创性和独到之处。

(2) 首次将国际贸易理论和国际投资理论在比较成本的基础上融合起来，提出了对外直接投资理论与对外贸易是相互促进的观点，摒弃了对外投资替代了国际贸易的观点。

(3) 该理论基本符合日本20世纪60—70年代的对外直接投资现象，解释了美国垄断优势产业对外投资引起出口减少、贸易逆差增加的事实。较好地解释了20世纪70年代以后出现的中小企业对外进行直接投资的原因和动机。

(4) 首次提出了产业概念，这比以前以企业为研究对象的国际直接投资理论大大地前进了一步。

2) 比较优势理论的局限性

由于比较优势理论也是立足于日本国情，因此也不可避免地存在很大的局限性。

(1) 理论分析以投资国而不是以企业为主体，这实际上假定了所有对外直接投资的企业的动机是一致的，都是投资国的动机。这样的假定过于简单，难以解释处于复杂国际环境之下的企业对外投资的行为。

(2) 比较优势理论符合20世纪80年代以前日本大量向发展中国家投资的情况，但它却无法解释20世纪80年代以后日本企业对欧美等发达国家制造业的大量投资。逆贸易导向型对外直接投资大幅度的增加凸显了比较优势理论的局限性。

(3) 小岛清提出的对外直接投资和国际分工导向均是单向的，发展中国家是不能对外进行直接投资的，更不能对发达国家进行直接投资，因此现在它已无法解释发展中国家开始向发达国家投资的现象。

相关链接

比较优势理论在中国

根据日本经济学家小岛清的比较优势理论，发达国家的劳动密集型产业同发展中国家相比具有比较劣势，故劳动密集型产业可作为率先对外投资的边际产业。而中国接受了大量西方发达国家转移来的劳动密集型产业，正在逐渐成为世界工厂。2005 年中国进出口总额达到了 1.42 万亿美元，然而由于缺乏品牌价值和创新内涵，加工贸易的附加值较低，赚的都是“辛苦钱”。加工贸易占据中国贸易方式半壁江山的情况却影响了整体利润水平，降低了中国贸易竞争力。

发展中国家片面崇拜比较优势理论，在国际分工中过于偏重劳动密集型产品，虽然依旧能获得些许利益，但在长期中却会面临贸易结构不稳定的问题，陷入总是落后于人的“比较陷阱”。这一陷阱以两种方式出现，一是发展中国家由于长期在国际分工中处于低附加值环节，使得贸易利润下降，缺乏改善贸易结构的物质基础，并形成了对劳动型产品生产的路径依赖；二是发展中国家在发展高新技术产业贸易时过于依赖发达国家的技术引入，进而缺乏创新能力，以至于长期陷于技术跟进状态，被迫受制于人。

2.1.5 国际生产折衷理论

国际生产折衷理论(The Eclectic Theory of International Production)又称国际生产综合理论，是由英国经济学家约翰•邓宁(John H.Dunning)于 1977 年在其代表作——《贸易、经济活动的区位与多国企业：折衷理论探索》中首先提出的。之后他在 1981 年出版的《国际生产和跨国公司》一书中对该理论进行了系统的整理和阐述，形成了对国际直接投资影响最大的理论框架。

1. 国际生产折衷理论的主要内容

根据邓宁的国际生产折衷理论，跨国公司进行对外直接投资是由所有权优势(O)、内部化优势(I)以及区位优势(L)这三个基本因素决定的，因此有时候也被称为 OIL 理论。这三项优势是不分主次的，且跨国企业的这三种优势的不同组合，决定了它所从事的国际经济活动的方式。

1) 所有权优势

所有权优势(Ownership Advantage)又称厂商优势(Firm Advantage)。这是指某企业拥有的其他企业所没有或无法获得的资产、技术、规模和市场等方面的优势。邓宁认为，跨国公司所拥有的所有权优势应该主要包括以下四个方面。

(1) 技术优势，主要包括专利、专有技术、管理经验、销售技巧、研究与开发能力。

(2) 企业规模优势，有两方面含义：一是公司规模越大，研究和开发能力也越大，就越有利于技术创新；二是公司规模越大，越能在国内市场上获得规模经济优势。

(3) 组织管理优势，即公司规模越大，越有利于高度专业化管理人才得以充分利用，形成组织管理优势。

(4) 金融和货币优势，即公司越大，越能在国际金融市场上以多渠道、低成本获得资金。

邓宁认为，企业是否拥有所有权优势是决定其是否对外直接投资的前提条件，但所有权优势并非是对外直接投资的充分条件。因为它可能通过其他途径来利用这些优势，如通过在本国生产然后出口，或通过许可证贸易进行技术转让，收取专利使用费。于是邓宁引用了第二个优势——内部化优势。

2) 内部化优势

内部化优势(Internalization Advantage)是指企业为避免不完全市场带来的影响而把企业的优势保持在企业内部。内部化的起源，同样在于市场的不完全性。市场的不完全性包括以下两方面内容。

(1) 结构性的市场不完全性，这主要是由于对竞争的限制所引起的。这种情况下，交易成本很高，相互依赖经济活动的共同利益不能实现。

(2) 自然性的市场不完全性，这主要是由于产品或劳务的市场信息难以获得，或者要花费很大代价才能获取这些信息。

跨国公司对其拥有的所有权优势一般有两条利用途径：一是将其拥有的资产或资产的使用权出售给别的企业，也就是将资产的使用外部化；二是由跨国公司自己使用这些资产，也就是将资产的使用内部化。在国际投资中，资产使用的内部化意味着跨国公司利用其所拥有的资产发展对外直接投资。内部化优势的大小决定着跨国公司将如何选择利用其所拥有的资产参与国际经济的形式。

邓宁认为，一个企业具备了所有权优势，并且使这些优势内部化，还不能完全解释国际直接投资活动。因此，还必须考虑导致国际直接投资的充分条件——区位优势。

3) 区位优势

区位优势(Regional Advantage)是跨国公司在投资区位上具有的选择优势。拥有所有权优势和内部化优势的跨国公司在进行直接投资时，首先面临的是区位选择，即是在国内投资生产还是在国外投资生产。如果在国外生产比在国内生产能使跨国公司获得更大的利润，那么就会导致对外直接投资。所以，对外直接投资的流向取决于区位禀赋的吸引力。

区位优势包括直接区位优势和间接区位优势。所谓直接区位优势，是指东道国的某些有利因素所形成的区位优势，如广阔的产品销售市场、政府的各种优惠投资政策等。所谓间接区位优势，是指由于投资国某些不利因素所形成的区位优势，如商品出口运输费用过高、生产要素成本较高等。这两种区位优势从不同的方向形成跨国公司对外直接投资的区位优势。

在现实生活中，区位优势是由投资国和东道国的多种因素决定的，这些因素主要包括生产要素投入和市场的地理分布状况、生产要素成本、运输成本和通信成本、基础设施状况、政府干预经济的程度和范围、金融市场状况和金融制度、国内市场与国际市场的差异程度、文化环境的差异程度、贸易障碍等。区位优势的大小决定着跨国公司是否进行对外直接投资和对投资地区的选择，还决定着其对外投资的类型和部门结构。

国际生产折衷理论认为，决定对外直接投资的三个因素之间是紧密联系的。可以用公式表现：对外直接投资＝所有权优势＋内部化优势＋区位优势。每一种类型的对外直接投资是由不同的所有权优势、内部化优势和区位优势组合所决定的。所有权优势和内部化优势只是企业对外直接投资的必要条件，而区位优势是对外直接投资的充分条件。因此，可根据企业对上述三类优势拥有程度的不同，来解释和区别绝大多数企业的跨国经营活动。表 2-1 具体说明了企业三类优势与国际生产方式选择的关系。

表 2-1 企业跨国经营方式的选择

方式＼优势	所有权优势 (O)	内部化优势 (I)	区位优势 (L)
对外直接投资	有	有	有
出口贸易	有	有	无
技术转让	有	无	无

(资料来源：John.H.Dunning. *International Production and the Multinational Enterprise*. London: George Allen and Vnwin Ltd.，1981，111.)

2. 国际生产折衷理论的发展

自 20 世纪 80 年代以来，邓宁一直在致力于进一步完善其国际生产折衷理论。探索的重点是跨国公司拥有所有权优势、内部化优势和区位优势的根源以及各国政府的管理对跨国公司的影响。

邓宁认为，跨国公司之所以会拥有所有权优势、内部化优势和区位优势，根本的原因是不流动的国际资源在各国间的分布不均衡。因此，解释国际贸易的要素禀赋理论同样也能解释国际直接投资。跨国公司进行国际直接投资的目的在于将出口本国拥有相对禀赋优势的产品与使用东道国拥有相对禀赋优势的资源相结合，以实现利润最大化。大多数的以开发资源为直接目标的对外直接投资可以用要素禀赋不均加以解释。当然，要素禀赋理论并不能完全揭示跨国公司拥有所有权优势、内部化优势和区位优势的根源。

跨国公司之所以会拥有所有权优势、内部化优势和区位优势的另一个重要根源是国际市场存在“缺陷”，即不完全竞争。如果国际市场不存在“缺陷”，则拥有要素优势的企业只要参与市场交易，就可以实现比较利益，因而无须发展对外投资。然而，现实的国际市场是非完全竞争的，跨国公司只有通过对外直接投资，运用内部交换机制来替代外部市场，避开市场的不完全性。邓宁把市场缺陷分为两类：即结构性市场缺陷和交易实施性市场缺陷。结构性市场缺陷亦即海默的市场不完全。交易实施性市场缺陷是指公开市场交易中不能有效运转的缺陷。这样，通过市场交易会给企业带来附加的风险，如通过市场获得的原材料可能有中断供应的危险，出让技术专利可能有被接受者滥用的危险。而企业通过建立国外子公司从事国际生产，即通过企业内部转让产品和生产要素，则可以避免因市场交易而带来的风险。因此，要素禀赋理论和市场缺陷理论构成了国际生产折衷理论的基础。

3. 对国际生产折衷理论的评价

1) 国际生产折衷理论的意义

邓宁的国际生产折衷理论在企业优势的微观基础上，对国际直接投资的动因从宏观的角度作出了新的解释，具有较强的实用性和科学性。

(1) 国际生产折衷理论将所有权优势、内部化优势和区位优势结合为一个有机整体进行研究，更全面地解释了国际直接投资的决定因素。

(2) 国际生产折衷理论克服了以前对外直接投资理论的片面性，吸收了各派理论的精华，运用多种变量分析来解释跨国企业海外直接投资应具备的各种主、客观条件，强调经济发展水平以一国企业对外直接投资能力和动因起决定作用，这是符合实际的。

(3) 该理论为跨国公司进行全面决策提供了理论依据。要求企业有全面的决策思路，指导企业用整体的观点去考虑与所有权优势、内部化优势和区位优势相联系的各种因素，以及诸多因素之间的相互作用，以便把握全局，降低决策失误。

2) 国际生产折衷理论的局限性

邓宁描述的这种投资与发展周期的关系只是总的趋势，各国由于国情的差异，如经济结构、外资政策等不同，具体情况可能会不一样，会出现人均国民收入处于同一阶段的国家，直接投资的流入和流出趋势并不一致，邓宁的这种研究方法也因此受到了诸多的批评。

(1) 该理论是在对西方私人跨国公司对外直接投资实证研究基础上提出来的，对国有跨国公司或国营企业的对外直接投资活动无法作出科学的解释。因为这些企业的对外直接投资并不是由三种优势决定的，而往往是由国际经济合作协议和本国经济发展总体规划决定的。

(2) 邓宁所论述的决定依据侧重在成本分析基础上，但它假定不同进入方式的收入是相同的，这不符合实际。一般而言，对外直接投资产生的收入流量最大，出口次之，而许可证贸易最低。事实上，企业在决策最盈利的进入方式上是考虑收入差别的。

经典人物

约翰·邓宁

约翰·哈里·邓宁(John Harry Dunning，1927—2009)1927年出生于英国贝德福德郡的三迪的一个信仰浸礼会的家庭，毕业于伦敦大学学院，并获南罕普敦大学博士学位，拥有瑞典UPPSALA大学、西班牙马德里自治大学和比利时的安特卫普大学的名誉博士头衔(如图2.5所示)。

图2.5　约翰·邓宁

邓宁教授是英国瑞丁(READING)大学和美国新泽西州鲁杰斯(RUTGERS)大学国际商业专业的知名教授，还长期担任北美、欧洲和亚洲等多所大学的客座教授。他曾受聘于北京对外经济贸易大学，担任该校国际经济专业名誉教授；还曾任国际贸易和金融协会会长，国际商业研究院院长。

邓宁教授自20世纪50年代起，一直致力于国际直接投资和跨国公司等经济学方面的研究，曾出版、合作出版和编辑了40多部相关著作。在1977年提出了著名的国际生产折衷理论。20世纪70年代以后他的足迹遍布各大洲，广泛出席各种商务研讨会并发表演讲，在经济全球化的潮流下，积极地为发展中国家出谋划策，从而获得了崇高的国际声誉。他曾是联合国贸易和发展工作组的成员，从1987到1989年间担任国际商务学会主席。1992年彼特·巴克利和马克·卡森教授专门为邓宁教授撰写并出版了论文集《在世界经济舞台上的跨国公司》。2001年《商业经济国际杂志》出版了专刊，以纪念其在国际商业理论方面的杰出贡献。

邓宁教授晚年致力于国际资本的“道德生态”理论的探索。2002年邓宁教授在美国丹佛举行的管理研究院年会上荣获国际管理杰出学者称号。为了表彰他在学术上的突出贡献，2008年被国家授予OBE勋章。

2.2　发展中国家的理论

上述主流国际直接投资理论都是以美日欧等发达国家为研究对象，对发达国家对外直接投资行为具有较强的解释力。但是这些理论并不能很好地解释发展中国家企业开展对外投资的优势和动机。因为不论从规模、资本还是技术水平和经营管理技能等方面，发展中国家企业同发达国家企业相比，存在着明显的差距。但事实上，发展中国家的大、中、小企业都分别开始走上了跨国经营道路，不少企业还直接打入了发达国家的内部市场。对于这种现实应寻求新的理论解释。

2.2.1　小规模技术理论

20世纪80年代初，美国哈佛大学著名教授刘易斯· 威尔斯(Louis T.Wells)与其助手建立发展中国家跨国公司数据库，深入分析发展中国家企业如何获得竞争优势问题。其1983年出版的研究成果《第三世界跨国企业》，被学术界认为是研究发展中国家跨国公司的开创性成果。

1. 小规模技术理论的主要内容

把竞争优势绝对化是传统理论的最大缺陷，威尔斯的小规模技术理论弥补了传统直接投资理论的这一不足。他指出，发展中国家跨国企业的竞争优势来自低成本生产，这种低生产成本是与其母国的市场特征紧密相关的。威尔斯主要从三个方面分析了发展中国家跨国企业的比较优势。

(1) 拥有为小市场需要服务的劳动密集型小规模生产技术。低收入国家商品市场的一个普遍特征是需求量有限，大规模生产技术无法从这种小市场需求中获得规模效益，而许多发展中国家正是因为开发了满足小市场需求的生产技术而获得竞争优势。

(2) 发展中国家在民族产品的海外生产上颇具优势。发展中国家对外投资主要是为了服务于国外同一种族团体的需要而建立。根据威尔斯的研究，以民族为纽带的对外投资在印度、泰国、新加坡、马来西亚以及中国台湾、香港的投资中都占有一定比例。例如，华人社团在食品加工、餐饮、新闻出版等方面的需求，带动了一部分东亚、东南亚国家和地区的海外投资。

(3) 产品低价营销战略。生产成本低，物美价廉是发展中国家跨国公司形成竞争优势的重要原因，也是抢占市场份额的重要武器。与发达国家跨国公司相比，发展中国家跨国公司往往花费较少的广告支出，采取低价营销策略。

2. 对小规模技术理论的评价

威尔斯的小规模技术理论被西方发达理论界认为是该领域研究的具有代表性的理论之一。他把发展中国家跨国公司竞争优势的产生与这些国家自身的市场特征结合起来，在理论上给后人提供了一个充分的分析空间，对于分析经济落后国家企业在国际化的初期阶段怎样在国际竞争中争得一席之地是颇有启发的。

但从本质上看，小规模技术理论仍然属于技术被动论。威尔士显然继承了弗农的产品生命周期理论，认为发展中国家所生产的产品主要是使用“降级技术”生产在西方国家早已成熟的产品。结果，发展中国家跨国公司在国际生产中的位置则永远处于边缘地带和产品生命周期的最后阶段。同时，该理论也很难解释一些发展中国家中高新技术企业的对外投资行为以及其对发达国家的对外投资现象。

2.2.2 技术地方化理论

技术地方化理论是英国经济学家拉奥(Lall)在 1983 年出版了《新跨国公司：第三世界企业的发展》一书中提出的。拉奥在对印度跨国公司的竞争优势和投资动机进行了深入研究后提出的这一理论，弥补了小规模技术理论的缺陷，指出欠发达国家对外国技术不是一种被动的模仿和复制，而是对技术的消化、改进和创新。

1. 技术地方化理论的主要内容

在拉奥看来，即便第三世界跨国公司的技术特征表现在规模小、标准技术和劳动密集型等方面，但这种技术的形成却包含着企业内在的创新活动。发展中国家跨国企业“特有优势”的形成，是由四个条件促使和决定的。

(1) 在发展中国家，技术知识的当地化是在不同于发达国家的环境下进行的，这与一国的要素价格及其质量相联系。

(2) 发展中国家生产的产品适合于他们自身的经济和需求。只要这些企业对进口的技术和产品进行一定改造，使他们的产品能够更好地满足当地或邻国市场需要，这种创新活动就会形成技术优势。

(3) 发展中国家企业竞争优势不仅来自于其生产过程与当地的供给条件和需求条件紧密结合，而且来自创新活动中所产生的技术在规模生产条件下具有更高的经济效益。

(4) 在产品特征上，发展中国家企业仍然能够开发出与名牌产品不同的消费品，特别是国内市场较大、消费者的品位和购买能力有很大差别时，来自发展中国家的产品仍有一定的竞争能力。

2. 对技术地方化理论的评价

拉奥的技术地方化理论对于第三世界跨国公司的对外投资具有很强的现实指导意义。该理论不仅分析了发展中国家企业的国际竞争优势是什么，而且更强调形成竞争优势所特有的企业创新活动。这种创新活动往往受到当地的生产供给、需求条件和企业特有的学习活动的直接影响。

与威尔斯的小规模技术理论相比，拉奥更强调企业技术引进的再生过程，即欠发达国家的对外国技术的改进、消化和吸收不是一种被动的模仿和复制，而是对技术的消化、引进和创新。尽管拉奥对企业技术创新活动的描述仍然是粗线条的，但是其分析证明落后国家企业可以靠相对比较优势参与跨国生产和经营。

2.2.3　投资发展周期理论

投资发展周期论是邓宁于 20 世纪 80 年代初提出来的，其目的是从动态分析的角度解释各国在国际直接投资中的地位，是国际生产折衷理论在发展中国家的运用和延伸。

1. 投资发展周期理论的主要内容

邓宁通过对 67 个发达国家和发展中国家 1967—1978 年直接投资流入与流出量及经济发展阶段的研究，发现当人均国民生产总值达到一定水平后，就与直接投资的流出和流入有关，他把这种关系称为投资与发展周期。邓宁根据人均国民生产总值，把这些国家分为四组，相应的将投资发展周期划分为 4 个阶段。

第一阶段(人均 GNP 在 400 美元以下)。处于这一阶段的国家是最贫穷的发展中国家。这些国家的经济发展资金有限，缺乏足够的技术进口，国内的企业还没有产生所有权优势，再加上东道国各种条件的制约，更倾向于接受国外政府或国际组织的改善本国基础设施的援助。因此只有极小规模的外资进入，对外直接投资流出几乎没有，其净对外直接投资为负值。

第二阶段(人均 GNP 为 400～2 500 美元)。处于这一阶段的国家大多数是发展中国家。这一阶段由于实施进口替代的政策，基础设施有所改善，国内市场得到了一定的扩大，投资环境得到了一定的改善，形成了较强的区位优势，对外资的吸引力增大，外国直接投资大量流入。虽然这些国家引进外资的规模不断扩大，但对外直接投资额仍比较小，净对外直接投资仍为负值。

第三阶段(人均 GNP 为 2 500～4 000 美元)。处于这一阶段的国家多是新兴工业化国家和一些发达国家。进入这一阶段标志着一个国家的国际直接投资已经发生质的变化，走上了国际生产专业化的道路。由于本国企业所有权优势和内部化优势增强，对外直接投资大幅度上升，其发展速度可能超过引进国外直接投资的发展速度，但净对外直接投资仍为负值。

第四阶段(人均 GNP 在 4 000 美元以上)。处于这一阶段的国家全部都是发达国家。这一阶段的国家经济发展水平很高，企业有着较强的所有权优势和内部化优势，并具备善于发现和利用外国区位优势的能力。所以这些国家的对外直接投资的增长速度高于引进国外直接投资的增长速度，直接投资的流出量大大超过流入量。

以上4个阶段对外直接投资的流入流出状况见表2-2。

表2-2 直接投资流出入与经济发展阶段

周期 \ 投资流向	投资流入	投资流出
第一阶段	外国所有权优势丰富 外国内部化优势丰富 本国区位优势较少	本国所有权优势缺乏 本国内部化优势不适应 外国区位优势不适应
第二阶段	外国所有权优势丰富 外国内部化优势有可能下降 本国区位优势上升	本国所有权优势较少 本国内部化优势很少 外国区位优势开始出现
第三阶段	外国所有权优势下降和更专业化 外国内部化优势有可能上升 本国区位优势下降	本国所有权优势上升 本国内部化优势仍受控制 外国区位优势上升
第四阶段	外国所有权优势下降和更专业化 外国内部化优势丰富 本国区位优势下降	本国所有权优势上升 本国内部化优势上升 外国区位优势上升

(资料来源：John.H.Dunning. *International Production and the Multinational Enterprise*. London: George Allen and Vnwin Ltd.，1981，117.)

通过实证分析，邓宁得到了以下的一般结论。

其一，一国的所有权优势和区位优势与国外直接投资的流入量呈正相关关系，与该国对外直接投资量呈负相关关系。

其二，内部化优势不但可以促进本国的对外直接投资，还可以促进外国对本国投资，取决于投资国和东道国市场不完全的程度。

其三，一国经济发展水平决定了所有权优势、内部化优势和区位优势的强弱，这三种优势强弱的不同组合决定了一国的净对外直接投资额及对外直接投资的发展阶段。

邓宁的投资发展阶段论，从企业优势的微观基础出发进行宏观分析，对国际直接投资动因作了新的解释。

2. 对投资发展周期理论的评价

邓宁的投资发展周期理论首次将对外直接投资与一国的国民生产总值联系起来，论证了一国的对外投资地位是随着其竞争优势的消长而变化的，从动态的角度描述了跨国投资与经济发展的辩证关系，扩大了理论的解释范围，从而解释了发展中国家跨国企业从事对外投资的原因。同时，投资发展周期理论在分析所有权优势、内部化优势和区位优势的基础上，动态描述了对外投资、吸引外资与经济发展阶段的关系。但是该理论无法解释处在同一经济发展阶段的国家仍会出现投资流入与流出不一致的情况。

2.3 国际直接投资理论的最新发展

从20世纪80年代开始的近二三十年来，国际直接投资理论领域出现了一些研究的新进展，形成了包括竞争优势理论、投资诱发要素组合理论等在内的新理论。

2.3.1 竞争优势理论

竞争优势理论，又称“国家竞争优势钻石理论”、“钻石理论”，是由美国哈佛大学商学院教授迈克尔·波特(Michael E.Porter)在其 1990 年出版的代表作《国家竞争优势》(The Competitive Advantage of Nations)中提出的。他发现传统的比较优势难以解释许多国家的某一特定产业具有明显的优势，因而提出了竞争优势理论。

1. 国家竞争优势发展阶段

波特认为竞争优势是指超过竞争对手而获得的竞争利润，一个国家的竞争力发展分为四个阶段。

第一阶段是生产要素导向阶段，这一阶段是一个国家参与竞争的起始阶段，处于这一阶段的企业由于缺乏技术的创造力，只能从自然资源和廉价的劳动力的基本生产要素方面获取竞争力。

第二阶段是投资导向阶段，处于这一阶段国家的企业通过引进和改进外国技术，并利用廉价的资源和劳动力等最基本的要素优势来改变其利用资源参与国际竞争的地位。

第三阶段是创新导向阶段。处于这一阶段国家的企业不仅要将引进的技术进行改进，而且还能发明新技术。

最后一个阶段是财富导向阶段，在投资不断成功的基础上不断投资和创新，只是创新动力减弱，最终导致企业的衰弱。

以上四个阶段中，前三个阶段是国家竞争优势发展的主要力量，通常会带来经济上的繁荣，第四个阶段则是经济上的转折点，有可能因此而走下坡路。

2. 国家竞争优势模型

波特认为，一国的贸易优势并不像传统的国际贸易理论宣称的那样简单地取决于一国的自然资源、劳动力、利率、汇率，而是在很大程度上取决于一国的产业创新和升级的能力。由于当代的国际竞争更多地依赖于知识的创造和吸收，竞争优势的形成和发展已经日益超出单个企业或行业的范围，成为一个经济体内部各种因素综合作用的结果，一国的价值观、文化、经济结构和历史都成为竞争优势产生的来源。波特提出的国际竞争优势模型(又称钻石模型，如图 2.6 所示)包括四种本国的决定因素和两种外部力量。四种本国的决定因素包括生产要素，需求条件，相关及支持产业，公司的战略、结构和同业竞争。两种外部力量是机会和政府。

(1) 生产要素，是指一个国家将基本条件，如天然资源、教育、基础建设等转换成特殊优势的能力。例如，荷兰并不是因为位居热带而有了首屈一指的花卉业，而是因为在花卉的培育、包装及运送上都有高度专精的研究机构。

(2) 需求条件，是指本国市场对该项产业所提供或服务的需求数量和成熟度。例如，日本家庭因为地狭人稠，所以家电朝向小型、可携带的电视、音响、录像带去发展，就因为本国市场拥有一群最懂得挑剔的消费者，使得日本拥有全球最精致、最高价值的家电产业。

(3) 相关及支持产业表现。一个产业想要登峰造极，就必须有世界一流的供货商，并且从相关产业的企业竞争中获益，这些制造商及供应商形成了一个能促进创新的产业“群聚”。例如，意大利领导世界的金银首饰业，就是因为意大利的机械业已经创下全球珠宝生产机械60%的市场，而且意大利回收有价金属的机械也领先全球。

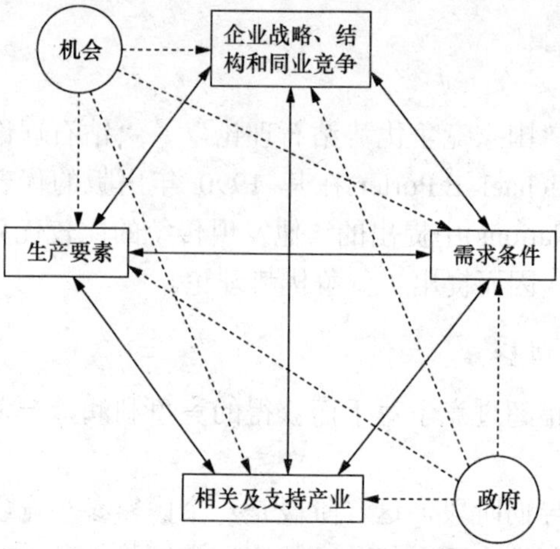

图 2.6 国家竞争优势模型

(4) 企业的战略、结构和同业竞争。企业的组织方式、管理方式、竞争方式都取决于所在地的环境与历史。若是一个企业的所在地鼓励创新，有政策与规则刺激企业在训练技术、提升能力与固定资产方面投资，企业自然有竞争力。另外，当地若是有很强的竞争对手，也会刺激企业不断的提升与改进。

除上述四个因素外，一国的机会和政府的作用，对形成该国的国际竞争地位也起辅助作用。机会包括重要发明、技术突破、生产要素供求状况的重大变动(如石油危机)以及其他突发事件。政府因素是指政府通过政策调节来创造竞争优势。波特认为以上影响竞争的因素共同发生作用，促进或阻碍一个国家竞争优势的形成。

这样，波特提出了对外直接投资的新发展模式。根据他的观点，竞争越激烈越可能带来成功。他强调，一国要想在全球竞争中战胜对手，国内需要有激烈的竞争。这样的竞争，一方面促使企业向海外发展直接投资，另一方面又为企业在国际竞争中创造了条件。

波特的竞争优势理论从宏观上分析跨国公司的对外投资行为，突破了传统的比较优势和垄断优势理论分析的框架，使其更贴近现实。他关于竞争优势的菱形动态模型指出了国际投资应“先内后外”的顺序，具有理论创新意义。他认为激烈的国内竞争导致国外投资的发生，在激烈的竞争中获得的竞争优势确保了对外直接投资成功的观点具有一定的现实意义。然而，该理论是基于波特本人对日本企业状况研究而得出的，在其他国家的适用性还有待进一步观察。

经典人物

迈克尔·波特

图 2.7 迈克尔·波特

迈克尔·波特(Michael E.Porter)，哈佛大学商学院著名教授，当今世界上少数最有影响的管理学家之一(如图 2.7 所示)，是当今全球第一战略权威，被誉为“竞争战略之父”，是现代最伟大的商业思想家之一。他曾在 1983 年被任命为美国总统里根的产业竞争委员会主席，开创了企业竞争战略理论并引发了美国乃至世界的竞争力讨论。他先后获得过大卫·威尔兹经济学奖、亚当·斯密奖，五次获得麦肯锡奖，拥有很多大学的名誉博士学位。到现在为止，迈克尔·波特已有十四本著作，其中最有影响的有《品牌间选择、战略及双边市场力量》(1976)、《竞争战略》(1980)、《竞争优势》(1985)、《国家竞争力》(1990)等。

2.3.2 投资诱发要素组合理论

投资诱发要素组合理论是当代西方经济学家提出的较新的、影响较大的理论。该理论认为，任何类型对外直接投资的发生，都是由直接诱发要素和间接诱发要素组合而产生的。

直接诱发要素指的是投资国和东道国拥有的各类生产要素，包括劳动力、资本、技术、管理和技能等。由于对外直接投资本身就是上述生产要素的流动，因此，直接诱发要素是对外直接投资的主要诱发要素。如果投资国拥有某种诱发要素的优势，它可以通过对外直接投资将该要素转移出去，以谋取利益。反过来，如果东道国具有某种诱发要素优势，而投资国不具备该优势，这也能刺激投资国的对外投资，从而获得并利用该优势。

间接诱发要素是指除直接诱发要素之外的其他非生产要素，包括 3 个方面：一是投资国方面，如鼓励性投资政策及法规、政治稳定性、与东道国的协议或合作；二是东道国方面，投资软硬环境、优惠与激励政策等；三是世界经济形势，如世界经济一体化、集团化，科技革命，金融市场利率与汇率波动，国际协议及法规等。

一国的对外直接投资是建立在直接诱发要素和间接诱发要素的组合之上，而间接诱发要素在当今国际直接投资中的作用越来越重要。该理论认为，发达国家的对外直接投资主要受直接诱发要素的作用，这与它们拥有这种要素的优势有关，如资本、技术及管理知识等。而发展中国家在很大程度上是受间接诱发要素的影响。

与以前的对外直接投资理论不同的是，投资诱发要素组合理论强调国际直接投资活动的外部条件，其中突出了东道国的投资环境和国际经济环境对国际投资的影响，这就使其对国际直接投资动机和条件的分析更为全面和更有说服力。

本 章 小 结

第二次世界大战后伴随着国际直接投资的迅猛发展，形成了各具特色的国际直接投资理论。系统看来，处于主流地位的西方国际直接投资理论主要有海默的垄断优势理论、弗农的产品生命周期理论、巴克莱和卡森的内部化理论、小岛清的比较优势理论和邓宁的国际生产折衷理论。发展中国家的直接投资理论主要包括威尔斯的小规模技术理论、拉奥的技术地方化理论及邓宁的投资发展周期理论。

近二三十年来，国际直接投资领域出现了一些研究的新发展，形成了包括竞争优势理论、投资诱发要素理论等在内的国际直接投资新理论。

课 后 习 题

1. 名词解释

(1) 不完全竞争　　(2) 市场内部化

(3) 产品生命周期　　(4) 边际产业

(5) 区位优势

2. 简答题

(1) 简述垄断优势理论的主要内容。

(2) 简述小岛清的比较优势理论。

(3) 简述国际生产折衷理论的主要内容。
(4) 简述投资诱发要素组合理论的基本观点。

3. 论述题

(1) 产品生命周期理论的主要内容包括哪些？试对该理论进行评价。
(2) 试述邓宁 OIL 理论的理论贡献及其局限性。
(3) 试述发展中国家海外直接投资的实用性理论。

4. 案例分析题

汇源果汁与可口可乐的“自由恋爱”

2008 年 9 月 3 日，可口可乐公司(以下简称可口可乐)通过旗下子公司大西洋工业公司报价约 24 亿美元，预以现金方式收购在香港证券交易所上市的汇源果汁集团有限公司(以下简称汇源果汁)所有已发行可换股债券。该报价将近汇源果汁 2008 年 8 月 29 日收盘时每股 4.14 港元的 3 倍，溢价 195%。

总部位于北京的汇源果汁是中国最大的纯果汁制造商。但 2008 年以来，汇源果汁的市场价值已经跳水将近一半。

可口可乐希望避免与几十年前在美国老家犯同样的错误：让对手百事公司(以下简称百事)成为果汁、茶等非碳酸饮料的领先者。2008 年，在美国非碳酸饮料市场，百事的份额几乎是可口可乐的两倍。而碳酸饮料市场可口可乐去年下降了 2.3%。2004 年可口可乐中国市场销售额超过日本，中国跃升为可口可乐全球第四大市场。2007 年可口可乐投资 8 000 万美元的全球第六大研发中心和中国总部大楼在上海闵行破土动工，新中心将根据汽水、果汁、茶饮料、水等产品划分不同研发部门，全面进攻非碳酸饮料。2004 年美汁源果粒橙作为第一款在中国本土研发的产品已经取得了中国低浓度果汁市场第一的地位。但是该产品 2008 年的销售量增长较去年略见放缓。

2008 年，市场调研公司 Euromonitor 预计，2012 年前中国果汁零售额将增长 94%，而碳酸饮料增幅仅在 30%左右。果汁和蔬菜汁是中国软饮料市场的增长推动力，这正符合中国中产阶级对更高营养价值产品的需求。

汇源 2007 年销售额达到 26.56 亿元，同比增长 28.6%。截至 2007 年底，汇源的百分百果汁及中浓度果蔬汁销售量分别占国内市场总额的 42.6%和 39.6%。

在当时看来，这个买卖最大的障碍来自 2008 年 8 月 1 日正式实施的《反垄断法》。但有专业咨询公司根据 2007 年中国果蔬汁及果蔬汁饮料市场份额排名作出判断，收购完成后，可口可乐的市场份额达到 28.99%，并不是一个能够达到垄断的份额。有分析认为，汇源果汁才有可能成为真正的垄断者。

汇源果汁所有产品都装入了上市公司，但是在上市公司之外，母公司拥有的资产还包括赣南果业有限责任公司、北京蓝猫淘气音频营销公司和很多果园。汇源果汁在中国果汁市场的竞争优势在于母公司强大的原料基地供应支持。汇源果汁近几年把基地建设放在重要位置，目前会员已在全国掌握几百万亩优质水果基地，其原料和生产基地已遍布吉林、北京、山东、河北等十几个省区市。

而目前多数果汁生产企业的原材料严重依赖巴西和以色列进口，近年来国际果汁原料价格飞涨。汇源拥有的上游果汁原料无疑是汇源果汁董事长朱新礼手中最重要的底牌。

根据此次收购要约内容，朱新礼可以继续经营生产、供应及分销与果汁生产有关的可回收容器、外部包装及原材料的业务。若此次收购成功的话，朱新礼可以套现 74 亿港元，外加银行贷款；他可以用超过 100 亿的资金投入到水果基地的建设，即将拥有的庞大资金和目前中国果汁原料市场的空间，让朱新礼有机会成为最大的第三方果汁供应商，攫取这个行业最大的利润。

(资料来源：陆琼琼，昝慧昉. 可口可乐的新扩张. 第一财经周刊，2008. 有删改.)

请用所学的国际直接投资理论解释以上材料中可口可乐和汇源的行为。

课 后 阅 读

TCL 的海外投资

TCL 集团股份有限公司(以下简称 TCL)(如图 2.8 所示)跻身中国家电及信息产业骨干企业多年，彩电、DVD 等主导产品位居世界同行前列。2009 年，TCL 全年营业收入总额近 443 亿元，无论是资产还是营业收入规模都足够巨大，且国际化程度甚高，2006—2009 年企业销售收入中海外收入占比最低也接近 40%，其年度经销商大会吸引的海外合作伙伴动辄超过 40 个国家，海外分支机构遍布世界各大洲，涵盖发达国家和新兴市场，海外直接投资实践已逾 10 年。

图 2.8 TCL

对于 TCL 而言，越南是其海外直接投资生产第一站。1999 年 TCL 便到越南设厂生产彩电，2009 年底，越南公司有员工 300 余人，年产彩电 30 万台(越南目前全年彩电销量 160 ~ 180 万台)，工厂与贸易合计，年营业收入 3 000 余万美元，彩电市场占有率在越南已经连续数年名列前三名，在越南市场属于知名品牌。

TCL 成功的首要因素当属关于国际化经营路径的战略决策正确，即从一开始就立足于以自有品牌开辟海外市场，在出口业务已经奠定了良好基础之后方才开展海外直接投资，在海外直接投资时又从新建投资而不是并购起步。TCL 在其海外直接投资第一步就是在越南用自有品牌销售、生产。其次，产品开发战略是 TCL 这样的制造业企业立身之本。在越南市场上，TCL 面临日韩企业和越南本土企业的两面夹攻，TCL 首先是确保在采用新技术方面不落后于日韩竞争对手，除此之外，TCL 在越南市场的产品开发策略偏重向消费者提供更多的附加功能以及满足消费者的心理需求。再次，TCL 在东道国创建和谐的劳资关系与公共关系。在企业内部，TCL 给予越南员工的待遇按当地标准衡量属于较好待遇，对当地员工的人格也比较尊重，在企业外部，TCL 越南公司向越南贫困地区中小学捐赠较多，有助于潜移默化地培养未来的 TCL 客户。

第3章 国际直接投资

知识目标

- 掌握国际直接投资的动机和方式
- 掌握绿地投资、跨国并购的基本内涵
- 掌握跨国公司的经营策略及组织结构

技能目标

- 能够分析国际直接投资行为的动因
- 能够针对不同的投资环境就直接投资方式进行建议
- 能够初步评价跨国公司的运作

知识结构

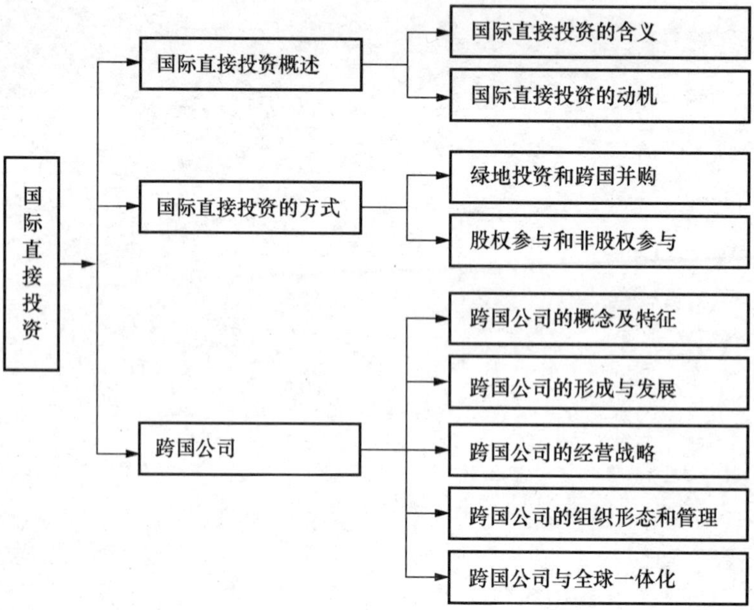

导入案例

中华老字号走出大宅门

北京同仁堂(以下简称同仁堂)是中药行业著名的老字号，创建于清康熙八年(1669 年)。在 300 多年的历史长河中，历代同仁堂人恪守“炮制虽繁必不敢省人工，品味虽贵必不敢减物力”的传统古训，树立“修合无人见，存心有天知”的自律意识，确保了同仁堂金字招牌的长盛不衰。

同仁堂品牌誉满海内外，作为中国第一个驰名商标，其品牌优势得天独厚。目前，同仁堂商标已参加了马德里协约国和巴黎公约国的注册，受到国际组织的保护，同时，在世界 50 多个国家和地区办理了注册登记手续，并在台湾进行了第一个大陆商标的注册。2002 年，同仁堂集团被国家工业经济联合会和名牌战略推进委员会推荐为最具冲击世界名牌的 16 家企业之一。显而易见，同仁堂的著名商标和优秀品牌已成为同仁堂集团不断发展的特有优势。

近年来，同仁堂加快了“走出去”的脚步。同仁堂的海外扩展战略是“站稳亚洲、迈进欧洲、渗透美洲、开辟大洋洲”的四环战略。同仁堂主要以与海外企业建立合资公司的方式“走出去”。从 1993 年起，通过合资方式在中国香港地区、马来西亚、澳大利亚、英国等地开设分店、分公司。在这些合资公司中同仁堂均以“同仁堂”品牌作为无形资产的形式入股，充分利用了“中华老字号”这一重要资源。例如，同仁堂与英国和中国香港地区的合作中，仅以品牌参股，占了 25%的股份。除了合资以外，同仁堂还采取独资、特许加盟、连锁等灵活多样的形式全面向海外市场渗透，如在美国、泰国等地设立控股或相对控股公司，直接经营。另外，同仁堂还将在海外合作建立集生产、科研和销售为一体的基地，为同仁堂以高科技含量、高附加值产品开发海外市场奠定基础。截至 2011 年，同仁堂海外合资公司(门店)28 家，药店 64 家，遍布 15 个国家和地区。十二五期间计划将扩张海外药店至 100 家。

(资料来源：卢进勇，杜奇华，闫实强. 国际投资与跨国公司案例库. 北京：对外经济贸易大学出版社，2005. 有删改.)

讨论题：对于对外直接投资的投资者来说，同仁堂为他们带来了什么启示？

3.1　国际直接投资概述

国际直接投资是现代资本国际化的主要形式之一，对世界经济产生了不可忽视的影响，极大地促进了全球经济一体化。

3.1.1　国际直接投资的含义

第 1 章已经讲过，国际直接投资是与国际间接投资相对应的一个概念，是投资者为了在国外获得长期的投资效益，并拥有对企业或公司的控制权和经营管理权而进行的在国外直接建立企业或公司的投资活动，其核心是投资者对国外投资企业的控制权。

一个企业要将其产品或服务打入另一国家的市场，主要通过两种方式：一是出口进入模式，即企业将其产品直接出口到目标国家；二是对外直接投资模式，即在目标国家建立独立子公司或合资(合作)经营企业，从母公司进口中间产品进行组装或者完全由自己生产整件产品，继而将产品出口到本地市场及国际市场。比较两种模式，出口进入模式是跨国经营企业进入目标国家市场最简单且风险最小的方式，但易受到贸易和非贸易壁垒的阻碍。而采用对外直接投资模式进入目标市场，不仅跨越了目标国家设置的关税和非关税壁垒，还能在发展中东道国获得很多政策鼓励和优惠。

因此，国际直接投资已成为当今的发达资本主义国家(如美国、英国、法国和日本)以跨国经营企业为载体对外投资的主要方式。同时，也是很多发展中国家吸收外资的主要方式。

3.1.2 国际直接投资的动机

跨国企业为什么要到海外投资？一个投资者做出国际直接投资的决策是出于哪些具体的动机？事实上，由于投资者在进行对外投资时既受到企业本身特征(如资金、技术、管理、规模经济、市场技能等)的影响，也受到企业所处的宏观社会经济环境(如自然资源禀赋、国内市场规模、经济发展水平、产业结构、技术水平、劳动力成本、政府的政策等)的制约，跨国经营企业对外投资的目的和动机多种多样。大体而言，国际直接投资的动机主要有以下几种。

(1) 开辟、扩大和巩固市场。

投资者对外投资的目的是为了开拓和扩宽海外市场。例如，有些企业的产品在国内市场占有比例接近或已经饱和，同类竞争产品较多，促使企业把目标投向其他国家，谋求企业的进一步发展；也有一些企业的产品原本以本国生产、出口海外为主，但由于目标国家实行了贸易保护主义，影响和阻碍了企业的正常出口，为了保护并扩大原有的市场，企业采取到目标国家投资设厂的方式，直接在当地进行产品的生产和销售；还有一些企业，由于其商品的某些特性，无法通过本地生产向海外出口的方式，如快餐食品、无形服务等，为了抢占市场，只能通过直接对外投资的方式。

相关链接

沃尔玛投资 1 号店

沃尔玛百货有限公司(以下简称沃尔玛)2011 年 5 月 13 日宣布已就购买发展迅速的中国电子商务企业 1 号店控股公司(以下简称 1 号店)少部分股权达成协议。

2008 年 7 月成立的 1 号店可提供超过 75 000 个品种，其在线食品百货销售及母婴产品、消费电子产品、服装等品类的销售都占据重要地位。1 号店共有 2 000 名员工，在上海、北京和广州拥有仓储物流系统，该公司不但能够为不断增长的顾客群提供日常生活必需品的次日送达服务，而且价格很有竞争力。

沃尔玛副董事长、沃尔玛全球电子商务业务及全球采购首席执行官爱德华多·卡斯特罗-赖特(Eduardo Castro-Wright)表示：“我们对这一投资倍感兴奋。中国网购规模近年来迅速增长，未来几年，将接近美国网购市场销售水平。通过投资 1 号店，我们将继续涉足这一重要的电子商务市场，并为实现成为全球领先的多渠道零售商的目标而努力。”

1 号店联合创始人、董事长于刚说：“我们对沃尔玛投资 1 号店感到兴奋。沃尔玛将给我们的业务带来全球化视野。此外，它卓越的供应链将帮助我们在中国电子商务行业赢得竞争优势。”

(资料来源：http://www.yihaodian.com/cms/view.do? topicId=15162&merchant=1.)

(2) 满足原材料供应。

对于许多企业而言，其产品的生产需要大量的原材料，而由于有些原材料在本国的价格比较高，或者此类资源比较稀缺等原因，企业不得不到资源丰富、原材料价格低廉的国家或地区投资建立原材料开采或生产性企业，从而满足对大量原材料的急迫需求。

(3) 降低成本。

在发达国家和一些新兴工业化国家，劳动力和土地等生产要素价格不断上升，这些国家的很多企业，尤其是劳动密集型企业为了降低生产要素成本，会将其工厂迁到劳动力丰裕而廉价，或土地价格较低的国家或地区去。也有一些企业，由于其产品原材料主要来源于海外，为了节省与原料进口和产品出口相关的运输费用，也会到原材料产地进行投资设厂。

(4) 规避风险。

汇率的变动会直接导致出口商品价格的变动。当一国的货币升值时，会使其出口商品以外币表示的价格升高，影响其商品在国际市场的竞争力。为了规避汇率变动所造成的风险，该国企业往往会到出口国进行直接投资，以减少本币升值的不利影响。另外，关税税率的变化也会对产品的出口造成影响。如果产品出口国家的关税税率较高，产品价格随着升高，与该国市场上的同类产品相比竞争力下降，产品进入该国市场的风险增加，这就促使企业到该国进行投资设厂，以减少和规避关税税率变动的风险。

如果企业的投资过分集中在某个行业或某个国家或某个地区，一旦遇到风险，就会由于回旋余地不大而出现较大损失。因此，为了分散经营风险，一些规模比较大的企业到多个国家进行投资生产与经营活动，可以实现原材料、技术、人员以及资金等的多元化，从而使企业不受一国国内条件有限的制约。

(5) 引进先进的技术和管理经验。

先进的技术和管理经验是企业在市场竞争中获胜的重要因素。技术落后或缺乏管理经验的公司为了获取和利用国外先进的技术、生产工艺、新产品设计和先进的管理知识等来提高竞争力，多采用在国外设立合营企业或兼并与收购当地企业的方式，从而提高自己的市场竞争力。

相关链接

北京三元和台湾爱之味合资

在北京大兴区瀛海乳品工业园内，北京三元食品股份有限公司(以下简称三元)和台湾爱之味股份有限公司(以下简称爱之味)合资的两家公司——北京爱之味三元健康科技股份有限公司和北京三元爱之味饮品销售有限公司刚刚成立。它们将生产销售“三元”、“爱之味”品牌的饮料，此外合资公司将来还可能推出自己研发的新产品，也可能会注册新的品牌。工厂还将接受非三元同业竞争对手的委托代工。

相比以奶业为主的三元，爱之味产品线丰富，其包含了果汁、茶、椰奶、花生牛奶、燕麦乳、甜八宝、运动功能饮料等产品，但这些产品极少在中国内地销售。

合资工厂爱之味三元注册资本3.35亿元，台湾爱之味全资子公司生技开发以现金出资持股51%；三元则以土地作价加上部分现金出资持股30%；其余19%股份为北京控股下属京泰投资持有。而在三元爱之味销售公司中，三元持股30%，爱之味持股28%，其余股份为几家投资公司持有。

三元方面表示，它想要通过这种方式来补充、完善其产品结构及市场结构，开拓新的利润增长点。

三元股份2011年上半年财务报告显示，其净利润2 839万元，与去年同期的亏损5 151万元相比实现了扭亏为盈。但是其利润主要来自公司参股麦当劳获取的收益，2011年上半年，这部分收益为4 788万元。2009年整合因三聚氰胺事件破产的三鹿，是三元之前陷入亏损的主要原因。

三元方面称，合作项目将在2013年前建设完成，其中第一条日产量400吨的台湾茶饮料生产线2012年10月投入生产，产品将首先在京津市场销售，整个项目投资的回收期约为6年。

(资料来源：王娜．三元卖茶．第一财经周刊，2011，44.)

(6) 政策导向。

许多国家和地区的政府鼓励企业到海外进行直接投资或鼓励企业吸引外资，并制定一系列的相关法规和政策。例如，东道国政府为了吸引外来投资，提供优惠的税收政策和金融政策、优惠的土地使用政策以及创造尽可能良好的投资环境等。同样，母国政府也会出台鼓励性的税收政策、金融政策、保险政策以及海外企业产品的进口政策等。被这些优惠政策所吸引，很多公司做出对外直接投资的决策。

3.2 国际直接投资的方式

按照投资者是否投资创办新企业，国际直接投资方式主要可以分为绿地投资(Green Field Investment)和跨国并购(Cross Boarder Merger & Acquisition)。按照跨国公司对外投资参与方式的不同，国际直接投资方式可以分为股权参与和非股权参与。

3.2.1 绿地投资和跨国并购

1. 绿地投资

绿地投资，又称创建投资，指跨国投资主体在东道国境内依照东道国的法律设置的部分或全部资产所有权归外国投资者所有的企业。从投资者参与方式的不同角度，绿地投资可以分为国际独资企业、国际合资企业和国际合作企业。在中国，由于目标市场的资本市场不完善、所有制单一等原因，早期跨国公司的业务拓展基本上都是采用这种方式。但随着中国市场经济日趋完善，中国企业所有制的多样化，并购已成为外国跨国企业进入中国市场的主要方式。

国际独资企业的形式有国外分公司、国外子公司和国外避税地公司。国际合资企业的形式有股权式合资企业和契约式合资企业。

2. 跨国并购

1) 跨国并购的概念

跨国并购作为国际直接投资的主要方式之一，又被称为“褐地投资”，是指跨国公司等投资主体通过一定的渠道和支付手段，取得东道国某个现有企业的全部或部分资产的所有权的投资行为。这里所说的渠道，包括并购企业直接向目标企业投资，以及通过目标国所在地的子公司进行并购两种形式。这里所指的支付手段，包括支付现金、从金融机构贷款、以股换股和以股票换资产等方式。跨国并购涉及两个或两个以上国家的企业，其中“一国企业”是并购企业，可称为并购方或进攻企业，“另一国企业”是被并购企业，又称目标企业。

跨国并购是国内企业并购在海外的延伸，是企业间跨越国界的并购活动。并购(Mergers & Acquisition)一词包括兼并和收购(或购买)两层含义。兼并(Merger)指企业的吸收合并，即一个企业将其他一个或数个企业并入本企业，使其失去法人资格的行为。兼并是企业变更、终止的方式之一，也是企业竞争优胜劣汰的正常现象。收购(Acquisition)有接管(或接收)企业管理权或所有权之意，即一个企业通过购买其他企业的资产或股权，从而实现对该企业的实际控制的行为。从经济学角度看，企业兼并和收购的经济意义是一致的，即都使市场力量、市场份额和市场竞争结构发生了变化，对经济发展也产生相同的效益，因为企业产权的经营管理权最终都控制在一个法人手中，正是基于此，西方国家通常将“Merger”和“Acquisition”连在一起，统称“M&A”。通过并购，跨国经营企业可以实现优势互补、增强其竞争力的目的。按照联合国贸易与发展会议(United Nations Conference on Trade and Development，UNCTAD)的定义，跨国并购的方式主要有两种：外国企业与境内企业合并；收购境内企业的股权达 10%以上，使境内企业的资产和经营的控制权转移到外国企业。跨国并购结构如图 3.1 所示。

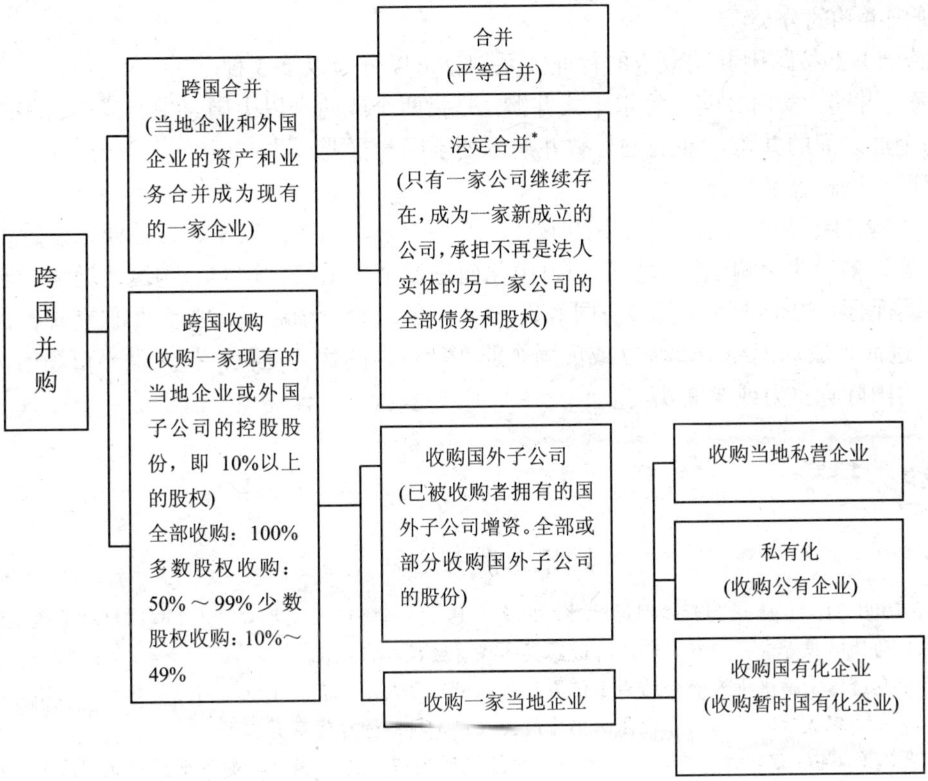

图 3.1　跨国并购的结构

注：*法定合并和全部收购的关键区别在于，前者建立一个新的法人实体，后者则不然。但在别的场合，这两种方式可以同样看待。

(资料来源：UNCTAD 跨国并购数据库 2000 年世界投资报告——跨国并购与发展. 中文版. 先国民总校译. 北京：中国财政经济出版社，2001：116.)

相关链接

雀巢并购银鹭集团

2011 年 4 月 18 日，瑞士雀巢集团(以下简称雀巢)宣布，已经就获得银鹭食品集团(以下简称银鹭)签署了合资协议，获得银鹭 60%股权。这是继可口可乐公司要约收购汇源果汁集团有限公司后的外资在国内饮料行业的最大一次并购。双方已经计划共同投入 25 亿元，加快银鹭各生产基地产能扩张与国内生产基地建设布局。

银鹭是全国最大的罐头、饮料生产基地之一，位列全国行业十强。其银鹭牌八宝粥、动植物双蛋白饮料花生牛奶在国内市场占据最大份额。银鹭 2010 年销售额为 7.5 亿瑞士法郎。

2010 年雀巢中国区的销售额为 28 亿瑞士法郎。通过这次并购，雀巢可以借助银鹭，让雀巢咖啡迅速进入所有银鹭花生牛奶的销售点。而银鹭的工厂过去原本就在为雀巢咖啡代工生产即饮咖啡产品。合资公司成立后，双方可以更好地整合资源，扩大产能。

(资料来源：21 世纪网 http://www.21cbh.com/HTML/2011-4-19/0MMDAwMDIzMzM0Mg.html.)

2) 跨国并购的分类

(1) 跨国并购按跨国并购双方的行业关系划分可以分为以下 3 种。

① 横向并购。横向并购又称水平式并购，是指两个或两个以上国家生产或销售相同或相似产品的企业之间的并购。并购方与被并购方处于同一行业，生产或经营同一产品，生产的工艺也相近，比较容易整合。

横向并购是跨国并购中经常采用的形式，近些年来，制药、汽车、石油业以及越来越多的服务业等许多行业为响应技术变革和自由化而进行全球重组，这类并购迅速增加。通过整合资源，进行合并的企业旨在获得协同效果(其资产的联合价值超过这些企业独立时各自资产的总和)，进而形成规模经济，确立或巩固企业在行业内的优势地位，扩大世界市场的份额，增加企业的国际竞争力或垄断实力。

相关链接

腾讯入股开心网

2011 年 10 月 31 日，腾讯和开心网同时对外发布消息，宣布腾讯入股开心网。开心网此次是通过发行新股引入腾讯作为战略投资者。但双方都没有透露具体投资金额和占股比例。

此前有消息透露，腾讯投入资金约为 1 亿美元，采用的方式是原有股东股权同比例释放，而不是现有股东转让股权。交易完成后，开心网管理团队仍为最大股东，持续管理运营开心网。

8 月，开心网 CEO 程炳皓透露，目前注册用户数达到 1.17 亿个，虽然，新注册用户数同比增速放缓，但仍处于增长阶段。开心网由程炳皓创立于 2008 年 3 月，凭借“偷菜”、“抢车位”等小游戏红极一时。它曾获得两轮总计约 2 300 万美元的风险投资。

腾讯 QQ 空间拥有 5.31 亿活跃账户，旗下针对二、三线城市的 SNS 社区朋友网有 1.29 亿活跃账户，它同时还在腾讯微博上投入大量资金。但是腾讯正面临来自新浪微博的强大的竞争压力。根据腾讯第二季度财报显示，其 QQ 同时在线账户数首次出现下降，第二季度利润也环比下降 18.8%。

瑞士信贷分析报告指出，这种入股将可以防止开心网成为其他公司并购的目标，降低了该网站对腾讯的竞争威胁，同时，开心网与腾讯产品的整合也将从根本上对开心网形成提升，而腾讯作为股东也将受益。

2011 年以来，腾讯投资动作不断，在影视、旅游、团购、网游等领域通过收购或投资实现产业布局。继 4.5 亿元战略投资华谊兄弟后，腾讯作为战略投资者，参与了文化中国传播集团有限公司针对中国娱乐的收购计划，耗资 2.478 亿港元。此前，腾讯投资 8 440 万美元，持股艺龙 16%，成为艺龙二股东。

(资料来源：朱小坤. 腾讯入股开心网. 第一财经周刊，2011，42.)

② 纵向并购。纵向并购是指两个或两个以上国家生产相同或相似产品但又处于不同生产阶段的企业之间的并购活动，即在客户、供应商或卖主、卖主关系企业之间进行的并购，如汽车行业与钢铁行业的并购。并购企业旨在通过纵向并购，低价扩大原材料供应或扩大产品的销路，组织专业化生产和实现产销一体化。纵向并购一般较少受到各国有关反垄断法律或政策的限制。

③ 混合并购。混合并购是指两个或两个以上国家在经营活动无关联的公司之间进行的并购，如日化行业和饮料行业的并购。此类并购通常是寻求业务多元化，或以分散风险、多样化经营等战略为目标。

跨行业的混合型并购是近些年来国际企业并购的一大特征，但由于并购公司并不完全了解并购行业的特征，因此，这类并购风险也比较大。

相关链接

联想收购 Medion

2011年6月1日，联想集团(以下简称联想)通过德国的子公司 BIdco，耗资2.31亿欧元用购股方式收购德国 Medion AG 公司，获得其36.66%的股份。这次交易会使联想的销售收入增加20亿美元，在德国个人电脑市场份额超过14%。接下来，联想还将继续收购 Medion 公司的公众股东股权，预计到2011年第三季度，联想将会获得 Medion55%～80%的股份，成为其控股股东。

市场机构预测，该协议将使联想在德国的市场份额增加一倍，从而成为欧洲第三大个人 PC 厂商。收购协议完成之后，联想和 Medion AG 将在德国拥有14%的市场份额，在西欧个人电脑市场拥有约7.5%的市场份额。

联想 CEO 杨元庆表示，“收购 Medion 是联想为实现长期战略目标所迈出的重要一步，Medion 的销售、市场营销、服务和零售渠道能力，可以配合联想在西欧消费业务的增长。Medion 在前端的能力与联想在生产制造和供应等后端的竞争力形成优势互补。”

(资料来源：联想收购 Medion. 第一财经周刊，2011，21.)

(2) 跨国并购按照并购完成后目标企业的法律状态可以分为以下3种。

① 创立兼并。创立兼并是指两个或两个以上公司合并后都解散，并在新的法律和资产负债关系基础上成立一个新的法人的并购。

② 吸收兼并。吸收兼并是指在两家或两家以上的公司合并中，兼并公司仍然保持原有公司名称，全权获得被兼并公司的资产和债权，同时承担其债务，被兼并公司解散，在法律上从此消失。

③ 控股兼并。控股兼并是指在两个或两个以上公司合并后都不解散，但被并购企业所控股。

(3) 跨国并购按照并购活动是否经由中介实施可以分为以下2种。

① 直接并购。直接并购又称协议并购或友好接管，是指并购企业直接向目标企业提出并购的要求，双方通过一定的程序进行磋商，共同商定并购的条件，然后根据双方商定的协议完成并购活动。

② 间接并购。间接并购又称要约收购，是指并购企业并不向目标企业直接提出并购要求，而是通过在市场上收购目标企业已发行和流通的具有表决权的普通股股票，从而取得对目标企业的控制权的行为。

间接并购有两种基本做法：一种是并购企业利用目标企业普通股股票市场价格下跌之机，大量购进该企业的普通股股票，从而达到获取对该企业的控制权的目的；另一种做法是并购企业在证券市场上以高于目标企业当前股价水平的价格，大量收购该企业的普通股股票，以达到获取目标企业的控制权的目的。

间接并购一般不是建立在共同意愿的基础上的，因而极有可能引起并购企业与目标企业之间的激烈对抗，因此，这种意愿相悖的并购又被称为敌意并购。在这类并购中，并购企业并非只满足于部分所有权的获得，而是要在取得了超过目标企业董事会股权的前提下强行完成对整个目标企业的收购。

(4) 跨国并购按跨国并购中的支付方式可以分为以下4种。

① 股票互换。股票互换是指以股票作为并购的支付方式，并购方增发新股换取被并购企业的旧股。其重要特点就是目标公司的股东并不因此失去所有权。

② 债券互换。通过增加发行并购公司的担保债券、契约债券和债券式股票等，用发行债券代替目标公司的债券，使目标公司的债务转到并购公司。

③ 现金并购。凡不涉及发行新股票或新债券的公司都可以被认为是现金并购，包括以票据形式进行的并购。并购方支付了议定的现金后即取得目标公司的所有权，而目标公司一旦得到其所有股份的现金，即失去所有权。

④ 杠杆并购。如果一家或几家企业在银行贷款或在金融市场借贷的支持下进行并购，称为杠杆并购。在杠杆并购方式下，并购企业首先设立一家直接并购公司，再由该公司以公司资本及未来买下的目标企业的资产和收益为担保向银行贷款，或以该公司的名义在证券市场发行债券或融资票据获得并购资金，并用目标公司的现金流量偿还负债。因为这种方式不需要投入全部资金，只需少量自有资金便完成企业并购，所以称为杠杆并购。杠杆并购完成之后，并购企业会把被并购企业的资产分拆，并通过资本市场变卖其中的一部分，以偿还并购时所借金额。

杠杆并购具有很高的风险性，高额举债要以并购完成以后出售企业的部分优良资产来偿还。如果被并购企业的资产无法顺利变卖，就会影响并购企业的并购能力。另外，如果利率回升也可能产生难以支付利息的情况。因此，一旦条件发生了不利的变化，并购企业就可能无法达到收支平衡，从而面临着因无法偿还债务而倒闭的危机。

3. 绿地投资与跨国并购的选择

从定义来看，绿地投资会直接导致生产能力、产出水平和就业的增长，跨国并购则多为企业所有者的更改。跨国经营企业在进行对外直接投资时，采用何种方式投资东道国，取决于这两种形式本身所具有的内在特点以及东道国投资环境、投资企业自身状况和发展战略等因素。具体的选择标准主要有以下几点。

1) 东道国的投资环境

采取绿地投资还是跨国并购，首先要了解东道国的国情、行业特征及投资环境等因素。在投资方的母国投资环境与东道国投资环境有较大差异时，采用并购方式进入东道国，并购方可以利用被并购方适合原有的当地市场的管理制度和管理人员，从而可以避免因对当地情况缺乏了解而造成的种种麻烦。在直接投资之前，投资方还应考虑东道国的经济发展水平、基础设施建设以及当地人才素质等因素，对于经济落后的发展中东道国，跨国经营企业无法在当地直接获得企业发展所需的设备厂房、管理团队以及技术人才，通常先采取绿地投资方式，以建立符合企业发展标准的基础设施并独立培养专门人才。

其次，东道国政府对于吸引外资的态度也至关重要。相对于绿地投资，跨国经营企业采用并购方式进入东道国，涉及敏感行业较多，东道国政府出于政治或战略考虑，或为了保护国家资源或民族产业，可能会干涉甚至阻止并购，从而导致并购失败。这时投资者只能采用绿地投资的方式。

最后，东道国经济体制和市场机制对于绿地投资和并购的选择也相当关键。东道国资本市场的不完善和相关中介机构的缺乏导致的资产被低估促进并购的发生。而且由于类似原因，经济危机引发的资产急剧下降也会刺激并购活动。但另一方面，如果两国市场制度和经济体制上存在很大的差异，跨国并购也存在很多的障碍。例如，不同国家有不同的会计准则，并购方很难精确地对目标企业进行价值评估。

2) 投资企业的自身状况

如果一个投资企业拥有的研发密集程度较低，那么该企业就更倾向于并购的方式，因为这样可以以最快的方式取得目标企业的著名商标，获得企业发展所需的技术、专利和商标等无形资产，迅速提高企业的技术水平和研发能力。相反，拥有较强技术优势的企业为了防止自己领先技术的外溢，更倾向进行绿地投资。

另外，经济实力较强的企业更倾向采取并购的方式，因为大企业更具有整合被并购企业的能力，而且能够更快地将其协调一致发挥规模效应。但是，近年来在并购风潮的影响下，小企业的并购现象也在逐渐增多。

3) 投资企业的发展战略

实行多样化经营战略的企业在计划超越原有的产品生产范围但又缺乏有关新产品生产和营销方面的技术和经验时，通常选择通过并购的方式进入新的市场，扩大产品种类和经营范围。

在东道国市场竞争激烈的情况下，投资者如果要更迅速地进入东道国市场，获得目标企业的市场份额，以降低竞争压力，可采取并购方式。相比绿地投资，并购方式可以大大缩短企业项目的建设周期或投资周期，特别是对制造业而言，并购方式可以获得带有垄断性、稀缺性的资源，节省大量的建厂时间，使跨国经营企业直接占有目标企业原有的销售市场，在目标市场充分利用当地现有销售渠道和人力资源等优势，迅速获得现有技术生产设备，迅速建立国外生产基地和销售市场，使企业进一步得到扩张。

4) 是否在东道国已建立子公司或分公司

如果跨国公司在东道国已经建立了子公司，那么该企业在继续向该国扩张时就更加倾向于采取并购方式，因为这样比新建投资可以更少地减少新生产能力带来的竞争加剧和利润的下降。

相关链接

中国汽车业收购失败案例

1. 上汽收购双龙

2004年上海汽车工业(集团)总公司(以下简称上汽)以5亿美元买下49%的韩国双龙汽车公司(以下简称双龙)股权，后来又向双龙注入4 500万美元资金。2009年初双龙破产，让上汽付出了40亿元人民币的代价。

2. 上汽、南汽竞购罗孚

2005年上汽与南京汽车集团有限公司(以下简称南汽)经过一番竞购后，分别获得技术和生产线所有权，总花费超过1.1亿英镑。它们后来以各自所得为基础在国内推出MG名爵和荣威两种汽车品牌。2008年，上汽与南汽合并，带来了定位相似的品牌、重复的生产线和技术等问题。

(资料来源：王泓超. 萨博还有一搏. 第一财经周刊，2011，19.)

3.2.2　股权参与和非股权参与

过去跨国公司的对外投资参与方式主要是股权参与和合作经营，目前非股权安排越来越多，这是因为东道国通过非股权安排得到重要工业部门的控制权，而跨国公司则可以大大降低或化解经济、政治、交易、生产、技术开发风险。非股权安排的形式很多，有许可证合同、管理合同、交钥匙合同、融资租赁、补偿贸易、销售协议、特许经营等。

1. 股权参与

股权参与(Equity Participation)是指跨国公司母公司通过新建企业和收购东道国企业股份的手段实现对东道国企业的控制权和剩余索取权的投资方式。跨国公司股权参与的类型有四种。第一种是全部拥有，即母公司拥有子公司股权在 95%以上；第二种是多数占有，即母公司拥有子公司的股权在 51%～94%之间；第三种是对等占有，即母公司拥有子公司股权的 50%；第四种是少数占有，即母公司拥有子公司股权在 49%以下。

2. 非股权参与

非股权参与(Non-Equity Participant)又称非股权安排式国际直接投资，是指跨国公司在东道国的公司中不参与股份，而是通过与东道国企业签订与股权没有直接联系的技术、管理、销售渠道和工程承包等方面的合约，为东道国提供各种服务，取得对该东道国企业的某种管理控股权。

通过非股权参与方式，跨国公司不用直接到东道国投资设厂，不投入股金，凭借在生产、技术、营销和管理上的优势和能力，通过转让技术、提供管理、服务、销售网络等，在减少经营风险和财务风险的同时获取对企业的控制权，并获得高额的利润。非股权参与已经成为 20 世纪 70 年代以来被广泛采用的一种新的国际市场进入方式。

非股权参与主要包括以下几种形式。

1) 许可证合同

许可证合同(Licensing)又称特许权合同或技术授权，指跨国公司(授权方)与东道国公司(被授权方)签订合同，允许东道国企业使用跨国公司已经注册的商标(Trademark)、专利(Patent)以及专有技术(Know-How)等工业产权和技术。在许可证合同中，东道国企业应按合同约定的金额，依照合同规定承担一定的义务，如保证不将该技术转让给第三者，保证不泄露技术秘密等，并向跨国公司支付专利权费(Royalty)。该专利权费有两种支付方式，即定额支付和比例支付。定额支付的许可证合同称为许可证贸易，属于国家贸易范畴；而比率支付的许可证合同，属于国际直接投资。

许可证合同是一种契约性协议，许可证获得者只享有某种技术的使用权，所有权仍属于许可证提供者；在许可证合同的有效期内，许可证提供者有义务向许可证获得者提供改进技术的情况，后者也有义务向前者作技术反馈；许可证提供者负责有关技术人员的培训，派专家指导，保证受让方达到预期的使用目标。

跨国公司为了保护自身的利益，往往在许可证合同中加入一些限制性条款。例如，跨国公司对利用授权的商标、专利和技术诀窍生产的产品产量水平进行限制，并为了保证产品的质量，授权跨国公司拥有对东道国企业生产过程的监督权；为了防止东道国企业侵害自己在东道国以外地区的利益，跨国公司通常在许可证合同中规定东道国企业不得越区从事生产和销售活动；在许可证合同中，跨国公司还规定，东道国企业生产被授权产品时，应从跨国公司或由其指定的供给商，购置所需的原材料和零部件。

对于跨国公司来讲，许可证合同不涉及自己投入，可以使跨国公司有效地规避东道国的进口管制和关税壁垒，将其产品打入东道国市场，还可以使跨国公司利用东道国企业产品在东道国的销售带来的广告效应，为以后进一步扩大在东道国市场的占有率打下基础，适合打算进入一国市场而又不了解该国市场的跨国公司。

但这种方式也存在着一些劣势。例如，卖方没有亲自参与东道国企业的经营管理，既不能保证产品的质量，也不能获得东道国生产和经营的经验；另外，许可证获得者有可能在掌握购入技术之后，成为跨国公司潜在的竞争者。在历史上，美国威斯汀豪斯电气公司(Westinghouse Electric Corporation)曾与德国的西门子(Siemens)公司签订许可证合同，向后者提供专利、商标及技术诀窍。但是，合同期满后，西门子公司已从被授权者上升为威斯汀豪斯电气公司的主要竞争对手之一。

2) 管理合同

管理合同(Management Contracts)又称经营合同、经营管理合同、风险合同或工作合同，是指具有先进管理技术的跨国公司通过签订合同，派遣优秀的管理人员到东道国的企业担任管理职务，负责经营管理方面的事务并获取管理费。管理合同一般限定在一定的时间内，通常为 5～10 年。广义上看，管理合同也是一种技术转让。

管理合同可以分为技术管理和全面经营管理。技术管理是由跨国公司委派技术人员来管理东道国企业的技术工作。特点是，只管理不投资。订立了管理合同就意味着授权技术公司管理企业的技术工作，但企业其他方面的管理工作仍由东道国企业决定。全面经营管理范围则比较广，包括技术管理、供销管理(采购与销售)、商业管理和行政管理等，通常用于产品刚投产的新产业部门、产品专供外销的工厂和大型国际旅游企业。例如，美国希尔顿国际公司(Hilton International)以管理合约的方式，专门为各国大型酒店提供总经理，代为管理酒店。

3) 交钥匙合同

交钥匙合同(Turn-Key Contract)又称“一揽子合同”，是指跨国公司为外国企业或外国政府从事工程建设，在工程完工后，跨国企业负责试生产，在保证工程开工后的产品产量、质量等指标达到合同规定标准后，才将工程移交给工程主人的合同。

传统的交钥匙合同规定，随着成套设备的建成和移交，并经过试验运转证明技术功能良好，该项目的合同义务就算结束。交钥匙合同的新形势不仅要求承包方对项目的建设负责，而且应保证工厂在初期阶段能顺利运转。

跨国公司可以通过这种合同获取一笔可观的工程承包费用，还可为以后公司产品进入工程项目所在国市场作铺垫。而对于发展中东道国，采取交钥匙合同的好处是东道国可以吸收外资和引进国外先进的技术。但缺点是相对传统形式而言，交钥匙工程所付的费用要昂贵的多，另外，如果跨国公司转移的是即将淘汰的技术或环境污染严重的企业，将会给东道国经济发展带来不利影响。

4) 融资租赁

融资租赁(Financial Leasing)又称设备租赁(Equipment Leasing)，是指位居不同国家的出租人和承租人之间的租赁。出租人通过国外厂商购买承租人所需的设备，根据双方签订的租约，承租人向出租人缴纳租金并获得设备使用权。

融资租赁是集融资与融物、贸易与技术更新于一体的新型投资方式，近年来已经成为国际上十分活跃的一种跨国参与方式，出租的设备通常有飞机、船舶、石油钻机、大型电子计算机、起重机和某些成套的生产设备等。

设备租赁按内容可划分为干租(Dry Lease)和湿租(Wet Lease)两种。干租是出租人只向承租人提供设备，但不提供该设备的操作人员。湿租是出租人除向承租人出租设备外，还随同设备提供操作和维修人员。

5) 补偿贸易

补偿贸易是指在东道国外汇短缺的情况下，跨国公司在向东道国进口方销售机器设备和转让技术过程中，不以收取现汇为条件，而以使用该设备或技术的项目投产后所生产的产品来分期收回其价款的一种参与方式。

根据偿付方式的不同，补偿贸易可以分为以下几类。

(1) 直接产品补偿，是指东道国进口方用引进的设备或技术生产的直接产品抵偿合同价款，而跨国公司在签订合同时必须承担按期购买一定数量直接产品的义务。这种做法的局限性在于，它要求生产出来的直接产品及其质量必须是对方所需要的，或者在国际市场上是可销的，否则不易为对方所接受。

(2) 其他产品补偿，是指东道国进口方引进的设备或技术不生产物质产品，或其生产的直接产品并非跨国公司所需或在国际市场上不好销时，可以由双方进行协商，用其他指定产品来偿还进口合同的价款。

(3) 综合补偿，指补偿贸易中进口设备、技术等的价款，可以部分用直接产品或其他产品偿付，部分用现汇或贷款偿付。

6) 销售协议

销售协议(Sales Agreement)是跨国公司与东道国销售企业签订协议，利用东道国的销售机构来扩大跨国公司产品销售范围的方式。销售协议可分为 3 种。

(1) 分销。指跨国公司与东道国的商业机构签订协议，由后者按照跨国公司规定的价格在东道国销售其产品。分销商从跨国公司进货时，获得有利可图的折扣优待。

(2) 代理。指跨国公司委托东道国的商业机构为其商品找寻买主。成交后，代理商按成交额的一定比例收取佣金。

(3) 寄售。指跨国公司委托东道国的商业机构，按照跨国公司规定的价格在东道国代为销售其产品，在该商品在市场出售以后，由寄售商交还跨国公司货款，并从货款中扣除佣金。

7) 特许经营

特许经营(Franchise)是商业和服务业中跨国公司采取较多的一种参与方式。根据中国商务部定义，特许经营是指通过签订合同，特许人将有权授予他人使用的商标、商号、经营模式等经营资源，授予被特许人使用；被特许人按照合同约定在统一经营体系下从事经营活动，并向特许人支付特许经营费。

特许经营的一个重要特点是，特许经营总店(Franchisers)都是一些在顾客中已享有较高声誉的企业，有其良好的产品质量和服务水平。特许经营总店允许分店(Franchisees)使用其商号名称，并对分店的经营活动给予协助，但分店的所有权并不归总店所有，而是独立的经济实体。分店只按销售额或利润的一定百分比(也有的按固定金额)向总店缴纳特许权使用费。

小知识

特许经营的起源和发展

特许经营最早起源于美国，1851 年胜家(Singer)缝纫机公司为了推展其缝纫机业务，开始授予缝纫机的经销权，在美国各地设置加盟店，并撰写了第一份标准的特许经营合同书，在业界被公认为是现代意义上的商业特许经营的起源。

特许经营发展至今，不断进行着各种方式的完善。早期的特许经营是商品商标型特许经营，在这一阶段，特许商向加盟商提供的仅仅是商品和商标的使用权，作为回报，加盟商需定期向特许商支付费用。例如，通用汽车公司、福特公司、埃克森石油公司、壳牌公司、可口可乐公司、麦当劳公司(以下简称麦当劳)等都是采取这种方式从事经营的，这也被称为“第一代特许经营”。

但是，“第一代特许经营”在实践中遇到一系列问题。例如，麦当劳兄弟 1937 年创办汽车餐厅起家，通过改进厨房设备与生产程序，使汉堡生产制作速度大大提高，吸引了大量顾客。20世纪20年代初，麦当劳利用特许经营形式建立自己的经营体系。一开始，他们采取的是“第一代特许经营”方式，即只在开业之初指导店铺外观和外送服务的细节，以后就两不相干了。这种“大撒把”式的方式造成了危机，许多加盟商按照自己的理解改变了汉堡口味，有的甚至增加了许多复杂的品种，这是对麦当劳经营方式的“腐蚀”。注意到这一点之后，麦当劳于1955年在芝加哥东北部开设了第一家“样板店”，并建立了一套严格的运营制度——QSCV运营系统，即质量(Quality)、服务(Service)、清洁(Cleanliness)、价值(Value)。麦当劳借助这样的经营模式推行了第二代特许经营，全世界所有麦当劳使用的调味品、肉和蔬菜的品质均由公司统一规定标准，制作工艺也完全一样，每推出一个新品种，都有一套规定。麦当劳正是依靠这样的经营使其获得迅速发展。

8) 技术咨询

技术咨询(Technical Inquiry)是指跨国公司向东道国企业提供技术人员，对东道国企业存在的技术问题或技术论证方案提供咨询和论证等技术性服务，并按合同规定，收取劳务费用。

上述非股权安排方式有时单独运用，但绝大多数情况下并不单独运用。跨国公司往往根据需要和可能，与股权参与方式结合在一起，形成组合型经营方式。

相关链接

星巴克“自己玩”

2011年6月2日，星巴克咖啡有限公司(以下简称星巴克)宣布收购香港美心集团所持有的30%合资股权，从而获得其在广东、海南、四川、陕西、湖北和重庆业务100%所有权。同时，星巴克将其在港、澳地区合资公司的5%股份，转让给香港美心集团，后者由此获得港、澳门店100%的所有权。交易完成之后，在内地由星巴克100%控股的门店将达200余家，占其内地门店总数(450余家)的50%以上。剩余门店集中在华东地区，由星巴克和台湾统一集团合资，双方各占50%股权。

从1990年代进入中国开始，星巴克与香港美心集团、台湾统一集团和北京美大咖啡有限公司(由汉鼎亚太投资公司和北京三元集团合资成立，以下简称美大)一起拓展中国市场。2005年，在中国允许外资企业独资开店后，星巴克将中国的市场授权、合作策略变为直营，开始在青岛、大连、沈阳、成都、重庆分别开出了其独资店铺。此后，星巴克先后从合作伙伴手中获得上海统一星巴克和广东美心星巴克半数或超半数股权。2006年，星巴克从美大手中收回90%股权，京津地区门店全部变身独资。

星巴克总裁John Culver表示，“星巴克总体策略是将中国打造成为除美国之外的第二本土市场。我们计划在2015年之前实现在中国内地运营1 500家星巴克门店的目标。”

(资料来源：星巴克自己玩．第一财经周刊，2011，21．有删改.)

3.3 跨国公司

第二次世界大战以来，随着各国对外开放度的提高，企业作为市场主体，日益走向全球化的发展道路。20世纪90年代开始，经济全球化的微观载体——跨国公司的生产经营全球化迅速发展，作为直接国际投资的重要主体，跨国公司成为影响世界经济发展的重要因素。

3.3.1 跨国公司的概念及特征

1. 跨国公司的含义

简单而言，跨国公司(Transnational Corporations，TNCs)就是那些通过对外直接投资在多个国家设立分支机构或子公司，从事生产、销售或其他经营活动的国际企业。跨国公司的总部设在母国，分支机构或子公司设在东道国。跨国公司最基本的业务是对外直接投资，而对外直接投资的行为主体或组织载体是跨国公司。跨国公司大多规模庞大，营业收入超过一些国家的国内生产总值，对当地经济甚至全球经济都产生了很大的影响，并在国际关系和全球化中扮演着重要的角色。

跨国公司在英文中有多种名称，如多国公司(Multinational Corporations)、国际公司(International Corporation)、国际企业(International Corporations)、环球公司(Global Corporation)、宇宙公司(Universal Corporation)等。西方国家最初把跨越国界从事经营活动的组织称为多国公司，在 1974 年的联合国经济及社会理事会第 57 次会议上，一些拉美国家代表认为，在拉丁美洲一体化的文件中，"多国公司"特指在安第斯条约组织赞助下，由该组织成员共同创办和经营的公司，而以一国为基地，从事国外经营活动的公司，应称为"跨国公司"。这个意见被采纳以后，联合国的文件均统一使用"跨国公司"一词。

小知识

安第斯条约组织

安第斯条约组织，是南美洲安第斯山地区发展中国家区域性经济合作组织。1969 年 5 月 26 日，玻利维亚、哥伦比亚、智利、厄瓜多尔和秘鲁五国在哥伦比亚卡塔赫纳签署《安第斯区域一体化协定》，后称《卡塔赫纳协定》，成立了卡塔赫纳协定委员会，1969 年 10 月 16 日协定生效后，改称安第斯条约组织。该组织的宗旨是维护国家主权，促进成员国间的平衡和协调发展，加速发展民族经济，实现经济一体化。1970 年通过对待外资的共同条例。1980 年取消成员国间的全部关税，进行自由贸易，并制定对外共同关税，组成安第斯共同市场，反对外来干涉和政治经济压力。1983 年 10 月，该组织与欧洲经济共同体草签为期 5 年的合作协定，并成立混合委员会。另外，该组织还积极参加各种地区和国际性的组织及其活动。

2. 跨国公司的标准

目前学术界对于什么样的企业属于跨国公司仍没有一个统一的、可供划分的标准。例如，哈佛商学院的弗农教授认为，跨国公司是能够控制两个以上的国家的众多子公司，且具有一定的经营规模和相同的经营战略的企业，在国外的销售占企业销售总额的百分比至少为 20%～25%。而英国雷丁大学的著名学者邓宁教授认为，跨国公司就是在一个以上的国家拥有或者控制生产设施(如工厂、矿山、炼油厂、销售机构、办事处等)的一个企业。

1983 年，联合国跨国公司中心委员会在拟定《跨国公司行为守则》时，对跨国公司的定义作了比较全面的规范和界定，为大多数国家所接受。该定义认为跨国公司应包含以下 3 个要素。

首先，跨国公司是一个公有、私有或混合所有制企业，由两个或两个以上国家的经济实体组成，而不管这些实体采取何种法律形式经营，也不管其在哪个领域经营。

其次，企业拥有一个中央决策体系，企业及其各个经济实体在一个或多个决策中心制定的共同战略的指导下从事经营活动。

最后，各个实体通过股权或其他方式形成联系，使其中的一个或多个实体能够对其他实体的经营活动施加有效的影响，特别是同其他实体分享资源、信息和分担责任。

从以上 3 个要素的定义我们可以看出，跨国公司是指生产经营活动跨越国界，具有全球性的经营动机和一体化的经营战略并以此战略为指导，在多个国家拥有从事生产经营活动的子公司并对这些子公司实施有效控制的大型企业。

3. 跨国公司的特征

跨国公司作为国际化经营的企业组织，要对产品的生产、运销、资金筹措及资金投放等各种经济活动进行国际化的安排。因此，它与一般的国内企业及其他国际经济组织相比，有以下几个方面的特点。

(1) 战略目标全球化。

跨国公司的战略目标全球化特征是指在世界范围内有效地配置国内公司的一揽子资源，将公司的要素优势与国外的政治、关税、非关税壁垒和生产要素优势等投资环境的差异条件联系起来考虑，优势互补，使有限的要素资源发挥最大的效用，使公司的整体利益达到最大化。

国内企业的战略目标是以国内市场为导向的，偏重于在本国有效地组织生产经营，以实现利润最大化。而跨国公司则是以全球作为活动舞台，以世界市场作为其角逐的目标。它们通过对公司所处的竞争环境和公司本身条件的分析，进行多种可能的论证和抉择，制定全球化的战略目标，确定产品方向和子公司的发展规模，以及向新地区、新领域扩张的步骤等。因为跨国公司的全球战略目标在于使整个公司取得最大限度的利润和长远的利益，所以跨国公司在做经营决策时，不仅要考虑当前的利益，还要考虑未来的发展；不是孤立地考虑某一子公司所在国的市场、资源等情况和某一子公司的局部得失，而是从全球的角度考虑整个公司的发展，有时甚至让某分公司亏损，以便在总体上取得最大利润。

(2) 运行机制开放化。

国内企业通常把营运过程的所有阶段都放在国内进行，至多只是把销售产品阶段放在国外进行，其运行机制基本上是内向的、封闭型的。由于跨国公司以整个世界为自己的活动舞台，所以它们通常把营运过程的所有阶段都部分或全部放在国外进行，其运行机制基本上是外向的、开放型的。

(3) 公司内部一体化。

跨国公司实现其全球战略的关键在于实行“公司内部一体化”。这一原则要求实行高度的管理体制，即以母公司为中心，把遍布世界各地的分支机构和子公司统一为一个整体。所有国内外的分支机构和子公司的经营活动都必须服从总公司。在总公司的统一指挥下，遵循一个共同的战略，合理利用人力和财力资源，实现全球性的经营活动。一方面，跨国公司通过分级计划管理，落实公司的全球战略；另一方面，通过互通情报，实行内部交易，共担风险，共负盈亏。跨国公司可以利用遍布全球的分支机构，应付环境的变化，把投资、生产、出口、采购、资金等互相转移，变动研发基地，从事外汇投机买卖等，实现子公司的一体化部署。

(4) 生产经营活动跨国化。

生产经营跨国化是跨国公司最基本的特征。跨国公司与国内企业在经营跨国化方面的特征见表3-1。

表3-1 跨国公司与国内企业的生产经营比较

	国内企业	跨国公司
交易领域	主要局限于国际流通领域，单独从事一两项(如劳务输出或者商品出口)涉外经济活动，并且这些活动不涉及在国外投资建立经济实体	在世界经济的各个领域，全面地进行资本、商品、人才、技术、管理和信息等交易活动，并且这种“一揽子活动”是在母公司控制之下进行的，其子公司也像外国企业一样参加了当地的再生产过程

续表

	国内企业	跨国公司
国内外经济活动关系	国内外经济活动的关系是相当松散的，有较大的偶然性，其涉外经济活动往往在交易完后立即终止，不再参与以后的再生产过程	国内外经济活动的关系是紧密的，有其必然性：一方面，子公司受制于母公司；另一方面，母子公司的业务在分工协作的基础上融为一体，相辅相成
交易对象	许多涉外经济活动是以国际市场为媒介，交易的对方是另一家企业	许多涉外经济活动是在公司内部(母公司与子公司之间，子公司与子公司之间)进行的，交易过程中没有其他企业参加
海外扩张手段	以产品出口作为向海外扩张的主要手段	以直接投资作为向海外扩张的主要手段

(5) 技术内部化。

大部分跨国公司快速发展的关键是凭借技术优势起家。为了在世界市场上保持优势，或从一种优势转向另一种优势，跨国公司必须在研究与开发新技术、新工艺、新产品中始终保持领先地位，否则，它将在激烈的国际竞争中败北。因此跨国公司须依赖巨额的研究与开发投资及特有的技术战略，在全世界范围内有组织地安排科研机构，并将主要科研机构设在母国所在国，使研究成果掌握在总公司手中，首先在公司内部使用，推迟扩散，以保持较长时间的领先地位。市场的不完全性，无论是来自市场本身的固有缺陷还是政府人为的管理、干预措施形成的障碍，都使跨国公司为了自身利益，在通过外部市场公开出售技术商品的同时，更偏爱通过内部市场，把不愿或不能进行公开登记出售的技术、技能和先进的管理经验，在公司内部实行有偿转让。

技术内部化不仅可以减少外部市场的阻碍，也可以降低成本，发挥技术优势的作用，保护这种技术优势不受国外厂商的效仿，增加总公司控制、计划能力，在企业内部合理安排产品的生产和分配。

(6) 经营发展综合多样化。

经营发展综合多样化是指母公司和子公司各自生产不同种类的产品，甚至经营彼此毫不相干的不同行业，根据生产、销售过程内在的需要，将有关联的生产联系起来，进而向其他行业渗透，形成生产多种产品的综合体系。跨国公司通过多种经营发展，将全球战略目标、产品多样化战略和技术转让战略有机地结合起来，从而获得最大经济利益，如美国杜邦公司、联合化学公司，德国巴登苯胺苏打公司、拜耳公司，英国柯尔兹化学公司，日本韩日化学公司、佳友化学工业公司等化学工业公司，除了经营化学工业产品以外，还兼营制药、食品、化妆品、首饰工艺品、纺织、冶金、电子、化肥、农药、运输和旅馆业等各种行业。

4. 跨国公司国际化经营的度量

对于如何衡量跨国公司国际化经营程度一直是学术界关注的重要问题之一，最常使用的有以下 5 个指标。

1) 跨国经营指数(Transnationality Index，TNI)

这是根据企业的国外资产比重、对外销售比重和国外雇员比重这几个参数所计算的算术平均值。

$$TNI=\frac{\left(\frac{\text{国外资产}}{\text{总资产}}+\frac{\text{国外销售}}{\text{总销售}}+\frac{\text{国外雇员}}{\text{雇员总数}}\right)}{3}\times 100\%$$

2) 网络分布指数(Net Distribution Index，NDI)

该指数用以反映公司经营所涉及的东道国数量。

$$NDI = \frac{N}{N^*} \times 100\%$$

其中，N 表示公司海外分支机构所在的国家数；N^*表示公司有可能建立国外分支机构的国家数，即世界上有国际直接投资输入的国家数，从已接受国际直接投资输入存量的国家数目中减去 1(排除母国)即可得出 N^*。《1997 年世界投资报告》提供的数据为 $N^*=178$。

3) 外向程度比率(Outward Significance Ratio，OSR)

$$OSR = \frac{\text{一个行业或厂商的海外产量(或资产、销售、雇员数)}}{\text{一个行业或厂商在其母国的产量(或资产、销售、雇员数)}}$$

4) 研究与开发支出的国内外比率(R&D ratio，R&DR)

$$R\&DR = \frac{\text{一个行业或企业的海外研究与开发费用开支}}{\text{一个行业或企业的国内或国内外研究与开发费用开支总额}}$$

5) 外销比例(Foreign Sales Ratios，FSR)

$$FSR = \frac{\text{行业或厂商产品出口额}}{\text{行业或厂商产品海内外销售总额}}$$

以上指标反映了公司国际化经营的不同方面，其中前两项指标最常用，但要全面说明公司的国际化程度还需要其他指标的配合。

3.3.2 跨国公司的形成与发展

跨国公司是科学技术和生产力发展的结果，是垄断资本主义的产物。

16 世纪，伴随着地理大发现，欧洲主要的资本主义国家为实现促进资本主义大发展所必需的资本积累，在全球范围内开展的殖民掠夺很大部分是通过殖民贸易进行的。在这一时期，跨国经营活动虽然在全球范围内获得广泛的开展，但其涉及的领域却仅限于商品交换为主的贸易领域。这些从事跨国贸易的跨国经营企业与现代意义上的跨国公司是有着本质区别的。真正意义上的跨国公司是随着国际直接投资引致跨国生产制造活动的产生而出现的，因此真正意义上的跨国公司的雏形是一直到 19 世纪后半期才形成的。

跨国公司的形成和发展可以分成五个阶段，即第一次世界大战之前的雏形阶段、两次世界大战间的成型阶段、冷战期间的拓展阶段、20 世纪 70 年代到 20 世纪 90 年代初的大发展阶段和 20 世纪 90 年代初至今的新发展阶段。

1. 第一次世界大战之前的雏形阶段

18 世纪至 19 世纪，殖民时代的海外经营活动已开始从商品贸易向生产经营转变，但是在这一时期，英国、法国和美国的资本输出都是以间接投资为主的，尤其是购买铁路证券及政府公债，有限的直接投资也主要是投向落后国家的铁路修建和矿业开采，制造业的投资虽然数量极少，但却很有特点，这直接导致了早期跨国公司的出现。

当时的制造业投资是由市场导向的。自它产生之时就和经济发展水平有着密切的联系，因此与其他类型直接投资不同的是，制造业投资主要投资于比较发达的国家和地区，而且从投资主体上看，早期制造业投资和其他直接投资以英国为主体的情况不同，是以美国为主体的。1914 年前，美国制造业海外子公司有 122 家，而英国只有 60 家，美国当时还主要是接受外国投资的债务国，但其制造业对外直接投资占直接投资总额的比重却比英、法等国要高。这说明，制造业直接投资和投资国资本是否富裕并没有直接联系。

一般而言，刺激早期跨国公司出现的因素主要有以下 3 个方面。

(1) 技术垄断优势的保护。

美国最先从事跨国经营的制造业直接投资，是那些首先在国内发明产品的部门或有重大技术革新的部门。这些掌握了技术垄断的公司首先到海外进行投资以占领市场，并且防止别的厂商伪造，如西方联合电报公司、国际收割机、奥梯斯兄弟电梯公司、贝尔电话公司、爱迪生电灯公司等。

(2) 避开保护性贸易壁垒。

避开保护性贸易壁垒到海外市场建立制造业跨国公司，便于就地生产和供应，是刺激早期跨国公司出现的另一个重要原因。例如，德国对进口食物的高额关税促使荷兰人造牛油公司在德国建厂，又如法国铁路公司规定空气刹车必须由当地厂商供应，刺激了美国威斯汀豪空气刹车公司到法国设厂。

(3) 各国对外国制造企业到本国设厂的刺激或鼓励。

各国为了加速国内经济的发展，对外国制造企业到本国设厂进行政策刺激和鼓励。例如，当时加拿大采取高关税以鼓励外国制造企业到加拿大投资办厂，推动了美国企业向加拿大渗透。此外，1876 年杜邦公司兼并了加拿大的两家动力机械厂，1883 年爱迪生公司到加拿大建厂，享受了国民待遇。

总而言之，第一次世界大战爆发之前，在美国以及欧洲英、法、德等国家已经出现了以对外直接投资为特征的早期跨国公司。虽然此时的跨国公司功能不够完整，其海外业务在整个经营活动中的比重较小，在世界经济活动中只能发挥有限的作用，但是它们已经初步具备了以“全球市场”为目标的特征，是现代意义上的跨国公司的雏形。

2. 两次世界大战间的成型阶段

两次世界大战期间是跨国公司发展的成型阶段。两次世界大战严重破坏了一些欧洲国家的经济，使得资本主义国家之间争夺国际商品市场和投资领域的斗争更加激烈，也促使跨国公司的发展呈现出新的特点。1913—1938 年，主要资本主义国家对外投资总额增加了 70 亿美元，增长幅度为 16%。在直接投资的部门结构上，制造业跨国公司发展较快。以美国为例，第一次世界大战前夕，美国在海外的制造业直接投资占对外直接投资额的 18%，其金额只相当于它在海外生产初级产品行业(矿业、石油业和农业)直接投资额的 33%。到 1940 年，美国在海外制造业的直接投资额已达 19.3 亿美元，居单项行业的首位，其全部对外直接投资的比重已上升到占世界的 27.5%。在这一阶段，以国际直接投资为明显特征的现代跨国公司已经成型并且具备了一定的规模。

3. 冷战期间的拓展阶段

从跨国公司发展的广度和深度以及从国际直接投资的发展速度与规模上看，冷战期间是当代大型跨国公司得以发展的关键阶段。

第二次世界大战后美国国内资本竞争激烈、平均利润下降等都促使美国的企业对外进行大量的投资，许多私人企业纷纷向海外投资设立子公司和制造工厂，进而极大地增强了美国国力和经济实力，使美国跨国公司处于绝对的领先地位。

第二次世界大战以后，美国将战争期间发展起来的新兴科技应用于民用部门，在国内发展了一系列新兴工业部门，如电子、飞机制造、计算机、汽车、化学、机械、石油化工等。由于这些新兴制造业具有垄断优势强、规模大和效率高的特点，因而向海外扩张的势头很大，而采矿、农业等初级产业的投资则相对较少。此外，跨国公司在服务业领域的拓展速度也很快。

进入 20 世纪 60 年代后，欧洲各国和日本在美国的大力扶持下，经济开始高速发展。一些新兴大企业开始进军国际市场，特别是在美国较好的投资环境和强大的高科技技术的吸引下，对美国的直接投资发展很快，从而出现了发达国家双向投资的现象。虽然在这一时期欧洲和日本的跨国公司得到了拓展，但在跨国公司的数量与规模上，美国仍然遥遥领先。

4. 20 世纪 70 年代到 20 世纪 90 年代初的大发展阶段

20 世纪 70 年代，随着欧洲、日本跨国公司的兴起，不仅跨国公司的整体规模和数量得到了前所未有的大发展，跨国公司世界的总体格局也发生了重大变化，跨国公司自身的经营战略和组织结构正朝着“全球化”的目标演进。在这 20 年间，跨国公司对外直接投资增长迅速，投资行为变得更加多样化，行业分布也变得更加广泛。

此外，跨国公司不仅数量一直在稳步增长，其规模也在急剧扩展，出现了一些巨型的跨国公司。以 14 个发达国家为母国的跨国公司增加了将近两倍多，从 1969 年的 7 000 多家增至 1990 年的近 24 000 家。并且根据有关母国的数据，约 1%的跨国公司母公司拥有其母国对外直接投资总存量的一半左右。最大的 100 家跨国公司 1990 年时在全球共拥有 3.2 万亿美元的总资产，其中 37.8%的资产投放在本国以外，详见表 3-2。

表 3-2　国外资产和销售最大的 100 家跨国公司的跨国化和集中化(1990 年)

项目	最大 100 家总资产所占比重	国外资产所占比重	最大 100 家总销售所占比重	国外销售所占比重	国外资产占总资产比重	国外销售占总销售比重
最大 10 家	25.8%	33.5%	23.2%	29.4%	49.1%	61.2%
最大 25 家	50.0%	54.4%	46.0%	49.2%	41.1%	51.7%
最大 50 家	70.9%	76.3%	68.7%	70.9%	41.0%	49.9%
最大 100 家	100.0%	100.0%	100.0%	100.0%	37.8%	48.4%

(资料来源：联合国贸易与发展会议跨国公司项目. 1993 年世界投资报告. 北京：对外贸易教育出版社，1994.)

对 100 家最大跨国公司中 53 家公司所提供的数据进行分析，100 家最大跨国公司的对外直接投资约占世界投资总存量的 1/3。跨国公司规模的扩大与 20 世纪 80 年代初开始的数次全球性并购浪潮有着直接关系，很多公司将跨国并购作为一条向新市场、新产业迈进的便捷途径。

5. 20 世纪 90 年代初至今的新发展阶段

20 世纪 90 年代后，跨国公司获得了前所未有的大发展，这不仅表现在发达国家的跨国公司的发展上，也表现在发展中国家的跨国公司的发展上。信息技术的进步和金融自由化趋势为跨国公司推行复合一体化战略和全球战略提供了更为有利的条件。在这几年中，跨国公司整体的国际化程度得到很大的提高,跨国公司已成为推动经济全球化的中坚力量。尽管1997年由于亚洲金融危机引发了全球性的经济衰退，但这场危机反而使跨国公司看到了全球化趋势背后所隐含的巨大风险，许多跨国公司纷纷采取措施加强实力和提高国际竞争力，以增强抵御风险的能力，因而跨国并购也风潮迭起。从总体上看，20 世纪 90 年代以来跨国公司新发展主要体现在以下几个方面。

(1) 集中化趋势更加明显。

这一时期，国际直接投资领域的主角仍是发达国家，美国、德国、英国、日本和法国这五大对外直接投资国的对外直接投资约占世界对外直接投资的 2/3，而它们对外直接投资的绝大部分又主要来自于为数不多的数家大型公司，这使得跨国公司体系的集中化趋势更加明显。另外，规模不断扩大的跨国并购也加剧了这一趋势。目前大本营设在发达国家的世界最大的100 家跨国公司的国外资产约为 1.4 万亿美元，在国际直接投资总存量中的份额约为 1/3。

(2) 跨国公司国际化经营程度更高。

这是跨国公司推行全球战略的必然结果。世界最大的 100 家跨国公司的国际化经营程度由 1990 年的 51%上升到 2003 年的 55.8%，发展中国家最大 50 家跨国公司的平均国际化经营程度由 1993 年的 19.8%上升到 2003 年的 47.82%。从行业上看，国际化经营程度较高的是机械与工程行业，建筑行业，食品，饮料与烟草行业，媒体行业，石油开采，精炼与分销以及采矿行业。

世界上最大的 100 家跨国公司中，国际化经营程度较高的跨国公司很大一部分来自于瑞典、瑞士、荷兰等小国，这些跨国公司的国际化经营程度都达到了 80%。而在最大的 50 家发展中国家的跨国公司中，国际化经营程度较高的跨国公司多数来自于新加坡和中国香港。

(3) 兼并收购日益成为跨国公司对外直接投资的主要手段。

面对竞争压力、自由化浪潮和新投资领域的开放，越来越多的跨国公司将兼并收购作为自己参与全球化竞争的核心战略，来保护、巩固和增强自己的国际竞争力。1988—1995 年，世界跨国兼并收购总额(包括证券投资进行的兼并收购)增加了 1 倍，达到 2 290 亿美元。同时，多数控股兼并收购总额(不包括证券投资进行的兼并收购和少数控股国际直接投资)增长率84%，达到 1 350 亿美元。

跨国兼并收购的资金规模有不断扩大的趋势，如德国奔驰收购美国克莱斯勒、英国石油公司收购美国阿莫斯科集团以及德国医药化工界的巨头 HOECHST 与法国罗纳—普朗集团的合并都达到了前所未有的资金规模。

(4) 发展中国家的跨国公司取得长足的进步。

20 世纪 90 年代以来，随着发展中国家经济实力的不断加强，尤其是东亚、东南亚以及拉丁美洲一批新兴工业化国家的兴起，发展中国家的跨国公司也取得了长足的进步，日益成为世界经济领域不容忽视的重要竞争力量。虽然 1997 年的亚洲金融危机对韩国等东南亚的发展中国家的跨国公司产生了极为不利的影响，在高速发展中所累积的许多内在矛盾都在此次危机中显露出来，但是这是发展过程中不可避免的阻碍，只有不断的磨炼，发展中国家才能真正成长起来，变得更加成熟。

总而言之，跨国公司是一个巨大的、多样化的和不断扩展的世界性经济组织，在经营环境巨变的情境下率先进行了一系列的战略调整和管理改革，保持了较强的国际竞争力和良好的增长趋势。如今，跨国公司已发展成为世界经济国际化的主要推动力和重要内容。

3.3.3 跨国公司的经营战略

跨国公司从内部构成上来说是一个复杂化、系统化、综合化的有机整体。我们可以将跨国公司创造价值的过程分解为一系列互不相同但又相互关联的增值活动或者经济活动，而这一系列的活动总和构成了价值链。

价值链可以分为两部分：下部为企业的基本增值活动，即生产经营环节，如材料供应、产品开发、生产运行、成品发运、市场营销和售后服务；上部为企业的辅助性增值活动，包括组织建设、人事管理、技术开发和采购管理。对于不同的企业，价值链上各环节的重要性不同。

对于如何对价值链的各个环节进行配置，直接取决于跨国公司的经营战略，即对不同价值增值活动的国际区位选择和对企业所控制的各类实体进行的一体化程度选择，包含职能一体化和地域一体化两个方面。

1. 职能一体化战略演变

职能一体化战略是指跨国公司对其价值链上的各项价值增值活动，即各项职能所作的一体化战略安排。这里的一体化是指跨国公司整体价值链的综合协调性，它是战略演变的目标。职能一体化战略演变主要经历了以下 3 个阶段。

1) 独立子公司战略阶段

跨国公司经营战略的普遍形式是在不同的东道国设立独立运作的了公司，此时母公司与子公司之间的联系主要是通过所有权来控制的，如转移技术和提供长期资本。只要子公司是盈利的，母公司对它便可行使很少的控制。同时，独立子公司实际上是母公司的一个缩影。独立子公司战略适合运用在制造业方面，特别是东道国可以提供资源投入，原料和零件的进口很困难或者很昂贵的地区。

现今，独立支持的子公司在服务业中最为普遍，由于大部分的劳务不能进行交易，子公司必须作为一个独立的经营单位进行运作，并以此仿效母公司的生产组织来发展业务。

2) 简单一体化战略阶段

简单一体化战略是指跨国公司通过寻求外部资源来参与国际化生产的战略，它在很大程度上是由成本驱动的。

在简单一体化战略下，跨国公司的一些活动在东道国进行，另外一些活动在别的地方进行，并且联系在母国所进行的工作。母公司通过对子公司的所有权或通过与当地公司的非股权安排来控制外源化生产，促使子公司在许多职能上与母公司实现一体化。其主要目的是将东道国的区位优势转化为跨国公司的经营优势，将在东道国进行的生产经营变为自身国际生产经营的一部分。

3) 复合一体化战略阶段

复合一体化战略的前提是跨国公司具有将生产或供应转移到任何一个更能获利的地点的能力。在复合一体化战略下，任何地方营运的任意子公司都可以独自与其他子公司或母公司一起，为整个公司行使职能。跨国公司每一步经营的价值依据其对整个价值链的贡献来进行评判。复合一体化战略要求子公司有将各种职能行为(不仅是生产，还包括研究和开发、金融、会计等)安排到各自能更好地实现母公司全盘策略的地方的能力。在复合一体化战略下，虽然不是价值链的每一因素都要被同一程度的一体化，但在不同的过程和不同的地区之间有相当程度的职能一体化。

虽然以上三种一体化战略在跨国公司的发展过程中经常并存，但是就其对世界经济的影响来说，复合一体化战略最具有典型意义。由于复合一体化的经营战略可以带来组织重构、决策和管理职能的分散化，而每一个分支机构及其所联系的企业在职能专门化的情况下又可以形成一个统一的一体化网络组织，使分散在不同区位、不同产业的子公司的经营活动服务于母公司的全球战略，在一定程度上减少了市场上各种不利因素发生的可能性。

相关链接

索尼的全球化战略

索尼公司创立初期，技术和产品的研发活动都是以日本为中心。从20世纪80年代起，索尼开始把技术和产品的海外研发作为品牌全球化战略的重要组成部分，来适应和完善索尼不断增长的全球制造业部门。

1978年，索尼创建了索尼广播有限公司，动用了全球的四个研发实验室，主要的实验室在原木市，另外分别动用了美国加州圣荷塞、英国贝辛斯托克、澳大利亚悉尼的开发实验室。跨国界的技术协作，使索尼成功地开发出了第一个广播用数字合成的VTR、索尼的广播系统和HDTV，成为一个成功的范例。

2. 地域一体化战略演变

地域一体化战略是指跨国公司对其所控制的各类实体在地域范围和地理联系上所作的一体化战略安排，即跨国公司国际化生产在地理范围上的扩展和跨国公司内部各实体间在地理上的紧密联系。在通常情况下，地域一体化战略的演变经历了三个阶段。

1) 多国战略阶段

第一个阶段是多国战略阶段。在多国战略下，一个子公司主要服务于一国的东道国市场，而跨国公司母公司则在不同的市场控制几个子公司。贸易壁垒的存在常常促使跨国公司采取多国战略，以进入特定的东道国市场。在一些产业因为难以获得规模经济效应或为满足特定国家需求偏好和习惯要求，也会采取多国战略。

2) 区域战略阶段

第二个阶段是区域战略阶段。区域战略是为了适应区域化国际生产要求而产生的。区域化国际生产体系包括在某一地区各东道国设置的子公司和作为供应商与分包商的非本系统公司。产品最终组装可以安排在该地区的任何国家，其主要市场也是在同一地区。例如，在欧洲、北美和东亚，跨国公司都有自己的地区网络。国际直接投资存量和“大三角”国家对发展中国家的投资也反映了这种特征，从而说明了国际直接投资的区域集约化趋势。美国的跨国公司是许多拉丁美洲和加勒比国家的主要投资者，日本的跨国公司在亚洲日益占有主导地位，而欧盟的跨国公司在中欧、东欧和非洲占有最大比重。

刺激跨国公司采取区域战略的主要原因是各个国家贸易与投资政策的变化，特别是欧洲和北美国家。由于关税壁垒减轻，外国投资政策自由化，许多国家的产业部门(尤其是服务行业)管制放松以及国有企业的私营化，都促进了国际直接投资的发展。包括欧盟和北美自由贸易区在内的贸易、投资区域一体化协议的签订等，都增加了跨国公司采取区域战略的兴趣。此外，虽然东亚的政府间没有签订协议，但是这些国家都致力于减轻区域内的贸易壁垒，增强东亚国家的经济竞争实力，所有这些都促使了跨国公司实施区域战略。

3) 全球战略阶段

第三个阶段是全球战略阶段。全球化是更高级和更复杂的国际化，全球化意味着跨国公司经济行为在更广泛的地理范围内扩展。全球化还包括跨国公司为利用经济增长和需求趋同而与其他公司进行有效竞争并打进世界大市场的方法。为了协调整个公司的生产、金融投资、市场营销和研究开发等活动，不断提高自身竞争地位以获得最大利润，跨国公司在全球范围内建立起专业化的生产和销售网络，分工制造零部件，定点加工装配，定向销售产品。

此外，跨国公司的全球化战略不同于一般的企业战略，也不同于一般的对外直接投资战略。其特点是：第一，全球化战略的目标是确立在全球的竞争优势；第二，强调确立全球性经营方式；第三，投资重点是高新技术产业；第四，重视非股权安排下的国际合作。

总而言之，跨国公司需要放眼全球，对生产分工进行合理专业的分配，并根据不同市场能够的特点进行开发、生产和销售产品，使公司的全球竞争优势能够真正得到确立。

3.3.4 跨国公司的组织形态和管理

1. 跨国公司的企业组织形态

跨国公司在法律组织形态上通常采用股份有限公司的形式。而在层次上，跨国公司的法律形式又可以分为设立在母国的母公司，设立在海外的分公司、跨国公司的子公司和避税地公司等。

1) 设立在母国的母公司

母公司指通过拥有其他公司一定数量的股权，或通过协议方式能够实际上控制其他公司经营管理决策的公司，使其他公司成为自己的附属公司。母公司对其他公司的控制一般会采取两种形式：一是掌握其他公司一定数量的股权；二是在两个公司间存在特殊的契约或支配性协议的情况下，一个公司形成对另一公司的实际控制。母公司通过掌握子公司一定比例的股权对子公司进行有效控制，但各国在其界限的认定上存在显著差异。例如，美国的《公共事业控制法》规定“10%以上”；德国公司法规定要能拥有或控制“多数表决权”；英国规定凡符合三个条件中的任何一条，就能构成母公司与子公司的关系，即A公司是B公司的在册股东，并能实际控制B公司的董事会；A公司拥有B公司半数以上的股票；B公司是A公司的孙辈公司。在法律方面，母公司的特征主要表现为以下几点。

(1) 母公司实际控制子公司的经营管理权。

母公司对子公司的控制权主要是指对子公司一切重大事务拥有实际上的表决权，核心是对其子公司董事会组成的决策权。董事会是跨国公司实际的权力中心，因此控制了董事会就意味着控制了公司。

(2) 母公司以参股或非股权安排控制子公司。

母公司对子公司实施控制有两种具体方式。第一种是参股和控股，即通过拥有子公司一定比例的股权，足以获得股东会多数表决权，从而获得对公司重大事务的决策权来控制公司。第二种是非股权安排，主要通过各种协议达到实际上控制经营管理决策。

(3) 母公司对子公司承担有限责任。

通常母公司对子公司以其出资额为限承担有限责任，因为母公司和子公司在法律上各为独立法人，因此母公司对子公司的债务不承担任何直接责任。母公司和子公司的关系实质上是股东与公司的关系，两者之间的关系适用公司法关于股东与公司相互关系的一般规定，但也有许多国家的公司法对其进行了特殊的法律管制。

2) 设立在海外的分公司

分公司是总公司根据需要在海外设置的分支机构，不具备法人资格，在法律上和经济上都不具有独立性，而只是总公司的一个组成部分，因此，分公司不是公司法意义上的公司。分公司的法律特征主要有以下几点。

(1) 分公司由总公司授权开展业务，自己没有独立的公司名称和章程。

(2) 分公司没有独立的财产，其所有资产属于总公司，并作为总公司的资产列入总公司的资产负债表中，总公司对分公司的债务承担无限责任。

(3) 分公司不具有法人资格，不能独立承担责任，其一切行为后果及责任由总公司承担。

分公司与总公司同为一个法律实体，设立在东道国的分公司被视为“外国公司”，不受当地法律保护，而要受母国的外交保护。分公司从东道国撤出时，只能出售其资产，不能转让其股权，同时，只能出售其资产，不能与其他公司合并。

3) 跨国公司的子公司

子公司是指在经济和法律上具有独立法人资格，但投资和生产经营活动受母公司控制的经济实体。母公司对子公司进行实际控制或是基于非股权安排；子公司拥有自己的公司名称和章程，实行独立的经济核算，拥有自己的资产和资产负债表，可以独立从事业务活动和法律诉讼活动。

子公司在东道国注册登记被视作当地公司，不受母公司所在地政府的外交保护，而是受到东道国法律的管辖。子公司在东道国除缴纳所得税外，其利润作为红利和利息汇出时，还需要缴纳预扣税。预扣税是指东道国政府对支付给外国投资者的红利和利息所征收的一种税收，必须缴纳此税后才可以把利润汇出到境外。

4) 避税地公司

避税地又称避税天堂，是指那些无税或税率很低，对应税所得从宽解释，并具备有利于跨国公司财务调度的制度和经营的各项设施的国家和地区。世界上著名的国际避税地有百慕大群岛、巴巴多斯、巴拿马、巴哈马群岛、卢森堡、瑞士、直布罗陀和中国香港等。

在避税地正式注册、经营的跨国公司或将其管理总部、结算总部、利润形成中心安排在那里的跨国公司，就成为避税地公司。避税地必须具有利于跨国公司的财务调度和进行国际业务活动的条件。

2. 跨国公司组织结构的演变

总体来看，跨国公司组织结构的演变主要经历了出口部、国际业务部、全球性组织结构方面的演变。

1) 出口部

早期的跨国公司在国外活动的规模比较小，又以商品输出为主，通常采取在总公司下设立一个出口部的组织形式，以全面负责管理国外业务。当时国外业务在整个企业的经营活动中占的比重不大，因此，母公司对子公司很少进行直接控制。母公司与子公司之间的关系比较松散，主要限于审批子公司的投资计划，子公司的责任仅是每年按控股额向母公司支付股东红利，母公司实际只起控股公司的作用，子公司的独立性很大。

2) 国际业务部

随着跨国公司业务范围的扩大，国外子公司数目增多，公司内部单位之间的利益矛盾日渐显露。母公司需加强对子公司的控制，出口部的组织形式已不能适应。继而许多公司采取在总部下面设立国际业务部的组织形式，如图 3.2 所示。

国际业务部总管商品输出和对外投资，监督国外子公司的建立和经营活动。国际业务部的作用表现在五个方面：一是为跨国公司筹划国外业务的政策和战略设计；二是为子公司从国际市场取得低息贷款；三是为子公司提供情报，提供更好的合作、配合和协调；四是可通过转移定价政策减轻或逃避纳税负担；五是为子公司之间划分国外市场，以免自相竞争。

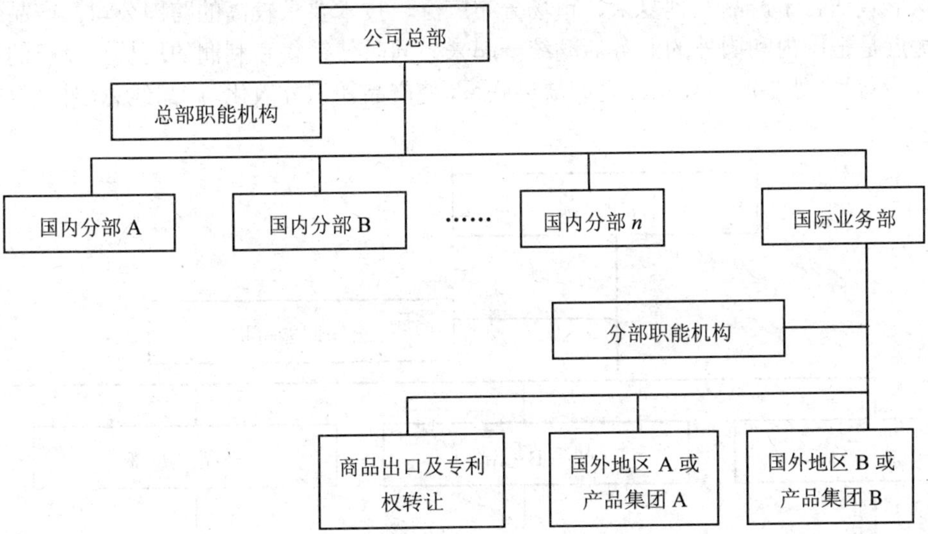

图 3.2　国际业务部

3) 跨国公司全球性组织结构

20 世纪 60 年代中期以后，越来越多的跨国公司采用全球性组织来代替国际业务部。全球性组织结构从公司的整体利益出发，克服了国际业务部将国内和国外业务隔离的弊端，并大大加强了总部的集中决策作用，适应了跨国公司一体化战略的发展需要。

全球性组织结构意味着跨国公司要建立更加复杂化的内部结构，跨国公司可以分别按职能、产品、地区设立总部，也可以将职能、产品、地区三者作为不同的维度建立矩阵结构。在矩阵结构基础上，跨国公司通过与外界的非股权安排，结成战略联盟，建立网络结构。下面将分别加以讨论。

(1) 职能总部。

公司内负责制定特定职能的单位称作职能总部，负责跨国公司某一特定的行为，否则，这类行为将在国内和国外分别进行。国际性的采购机构、协调销售和营销的子公司或者负责售后服务的分支机构都属于职能总部。在母国总部之外再建立职能总部，减少了母国总部的责任范围，使母国总部能够集中精力全面协调所有分散职能。反过来，每个特定职能总部承担着执行那种职能并且直接向母国总部报告的责任。职能总部构成如图 3.3 所示。

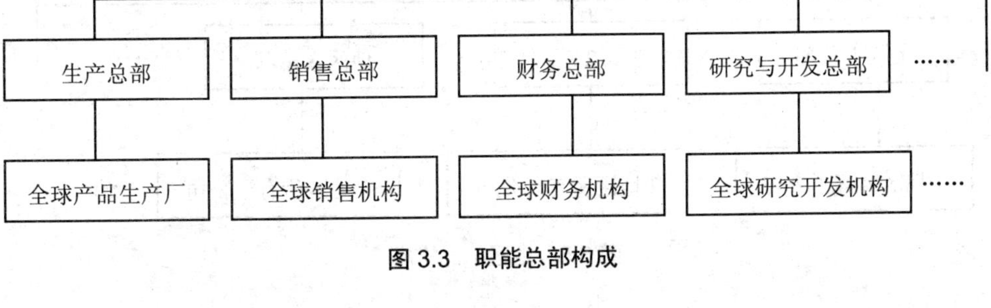

图 3.3　职能总部构成

(2) 产品线总部。

跨国公司按产品种类或产品设立总部，只要同一类产品，都同归有关的产品线总部领导。这种组织形式适合于产品系列复杂、市场分布广泛、技术要求较高的跨国公司。产品线总部形式的优点是把国内和国外的业务活动统一起来，同时使销售和利润的增长与投资的增长更接近同步。不足之处是产品线总部之间缺乏联系，使产品知识分散化。产品线总部构成如图 3.4 所示。

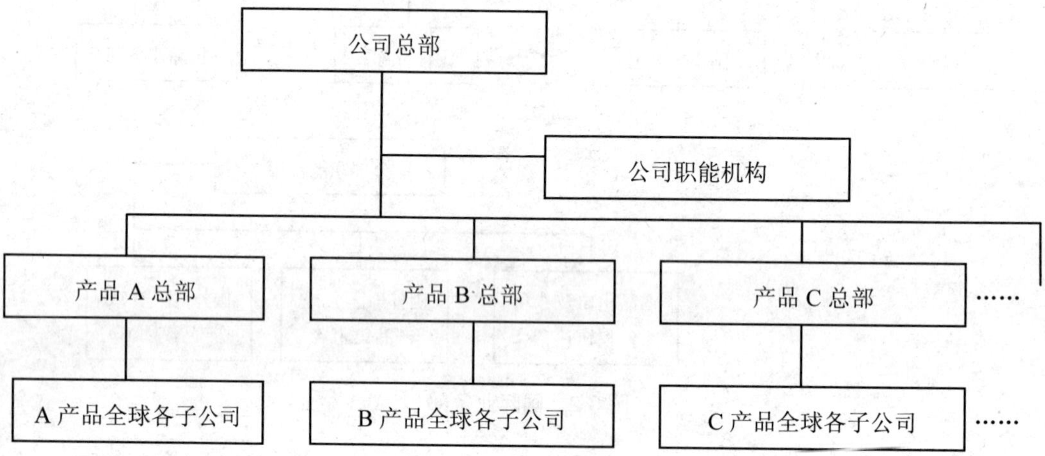

图 3.4　产品线总部构成

(3) 地区总部。

跨国公司按地区设立总部，负责协调和支持一个地区所有分支机构的所有活动。在这种组织形式下，由母国总部及所属职能部门进行全球性经营决策，地区总部只负责该地区的经营责任，控制和协调该地区内的所有职能。地区总部构成如图 3.5 所示。

(4) 矩阵结构。

职能总部、产品线总部、地区总部三种组织形式虽然都加强了总部的集中控制，把国内和国外业务统一起来，但是这些形式是一个部门(总部)负责一方面业务的专门负责制，不能解决和协调各职能、各地区、各产品部门之间的相互联系，特别是单渠道信息传递，不利于竞争。为了解决这一问题，不少巨型跨国公司采取将职能、产品线、地区三者结合起来设立矩阵式的组织结构。矩阵结构组织形式如图 3.6 所示。

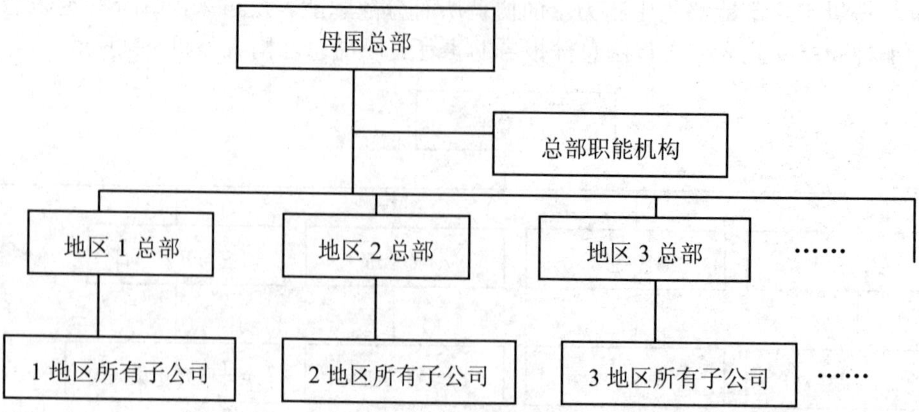

图 3.5　地区总部构成

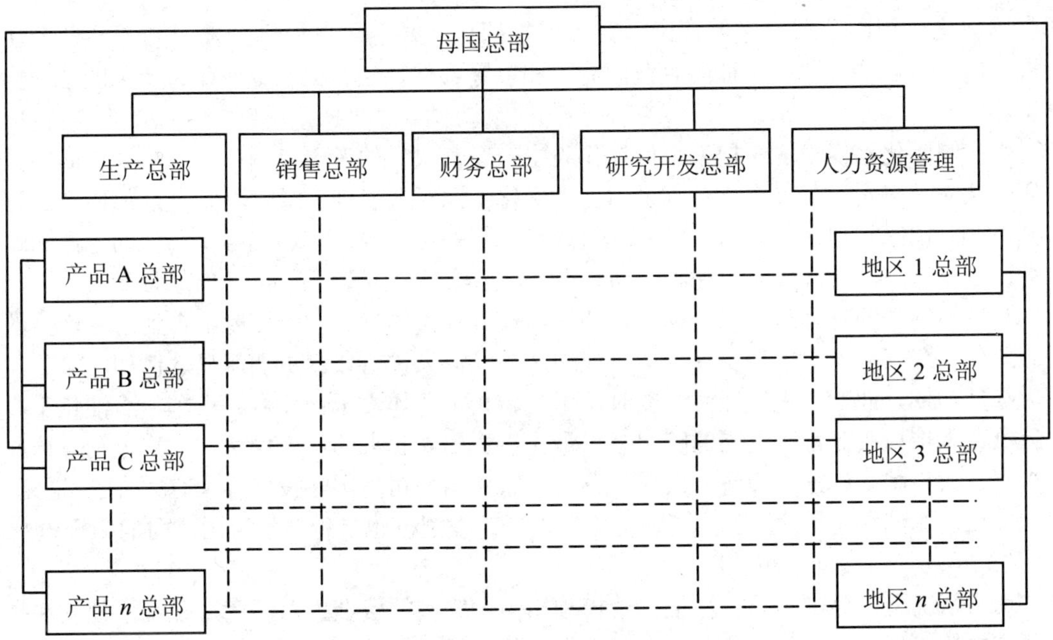

图 3.6 矩阵结构组织形式

相关链接

飞利浦变架构

在产品结构调整告一段落之后，荷兰皇家飞利浦电子公司(以下简称飞利浦)又开始了组织架构的变革。

2011 年 10 月 17 日，飞利浦宣布，作为削减 8 亿欧元成本计划的一部分，将裁员 4 500 人，约占全球员工总数的 4%。荷兰本土将裁员 1 400 人，飞利浦没有披露其余被裁员工将来自哪些地区。

此时的飞利浦正在经历业绩的大幅下滑。其第三季度财报显示，第三季度削减息税折旧摊销前利润(EBITA)从 6.47 亿欧元下滑至 3.68 亿欧元；净利润从去年同期的 5.24 亿欧元下降至 7 600 万欧元，跌幅达到了 85%。

各大市场发展不均衡成了业绩下滑的主要原因。“从 7 月到 9 月，作为主要市场之一的欧洲业务完全没有增长。”万豪敦说。

欧洲的个人消费和建筑业的疲软极大影响了飞利浦优质生活及照明业务。虽然以中国为代表的新兴市场取得 13%销售增长，但仍未完全消化主要市场的疲软——优质生活业务第三季度 EBITA 约为 1.02 亿欧元，比同期回落 0.67 亿欧元。照明业务 EBITA 为 1.1 亿欧元，同比下降将近 50%。

而裁员既可以削减成本，同时也是飞利浦思量已久的组织架构调整的一部分，万豪敦希望通过这种调整找回属于飞利浦的速度和创新能力。

(资料来源：邹曈，席悦. 飞利浦变架构. 第一财经周刊，2011，40.)

3.3.5 跨国公司与全球一体化

在经济全球化的浪潮中，跨国公司这一国际直接投资的主体和主要承担者对世界经济产生的影响是深刻的，主要体现在以下几个方面。

(1) 促进了生产和资本国际化。

虽然跨国公司是生产与资本国际化的结果，但是跨国公司的发展会反过来影响生产与资本的国际化。跨国公司的发展使国际分工更加深化，甚至可以说已经发展到了一个全新的阶段，即以产品多样化为特征的企业间分工和以零部件及生产工艺专业化为特色的企业内部分工。

生产国际化不仅表现在把整个世界作为生产经营决策的考虑范围，生产和销售面向国际市场，从而使得资源配置在一定程度内更加优化；同时还表现在通过将某产品的生产过程分散到不同的国家和地区子公司去完成，组成跨国界的生产线，合理安排子公司的生产和销售活动，以取得规模经济效应，提高劳动生产率，节约社会劳动，提高生产力水平。

从世界经济的总体来看，跨国公司的国际投资行为的确在一定程度上带动了生产力的发展。此外，跨国公司对于增长局部国家或地区的经济来说，作用更加明显。例如，第二次世界大战后初期，西欧在进行经济恢复时，不少新兴工业如电子计算机、汽车、石油化工、合成纤维、人造橡胶等都是美国的跨国公司最先投资建立起来的。而加拿大、澳大利亚这些资源丰富、人口稀少国家的经济开发也与发达国家跨国公司的国际投资行为有关。20 世纪 70 年代以后，亚洲和拉美地区新兴工业化国家的经济发展，也是得益于跨国公司的积极投资。

(2) 推动了科技创新和进步。

通常情况下，跨国公司往往把占销售额相当大比例的资金投入研究与开发，使其在技术创新方面始终保持领先的地位，这在客观上推动了科学技术的进步。跨国公司技术创新与转移主要集中在体系内部，但是技术转移过程中的溢出效应仍使跨国公司担当了主要技术传播者的职责。

随着研究和开发成本的不断升高，跨国公司已经改变了过去单独依靠自身研究开发网络的做法，而越来越倾向于通过非股权安排下的战略技术合伙(战略联盟的一种)方式建立公司间共同的研究开发网络，共享科学技术知识。虽然跨国公司是着眼于自身的利益才以战略联盟的形式来进行联合研究开发的，但是因此而产生的协同效应大大推动了科技的进步。

但是跨国公司并不总是科技的热心传播者，它们往往对新技术采取种种利己措施，尽可能延长技术领先时间，维持技术的垄断，在技术中设置种种限制性条款，这阻碍了技术的传播。

(3) 促进了国际贸易的发展。

国际贸易发展的基础是国际分工的发展。跨国公司国际投资在具有贸易替代效应的同时还具有贸易创造效应，伴随着跨国公司日益推行全球战略，跨国公司在某一东道国的生产通常不是仅仅服务于东道国市场本身的，东道国政府也往往鼓励跨国公司的“出口导向型”安排，这从另一方面扩大了贸易创造效应。

但是，跨国公司进行的国际贸易有很大一部分是通过公司系统的内部贸易来进行的，随着跨国公司体系内部的分工越来越细致，公司内贸易的重要性和比重都显著提高。内部贸易的发展对于跨国公司来说，当然是趋利避害、提高利润的手段，但是对东道国(尤其是发展中东道国)和母国、国际贸易协调的组织而言，要了解它、管理它却显得尤为复杂和困难。

(4) 促进了国际金融的发展。

跨国公司向海外子公司提供股权资本或者信贷资本、内部调拨流动资本，从海外子公司提取利润，母公司与子公司之间大量的商品和劳务交易，技术使用费和管理费的偿付、接待、结算等都经常引起大量资金的转移。同时，由于跨国公司国际投资的资金规模越来越大，跨国公司出于资金成本的考虑而日益选择多样化和灵活的融资方式。跨国银行等国际性金融机构在为跨国公司国际投资进行全球性资金融通和安排的同时，也促进了自我经营网络的全球性扩展。

此外，跨国公司进行国际投资还加强了各国间证券市场的联系，促进了国际证券市场的一体化。一方面，跨国公司利用其广泛分布的外国子公司在世界各国证券市场进行筹资活动，再利用其内部网络，实现资本的国际流动；另一方面，跨国公司旨在保护、巩固和增强自己的全球竞争地位，越来越倾向于采取并购的形式实现国际投资。由于跨国并购多以换股的形式实现，这将大大推动各国股票市场的关联。

(5) 推进了世界经济一体化。

世界经济一体化是指取消不同国家之间商品劳务以及生产要素流动的障碍，并相应建立不同程度、不同地理范围的国际联系。依据一体化程度的不同，可以将其分为两种形式，即浅度一体化和深度一体化。浅度一体化主要通过商品和劳务贸易以及国际资本流动表现出来。在浅层次的简单一体化中，不同国家独立厂商之间的国际分工导致了国际贸易的产生，它只涉及有限的几种性质相对简单的关系。而深度一体化则延伸到商品和劳务的生产，并使有形和无形贸易增长。跨国公司以股权安排和非股权参与的方式所进行的跨国生产活动加深了国家与国家之间的一体化程度，从而推进了浅度一体化向深度一体化的演进。

本章小结

国际直接投资是与国际间接投资相对应的，是投资者为了在国外获得长期的投资效益，并拥有对企业或公司的控制权和经营管理权而进行的在国外直接建立企业或公司的投资活动。国际直接投资的动机主要有开辟、扩大和巩固市场；满足原材料供应；降低成本；规避风险；引进先进的技术和管理经验等。国际直接投资方式主要可以分为绿地投资和跨国并购。跨国公司是直接国际投资的重要主体，是影响世界经济发展的重要因素。

课后习题

1. 名词解释

(1) 绿地投资　　(2) 跨国并购
(3) 纵向并购　　(4) 控股兼并
(5) 直接并购　　(6) 股权参与
(7) 非股权参与　　(8) 交钥匙合同
(9) 跨国公司　　(10) 职能一体化战略

2. 不定项选择题

(1) 下列关于绿地投资的说法不正确的是(　　)。
A. 绿地投资又称为创建投资
B. 早期中国的跨国公司拓展业务基本上都是采用绿地投资的方式
C. 从投资者参与方式的不同角度，绿地投资可以分为国际独资企业、国际合资企业和国际合作企业
D. 随着中国市场经济日趋完善，绿地投资已成为外国跨国企业进入中国市场的主要方式

(2) 下列属于国际独资企业形式的有(　　)。
A. 国外分公司　　B. 国外子公司

C．国外避税地公司　　　　D．股权式合资企业

(3) 下列对于跨国并购的叙述不正确的是(　　)。

A．跨国并购是国内企业并购在海外的延伸

B．通过并购，跨国经营企业可以实现优势互补，增强其竞争力的目的

C．跨国并购是国际间接投资的主要方式之一

D．跨国并购是企业间跨越国界的并购活动

(4) 按支付方式可以将跨国并购划分为(　　)。

A．股票互换　　　　B．债券互换

C．现金并购　　　　D．杠杆并购

(5) 跨国公司股权参与的其中一种类型——“全部拥有”指的是母公司拥有子公司股权在(　　)。

A．75%以上　　　　B．80%以上

C．85%以上　　　　D．95%以上

(6) 下列属于非股权参与主要形式的是(　　)。

A．许可证合同　　　　B．管理合同

C．交钥匙合同　　　　D．融资租赁

(7) 集融资与融物、贸易与技术更新于一体的新型投资方式是(　　)。

A．融资租赁　　　　B．许可证合同

C．管理合同　　　　D．交钥匙合同

(8) 下列属于销售协议的是(　　)。

A．分销　　　　B．代理

C．寄售　　　　D．转运

(9) 下列关于间接并购的叙述正确的是(　　)。

A．间接并购有两种基本做法

B．间接并购极有可能引起并购企业与目标企业之间的激烈对抗

C．间接并购又称敌意并购

D．并购企业进行间接并购时，向目标企业直接提出并购要求

(10) 管理合同一般限定在一定的时间内，通常为(　　)。

A．2～7 年　　　　B．3～8 年

C．4～9 年　　　　D．5～10 年

(11) 跨国公司与东道国销售企业签订协议，利用东道国的销售机构来扩大的跨国公司产品销售范围的方式是(　　)。

A．补偿贸易　　　　B．销售协议

C．管理合同　　　　D．许可证合同

(12) 对外直接投资的行为主体或组织载体是(　　)。

A．跨国公司　　　　B．政府

C．合伙企业　　　　D．股份有限公司

(13) 下列关于跨国公司的叙述不正确的是(　　)。

A．目前学术界对于什么样的企业属于跨国公司已经有了一个统一的、可供划分的标准

B．跨国公司作为国际化经营的企业组织，要对产品的生产、运销、资金筹措及资

金投放等各种经济活动进行国际化的安排

C．跨国公司最基本的业务是对外直接投资

D．跨国公司在国际关系和全球化中扮演着重要的角色

(14) 跨国公司最基本的特征是(　　)。

A．公司内部一体化　　B．生产经营活动跨国化

C．运行机制开放化　　D．战略目标全球化

(15) 跨国公司实现其全球战略的关键是(　　)。

A．实行公司内部一体化　　B．实行生产经营活动跨国化

C．实行运行机制开放化　　D．实行战略目标全球化

(16) 反映公司经营所涉及东道国数量的指标是(　　)。

A．跨国经营指数　　B．网络分布指数

C．外向程度比率　　D．研究与开发支出的国内外比率

(17) 跨国公司的成形阶段是(　　)。

A．两次世界大战期间　　B.20 世纪 70 年代到 20 世纪 90 年代初

C．冷战期间　　D.20 世纪 90 年代初至今

(18) 最先从事跨国经营制造业直接投资的国家是(　　)。

A．美国　　B．英国

C．中国　　D．韩国

(19) 下列关于价值链的叙述，不正确的是(　　)。

A．理论上的“价值链”概念是哈佛大学商学院教授波特于 1985 年提出的

B．波特的“价值链”理论揭示了企业与企业的竞争不只是某一个环节的竞争，而是整个价值链的竞争

C．价值链可以分为三个部分

D．对于如何对价值链的各个环节进行配置，直接取决于跨国公司的经营战略

(20) 在跨国公司的发展过程中，就其对世界经济的影响来说，最具有典型意义的一体化战略是(　　)。

A．地域一体化战略　　B．复合一体化战略

C．简单一体化战略　　D．职能一体化战略

3. 简答题

(1) 简述跨国并购的分类。

(2) 简述跨国公司的特征。

(3) 简述衡量跨国公司国际化经营程度的方法。

(4) 简述母公司在法律方面的特征。

(5) 简述绿地投资与跨国并购的选择标准。

4. 案例分析题

BP 并购阿莫科(Amoco)

英国石油公司(British Petroleum，BP)并购阿莫科石油公司(American Oil Company，Amoco)的协议公布于 1998 年。按照协议，并购资产案值 863 亿美元，方式为收购。由于并购涉及英、美两个国家的法律，因此须同时报两国政府批准。并购方案在同年 12 月中旬和下旬先后获英、美两国政府机构批准。1999 年 1 月正式

开始并购，历时几个月完成资产整合。并购后的公司以此前两家公司的名称联合命名，即 BP-Amoco 公司，总部沿用了 BP 总部，设于英国伦敦。BP 拥有新公司 60%的股份，Amoco 拥有 40%的股份。

并购后的 BP-Amoco 公司市值 1 460 亿美元。公司约有 1 000 家子公司或分支机构，分布于世界 70 多个国家和地区，雇员 10 万人，1999 年名列世界最大 15 家企业之列。

BP 是英国最大的独资石油天然气供应商。BP 兼并 Amoco，其首要动因是全球石油产业激烈的市场竞争。1998 年，始于东亚而后蔓延到俄罗斯及拉丁美洲的金融危机，导致了世界石油需求量的大幅下降。一时间石油供过于求，油价跌至 1973 年以来的最低点。导致石油企业利润全面下跌，不少公司陷入困境。BP 抓住此次机遇，用较低的价格实现了对 Amoco 的兼并，顺利地进行了自身的战略调整。

BP 的并购目标主要有两个方面：一个是追求规模经济和市场力量。BP 公司与 Amoco 合并，使其迅速进入世界超级石油企业之列。在实现规模经济目标的同时，大幅度提升了其全球市场份额。

另一个是市场多样化战略，以分散风险。并购可望增强天然气和化工产品的开采业务。并购使 BP 借助 Amoco 原有业务迅速增强天然气业务，成为世界第 3 大天然气厂商。与此同时，并购还使 BP 成了仅次于荷兰皇家壳牌集团和巴斯夫股份公司的世界第三大化工企业。

根据以上案例，从内部因素和外部因素两方面谈谈为什么 BP 选择并购而非在美国创建新企业？

课后阅读

雀巢公司收购徐福记

糖果生产商徐福记国际集团(以下简称徐福记)2011 年 12 月 7 日在新加坡交易所发布公告宣布，商务部 12 月 6 日已批准雀巢集团(以下简称雀巢)以 17 亿美元收购徐福记 60%股权的交易。雀巢计划让徐福记从新加坡交易所摘牌，摘牌时间将另外公布。根据收购协议，徐福记的创立者徐氏家族将间接持有徐福记剩余 40%股权。

早在 2011 年 7 月，雀巢宣布计划出资 21 亿新加坡元(约 17 亿美元)收购徐福记 60%股权。根据双方协议，雀巢将首先收购徐福记独立股东所持有的 43.5%的股权，此外将再从徐氏家族目前持有的 56.5%的股权中购得 16.5%的股份。徐福记现任首席执行官兼董事长徐乘将继续带领新的合资公司。

徐福记的产品包括糖果、谷物小食品、预包装蛋糕和萨其玛。雀巢认为，徐福记的产品非常适合中国消费者的需求和习惯，对包括烹饪产品、速溶咖啡、瓶装水、奶粉和餐饮服务业产品在内的雀巢公司在华现有产品线是一个补充。

截至 2010 年 6 月 30 日，徐福记实现利润 6.02 亿元，实现收入 43 亿元。该公司股票目前在新加坡上市，在国内拥有 4 家大型工厂，并拥有 16 000 名员工。

“此次并购对雀巢而言，最大的收获是徐福记的渠道资源。”中国食品商务研究院研究员朱丹蓬指出，目前雀巢在中国的糖果业务市场占比非常小，远远落后于卡夫食品有限公司、联合利华集团等竞争对手，而徐福记则是国内整个糖果行业中营业额最大的企业，此项收购将令雀巢获得徐福记在中国近 1.8 万条散装柜资源，以及徐福记庞大的二、三线渠道资源，而徐福记则将受益于雀巢的品牌影响力、资金实力、研发能力、管理体系等。

(资料来源：每日经济新闻 http://epaper.nbd.com.cn/shtml/mrjjxw/20111208/2418786.shtml，有删改.)

第4章　国际投资环境

知识目标

- 掌握国际投资环境的含义
- 掌握国际投资环境的主要因素
- 熟悉评估国际投资环境的方法

技能目标

- 能够区分国际直接投资环境的因素并分析这些因素对于投资国环境带来的影响
- 能够利用投资环境的分析方法对一国或一个地区投资环境进行简单的评价

知识结构

- 国际投资环境
  - 国际投资环境概述
    - 国际投资环境的定义及特征
    - 国际直接投资环境的分类
  - 国际投资环境因素
    - 自然环境
    - 经济环境
    - 政治环境
    - 社会文化环境
    - 法律环境
  - 国际投资环境评估方法
    - 投资障碍分析法
    - 等级评分法
    - 动态分析法
    - 冷热比较法
    - 闵氏多因素评估法
    - 抽样评估法
    - 加权等级评分法

导入案例

百事本土化

作为百事公司(以下简称百事)全球第二大市场，中国在百事的版图中占据重要位置。

在中国，从 1998 年开始，百事就在内蒙古、北海等地种植土豆，目前百事在展旦召苏木的土豆农场拥有中国亩产最高的土豆田。

1998 年前后，当百事旗下的乐事薯片进入中国市场时，由于中国国内很难找到符合薯片原材料的土豆供应，百事不得不整包从国外进口乐事薯片在中国市场销售。

1998 年，百事开始在内蒙古兴建土豆农场，根据当地的气候条件，在沙地上种植百事自己培育的土豆品种。到今天，乐事薯片需要的土豆已经全部通过中国的土豆农场供应。而在全球许多国家，百事也在通过兴建农场或与供应商合作方式，尽量让供应链做到本土化，这不仅降低了百事的采购成本，而且还保证了产品的新鲜、自然。更重要的是，通过供应链的本土化，百事更深入地融合到当地社会、社区，这又影响了百事的产品策略。

在推出新产品时，百事同样将本土化放在极其重要的位置。在中国市场，百事推出了很多具有中国特色的产品。

百事旗下纯果乐的其中一个系列——鲜果粒，就是只在中国生产、销售的果汁饮料。鲜果粒中有新鲜的果肉粒，在世界上其他地方都没有这种产品，只有在中国，因为含有果肉和果粒的产品比较适合中国市场。哪怕是百事在其他市场的明星产品，在中国也会依据消费者的不同口味，进行改良。例如，百事的明星产品之一桂格燕麦片，就根据中国消费者的口味，将它改良成麦片粥，“因为中国人比较喜欢喝粥。”孟可仕说。而且还加入了中国人比较喜欢的中草药和植物成分，如银耳。

目前百事在中国经营的主要品牌包括百事可乐、果缤纷(纯果乐)果汁、美年达、七喜、激浪、佳得乐、冰纯水、都乐果汁、乐事薯片、桂格燕麦片和奇多等。几乎在每个产品线上，百事都面临来自国际或中国本土品牌的激烈竞争。在这些市场，百事面对的不仅仅是老对手可口可乐，还有康师傅、娃哈哈、汇源这些“野蛮生长”的本土厂商。他们比百事更了解中国的市场和消费者，而且每个战场的激烈程度不亚于“可乐大战”。

讨论题：请讨论跨国公司如何适应不同的投资环境？

4.1 国际投资环境概述

跨国公司在进行对外投资时，需要考虑投资目标国或地区的投资环境是否适合，如当地的地形地貌、人口、经济状况、法律制度等，因此，对于投资者来说，考察投资目标的投资环境是非常必要的。

4.1.1 国际投资环境的定义及特征

1. 国际投资环境的定义

国际投资环境是指会对跨国投资者进行国际投资活动产生有利或者不利影响的外部条件的综合总称，即影响国际投资的各种社会因素、法律因素、政治因素、自然因素和经济因素相互依赖、相互完善、相互制约所形成的矛盾统一体。

国际投资环境是投资者进行投资经营活动的前提，且在不同的地区、不同的国家和不同的时间，投资者所面对的投资环境是不同的。

2. 国际投资环境的特征

国际投资者进行国际投资活动时所面临的环境是不同的，但是它具一定的特性，主要体现在以下几个方面。

1) 综合性

国际投资环境的构成因素是复杂多样的，这些因素涉及的范围都很广，并且各个因素系统又都包含若干个子因素，其中有些因素起了主导作用，有些因素起了次要的补充作用，最终它们综合统一作用于国际投资者的投资活动。因此投资者在进行跨国投资决策时，不能忽略小方面的因素，而是要统筹兼顾东道国的各种投资环境因素，优先选择有利于实现其目标的投资环境国家。

2) 系统性

构成国际投资环境系统的各种因素是相互关联、相互作用、相互协调的。在国际投资环境中，一个因素的变化可能导致其他因素发生变化，由此产生一个连锁反应，进而使整个投资环境发生变化。投资环境的系统性启示人们在评价和选择投资环境时，要对各个不同因素进行一个全面总体的分析。

3) 动态性

国际投资环境由于很多不可预测事件而呈现出一定的动态性。这种动态性特征具体指投资环境本身及其评价观念都在变化之中，如政治因素、经济因素、法律管理因素、社会文化因素、物质技术因素等都会随着时间的推移发生不同程度的变化。诸多因素的变化势必会导致投资环境结构的相应调整，从而使投资环境整体发生变动。与此同时，评价投资环境的标准和观念，也会随着世界经济、政治和科技的发展而发生变化和调整。因此，一个国家投资环境的优劣不是绝对的，而是相对的，投资者不仅要努力地对投资环境进行改善，而且要重视研究目前和预测未来的评价投资环境的标准与概念，提高改善投资环境的自觉性和预见性。

4) 客观性

国际投资环境的客观性又称为先在性。构成投资环境的各个因素都是先于投资行为而客观存在的，地理位置和自然条件等无法改变的因素是这样，政治、经济、社会文化等可以改变的因素也是如此。投资环境的客观性影响和决定了投资者的投资决策、投资风险和投资收益。从这点来看，东道国吸引外资的关键在于改善国际投资环境中的各个影响因素，从而营造一个良好的投资环境。

5) 差异性

国际投资环境具有一定的差异性。这种区别对不同国家或地区之间的不同投资行业而言是绝对且显而易见的。因此，在一定时期内，既会存在成为投资热点的国家和地区，也会同时存在受到投资者冷落的国家或地区。就算一个投资环境是既定的，由于其构成因素或结构方式的特殊性，也不可能对所有行业或者项目的投资具有相同的吸引力。因此，投资者要明确这种差异性，才能选择适合自身所有行业及项目优势的投资地点。同时，东道国也应认识到本国投资环境与他国投资环境的差异，在吸引国际投资时扬长避短，充分发挥出自身投资环境特有的优势来使自己对外资的吸引力得到有效增强。

6) 主观性

主观性特征指投资者具有按照自己的需要评价和选择环境的权威性。对于投资主体而言，任何投资环境都是客观存在的。投资者对投资环境的看法不会因东道国和地区对自己投资环境所作出评价而发生转移。一个国家投资环境的优劣，能否吸引到外资，取决于投资者的评价和决策。因此，东道国要依据投资者的意见，致力于改善本国的投资环境。

4.1.2 国际投资环境的分类

国际投资环境的分类多种多样，为了更好地理解国际投资环境的概念，本文从不同的角度对其进行了分类。

1. 根据投资环境包含内容和因素的多少来划分

根据投资环境包含内容和因素的多少来划分，可以把投资环境分为狭义的投资环境和广义的投资环境。狭义的投资环境主要指投资的经济环境，即一国的经济发展水平、产业结构、经济体制、经济发展战略、国民收入水平、经济增长速度、基础设施、外汇管制、金融市场的完善程度和货币稳定程度等。广义的投资环境不仅包括经济因素，还包括社会文化、自然、政治、劳动力、政策和法律等对投资可能发生直接或间接影响的所有外部因素。在对国际投资环境进行研究时，考虑更多的是广义的投资环境。

2. 根据影响投资的外部条件形成和波及范围来划分

根据影响投资的外部条件形成和波及范围来划分，可以把投资环境分为国家宏观投资环境和地区微观投资环境。国家宏观投资环境指整个国家范围内影响国际直接投资的各种因素总和，它包括投资目标国和其他国家相互关系的各种国际性因素，如与其他国家的关系、所处的经济区域和国际政治地位等。地区微观投资环境是国家宏观投资环境的构成部分，指一个国家某个地区范围内影响投资的各种因素总和，如人口素质、经济发展水平、市场完备程度等。地区微观投资环境的改善会带动国家宏观投资环境的改善。

3. 根据投资环境表现的形态来划分

根据投资环境表现的形态来划分，可以把投资环境分为硬环境和软环境。其中，硬环境一般也被称为物质环境或有形环境，具体指能够影响国际直接投资的外部物质条件，如能源供应、交通运输、邮电通信、自然资源以及社会生活服务设施等。软环境一般也被称为人际环境或无形环境，具体指能够影响国际直接投资的各种非物质形态的因素，如外资政策、法规、经济管理水平、职工技术熟练程度以及社会文化传统等。

4. 根据因素的稳定性来划分

根据投资环境各个因素的稳定性来划分，可以把投资环境分为自然因素、人为自然因素和人为因素见表 4-1。

表 4-1 国际投资环境稳定性分类

自然因素	人为自然因素	人为因素
自然资源 人力资源 地理条件 自然气候 ……	实际增长率 经济结构 市场完备性 劳动生产率 ……	开放进程 投资刺激 政策连续性 贸易政策 ……
相对稳定	中期可变	短期可变

一般认为，相较自然因素和人为因素而言，人为自然因素对国际投资活动的影响更大。

4.2 国际投资环境因素

国际投资者在对东道国进行投资之前，必须全面地对其国际投资环境的组成因素进行分析。我们前面已经讲过，广义的国际投资环境可以划分成自然环境、经济环境、政治环境、社会文化环境和法律环境五个部分。

在影响国际投资活动的众多环境因素中，经济环境因素是最直接、最基本的因素，也是国际投资决策中重点需要考虑的因素。但是除了经济环境因素之外，其他所有环境因素都对国际投资项目的筹建和运营起着重要的作用和影响，因此对投资者而言，将全部的环境因素进行一个综合全面的考察后再对投资目标地进行选择是至关重要的。

4.2.1 自然环境

自然环境是企业进行跨国投资时需要首先考虑的问题，是指自然或历史上长期形成的与投资有关的自然地理条件，如所处地理位置，地形地貌，石油、天然气等自然资源，人口密集度等。外国投资者必然要选择与自己投资项目相适应的自然环境。对于国际直接投资者而言，自然环境因素中哪一种更重要取决于投资的行业或项目。为了扩大吸引外资的范围与规模，在科学技术和生产力水平允许的限度内，我们要努力利用和完善自然环境。自然环境因素主要包括东道国的地理位置、地形、气候、自然资源和人口等。

相关链接

跨国经营：一厢情愿的巨大风险

一家著名的生产纤维板的跨国公司——塞拉尼斯公司(英国)(Celanese)在西西里购买了一大片长满桉树的土地，计划建造木浆加工厂，并使用当地的按树作为原料。直至工厂建成将要投产之际，公司才发现这些按树太小，原料有限，树干不能使用。结果，公司被迫高价进口树浆。损失达5 500万美元。这一昂贵的教训之所以会发生，是由于公司在购买前企图节约经费、减少成本开支，而没有派专家去实地考察这些桉树。

工厂选址错误还使其他一些公司损失惨重。美国一位食品加工商在墨西哥一条河流的三角地带建造了一个菠萝罐头厂。由于菠萝种植园在河的上游，公司打算用驳船把成熟的菠萝从上游运到罐头厂加工。然而，令人失望的是，菠萝收获季节里，河水太浅无法行船。由于没有其他可行的运输方案，工厂被迫关闭。新设备以极低的价格卖给了墨西哥的一个社区，他们立即把罐头厂搬走。这一忽视运输的简单问题，使公司付出的代价太大了。

有时，问题并不出在厂址的选择上，而是在工厂的设计上。例如，英国一家木浆造纸厂同另一家公司建立了一家合资企业，希望利用不列颠哥伦比亚(加拿大省名)的木材资源。他们获得了一大片森林的特许使用权。但是锯床是由不熟悉哥伦比亚木材特点的英国工程师设计和安装的，结果锯床上有一种装置无法适应各种类型和尺寸的加拿大树木。3年后，他们在遭受极大损失后把工厂卖掉了。

(资料来源：徐松．跨国经营：一厢情愿巨大风险．销售与市场，1994，9.)

1．地理位置

地理位置是投资环境中一个十分重要的因素，是指某一国家或地区对于外在的客观事物在方位上和距离上的空间关系。它既包括空间上的自然地理位置，也包括由于政治、经济、文化所产生的一种非自然地理位置关系，具体包括以下几方面的内容。

1) 与投资国的距离

从与投资国的距离上而言，东道国与投资国在地理位置上越接近，越有优势。毗邻国家间往往在语言、文化、历史、风俗方面相似，由于较为了解当地市场以及相关的文化风俗和消费习惯，跨国公司在进入东道国时会受到较少的文化障碍。将东道国定为邻国的话，还可以节省跨国公司的货物及设备等运输时间、降低运输成本和风险，为国际投资活动提供很多便利，促进国际投资活动的进行。基于以上各类原因，距离近的邻国无疑是投资者首选的投资目标。

例如，我国的大部分企业都是把东南亚作为延伸国内市场的第一步，如 2002 年中国和老挝最大的合资项目——老挝第二水泥厂在老挝万荣县的建成投产；2006 年中国工东盟自由贸易区建设中的大湄公河次区域合作等。另外，据有关的统计资料显示：美国战后各时期对外直接投资的主要对象国始终是其邻国——加拿大和拉美各国。西欧各工业国对外直接投资的地区分布则更具有区域内部流动的特点。日本对外直接投资在美国和欧洲的数额虽然很大，但受地理因素的影响，仍有很大部分流向了亚洲(主要是东南亚)国家。

2) 与国际交通枢纽的距离

优越地理位置的重要构成因素还包括要接近主要国际贸易航线。接近运输线，可以有效地减少原材料的运进和产品的运出成本，提高运输效率。交通不便则既会增加运输和存货成本，又会因原材料不能及时运进影响生产或由于产品难以运出而造成产品积压。

目前跨国公司生产的产品一般是面向全球市场的，原材料、零部件或中间产品也是来自其他国家。跨国公司往往选择拥有多条运输线的港口，或离港口近并且靠近高速公路的城市进行投资，以降低原材料运进和产品运出的成本。

从新加坡和中国香港的经验可以看出方便、经济的运输条件的重要性。正是由于优越的地理位置，拥有齐全的运输工具和先进的管理技术，才弥补了其地域狭小、资源贫乏等缺陷，从而引入了大量的国际投资。

具有方便、经济的运输条件是优越地理位置的表现之一。接近或地处这些国际航线，往往可成为一国或一地区能否吸引大量外资的关键因素。因此，跨国公司在进行投资决策时，需要重视投资地点的运输条件，最佳的选择是交通方便的国家和地区。

3) 与资源产地的距离

资源是生产的重要物质条件。与资源产地的距离是构成优越地理位置的一个必要条件。距离资源产地的远近，影响着企业生产所需的原材料和燃料的运输成本。有很多投资者在海外投资的目的就是为了利用投资目的地的自然资源。东道国原材料、燃料的价格比较低廉，供应也比较稳定，可以减少原材料的长途运输成本，有利于保证生产的正常进行和提高投资效益。所以，拥有资源多的国家或离资源产地近的国家和地区就成为投资者重点考虑的投资地。尤其是那些需要大量消耗原材料或原材料体积和重量较大的行业，与资源产地距离的远近直接关系到产品成本的高低，因而会对吸引外资有重要影响。

4) 与产品销售市场的距离

东道国与目标市场的距离对于国际直接投资极为重要，其原因有三点：第一点是与目标市场的距离远近，会影响企业产品从生产地点到目标市场的运输成本；第二点是与目标市场接近可以及时得到市场信息；第三点是有些行业耗用原材料较多，产成品重量较大，或者容易破损、体积大、易腐烂，造成运输困难。

东道国与目标市场的距离对于投资决策的重要性，在不同的行业及不同的目标市场会大不相同。目标市场的规模也会影响某一国或地区对外资的吸引力。东道国的市场规模越大，则该国对外资越富有吸引力。同时，对于运输成本在产成品的价格中所占比例大、产品运输困难，以及产品市场竞争激烈、需求变化快的投资，临近市场的重要性较大一些。因此，跨国公司选择生产地时特别注意其与产品销售市场的距离。

2. 地形

地形是地物性状和地貌的总称，具体指地表以上分布的固定性物体共同呈现出的高低起伏的各种状态，它是经过长时间的演变而自然形成的。按其形态可以分为山地、高原、平原、丘陵和盆地等类型。它也对国际投资产生一定的影响。

投资者喜欢投资于多平原的国家和地带，对于一个多山、多丘陵、多沙漠，地形复杂的国家或地区而言，因其交通不是特别发达，所以投资者一般不会对其进行投资。

3. 气候

气候因素主要指投资地域所处的各种气候状况，如气温、降水和湿度等。它从不同侧面对许多行业的投资都会产生影响，与人类社会有着密不可分的关系。气候的差异和变化不仅关系到企业的生产、运输，而且还会影响到消费市场的潜力。

一般情况下，气候宜人的地方，由于温度与湿度适中，所以人口多、市场大，在这种地方可以进行标准化的市场促销，而且生产效率也较高，可以增加产品的竞争力。反之，气候恶劣的地方，不仅产品的生产受到气候的限制，而且人口少、市场小，所以不太适宜直接投资。一些地方虽然自然资源丰富，但气候条件过于恶劣，所以难以吸引到投资。

相关链接

俄要投巨资开发西伯利亚

2010年，俄罗斯总理普京批准了一项未来十年西伯利亚社会经济发展战略。根据这一战略，俄罗斯计划投入巨资，到2020年将西伯利亚建成一个宜居、工商业繁荣、旅游业发达的现代产业区。这个计划在俄罗斯国内引起很大的反响。

目前，这一战略还停留在宏观规划阶段，具体实施计划将由俄罗斯地区发展部与各地区政府共同研究制订，并在明年年初提交给俄中央政府。不过，据一位参与开发计划的官员透露，这一战略涉及的资金初步估计将达到1.5万亿卢布(约合490亿美元)，而且俄罗斯政府目前考虑要在西伯利亚投入的大型产业项目已经达到了200多个。

如此的巨额投入、如此宏伟的发展战略，在俄罗斯国内引发了截然不同的两种意见。这一战略公开后，俄罗斯总统驻西伯利亚地区全权代表克瓦什尼娜就表示，这一战略的实施将给俄罗斯中东部地区的发展提供前所未有的机遇，特别是对于基础设施建设、自然资源开发、能源、工业以及旅游业这些方面而言，发展前景非常可观。而当地居民的生活质量也将随之得到显著提高。

不过，也有不少学者认为这一战略的实施难度非常大。其中最主要的问题就是资金。这一战略所涉及的资金可能会达到490亿美元。俄罗斯《视点》报分析，这些资金的来源中，国外投资可能会占到相当大一部分。莫斯科社会政治学院研究员斯托里亚罗夫也认为，俄罗斯必须依赖于亚洲投资者，因为按照目前俄中央政府和地方政府的财力，要拿出这么大的一笔资金难度非常大。

还有人认为，西伯利亚地区的投资政策、交通物流等基础设施建设一直以来都为人诟病，再加上气候环境比较恶劣，人力资源稀缺，导致当地的生活和商业成本比其他地区高出25%～40%，这些因素很可能会吓退不少国外投资者。

(资料来源：http://news.sohu.com/20090413/n263353342.shtml.)

4. 自然资源

自然资源指天然存在的(不包括人类加工制造的原材料)并有利用价值的自然物，如土地、矿藏、水利、生物、能量、海洋等资源，是生产原料来源和布局场所，也是人类生存和发展的物质基础和社会物质财富的源泉。作为人类进行生产活动的基本要素，其数量、质量及分布状况对社会生产和生活具有重大影响。

因为各国间自然资源的分布呈现着高度的不均匀性，所以它成了国际直接投资发生和发展的一种重要推动力。东道国的自然资源条件是引进外资的主要因素。有些国家资源丰富，自给有余；有些资源贫乏的国家需要依靠国外供应；有些矿产资源丰裕的国家动植物资源匮乏，有的国家则可能恰恰相反。资源的这种在数量及种类上的不均匀分布，可以通过国际直接投资活动来加以弥补。同时，国际直接投资利于投资者控制他国的某一类战略资源。

那些对自然资源依赖程度高的产品的生产者，在选择投资国或地区时，尤为注重选择其所需自然资源的产地。在将自然资源质地的好坏和开采成本进行综合考虑的情况下，依赖某类资源的投资者的首选地往往是该类资源丰富的生产国。这样，投资者就能以较少的投资、较大的生产规模、较低的生产成本获得较高的投资利润。因此，东道国自然资源条件的优劣是资源导向型投资者进行区位选择的最基本因素。

相关链接

中钢并购澳大利亚中西部矿业

中国中钢集团公司(以下简称中钢集团)获得澳大利亚外国投资审查委员会(FIRB)批准，在金融危机波涛汹涌的时刻，用 14 个月的时间最终完成了对澳大利亚重要的铁矿石资源公司中西部矿业公司的并购。此次收购被亚洲两家著名的金融与投资专业杂志《亚洲金融》(Finance Asia)和《财资杂志》(Assets)分别评为 2008 年度“最佳并购交易”和“最佳交易”两个重要奖项。

中西部矿业公司是一家在澳大利亚证券交易所(ASX)上市的公司。中钢集团从 2007 年 10 月开始着手实施对中西部矿业公司的收购，2008 年 3 月 14 日在澳大利亚证券交易市场正式发起全面要约收购，于 2008 年 9 月 15 日结束，共获得中西部矿业公司 98.6%股权。截至 2008 年年底，中钢集团已实现对该公司 100%的控股权。

资料显示，中西部矿业公司拥有 4 个赤铁矿和 3 个磁铁矿项目，总计控制赤铁矿资源超过 6 亿吨，平均品位为 58%～59%；磁铁矿资源超过 13 亿吨，远景储量近 100 亿吨，平均品位为 45%～50%。中钢集团总裁黄天文这样评价：“这次收购使中钢集团获得了大约 20 亿吨的优质铁矿资源，为企业下一步的健康稳定发展和我国钢铁工业长远科学发展的资源供应，奠定了坚实的基础。”

面对复杂的经济形势和不同的人文背景，中钢不仅没有“呛水”，而且实现成功并购，成为中国企业走出去的一次重要远航。

对海外并购素有研究的北京产权交易所董事长熊焰教授认为，这次收购体现了中国企业在国际资本市场上的实际运作能力，有助于促进澳大利亚中西部地区的矿产资源更加有效、科学、合理的开发；也有助于拉动澳大利亚地方经济及就业；有助于促进中澳两国间经贸关系进一步的发展。

(资料来源：http://ccnews.people.com.cn/GB/142057/142081/9116152.html.)

5. 人口

人口因素是指构成人类社会的有生命的个人总和，是一个包括人口数量、质量，人口的构成，人口的发展，人口分布和迁移等各种因素的综合范畴。它是社会生活的必要条件之一，对社会的发展起着一定的影响。人口因素不仅决定某一产品的需求规模，还决定需求的种类，此外，它也决定着劳动力的供给与价格状况。

一定数量的人口是社会物质生产的必要前提。面积大而且人口多的国家是市场导向型投资者的首选目标。投资者往往在面积大和人口多的地区进行投资，以便在该国销售其产品，避免了在面积小、人口少的国家生产，需要将大部分产品转运到其他国家销售而产生高关税和高运输成本的问题。

4.2.2　经济环境

经济环境因素在投资环境系统中，是内涵最丰富、影响最直接、最重要也是最基本的一个子系统。国际投资者都十分注重投资国的经济环境状况，因为经济环境中的各因素影响和制约了国际直接投资中开拓市场、获得廉价生产要素、提高经济效益等动机的实现。它主要包括东道国的经济情况、基础设施和进一步影响国际直接投资的经济政策情况等。

相关链接

外资银行长远看好中国市场

自2001年末中国加入世界贸易组织(World Trade Organization，WTO)以来，外资银行已经深深融入中国经济金融改革发展过程，成为中国经济金融特别是银行业重要的组成部分。在融入中国经济金融改革发展进程中，外资银行得到了快速发展。

一是外资银行经营条件与中资银行趋同。入世以来，我国最重要的变化是实现了中外资银行监管法规的统一。目前，在中国注册的外资法人银行业务范围与中资银行一致，可以向各类客户提供存贷款、债券及衍生产品交易、合格境外机构投资者(Qualified Foreign Institutional Investors，QFII)境内证券投资托管(QFII)等业务，并遵守与中资银行相同的资本充足、授信集中度、流动性和拨备计提等监管要求。

二是外资银行在华机构布局和结构合理均衡。截至2011年6月末，有来自14个国家和地区的银行在华设立了39家外资法人银行(下设分行及附属机构243家)和1家外资财务公司，来自25个国家和地区的76家银行设立了92家外国银行分行，来自45个国家和地区的银行设立了207家代表处。除提供综合性服务的国际大银行外，外资银行群体中还增加了不少擅长经营中小企业融资、农业金融等领域业务的银行。

三是外资银行整体经营稳健有序。在资产业务快速增长的同时，风险抵御能力、稳健发展能力得到极大提升。入世以来，外资银行资产年均复合增长率达到19%；利润年均复合增长率达到26%；不良贷款率下降到0.33%；资本充足率达到18.2%，其中核心资本占到90%以上；贷款拨备覆盖率达到252%。

四是法人银行成为外资银行在华主要存在形式。为阻隔境外风险传染，许多国际知名银行已将在华分行改制为本地注册法人银行，积极推行本地化经营策略。

五是外资银行业务本土化趋势更加明显。目前，外资银行人民币资产份额已从加入WTO前的12%稳步升至68.5%，彻底扭转了以外汇业务为主的经营模式；外资银行的中资企业客户贷款占各类客户贷款比重为36.8%，比加入WTO前增加30个百分点；境内居民贷款从零起步，已达到全部个人贷款的45%。

基于中国市场良好的业绩表现和对中国经济发展的信心，跨国银行持续加大对华投资和支持力度，部分银行还进一步强化了中国区在联通欧亚市场方面的作用，以更加积极的态度拓展中国业务。

2011年11月11日，汇丰银行(中国)有限公司(以下简称汇丰中国)宣布，其注册资本增至108亿元，成为本地注册的外资银行中注册资本规模最大的国际性银行。汇丰中国行长兼行政总裁黄碧娟表示，“此次增资将进一步推动我们的业务增长，自2007年转为本地注册的法人银行以来，汇丰中国积极拓展业务，服务网点翻了两倍多，中国市场与全球市场的资本和贸易联动日益增强。”

“中国入世之后，我们最重要的里程碑是2007年花旗成为首批转制为本地法人的银行，这为花旗中国业务的全方位发展提供了契机。”花旗银行(中国)有限公司董事长、首席执行官欧兆伦说，“我们在中国发展的长远目标是成为一家本地的全能型银行。”

(资料来源：赵晓强．外资银行长远看好中国市场．经济日报，2012.1.9.)

1. 经济情况

1) 经济体制与市场体系

经济体制也是影响外资进入的重要因素，是一个国家经济制度的具体形式，也是实现一个社会的经济目标和基本原则所借助的手段体系。经济体制一般分为计划经济体制和市场经济体制。它具体指某个国家或区域制定并执行经济决策的各种机制总和，广泛涉及国民经济的组织管理形式、国家和企业的关系、生产要素的流动形式，以及由此而形成的特定经济机制，即国民经济赖以运行的方法、手段和环节等。

经济体制对外资影响主要着手于两个方面，一是投资国与东道国经济体制的近似度，经济体制越相近的国家，生产效率会越高，相互之间的资本流动越易于进行。二是东道国经济体制的完善度。发展中国家往往因经济体制存在严重缺陷而难以实现生产要素的流动，如政府过度干预经济、体制改革进展缓慢、私营经济发展的政策环境不平等且缺乏规范体系做基石、市场机制发挥不充分等是常见的体制缺陷，这些缺陷会导致国际投资地位不稳固。因此，对于一个国家而言，拥有一个完善的经济体制是很重要的。

此外，与具体项目相联系的市场与产业环境因素是影响投资者投资意愿和投资决策的最直接的投资环境因素。若生产要素流动的市场化程度高、供应渠道流畅、存在着一个规模大或增长势头强劲的市场、居民不歧视外国商品、商业组织结构完备、商业企业效率高、政府对市场活动的行政干预少且规范化和法制化、东道国对国内市场的保护适度并逐步扩大市场开放度，那么这个国家的市场环境良好。

投资者往往倾向于产业结构合理、外资项目同当地产业奖励政策相符合、关联产业发展水平较高的国家。一国市场的完善和开放是一个关键的问题，完善和开放的市场是较好投资环境的重要内容，生产要素完全在自由竞争的市场机制下进行流动和配置，因此对外国投资者有较大的吸引力。

2) 经济发展水平和经济技术开发能力

一国的经济发展水平，是指该国一定时期内的经济发达程度、人民的收入水平、消费水平和生活质量，它是决定东道国对国际资本吸纳能力的基本制约因素，也是影响投资者选择投资地点和投资产业的主要因素。一个国家的经济结构取决于于这个国家的经济发展水平。投资者一般会将资本密集型和技术密集型产品选择在发达国家生产，因为发达国家的资本和高技术人才相对于发展中国家都更加丰富，而很多投资者选择在发展中国家生产劳动密集型产品是因为发展中国家低技术劳动力丰富，劳动力价格较发达国家更为低廉。

经济技术开发能力，是指在特定区域内人们有效利用各种人力资源和物资资源，为社会生产和人民生活提供各种有用的商品及劳务的能力。它表明一个社会能够超越传统农业经济的程度以及致力于工业化经济发展的水平。经济技术开发能力强的国家往往工业化水平高，经济技术开发与技术创新的机制完备，能够充分有效地利用各种资源，而且还能提供广泛的投资与获利机会。

国际上通常使用四个指标来衡量一国的经济技术开发能力。一是非农业部门雇用劳动力的比例。二是非农业部门的产值占国内生产总值的比例。三是人均能源消费量。人民对商品和劳务的市场需求越大，投资机会也越大。四是人均收入水平。人均收入高的国家，其消费水平也就相对较高。因此，在人均收入高的国家进行投资生产，会增加产品在东道国的销量。

3) 经济稳定性

经济的稳定性取决于社会总供给与总需求的平衡状况。物价、利率、汇率等指标是否稳定，经济发展速度是否持续稳定、国家债务规模的大小和通货膨胀变化率的高低都能反映经济稳定程度。

经济的稳定性是外国投资者能否顺利进入的重要条件。经济稳定程度较低的国家，投资风险较大，投资者面对的是不稳定的环境，很难对投资的成本、收益和风险作出客观评价。

因为在进行国际直接投资时，要发生大量的资金转移、外汇业务和融资活动，所以投资者在进行投资决策时，必须先把经济的稳定性考虑在内。

2. 基础设施

基础设施属于投资环境中的“硬环境”，指外国投资者在东道国(地区)进行直接投资、从事生产经营活动所面临的基本物质条件。它的涉及面很广，其完善程度能影响到投资项目的经济效益。良好的基础设施能帮助投资者降低投资的成本，提高经济效益。若基础设施不足，则会制约国际投资的发展。

1) 基础设施的内容

基础设施是投资活动赖以生存和发展的基础。它包括交通邮电设施、能源及水源供应设施、减灾防灾设施、环境美化和保护设施、生活服务设施等。其基本作用是为生产地域综合体、工业枢纽、城市、工业区及其他各种特殊经济区域的生产和生活服务。

2) 基础设施的重要性

基础设施作为国民经济建设和发展的主要组成部分，维系和促进了各种生产和生活活动。虽然基础设施不直接参加劳动过程，但是它为物质生产提供着不可缺少的条件，少了它，劳动过程就不能进行，或者只能部分地进行。因此，当地基础设施状况也就必然成了外商选择投资地的重要因素之一。若在基础设施落后的地区投资，不仅对内对外联系的困难多、效率低，而且获取生产要素的选择性也小。

对于东道国而言，要重视基础设施的建设，积极改善基础设施的条件，协调好各类基础设施之间的关系，充分发挥基础设施的综合效益，为国际直接投资提供稳定、高效的服务。

3. 经济政策

经济政策是指国家或者政府为了达到宏观经济政策的目标，如实现充分就业、价格水平稳定、经济快速增长、国际收支平衡等制定的解决经济问题的指导原则和措施。不同的经济政策对一国经济的稳定与发展产生不可估量的影响。

1) 对外资的政策

对外资的政策直接关系到跨国公司的投资决策。它体现了东道国吸收外资的态度和手段，包括东道国对投资方式、投资领域、经营管理、资本和利润汇回的特殊规定。它是投资者进行国际投资时应该首先考虑的因素，因为一国的外资政策直接影响到国际投资的可能性、收益性和持续性等多个方面。

发达国家资金相对充足，对资金的需求量比较稳定，而且多集中在高科技领域，所以发达国家对外资的态度一般采用不鼓励和不拒绝的国民待遇原则。而发展中国家为了改善资金不足和技术落后的局面，推动本国的工业化进程，解决经济发展中的难题，往往给外国投资者以超国民待遇。由此可见，各国对待外国投资者的政策由于经济发展的水平不同而不同。

2) 产业和地区政策

产业和地区政策指的是政府为了实现某种经济和社会目标，以区域产业为直接对象，通过对有关产业的保护、扶植、调整和完善，鼓励或限制某些产业的发展。它能够实现区域产业布局、结构、组织的合理化和优化。

投资者在进行投资决策时，应该充分利用优惠的产业政策，避免政策的不利影响。由于产业政策并不是一成不变的，可能随着经济的发展水平而有所改变，因此投资者如果要进行一项较为长期的国际投资，就要对东道国产业政策的变化趋势做出一定的预测。

3) 税收政策

税收政策是政府根据经济和社会发展的要求而确定的指导制定税收法令制度和开展税收工作的基本方针和基本准则。它对国际投资者的收益有很大影响。税收制度直接影响投资者收益率。它对外国投资既可构成障碍，也可成为刺激和鼓励。为了鼓励外资，许多发展中国家都把对外商实行税收优惠作为一项重要的措施。一般情况下，在各国投资环境其他因素大体相同的情况下，外资会流入税率较低的国家。

(1) 对外国投资者的税收优惠措施。

东道国为吸引更多的外资，对外国投资者所采取的税收鼓励措施主要有企业所得税优惠(减税、免税、利润再投资鼓励、加速折旧)和进口关税及有关的国内流转税(如货物税、产品税或增值税)的减免。

东道国税收优惠措施的原则主要有：按不同行业与企业给予税收优惠、按不同地区给予税收优惠、按投资额给予税收优惠、对利润再投资给予特殊优惠、按投资给当地带来的社会经济效益给予税收优惠。

(2) 投资国鼓励资本输出的税收制度。

投资国鼓励资本输出的税收制度主要有税收抵免制和延期付税制，它对其海外投资的作用是很大的。

① 税收抵免制。税收抵免制指允许海外投资者将其在东道国已纳税款从按本国税率计算的应纳税额中扣减，它有利于国际资本流动。因此，它是投资国鼓励本国私人对外投资的一项重要措施。

② 延期征税制度。投资国通常允许其海外投资者的国外投资所得在实际汇回前不必向本国政府纳税，也就是允许延期纳税。这有利于投资者降低投资成本，对投资者将其投资所得进行再投资有明显的刺激作用。这种制度必将促进资本的外流，有利于东道国吸引外资。

4) 外汇政策

东道国的外汇政策对投资收益有决定性的影响。实施外汇自由流动的国家是投资者所要选择的最佳投资地，而是否要到实施外汇管制的国家投资则要看这些国家对外汇管制的程度。实施外汇管制，有利于实现国际收支平衡、汇率稳定和稳定国内物价等政策目标。但是它的弊端在于市场机制不能充分发挥其作用，造成了国内价格的扭曲和资源配置的低效率，给国际资本流动和国际贸易设置障碍，不利于一国吸引外商投资，阻碍了国际经济的正常往来。

外汇管制根据各国的管制内容和严格程度的不同可分为以下三种类型。

(1) 实行严格外汇管制的国家和地区。这类国家主要是大多数的发展中国家和实行中央计划经济的国家。这些国家的典型特征是外汇极端缺乏，经济实力弱或对外贸易落后。

(2) 实施部分外汇管制的国家和地区。这类国家对非居民办理经常项目外汇支付不加管制而限制资本项目。这类国家主要是一些发达国家或开放度较高的发展中国家。

(3) 虽然在名义上已取消外汇管制但是实际上仍然在不同程度上实行外汇管制的国家。这类国家主要是工业发达国家和石油输出国。

5) 贸易政策

贸易政策是一国政府在其社会经济发展战略的总目标下，运用经济、法律和行政手段，对贸易活动进行有组织的管理和调节的行为。以国家对外贸的干预与否为标准，可以把贸易政策归纳为三种基本类型：自由贸易政策、保护贸易政策和管理贸易政策。

(1) 自由贸易政策。

自由贸易政策是指国家对商品进出口不加干预，对进口商品不加限制，不设障碍；对出口商品也不给以特权和优惠，使商品在国内外市场上自由竞争。它对国际投资起到了一定的促进作用。

(2) 保护贸易政策。

保护贸易政策是指国家对商品进出口积极加以干预，利用各种措施限制商品进口，保护国内市场和国内生产，使之免受国外商品竞争。它在一定程度上阻碍了国际投资的发展。

(3) 管理贸易政策。

管理贸易政策，又称协调贸易政策，是介于自由贸易和保护贸易之间的一种对外贸易政策，也是一种协调和管理兼顾的国际贸易体制，是指国家对内制定一系列的贸易政策、法规，加强对外贸易的管理，实现一国对外贸易的有秩序、健康的发展；对外通过谈判签订双边、区域及多边贸易条约或协定，协调与其他贸易伙伴在经济贸易方面的权利与义务。

为了保护本国市场，同时不伤害国际贸易秩序，保证世界经济的正常发展，在国际组织的努力下，各国贸易政策均有走向管理协调化的趋势。

相关链接

英国汽车品牌

关于英国汽车，相信很多人都听说过那些大名鼎鼎的名字：宾利、劳斯莱斯、阿斯顿·马丁、Mini、路虎、捷豹、莲花汽车……但曾经拥有多个全球知名汽车品牌的英国目前却没有一个强大的汽车集团。例如，德国有大众汽车集团、法国有标致雪铁龙集团、意大利有菲亚特集团、美国有通用汽车公司、日本有丰田汽车公司、印度有塔塔汽车公司。而英国汽车的那些大名鼎鼎的品牌都已经卖给了英国之外的汽车集团，如宾利被大众收购，Mini 和劳斯莱斯归宝马所有，捷豹和路虎被印度塔塔收购。

英国汽车业有着辉煌的历史，众多知名汽车品牌，最领先的汽车技术和设计，以及规模庞大的熟练技术工人。1950 年英国出口的车辆占世界出口总量的 52%。当时也出现过一个规模庞大的汽车集团——英国利兰汽车公司。鼎盛时期，利兰汽车公司拥有一系列标志性品牌，包括奥斯丁(Austin)、莫里斯(Morris)、名爵(MG)、莱利(Riley)、霍斯利(Wolseley)、凯旋(Triumph)、捷豹等。但英国汽车业和利兰汽车公司在 1970 年代陷入困境，从此再也没有恢复生机。

有哪些因素阻碍了英国汽车业的进一步发展呢？

1. 政府政策干涉

政府不恰当的干涉导致了英国汽车业遇到了一系列不利的局面。过去几十年，历届英国政府都奉行放弃制造业的战略，这使得英国汽车制造业缺少本土的零配件产业链。从 1952—1973 年，分期付款法案修改了 18 次，造成国内汽车需求不稳定，制造商产能无法扩大。1960 年代，英国汽车转向出口的时候，英国政府却在 1960 年代末出台保英镑的政策，使得英国汽车出口利润大降。

2. 国有化

从微观角度而言，英国政府最大的错误也许是1975年将英国利兰汽车公司国有化。但到了1983年，撒切尔政府又决定将利兰汽车公司全部私有化。国有化影响了企业发展的节奏，而反复又让正处于日本汽车冲击下的汽车业在发展出现变数和机会的时候，错失了机会。

3. 创新

英国汽车业似乎把更多的创新精力放在了技术和设计上，这使得英国的豪华车和赛车一直保持领先，如全球大部分的赛车都由英国生产。但与丰田在精益生产上的创新、通用在管理上的创新相比，这并不足以在商业上取得领先。虽然在豪华车和赛车的技术及生产质量上无可比拟，但英国汽车业在普通汽车的质量和效率控制上一直不好，这影响了英国非豪华汽车在全球范围的竞争力。

4. 全球化

英国汽车业并没有从全球化中获得真正的利益。第二次世界大战后，英国政府对汽车工业实行关税保护，英国汽车公司的国外市场主要依赖那些前殖民地国家，如非洲国家、印度等，这些国家通常缺少真正的竞争，反而使得英国汽车业的质量和效率更加不堪。而英国政府取消了汽车关税保护后，英国汽车业则受到了国外汽车公司的残酷挤压。

作为一个产业，政府和企业是两个主要的参与者，而且都应该为此负有责任。英国政府的政策的确给本国汽车业带来了一些困扰，但其最主要的问题是为本国的汽车业提供了过于轻松的生存环境，这包括早期的关税保护和那些自动打开的前殖民地市场。

当然，最应该自我反省的是英国汽车公司自己。过去半个世纪不仅是汽车业发展最快的时期，也是公司这一组织形式发展最快的时期，从生产效率、成本控制、组织管理等多个层面都获得了很大的完善和改进，无论是丰田、通用还是福特都在相互竞争中获得了全面的提升。而只有“活得最好”的英国汽车公司缺乏改善的动力，被潮流所抛弃。

(资料来源：董晓常. 英国汽车哪去了. 第一财经周刊，2011，46.)

4.2.3 政治环境

政治环境是指一个国家或地区在一定时期内的政治状态与政治因素对投资活动产生的外部影响。一个国家的政治环境因素关系到国家的政局稳定与否，由它导致的风险是投资者在国际投资活动中所面临的最大、最难以预测和把握的风险。东道国的政治环境主要包括政治制度、政治稳定性、执政者治理国家的能力和政府的行政效率、国际关系和东道国政府与人民对待外资的态度等。

1. 政治制度

政治制度包括国家的管理形式、结构形式、选举制度和公民行使政治权力的制度等。它与一个国家的根本性质和社会经济基础相适应，会影响到国家的法律制度和经济体制，因此，它是国际投资环境政治因素中的主要因素。不同的政治体制会阻碍国际间资本流动的进行，给投资者带来一定的风险，但是它也有可能会对投资者起到一定的吸引作用。

国际直接投资环境的政治因素形成的基础是东道国的政治、经济、文化等方面的制度，特别是国家政权的组织形式及其有关的制度。

不同的国家有着不同的政治体制。政治体制的重要性体现在它不仅构成了政治环境的基础，而且与经济制度密不可分。国际直接投资者在考察东道国社会制度及政治体制时，不应仅局限于投资国与东道国之间社会制度及政治制度的相似程度，更重要的是要看东道国政治体制的健全和完善程度。

政治体制的健全程度以及演变趋势，往往会直接表现在政府对经济活动的管理方式以及干预和控制的程度上，从而对外商的投资和生产经营活动产生影响。

如果东道国政府遵循客观经济规律、积极调节经济生活、政权民主和政治体制健全，则企业的正常经济行为不会受到无端的干预，这样就更可能给国际投资者创造一个稳定、良好的生存和发展环境。但是，在一个政治制度不健全、专制独裁的政权下，政府行为不受制度约束可能会使企业受到过多的干预和控制，并且因其潜在的政治动荡风险而给企业的发展带来困难。

2. 政治稳定性

政治稳定性是指一定社会的政治系统保持动态的有序性和连续性。决定和衡量东道国政治环境优劣的实质性因素是政局稳定性和政策连续性。

稳定的政局是影响一国国际投资活动的关键因素和经济正常发展的基本条件。它们在很大程度上取决于政治体制的健全和完善程度以及政府能力和办事效率。政治体制不健全、不合理，并且政府不能有效地行使其权力和履行其责任，就会导致政权不能长期稳固。不稳定的政局会使投资者面临多方面的政治风险。一般而言，考察和判断一国的政局稳定性，主要看以下几个方面。

1) 国家领导人常规性与非常规性的更换次数

常规性更换，是指在一套健全的选举制度下，在一届政府任职期满后，人民能够通过民主选举的方式顺利产生新的国家领导人。非常规性更换，是指发生政变或其他突发事件而产生的国家领导人。如果在一定时间内一国出现过诸如政变等非常规性更换，应根据其频率来判断该国投资环境的好与坏。

2) 反对派集团的状况

一个国家在民主制度并不十分健全的情况下，如果政坛上存在着反对派力量，导致政府危机的政治冲突事件就有可能发生，并且往往会对一国政治环境的稳定产生持久的灾难性影响。反对势力越强，对政局稳定性的威胁就越大，它最终会影响到投资者的生产活动和投资收益。

3) 国内民族、宗教及其他社会文化团体的状况

民族、宗教冲突作为一个极敏感的社会政治问题，对于政治环境的影响力有时并不亚于一场严重的政治事变。因此民族和宗教冲突等因素也会使投资者望而却步。如果存在严重的民族、宗教冲突，国家或地区投资环境的稳定局面就会完全打破，投资者不可能会将这样的投资国和地区作为理想的投资地，而会选择投资于这些方面问题少的、政治稳定的国家。

4) 工会的状况及作用

工会，或称劳工总会、工人联合会。工会原意是指基于共同利益而自发组织的社会团体。这个共同利益团体诸如为同一雇主工作的员工，在某一产业领域的个人。有些国家工会势力强大到足以影响首脑人员决策的地步，外商的许多管理活动不得不与工会进行商量甚至向工会妥协。

5) 军队与警察状况

军队和警察是重要的国家机器，是防御外来侵略、维护社会安定的基本力量，它们的规模、水平以及执政者对它们的可控度，向来都是影响政治环境稳定的重要因素。

政策的连续性也是与政局稳定性直接相关的另一重要因素，它既是上述政局稳定性因素

的作用结果，也是进一步影响政局稳定性的重要因素。政策连续性不仅在于本届政府的政策要有稳定性和连续性，而且在于它不受政府正常选举的影响，不会因为政府的正常更换而改变其连续性。

一定时期内的政府目标的变化以及政策连续性与政局稳定性密切相关。政局的正常和非正常变化都会影响政策连续性。所以投资者在考察东道国政策时，除现行政策外，也需要进行考虑过去一段时间的政策变化情况及变化方式。政策的连续性越好，外商在东道国的投资就越稳定，对外国投资者越有吸引力。政策变化的程度越大、频度越高，政策的连续性就越差，就越不利于吸引外资。

3. 执政者治理国家的能力和政府的行政效率

对于保持良好的政治环境，东道国的执政者治理国家的能力及政府部门的行政效率十分重要。

执政者的能力反映在国家政治经济生活中的各个方面。执政者治理国家的能力越强，往往越能够保持稳定的社会政治环境，投资环境也就越趋于完善，也就越能吸引外资。

东道国政府部门的工作效率作为与执政者能力密不可分的政治因素，也会对国际投资者的经营效率和成本产生较大影响。对政府行政效率的考察可以通过项目审批的时间、程序的复杂度等指标来分析。有些东道国行政效率低下如公事不公办、事情一拖再拖、行政机构设置繁杂、部门和环节脱节且机制运转失灵、局面混乱等会导致企业成本增加，阻碍国际投资者的生产经营活动。

4. 国际关系

国际关系是政治环境的外在因素。保持良好的国际关系是提升一国投资环境评级的重要因素。东道国保持良好的国际关系，对东道国保持良好而又稳定的投资环境起到了很大的作用。一国的国际关系主要包括以下两个方面。

(1) 该国与周边国家的关系，它会影响外国投资者对该国政治环境的评价。如果一个国家与周边国家关系紧张，会增加该国与周边国家发生冲突的可能性。而如果对外关系良好，并且与越来越多的国家交往密切，则外国投资者对该国的政治环境和发展前景的评价就会比较高。

(2) 该国在世界政治生活中的地位。政治地位高的国家说明其影响力较大，投资者不仅降低了投资的政治风险，还可以利用投资目标国的政治经济地位来挤占更多的市场份额。

5. 东道国政府与人民对待外资的态度

在分析时需充分考虑东道国的政府与公众之间的态度，因为它们不一定一致。政府支持的外资项目，公众可能极力反对，而政府要限制的外资项目，公众可能抱欢迎的态度。这种态度来自两个方面。

(1) 出于政治或民族情绪的考虑对外资采取欢迎或者拒绝的态度。

例如，由于历史原因，东道国的国民的民族情绪较浓烈、民族自尊心极强，可能对历史上某个曾经侵略它的国家的投资采取抵制的情绪。同时，大量引入外资可能会导致民众强烈抵御外来经济侵略的心理。

(2) 出于经济或者生态方面的考虑对外资采取欢迎或者拒绝的态度。

例如，为了缓解繁重的国内资金和技术严重缺乏的局面，促进经济发展，而跨越历史、文化和政治的障碍，对外资采取欢迎态度，或者出于环境保护原因而对国际投资有着一定的拒绝态度。

政府对待外资的一般态度很自然地要反映在外资政策与法规中，但这些政策和法规要受政府及公众对待外资的态度的决定和影响。公众对待不受欢迎的外资项目，往往是示威抗议、罢工甚至破坏。政府对要限制的外资项目则是施加更多的额外限制，诸如苛刻的防污染要求、较高的税收、增加资金转移限制等。

4.2.4 社会文化环境

属于国际投资软环境的社会文化环境是某一特定人类社会在其长期发展历史过程中形成的，主要由语言文字、特定的价值观念、教育水平、宗教信仰及风俗习惯等因素构成。它从不同的侧面影响和制约着人们的消费观念、需求欲望及特点、购买行为和生活方式。同时，它也是影响国际投资诸多变量中最复杂、最深刻、最直接的变量。因此，国际投资者必须全面了解、认真分析东道国的社会文化环境，以利于其准确把握消费者的需求和购买行为，正确决策投资市场，制定切实可行的投资方案。

相关链接

肯德基品牌中国市场本土化“全扫描”

肯德基在进入中国多年之后的今天，似乎已经成为了“洋快餐”的代名词，这足以让人们看到了他在中国的影响力。据 AC 尼尔森公司调查结果显示，KFC(肯德基炸鸡)已成为中国人最喜爱的品牌。事实上达到这一效果，能在中国市场稳扎脚跟并非易事，这与肯德基公司实施的本土化战略密不可分。

1. 本土化战略之一：“醉翁之意不在酒”

面对世界人口第一、蕴含着无限潜力的中国市场，早在 1985 年，时任肯德基总经理的迈耶就产生了浓厚的兴趣，萌生了开发中国市场的念头。在做出开发中国市场这个决策上，迈耶正确地选择了一件事情：先知先觉和起点本土。在吸取了肯德基在亚洲其他地区失败的经验教训后，他认识到在这个古老新大陆的发展首先要克服的困难就是熟悉和理解中国的文化底蕴。于是他首先选择了新加坡作为进军中国市场前的试点。选择新加坡的原因是其国民说普通话，生活习惯与中国最为接近。

1986 年的 4 月，眼看时机成熟，迈耶立即采取行动，改组肯德基东南亚地区办公室，并任命具有中国成长背景，又有国外求学经验的中层管理人员王大东出任肯德基东南亚地区副总经理。通过 1 年在新加坡的练兵，肯德基对跨文化管理，尤其是对东方人的管理积累了足够的经验，另一方面也积累了熟悉中国特点的运营人才，保障了进入中国之后能够迅速地融合并做到游刃有余。1987 的 11 月 12 日肯德基在北京前门繁华地带设立了在中国的第一家餐厅，正式启动了中国区战略的步伐。

2. 本土化战略之二：“并非菜单本土化这么简单”

说到肯德基本土化，很多人马上就会想起川香辣子鸡、老北京鸡肉卷等一些产品表象层面的东西。如若真是仅仅将本土化停留在这样一个层面的话，那我们也太小看了肯德基这个中国市场上食品连锁的龙头老大了。肯德基本土化有着重要的一点，那就是原料采购本土化。早在进入中国前，王大东就看到了家禽饲养是一个中国农业现代化优先发展的领域，这对肯德基当时进入未完全开放的中国来说是一个十分积极有利的消息。据悉，肯德基在中国的本地原料采购比例已达 95%，其中面包、鸡肉和蔬菜全部来自中国本土。而老对手麦当劳就没有这么幸运了，等它进入中国时已经是三年以后的事了。高手过招一招都不能有闪失，正是由于肯德基的这次本土化策略最终为其在中国超越麦当劳埋下了伏笔。

3. 本土化战略之三：经营本土化

除了上面的原料采购本土化，肯德基还在经营上面实现了本土化，归结为以下几个方面。

(1) 在店面方面，肯德基大大领先，它的店面数如今已是竞争对手麦当劳所无法比拟的，除去肯德基较麦当劳早进入中国市场3年的因素之外，两者在共同发展的14年间，无论是餐厅扩张速度与最终发展数量，麦当劳一直落后于肯德基。2001年，双方的差距一下子扩大到149家，而在2002—2004的短短3年间，肯德基餐厅的发展速度与数量均是麦当劳的两倍以上。这大大提高了肯德基在中国地区的市场占有率。

(2) 在公司总部的地理位置方面，肯德基将亚洲区的总部设在上海，因其地缘和对消费者研究的接近，所以市场反应的速度也更加灵敏。

(3) 在单店的经营形式上，虽然特许经营是麦当劳和肯德基迅速发展扩大的共同的制胜武器。但1993年，肯德基就首先把这一经营模式引进中国并加以改良，在西安开始了加盟连锁经营业务，并且交给加盟者时不但店面已经运营正常，而且开始赢利了，由此肯德基的扩张开始提速，奠定了自己的优势。近年来，为探索中国特许加盟的模式，肯德基在中国内地采用“不从零开始”的特许经营，即将一家成熟的、正在营运的餐厅转让给加盟者。2000年8月，第一家“不从零开始经营”的肯德基特许经营加盟店正式在常州溧阳市授权转交。至今，在内地共有37家“不从零开始”的肯德基餐厅被授权加盟。

4. 本土化战略之四：中国健康食品咨询委员会的成立

2000年肯德基诚挚邀请了中国40余位国家级食品营养专家，成立了“中国肯德基食品健康咨询委员会”，他们在开发适合中国人口味的产品以及产品多样化方面发挥了关键的作用。其为满足中国消费者口味开发的长短期系列产品包括老北京鸡肉卷、十全如意沙拉、玉米沙拉、嫩春双笋沙拉、和风刀豆沙拉、芙蓉鲜蔬汤、番茄蛋花汤、川香辣子鸡、营养早餐(香菇鸡肉粥、海鲜蛋花粥、枸杞南瓜粥、鸡蛋肉松卷，猪柳蛋堡)等。这些产品深得中国消费者的肯定和喜爱，如田园脆鸡堡是肯德基针对儿童的特点开发的产品。其份量较小，在鸡肉中加了胡萝卜，玉米和青豆，并根据儿童的喜爱调整了口味；又如吮指原味鸡，劲辣鸡腿堡，辣鸡翅，墨西哥鸡肉卷等，并在部分配方中减少了盐的比重，甚至在不少餐厅售卖起完全本土化的“王老吉”凉茶。

(资料来源：http://finance.sina.com.cn/leadership/case/20060606/19422629519.shtml.)

1. 语言文字

1) 语言文字因素的重要性

语言是在一个特定的环境中，因生活的需要而产生的。它是民族的重要特征之一，也是人们交流思想的媒介。人们借助它保存和传递人类文明的成果。语言产生的各种文化现象不断发展、扩散、变化，形成现今的空间分布。人们进行彼此的交往离不开语言，很多文化特征都与语言有密切的关系。虽然人们可以通过文字、图片、动作、表情等多种方式传递自己的思想，但是语言是多种媒介中最方便、最重要的媒介。同时，它是文化的一个重要组成部分，也是保持生活方式的一个重要手段。它必然会对政治、经济和社会、科技，乃至文化本身产生影响。所以，语言文字因素是跨国公司选择投资地投资时应考虑的一个因素。

2) 语言文字对国际投资的影响

语言文字是国际投资者在东道国进行投资和从事生产经营活动中信息交流的主要工具和基本手段。在很多情况下的国际投资活动是在不同语种国家之间进行的，其语言文字间的同异对国际投资产生了多方面的影响。

(1) 有利的方面。

东道国与跨国公司母国语言文字上的差异小，或者语言文字相通，那么双方在经济信息沟通上的准确性和有效性就会大大提高，两者之间的交流沟通也就顺利，从而有利于国际投资活动的开展。

因为语言因素的作用，一些国家与其他国家之间的国际商务活动一直十分活跃。一些国家语言是相通的，它们相互之间进行的国际投资就较为便利。

与此同时，国家巨大的外资额与语言的使用人数也是密切相关的，语言在世界上的畅通保证了国际投资的顺利进行。据统计，世界上使用语言人数最多的是汉语，第二是英语，第三是俄语，第四是西班牙语，而相应的这些国家在世界上吸引外资也相对较多。

(2) 不利的方面。

语言文字是一种普遍存在的复杂文化现象，几种语言混用的国家并不少见，如瑞士、比利时等国家。同时也有讲一种以上语言的国家，如法国、英国等。不仅国家与国家之间存在差异，在同一国家的不同地区之间也存在着差异。在东道国国内语言文字环境不统一，存在着多种语言和方言的情况下，原本存在的语言文字差异就变得更加复杂了，这给投资者在东道国的经营带来很多不便，影响了东道国吸引外资。

① 影响投资项目的效率。

投资者在东道国投资建厂，首先必须要得到东道国政府的批准。在与东道国政府部门以及与当地企业的交流过程中，如果语言不通会影响信息沟通的效果以及项目谈判的效率，进而影响投资项目的效率。

② 影响国际投资者对一些政府法规和制度的理解。

语言文字因素可能会让国际投资者产生某些误解。因为其在进行投资的过程中要遵守东道国政府的法规，且要对政府承担纳税义务和其他的社会责任。而语言文字上的差异妨碍了投资者理解相关的法律法规，有时国际投资者可能会因此闹出笑话。

③ 影响国际投资者的生产经营成本。

企业的大部分产品如果直接在东道国市场销售，企业往往会进行一系列的促销活动。而国际投资者在进行促销活动时，必须要适应当地的语言要求。语言文字上的差异不仅影响了促销的效果，还增加了一系列的额外费用，进而导致国际投资者的生产经营成本增加。

④ 影响国际投资者管理生产经营活动。

语言不通成了国际投资者管理生产经营活动的一道关卡。语言相通与否对管理的有效性影响很大。在跨国企业内部管理过程中，语言问题非常突出。不同国家、不同语言文化背景的工作人员对各方面的认识是相异的，于是就出现了相互之间不同形态的语言文化冲突。要做好企业管理工作，首先要缓解和消除语言文化冲突，加强语言文化的沟通，形成共同一致的企业管理观念和企业文化。

小知识

国际品牌名称绝妙翻译

如果把营销比喻成一场战役，那么成功的品牌名称就像一面不倒的军旗。国际品牌要在全球范围内营销，必须要跨越种种文化障碍，如语言差异、消费习惯差异、宗教差异等。由于西方国家的文化比较相似，所以某一个国家的品牌比较容易为其他国家所接受。而中国文化与西方文化差异较大，因此，国外品牌要打入中国市场，必须慎重考虑命名问题。商品经济现象的复杂，使西方品牌名称的翻译超越了语言学概念，上升到文化心理和市场重新定位层面。

1. 麦当劳：蕴含多层意义

麦当劳，英文名称是“McDonald’s”，它是店主人名字的所有格形成。西方人习惯以姓氏给公司命名，像爱迪生公司、华尔特•迪斯尼公司、福特公司。但是中国人则比较喜欢以喜庆、兴隆、吉祥、新颖的词汇给商店命名，如“百盛”、“天润发”、“好来顺”、“全聚德”、“喜来登”。如果老老实实地把“McDonald' s”译成“麦克唐纳的店”就过于平淡，而“麦当劳”就非常成功，具体表现在以下几个方面：大致保留了原发音；体现了食品店的性质；蕴涵着“要吃麦就应当劳动”的教育意义；风格既“中”又“洋”，符合华人的口味。

2. 可口可乐：绝妙之译

众所周知，“可口可乐”就是“Coca Cola”，Coca 和 Cola 是两种植物的名字，音译为“古柯树”和“可乐树”，古柯树的叶子和可乐树的籽是该饮品的原材料，古柯叶里面含有古柯碱，又称可卡因(有时用作麻醉药，尤其可用于眼睛、鼻子或喉咙，此品还因其兴奋性和刺激性而广泛用做毒品)。这样枯燥乏味甚至有点可怕的名字居然被翻译成“可口可乐”，真是让 Coca Cola 公司“化腐朽为神奇”。“可口可乐”译名的成功之处在于：保留了原文押头韵的响亮发音；完全抛弃了原文的意思，而是从喝饮料的感受和好处上打攻心战，手段高明；这种饮品的味道并非人人喜欢，很多人甚至觉得它像中药，但它却自称“可口”，而且喝了以后还让人开心。善于进行自我表扬，讨好大众。

上述两例是保留原品牌名称发音，而改变原意的成功范例。其他如中国译为“奔驰”，新马译为“马赛地”的名牌汽车，原文“Mercedes Benz”是该汽车公司老板爱女的名字，译为“奔驰”是删除了复杂的 Mercedes，简洁而响亮。

3. “Ikea”译为“宜家”是高招

再如“Ikea”家具品牌，即便在瑞典也很少有人知道它的意思，是聪明的中译者赋予它“宜家”这美好的含义。实际上，Ikea 是该品牌的创始人 Ingvar Kamprad 和他的农场名 Elmtaryd 及村庄名 Agunnaryd 的词首字母组合。

有的品牌名称只进行音译，如“麦斯威尔”咖啡，仅仅是“Maxwell”的发音而已。由于它的诉求对象是白领阶层，尤其是“外向型”白领，因此这个名字是成功的。但如果想让广大华人买账，就不如“雀巢”。在雀巢咖啡刚进入中国大陆时，听村里的农民议论：“雀巢”咖啡就是“鸟窝”咖啡。即使没文化的人也对它产生兴趣，可见名称的戏剧性效果非常有利于提高品牌的知名度。

名牌手机“诺基亚”，芬兰文原名“Nokia”，是厂子所在小镇的名字，很显然，译文比原文更富有高科技感，好像还有点“承诺亚洲”的味道。

(资料来源：http://tr.hjenglish.com/page/16574/?page=2.)

3) 识别投资国与东道国语言文字差异后的改善措施

针对上述语言文字因素对国际投资各个方面的影响，东道国往往会采取多种措施来改善不良局面。

(1) 实施统一语言的政策措施，加强与世界各国的联系。东道国通过采取统一语言的政策措施来努力改善语言分化的现象，争取逐步形成统一的语言环境。这样不仅能加强社会活动的协调、降低投资活动的成本和投资管理的困难，还利于国内经济、社会和文化的发展以及对外经济技术合作与交流的开展。

(2) 扩大本国语言在国际传播中的份额。加强本国语言文化的自主性及对外宣传的针对性和效果，扩大本国语言文化在国际上的影响，努力增进世界各国人民对该国文化和历史的了解。同时，改善其国际的沟通能力，增强投资者对东道国文化环境的适应力。

(3) 加强外语教育。东道国通过大力加强外语教育的措施来提高其与国际社会的沟通效率，给外商投资及其他国际商务活动创造了良好的语言环境。

几种国际商务活动中使用较多的语言如英语，是外语教育中较普及的语言。现今，英语作为普遍的国际沟通工具得到了很广泛的采用，许多跨国公司的正式语言和国际商务中普遍使用的语言是英语。

2. 价值观念

价值观念是指人们对社会生活中各种事物的态度和看法，也是一个国家或民族传统文化的反映。不同文化背景下，人们的价值观念往往有着很大的差异，价值观的差别会引起行为上的不同。投资者必须根据消费者不同的价值观念设计产品和提供服务。

小知识

国际品牌商标设计禁忌

1. 商标不能用地理名称

用地理名称作商标，只能说明商品的产地，起不到使消费者辨认商品生产者的作用，而且容易造成产地的混淆。在国内市场上以地理名称作为商标的例子很多，如黄河牌汽车、北京牌彩电等，但出口的商标最好不要使用地理名称，因为许多国家的商标法都以地理名称缺乏显著特征和地理名称属大家共有，不应为某一生产者独占为由而不予注册。有的即便勉强注册也要附带许多限制条件，如青岛牌啤酒、中华牌香烟等在外国注册就遇到类似的情况。

2. 商标所用外文要没有姓氏的含义

一些国家的商标法规定，用姓氏名称作为商标必须征得本人同意。如本人死去不久，则要征得其法定代表机构或代理人的同意。我国有些商标所附英文恰巧就是外国人的姓氏名称或有姓氏的含义。如"紫罗兰"商标的英文"Violet"，"前进"商标的英文"Forward"，"钻石"商标的英文"Diamond"，"天鹅"商标的英文"Swan"分别与英国人的威奥莱特、福沃特、戴蒙德和斯伍森的姓氏音相同或相近，这样的商标在国外注册时都遇到了困难，有的根本不能注册。

3. 不宜采用数字作为商标

以数字作为商标在许多国家被认为缺乏显著特征，并且数字为全人类所共有而不应归某一生产者所独占，因而不给注册。有些国家很忌讳个别数字，如西方国家认为"13"是个不幸、凶险的数字，任何场合都尽量避开它。有一些国家的法律规定数字可作为商标注册，但以该商标已经广泛使用或已出名成为名牌为条件。所以，为出口商品设计商标，最好不要采用数字作为题材。

4. 商标的文字、图形、颜色等应避免有不好的含义

有的国家商标法根据本国的风俗作了一些特殊规定，或者在习惯上忌用。出口商品的品牌商标设计，应注意要和各地的社会文化传统相适应，不要违背当地的风俗习惯和各国的宗教信仰，特别是各地的忌讳。

例如，我国出口的白象牌电池在东南亚各地十分畅销，因为"白象"是东南亚地区的吉祥之物，但在欧美市场上却无人问津，因为"白象"的英文"White Elephant"意思为累赘无用、令人生厌的东西，可见谁也不会喜欢；我国的"蓝天"牌牙膏出口到美国，其译名"Blue Sky"则成了企业收不回来的债券，销售无疑成了问题；在中国一般将鹿看作是快乐、活泼、长寿的象征，但在巴西等地却是"同性恋"的俗称；日本人把龟视为长寿的象征，而中国忌讳龟而把仙鹤、松柏喻为长寿；在法国仙鹤则是蠢汉和淫妇的代名词；孔雀在东方人心目中是美丽的，但是在法国是淫妇的别称；郁金香是荷兰的国花，在土耳其是爱情的象征，但在法国人的眼里却是无情无义之物；斯里兰卡、印度视大象为庄严的象征，在欧洲人的词汇里大象则是笨拙的同义词；伊斯兰教国家禁用猪及类似猪的图案设计；狗在北非视作不法；中国人引以为豪的熊猫，在东南亚、欧美等地广受欢迎，视为憨态可掬，但伊斯兰国家却对它有厌恶之感；西方人忌讳用黑猫，认为黑猫是不祥之物；澳大利亚禁用兔，因为兔是当地一害；日本人喜爱樱花而忌讳荷花，也忌讳代表皇室的菊花；阿拉伯人禁用六角星图；意大利忌用兰花图；捷克人将红三角图案作为有毒的标志；法国禁用黑桃，认为黑桃是死人的象征；美国人用红色代表愤怒，深色表示嫉妒，蓝色意味忧虑，黄色象征怯懦；瑞典人禁用蓝色；西方国家以黑色为不吉利，东方国家却以白色为不吉利；英国人忌讳黄色，中国人和泰国人将黄色视为庄重、高贵和权力，而埃塞俄比亚人办丧事时穿黄色衣服；在拉丁美洲国家，人们将紫色与死亡联系在一起；日本人以红色和黑色视为传统性色彩而偏好；绿色给人以凉爽和宁静的感觉，在意大利、新加坡等国普遍受欢迎，但日本人却认为绿色不吉祥。

由于各国存在这些特殊的禁忌，就要求我们在为出口商品设计品牌商标时，不能随心所欲，应避其所忌。国际市场上的品牌商标设计要符合市场国当地的法律规范，也要符合国际惯例，以便于向有关部门申请注册，取得商标专用权。

品牌商标的设计要显示出企业或产品的特色，品牌商标设计的独特性可以使企业的品牌在成千上万的品牌中脱颖而出，易于吸引消费者的注意力。

品牌商标设计应向消费者暗示产品的效用或质量，如"Sprite"饮料初次出现在香港市场上时，根据港澳取吉利心理的常规，按其谐声取名为"事必利"，实际销售情况并不好，后改名为"雪碧"，给人以冰凉解渴的印象，产品也随之为消费者接受。美国宝洁公司在中国销售的洗发护发用品中，有一个品牌叫"飘柔"，意为头发飘逸柔顺，既能充分地显示商品的特性和品质，又能给消费者留下美好的心理回味。

(资料来源：http://china.findlaw.cn/chanquan/shangbiaofa/shangbiaozhuce/ppsbzc/7030.html.)

不同国家之间价值观念的差别会对国际投资会产生重要的影响，可能会影响外资与当地资本合作、对外资的接纳程度以及外资投资效益和经营成果的分配等。此外，东道国与投资国之间主导价值观差异越小，直接投资就进行的越顺利。反之，价值观念上的冲突会阻碍国际投资的进行。对价值观"去糟粕，取精华"是发展中国家在利用外资的过程中，改善投资环境的一条重要途径。

影响国际投资的价值观因素是多方面的，它们从不同的侧面影响公司的生存和发展。

1) 开放观念

东道国社会经济制度、政治观念及国际关系等因素会影响其对外资的态度。一国国民的开放观念以及对外资的态度会对外商的投资行为产生多方面的影响。若对外资有抵触心理、观念守旧，会不利于企业的正常运营。不同文化群体间进行有效的沟通是以接受彼此之间的异同为前提的。撇开存在的成见和种族偏见，有利于促成投资活动的成功，反之，则会给投资者与东道国种类群体的有效沟通造成障碍，导致投资者的投资意愿减弱。

2) 管理观念

如果说企业是一棵树，那么企业的根就是它的管理人员。根强劲了，树叶才会变得茂盛。在拥有高素质的管理人员的同时重视管理工作，将企业的管理观念与东道国价值观相融合，有助于为企业创造一个良好的经营的环境，增强企业的经营自主性。如果轻视管理，会使资源管理系统与其他系统不能很好地融合，使企业变得不协调。此外，也不利于企业朝着既定的目标健康地向前发展。

3) 时间观念

时间观念是来自人类观察感知到的自然时间或物理时间。在不同社会背景下，人们的时间观念差异显著。这会阻碍投资双方的有效合作。东道国企业树立时间观念，加快生活和工作的节奏，从而提高决策速度和办事效率。

4) 工作和成就观念

在不同的国家或者地区的人对工作和成就的重要性的认识以及工作目的、成就需要等方面是不同的。东道国企业应鼓励其雇员具备强烈的工作和成就的态度。因为它对投资者的生产经营活动有着重要的意义。同时，也是提高工作效率、促进经济发展的积极因素。

5) 对变化的反应

对新变化的反应也会在一定程度上影响着投资活动的开展。有些东道国文化保守、封闭，有时还会排斥事物的变化。这会缩小投资者与东道国的合作的可能性，也会给外商投资企业的管理活动带来许多困难。

3. 教育水平

教育水平是社会文化因素的直接表现，它对社会经济发展起到了的强大推动作用。东道国的教育水平的高低直接影响到消费者对商品功能、款式、包装和服务的要求，也会影响到劳动力的素质和跨国公司产品的销售市场与方式。因此进行国际投资活动要充分考虑到消费者所受教育程度的高低。

此外，教育是可持续发展变革、提高人们将社会理想转变成现实的能力的主要力量，它对人类的作用功不可没。东道国发展教育，提高教育水平的深刻意义有以下几个方面。

(1) 改善国际投资环境。教育为科学与技术技能提供动力和支持。东道国通过发展教育可以提高劳动力的文化技术素质。而劳动生产率又会随劳动力的文化技术的提升而提高。科技的进步和生产率提高使外商投资面临一个良好的人力资源环境。

(2) 促进文化的融合，降低外商投资风险。通过深化教育的文化功能，可以促进一国文化进步并吸收、融合其他国家先进文化，使其适应社会发展需要的价值观念、道德准则、风俗习惯、规范礼仪等。并且，它能为人们提供新的视野，使人们理解、容忍不同国家或地区的文化差异，认识挑战，认识集体责任和建设性的合作，共同融洽的生活。因此，它增加了社会凝聚力，对社会的稳定起到了维系的作用。

(3) 利于把握国际形势，促进经济增长。一国能否大量吸引外国投资的前提是经济增长的情况，而教育是一国经济增长的强大推动力，也是决定东道国宏观经济增长的重要基础。它不仅可以解开人们思想中的枷锁，同时还可以培养以未来为导向的思维能力和可持续的价值观，使国际投资者能够更好地把握国际形势，创造更大的获利机会。

4. 宗教

宗教是构成社会文化的重要因素。它会影响到社会经济生活当中的各个领域。不同的宗教信仰对人们的价值观念、生活态度、消费需求和购买行为等都会产生重要影响，进而对国际投资活动也会产生直接或间接的影响。在生产经营活动中，如果国际投资者尊重不同的宗教信仰并适度地加以利用，那么其在该国开展投资活动往往更容易成功。

5. 风俗习惯

风俗习惯指个人或集体的传统风尚、礼节、习性，是特定社会文化区域内人们共同遵守的行为模式或规范。所谓“百里不同风，千里不同俗”，指的就是不同的国家和地区有着不同的风俗习惯。

不同的消费方式与习惯是人们在长期经济与社会活动中渐渐形成的。不同的消费习俗具有不同的商品需求，它对社会成员有很强烈的行为制约作用。尊重东道国的风俗习惯，有利于投资者正确、主动地引导健康消费，也有利于其组织好物品的生产与销售。因此，了解东道国市场消费者的禁忌、习惯、避讳等是投资者进行国际投资的重要前提。

相关链接

跨国经营：陌生国度中的无形的陷阱

文化差异是跨国经营过程中重要和最麻烦的变化因素。管理人员不充分认识这些差异就会犯大部分跨国经营的错误。

例如，1983年哥伦比亚电影公司在埃及拍摄了一部长达4小时的影片，结果使该公司所有影片在埃及遭到了禁演，原因是影片中有许多不准确的地方冒犯了埃及当局，其中包括语言、服装和行为举止。如已故总统贾米尔·阿布代尔·纳瑟被拍成当众亲吻他的妻子，这种行为在埃及和许多国家都是不能被接受的。

有一次在为一家日立子公司——日立汽车公司(美国)举行的奠基仪式上，肯塔基州州长向日本董事们赠送了一面肯塔基州州旗，日本人在把旗子向大家展示后，就把它漫不经心地拖在地上。在日本和许多其他国家，旗子并不像它们在美国那样受到重视。这些日本人确实没有不敬之意，他们只是没有意识到美国人对待旗子的习俗。然而，许多美国人，特别是上了年纪的人，对此极为不满。

各个民族都有自己的特点，对此必须了解。例如，阿拉伯人不喜欢最后的期限，如果面临最后期限，他们就会感到受到了威胁，就会缩一边去。但是许多美国人都试图通过最后的期限，来提早结束事情。结果，数以百计的美国人的收音机在中东的修理店里无人过问，因为有些美国人犯了一个文化错误，要求收音机应在某日前修理好。

知道该做什么和知道不该做什么同样非常重要。例如，在印度，在家里和社交场合谈生意是违反待客习惯的。如果一位印度经理主动提出“随便什么时候都可以过来”，这是一种真诚的邀请，而不是美国那种假客套。印度人主动邀请客人来访，但常是很客气地让他们自己安排会面的时间。如果不确定时间，印度人就会认为邀请遭到了拒绝。不了解这一习俗，就会导致重大误解。

甚至拒绝一杯咖啡也会造成严重的麻烦。在一次非常有利可图的谈判中，美国总经理犯了一个错误，拒绝了沙特人请他喝咖啡的友好提议。这种拒绝在沙特被认为是污辱。当然，那位沙特人也就不再那么友好了，谈判的进程也比原来想象的要慢得多。

送礼也会引起麻烦。有时人们希望得到礼品，这时如果不带礼物则会被认为是一种污辱。然而，在另外一些时候，提供礼品又被认为是一种冒犯。例如，在中东地区，如果客人带食物和饮料，主人就感到受了污辱。因为他们认为，这些礼品意味着他们不是热情的主人。当然，酒类是极危险的礼品，在伊斯兰教中它是被禁止的。在拉丁美洲许多地区不应送餐具和手绢，因为它们表明要切断关系，或意味着一些令人痛心的事情。送礼的方式也很重要。在亚洲大部分地区，送礼应私下进行，以免给亚洲人带来难堪。但在中东，送礼应在公开场合，以免造成企图行贿的印象。

要避免犯错误，就必须能分清应该做什么、不应该做什么，和能够做什么或不能做什么之间的差别。例如，在进入世界上许多宗教建筑物时应脱去鞋子，但如果这样做的人不在本教，就不能向在教的人那样去做。

但是，充分理解外国文化几乎是不可能的。实际上，就在什么是“文化”的问题上，也没有统一的看法。但大多数人认为，文化是一套极其复杂的变化因素，涉及一个民族的信念和生活方式。要理解任何一国的文化必须有多方面的知识。遗憾的是，一个具有良好愿望的人，如果忽视了外国文化中任何一点看起来似乎不太重要的问题，都可能犯错误。

(资料来源：徐松. 跨国经营：陌生国度中无形的陷阱——仅有良好愿望是不够的，1994，7.)

4.2.5 法律环境

法律环境因素是在国际投资环境的分析中至关重要的因素。它主要指法律意识形态及与之相适应的法律规范、法律制度、法律组织机构、法律设施所形成的有机整体。

1. 法律环境的重要性

东道国以一定的法律形式表现对国际资本输出和输入的态度及对其所采取的相应鼓励、保护和限制的政策措施，法律环境对国际投资有着重要影响，它直接关系到国际投资的安全性。国际投资者对东道国的法律环境进行考察是调节投资行为、调整投资关系、保障利益和安全的必要前提。因此，在对东道国进行投资时，一定要重点关注东道国的法律环境因素。

2. 对法律环境的分析

1) 法律的完备性

法律的完备性指的是东道国在维护国家主权和利益的前提下，健全保护双方权益方面法律体系的程度，它对涉及国际投资活动的各个方面都进行明确详细的规定。东道国通过从实际出发，制定和完备各项吸引外资、鼓励资本输出和保护国际直接投资的国际法律法规来调整投资关系，对投资活动实施法律保护。法律不完备会限制国际投资的活动，因此，法律的完备性也是国际投资法律环境中一个重要的评价标准。

(1) 国际投资环境的法律因素组成。

东道国外资法律制度应大体包括十个方面的内容，即关于外资的定义和评价(包括资本构成)，外商投资审查与批准，外资投向的原则和范围，外资的股权比例以及转让，外资资本、利润及其他合法收益自由汇出的保证和制度，税收及税收优惠措施，经营管理与劳动雇佣关系，市场销售比例和国产化规定，国有化、征用与外国投资保护，关于处理投资争议的原则和程度等。各个方面的法律因素组成都对国际投资产生一定的影响。因此，东道国要在联系本国实际的情况下，参照国际惯例，周全严谨地完善鼓励或限制外贸的各项具体措施。

(2) 发展中国家主要涉及的国际投资的法律。

① 对外资进入的法律规定。包括外商投资的地区与行业的法律规定、外商投资审批效率和程序繁简的法律规定、外商投资审查与批准的法律规定等。

② 对外资经营活动的法律规定。包括外商股权比例限制、劳动雇佣规定、经营管理方式规范、外资汇出限制的法律规定等。

③ 对外资的优惠政策。为了进一步扩大利用外资规模，增加投资环境的总体效应，发展中国家对法律法规制度进行完善，最大限度地给予外资各种优惠和保护。这些优惠和保护主要包括：提供税收优惠、降低各种生产要素的费用标准、提供优惠贷款、放松外汇管制和进口限制，以及通过宪法或外资法明确规定不对外资实行国有化。

其中，对外商实行税收优惠是许多发展中国家鼓励外资的重要措施。按不同行业与企业给予税收优惠、按不同地区给予税收优惠、按投资额给予税收优惠、对利润再投资给予特殊优惠、按投资给当地带来的社会经济效益给予税收优惠等是东道国对外实行税收优惠的主要原则。

2) 法律的公正性

法律好比一把秤杆，价值体现在公平正义。因此，在法律面前要做到真正的人人平等，做到公开、公平、公正、合理、依法办案、重证据、讲程序、权利义务相统一，以同一标准对待所有诉讼主体。

法律规定的权利与义务在社会的现实条件下是否能有效的实现和履行决定了公正能否真正实现。在一个具有充分透明度的法律环境中，不歧视外资并对外资实行与国内企业公正、平等待遇的国家里能有效地保障投资者的利益，同时，也为投资者进行长期的国际投资提供源源不断的动力。

3) 法律的稳定性

法律稳定性是法律的内在属性，指的是法律在某一个时段内不会经常变动。它代表着一个国家的尊严。

不断健全法制、努力保持其法律的相对稳定性有利于一个国家依法执行正确的命令和科学的决策，也可以在一定程度上保持社会关系的稳定，维护社会秩序，保证社会和谐发展。同时，法律的权威与法律规范的稳定关系紧密相连。如果法律的稳定性高，这个国家就能够赢得投资者的信赖与尊崇。

法律稳定性的加强不是指保持法律一成不变，而是指在保证法律规范性的同时对不切实际、不科学、不理性的法律制度进行修改。它能使法律制度变得更加适当与和谐。

东道国法律的不稳定将增加投资者的风险，导致其无法进行正常的经营，难以继续投资活动。因此，东道国只有给国际投资者提供充分的法律保护并加强法律的稳定性，才能强化投资者的投资意愿，使国家和投资者间产生相互信任的氛围，进而促进国际间的资本流动和经济的发展。

4) 投资争端的处理

在长期的国际投资活动中，不可避免地会发生投资争端。因此，国际投资者与东道国面临着如何处理投资争端的重要问题。处理投资争端涉及四个方面：东道国国内法制、投资母国国内法制、国际惯例与法规以及三者之间的关系。

东道国能否有效地处理外国投资项目在执行中发生的争议，关键看是否有可依据的并且双方都能接受的法律法规来解决争端，同时也要看东道国的法律有无规定必要的调解、仲裁或法律解决的步骤和程序。争端能够获得公正合理的解决是国际投资者的利益能否得到保证的前提，它可以促进投资者与东道国之间的互相信任，从而起到鼓励国际资本流动的作用。

此外，东道国与投资国双方政府是否加入“多国投资担保机构”、是否缔结保护国际投资的双边条约、是否缔结避免双重征税的协定、是否参加《关于解决国家与其他国家国民之间投资争议公约》和这些项目是否有效的执行等，表明东道国在国际经济活动中的地位和对一些通行的国际法律和国际惯例的承认态度。如果一个国家在国际经济中的关系好，地位、信用高，那么这个国家就是一个理想的投资地。

小知识

越南的新《外国投资法》

为适应改革开放的需要，越南国会于 1987 年 12 月通过了第一部《外国投资法》，它规定了越南对外国投资者的基本政策，对吸引和利用外资发挥了重要作用。为进一步完善外资法规，改善投资环境，越南国会 1996 年 11 月又通过了新《外国投资法》，该法的主要内容如下所述。

(1) 投资的领域和地区。鼓励投资的领域有生产出口商品；饲养，种植，加工农、林、水产品；使用先进工艺、现代技术，保护生态环境，投资于科研和开发方面；使用大量劳动力，加工原材料和有效使用越南的自然资源；建设基础设施和重要工业生产企业。越南鼓励投资的地区包括山区、边远地区和社会经济条件困难的地区。越南限制外商向国防、国家安全、历史遗迹、文化和对生态环境造成危害的领域和地区投资。

(2) 投资形式。越南吸引和利用外资的形式主要有合作经营、合资企业和独资企业。其中合资企业中对外资不限最高额度，但不得少于注册资金的 30%。外资企业经营期限及合作经营合同的期限不得超过 50 年，超过这一期限的项目由政府审定，但最长不超过 70 年。

(3) 投资保障。越南保证公平和妥善地对待外国投资者，外国投资者的资金和其他合法财产不通过行政措施予以征用或没收，对外资企业不实行国有化。外国投资者在越南转让技术的工业产权及其合法权益受政府保护。对由于越南法律的改变而利益受到损害的外资企业及参加合作经营的各方，政府将对投资者的权利予以妥善解决。

(4) 投资鼓励。外商投资企业一般可享受所得税减免优惠待遇，最长免税期可达 8 年，对鼓励投资项目税率上也有一定优惠。外国投资者所获利润可以自由汇出。

(资料来源：上海财经大学国际投资学精品课程案例 http://course.shufe.edu.cn/jpkc/gjtzx/kcall8-1.html.)

4.3 国际投资环境评估方法

各国的投资环境是不同的，对投资环境做出一个整体的评价和分析是投资者进行对外投资活动时必不可少的一步。将总投资环境分解为若干具体指标，然后再综合评判是投资者具体评价投资环境的基本思路。合理评估一国投资环境有利于投资者作出正确的投资决策、防范投资风险和确保投资收益。

20 世纪 60 年代以来，随着国际投资活动的迅速发展，国际上出现了多种评估投资环境的方法，主要包括以下几种。

4.3.1 投资障碍分析法

投资障碍分析法是依据潜在的阻碍国际投资运行因素的多寡与程度来评价投资环境优劣的一种简单易行的方法。它主要以定性分析为主，具体做法是先列出投资环境中阻碍国际投资活动的主要因素，再对所有潜在的投资目标国进行比较，障碍少说明这个国家的投资环境较好；反之，这个国家的投资环境就不是特别理想。

阻碍国际投资活动顺利进行的障碍因素有以下 10 个方面。

(1) 政治障碍：政治制度与投资国不同、政局动荡不稳。

(2) 经济障碍：经济停滞或增长缓慢、外汇短缺、劳动力成本高、通货膨胀和货币贬值、基础设施差、原材料等基础行业薄弱。

(3) 资金融通障碍：资本数量有限、没有完善的资本市场、融通的限制较多。

(4) 技术人员相对熟练工人短缺。

(5) 国有化政策和没收政策。

(6) 对外国投资者实行歧视性政策：禁止外资进入某些行业、对当地的股权比例要求过高、要求有当地人参与企业管理、要求雇用当地人员。

(7) 政府对企业过多地干涉：国有企业参与竞争、实行物价管制、要求使用本地原材料。

(8) 普遍实行进口限制：限制工业制成品进口、限制生产资料进口。

(9) 实行外汇管理和限制汇回：一般外汇管制、限制资本和利润汇回、限制提成费汇回。

(10) 法律及行政体制不健全：外国投资法规不健全，国内法律、法规不健全，没有行之有效的仲裁制度，行政管理效率低，贪污受贿行为严重。

使用投资障碍分析法可以让投资者迅速地对投资环境的优劣作出结论，但由于这种方法只根据个别关键因素就直接作出判断，因此有时会出现评估的结果准确性不高的情况。

4.3.2 等级评分法

目前国际投资上评价投资环境最常用的等级评分法(Rating Scale)，(又称多因素等级评分法)是美国经济学家罗伯特·斯托鲍夫(Robot. B. Stobauch)于 1969 年 9 月在《哈佛商业评论》

(Harvard Business Review)上发表的《如何分析外国投资气候》(How to Analyze Foreign Investment Climates)一文中提出的。

等级评分法主要考察影响投资环境的各种微观因素，即资本抽回、外商股权、对外商的歧视和管制程度、货币的稳定性、政治稳定性、给予关税保护的态度、当地资金的可供程度、近 5 年的通货膨胀率。它根据影响度的大小来确定其等级分数，再按每一个因素中的有利或不利的程度给予不同的评分，最后把各因素的等级得分进行加总作为对其投资环境的总体评价。总分越高则东道国的投资环境越好，总分越低则东道国投资环境越差。但得分低到一定的程度时，就表明投资风险非常大，投资者不能对其进行直接投资。对投资环境等级的评分标准见表 4-2。

表 4-2　投资环境等级评分标准表

序　号	投资环境因素	评　分
1	资本抽回(Capital Repatriation)	0～12 分
	无限制	12 分
	有时间上的限制	8 分
	对资本有限制	6 分
	对资本和红利有限制	4 分
	限制繁多	2 分
	禁止资本抽回	0 分
2	外商股权(Foreign Ownership Allowed)	0～12 分
	准许并欢迎全部外商股权	12 分
	准许全部外资股权但不欢迎	10 分
	准许外资占大部分股权	8 分
	外资最多不得超过半数股权	6 分
	只准外资占小部分股权	4 分
	外资不得超过股权的三成	2 分
	不准外资控制任何股权	0 分
3	对外商的歧视和管制程度(Discrimination & Controls)	0～12 分
	外商与本地企业一视同仁	12 分
	对外商略有限制但无管制	10 分
	对外商有少许管制	8 分
	对外商有限制并有管制	6 分
	对外商有限制并严加管制	4 分
	对外商严加限制并严加管制	2 分
	对外商禁止投资	0 分
4	货币稳定性(Currency Stability)	4～20 分
	完全自由兑换	20 分
	黑市与官价差距小于 10%	18 分
	黑市与官价差距在 10%～40%之间	14 分
	黑市与官价差距在 40%～100%之间	8 分
	黑市与官价差距在 100%以上	4 分

续表

序　号	投资环境因素	评　分
5	政治稳定性(Political Stability) 长期稳定 稳定但因人而治 内部分裂但政府掌权 国内外有强大的反对力量 有政变和动荡的可能 不稳定，政变和动荡极可能发生	0～12 分 12 分 10 分 8 分 4 分 2 分 0 分
6	给予关税保护的态度(Willing To Grant Tariff Protection)	2～8 分
	给予充分保护 给予相当保护但以新工业为主 给予少许保护但以新工业为主 很少或不予保护	8 分 6 分 4 分 2 分
7	当地资金的可供程度(Availability Of Local Capital)	0～10 分
	成熟的资本市场，有公开的证券交易所 少许当地资本，有投机性的证券交易所 当地资本有限，外来资本(世界银行贷款等)不多 短期资本极其有限 资本管制很严 高度的资本外流	10 分 8 分 6 分 4 分 2 分 0 分
8	近 5 年的通货膨胀率	2～14 分
	小于 1% 1%～3% 3%～7% 7%～10% 10%～15% 15%～35% 35%以上	14 分 12 分 10 分 8 分 6 分 4 分 2 分
	总　计	8～100 分

从表 4-2 中我们可以看出，投资环境等级评分法采取区别对待的原则对各项因素进行分值确定，在一定程度上体现出了各项因素对国际投资环境作用的不同，避免了单纯的定性分析，有利于使投资环境的评估规范化。外国投资者根据这种评分方法可以较容易地对不同的投资环境进行合理评估，选择最理想的投资环境地。

但是，等级评分法也存在一定的局限性。因为它的评价指标不够全面，只有八个因素，且各个因素里面的权数划分不是特别合理，存在一定的随意性，所以环境因素对不同的投资项目所产生影响的差异难以如实反映。因此，在实际应用中，我们应根据其评分原则，先对指标因素进行适当的调整。

相关链接

日本的投资环境

日本为一个岛国，面积 37.7 万平方千米，境内多火山，地震活动也较频繁；人口约 1.3 亿，为世界上人口密度最大的国家之一。其气候为温带海洋性季风气候，四季分明。日本的自然资源贫乏，生产原料、燃料大多依赖进口，但森林及渔业资源较为丰富。其民族构成单纯，以大和族人为主。社会文化及心理受佛教及儒教影响较大，讲究礼仪。

日本的经济发展水平较高，重工业及高科技产业居世界领先地位。前些年由于国内生产成本的提高，日本把大量制造业转移到国外，曾一度出现了“产业空心化”的局面。其消费市场的竞争激烈，对商品的品质、模式、售后服务等的要求很高。

总体说来，日本吸收外国投资的政策经历了从严格审查限制、分产业区别对待和大幅度放宽至自由化的过程。即在 20 世纪 60 年代以前，日本对外资实行严格限制；60 年代后逐步实施除特定行业外的开放；80 年代以来更转向积极主动吸收外资的政策，如为外国投资者提供免税期、建设外资工人的福利事业、设立“对日投资斡旋室”、公布开放市场的《行动计划》等。另一方面，由于日本在国际贸易中保持顺差地位，世界各国对其的直接投资也将有进一步的发展。

日本对外资的管理法规主要是《外资法》，其规定了日本引进外资的认可制度，即外国投资要有利于日本的国际收支或重点产业发展或不会给日本国内经济带来不利影响，在此前提下跨国企业的利润、本金、专利权使用费等可以自由汇出。

日本在 20 世纪 80 年代中期成为世界第一债权大国，人均 GDP 跃居世界第一位后，经济遭受了泡沫经济破灭的打击，并从 1991 年春陷入长期萧条。1995 年，东京协和、安全两个信用组合破产，紧接着兵库银行、大阪信用组合、阪和银行相继破产。日本经济的不景气不是一般的周期性萧条，而是一种更深刻、严重的结构性危机。日本的主要问题集中在财政金融领域，主要原因是日本在战后实行的保护性政策最终限制了自由化发展，官僚体制造成了企业对政府的过度依赖，同时经营上缺乏监督和透明度。为了重振日本经济，日本决定在2001 年前推行金融自由化，争取在 2001 年之前把日本建设成为“自由的、透明而公正的和国际性市场”，主要措施是实现金融机构业务自由化和资产交易自由化；各种金融机构必须向投资者提供高透明度的信息资料；整备日本会计制度及相关法律，使日本会计制度符合国际标准。日本经济的不景气及有关政策变化必然对国际投资者带来一定影响，日本经济的变化也提醒我们在评价投资环境时必须以长期的发展的目光来进行。

试用投资环境等级评分法对日本的投资环境进行评价。

4.3.3 动态分析法

动态分析法是将不同时期的因素指标数值进行比较，求出比率，然后用以分析该项指标增减或发展速度的一种分析方法。它是美国道氏化学公司(Dow Chemical)根据其海外投资的实践而总结的一套投资环境评价方法。

道氏公司认为，投资环境不仅因国别而异，而且在同一个国家的投资环境也不断的随时间的推移而发生变化。投资者在考虑投资环境时要用动态的角度去分析和评估投资目标国的投资环境，这就要求既要考虑现在的投资环境，还要用长远眼光考虑各种环境因素未来可能会出现的变化。

道氏公司认为投资者在国外投资时面临的风险有正常企业风险或称竞争风险和环境风险。正常企业风险是商品经济运行的必然结果，它存在于任何一个基本稳定的企业环境中。例如，自己的竞争对手可能生产出一种性能更好或价格更低的产品。环境风险指某些政治、经济及社会因素可能会使企业环境本身发生变化。这类因素往往会改变企业经营所必然遵循的规则和采取的方式，对投资者来说这些变化的影响往往是不确定的，它可能有利也可能有弊。因此，道氏化学公司按形成的原因及作用范围的不同把影响投资环境的因素分为两部分：一部分是企业从事生产经营的业务条件，另一部分是有可能引起这些条件变化的主要压力。这两部分又分别包括 40 项因素，具体见表 4-3。

表 4-3 投资环境动态分析法

企业业务条件(40条)	引起变化的主要原因(40条)	有利因素和假设的汇总	预测方案
1. 经济实际增长率 2. 能否获得当地资产 3. 价格控制 4. 基础设施 5. 利润汇出规定 6. 再投资的自由 7. 劳动力技术水平 8. 劳动力的稳定性 9. 投资优惠 10. 对外国人的态度	1. 国际收支结构及趋势 2. 被外界冲击时易受损害的程度 3. 经济增长相对于预期目标的差距 4. 舆论界和领袖观点的变化 5. 领导层的确定性 6. 与邻国的关系 7. 恐怖主义的骚扰 8. 经济和社会进步的平衡 9. 人口构成和人口变动趋势 10. 对外国人和外国投资的态度	对前两项进行评价后，从中挑选出8～10个在某国某项目能获得成功的关键因素(这些关键因素将成为不断查核的指数或继续作为投资环境评价的基础)	提出4套国家或项目预测方案： 1. 未来7年中关键因素造成的“最可能”方案 2. 若情况比预期的好，会好多少 3. 若情况比预期的差，会有多差 4. 会使公司“遭难”的方案

动态评估法综合定性与定量分析，对投资环境进行评价。其基本思路是根据现有环境基础，充分考虑未来环境因素的变化及其结果，提出预测方案。它能保证投资项目获得预期的收益，利于减少或避免企业的投资风险。因此，动态评估法是一种实用性很强的评估方法。

4.3.4 冷热比较法

冷热比较法是使用最早的投资环境评价方法。冷热比较法又称冷热国对比分析法或冷热法，是美国学者伊西·利特瓦克(Isiah A.Litvak)和彼得·拜延(Piter M.Barting)于1968年在《国际经营安排的理论结构》一文中提出的。它是一种以“冷”、“热”因素表示投资环境优劣的评估方法。

1. 政治的稳定性

政治稳定性是指东道国有一个由阶层代表组成，代表了广大人民群众的意愿，深得人心，而且能够鼓励和促进企业发展，为企业发展创造适宜环境的政府。政治稳定性高为热因素；反之，为冷因素。

2. 市场机会

市场机会是指东道国拥有广大的顾客群，这些顾客具有切实的购买力且对外国投资生产的产品或提供的劳务尚未满足。市场机会大应为热因素；反之，为冷因素。

3. 经济发展与成就

投资环境的另一因素是一国的经济发展程度、效率和稳定形式。东道国经济发展速度快，经济运行良好，说明它的经济发展快和成就大，为热因素；反之，为冷因素。

4. 文化一体化

文化一体化指的是东道国各阶层民众的相互关系、处世哲学、人生观和奋斗目标都受传统文化的影响。受传统文化影响大，文化一元化程度高应为热因素；反之，为冷因素。

5. 法令阻碍

法令阻碍指的是东道国的法律繁杂对外国企业经营的限制阻碍程度。目标投资国法律繁杂对企业经营的阻碍程度高为冷因素；反之，为热因素。

6. 实质性阻碍

实质性阻碍指的是东道国的自然条件，如地形、地理位置等对企业的有效经营产生的阻碍程度。实质性阻碍程度小为热因素；反之，为冷因素。

7. 地理文化差距

地理文化差距指的是由于投资国与目标国距离遥远，文化迥异、社会观念、语言文字、社会观念和风俗习惯上的差距对投资的影响。地理与文化差距小为热因素；反之，为冷因素。

其中，前四种属于“热”因素，而后三种属于“冷”因素。总而言之，热因素多的国家为热国，即投资环境较好的国家，而冷因素多的国家为冷国，也就是投资环境不理想的国家。表4-4为十国投资环境的冷热比较。

表4-4　十国投资环境的冷热比较

国　别		政治稳定性	市场机会	经济发展与成就	文化一元化	法令阻碍	实质阻碍	地理文化差异
加拿大	热	大	大	大		小		小
					中		中	
	冷							
英国	热	大			大	小	小	小
			中	中				
	冷							
德国	热	大	大	大	大		小	
						中		中
	冷							
日本	热	大	大	大	大			
							中	
	冷					大		大
希腊	热					小		
			中	中	中			
	冷	小					大	大
西班牙	热							
			中	中	中	中		
	冷	小					大	大
巴西	热							
			中		中			
	冷	小		小		大	大	大

续表

国别		政治稳定性	市场机会	经济发展与成就	文化一元化	法令阻碍	实质阻碍	地理文化差异
南非	热							
			中	中		中		
	冷	小			小		大	大
埃及	热							
					中			
	冷	小	小	小		大	大	大

4.3.5 闵氏多因素评估法

中国香港中文大学教授闵建蜀在斯托鲍夫的“等级尺度法”基础上提出了闵氏多因素评估法。它与等级评分法既有密切的联系又有一定的区别。闵氏多因素评估法将影响投资环境的因素分为11类，每一类因素又由一组子因素组成，见表4-5。

表4-5 闵氏多因素评估法的因素与子因素组成

影响因素	子因素
1. 政治环境	政治稳定性、国有化可能性、当地政府的外资政策
2. 经济环境	经济增长、物价水平
3. 财务环境	资本与利润外调、对外汇价、集资与汇款的可能性
4. 市场环境	市场规模、经销网点、营销的辅助机构、地理位置
5. 基础设施	国际通信设备、交通与运输、外部经济
6. 技术条件	科技水平、适合工资的劳动生产力、专业人才的供应
7. 辅助工业	辅助工业的发展水平、辅助工业的配套情况等
8. 法律制度	商法、劳工法、专利法等各项法律是否健全，法律是否得到很好的执行
9. 行政机构效率	机构的设置、办事效率、工作人员的素质等
10. 文化环境	当地社会是否接纳外资公司及对其信任和合作程度、外资公司是否适应当地社会风俗等
11. 竞争环境	当地的竞争对手的强弱、同类产品进出口额在当地市场所占份额

根据闵氏多因素评估法，先对各类因素的子因素作出综合评价，再对各因素作出优、良、中、可、差的判断，然后按下列公式计算投资环境总分：

$$\text{投资环境总分}=\sum_{i=1}^{11}W_i(5a_i+4b_i+3c_i+2d_i+e_i)$$

式中，W_i——第i类因素的权重；

a_i，b_i，c_i，d_i，e_i——第i类因素被评为优、良、中、可、差的百分比。

投资环境总分的取值范围在11～55之间，分值越接近55，说明投资环境越佳；分值越接近11，说明投资环境越不理想。

由此可见，闵氏多因素评分法主要是对某国的投资环境做一个总体性的评估，所以它适用于国际投资环境的国别选择而不适用于具体投资项目的选择。

4.3.6 抽样评估法

抽样评估法是指对东道国的外商投资企业进行抽样调查，了解其对东道国投资环境的一般看法，进而得出东道国投资环境优劣的一种评估方法。其基本操作程序如下所述。

(1) 选定或随机抽取不同类型的外商投资企业，列出影响投资环境的重要因素。

(2) 由外企高级管理人员进行口头或笔头评估，通常采取回答调查表的形式评估。

(3) 综合其意见形成评价结论。

抽样评估法的优点在于能够节约成本且其结果具有直接的参考价值，因为它能使调查人员得到第一手信息资料。投资者可以采用这种方法来了解东道国的投资环境，而东道国政府也可以通过采取这种方式了解本国投资环境对外国投资的吸引力大小，据此合理、适当、灵活地调整吸收外资的法律法规和政策。但是，该方法的缺点是评估项目的因素往往不能列举得很多，因此评估结果比较不全面，显得主观性较强，与实际情况有一些距离。

4.3.7 加权等级评分法

加权等级评分法是由美国教授威廉·A.戴姆赞于 1972 年提出的。企业先对投资环境中每个因素的重要性进行排列，并根据其重要性给出相应的权数，然后根据各环境因素对投资产生有利影响或者不利影响的程度进行等级评分，每个因素的评分范围都是 0～100 分，也就是完全不利的影响到完全有利的影响。最后将各种环境因素的实际得分乘上相应的权数后进行加总。

在这个方法下，可供选择的投资目标国按照总分高低被分为 5 类：投资环境最佳的国家、投资环境较好的国家、投资环境一般的国家、投资环境较差的国家、投资环境恶劣的国家。表 4-6 就是采用加权等级评分法对国家 1 和国家 2 的投资环境进行评估比较的情况。

由表 4-6 可看出国家 1 的加权等级总分为 5 360 分，大于国家 2 的 4 390 分，这说明国家 1 的投资环境比国家 2 的投资环境优越。如果公司在国家 1 和国家 2 之间选择目标投资国，国家 1 是比较理想的目标投资国。

表 4-6　投资环境加权等级评分法

按重要性排列的环境因素	国家 1			国家 2		
	(1) 重要性权数	(2) 等级评分 0～100	(3) 加权等级评分 (1)×(2)	(1) 重要性权数	(2) 等级评分 0～100	(3) 加权等级评分 (1)×(2)
1．财产被没收的可能性	10	90	900	10	55	550
2．动乱或战争造成损失的可能性	9	80	720	9	50	450
3．收益返回	8	70	560	8	50	400
4．政府的歧视性限制	8	70	560	8	60	480
5．在当地以合理成本获得资本的可能性	7	50	350	7	90	630

续表

按重要性排列的环境因素	国家1			国家2		
	(1) 重要性权数	(2) 等级评分 0～100	(3) 加权等级评分 (1)×(2)	(1) 重要性权数	(2) 等级评分 0～100	(3) 加权等级评分 (1)×(2)
6．政治稳定性	7	80	560	7	50	350
7．资本的返回	7	80	560	7	60	420
8．货币的稳定性	6	70	420	6	30	180
9．价格稳定性	5	40	200	5	30	150
10．税收水平	4	80	320	4	90	360
11．劳资关系	3	70	210	3	80	240
12．政府给予外来投资的优惠待遇	2	0	0	2	90	180
加权等级总分	5 360			4 390		

本章小结

国际投资环境是指会对跨国投资者进行国际投资活动产生有利或者不利影响的外部条件的总称。通常情况下，国际投资环境可以划分成自然环境、经济环境、政治环境、社会文化环境和法律环境五个部分。国际投资者在对东道国进行投资之前，必须全面地对其国际投资环境的组成因素进行分析，合理评估一国的投资环境。20世纪60年代以来，随着国际直接投资活动的迅速发展，国际上出现了多种评估投资环境的方法，主要的评估方法包括投资障碍分析法、等级评分法、动态分析法、冷热比较法、闵氏多因素评估法、抽样评估法、加权等级评分法。

课后习题

1．名词解释

(1) 国际投资环境　　(2) 自然环境
(3) 经济技术开发能力　　(4) 基础设施
(5) 税收抵免制　　(6) 政治稳定性
(7) 法律的完备性　　(8) 投资障碍分析法
(9) 动态分析法　　(10) 冷热比较法

2．不定项选择题

(1) 下列关于国际投资环境的叙述中，正确的是(　　)。

A．国际投资环境的构成因素是复杂多样的

B．在不同的地区、不同的国家和不同的时间，投资者所面对的投资环境是相同的

C．将全部的环境因素进行一个综合全面的考察后再对投资目标地进行选择是至关重要的

D．通常情况下，国际投资环境可以划分成自然环境、经济环境、政治环境、社会文化环境和法律环境五个部分

(2) 在影响国际投资活动的众多环境因素中最直接、最基本的因素是(　　)。

A．经济环境因素　　B．政治环境因素

C．法律环境因素　　D．社会环境因素

(3) 下列不属于国际投资环境特征的是(　　)。

A．综合性　　B．系统性

C．稳定性　　D．差异性

(4) 根据投资环境包含内容和因素的多少来划分，可以把投资环境分为(　　)。

A．硬环境和软环境

B．国家宏观投资环境和地区微观投资环境

C．狭义的投资环境和广义的投资环境

D．自然因素、人为自然因素和人为因素

(5) 下列对基础设施的叙述正确的是(　　)。

A．基础设施属于投资环境中的软环境

B．基础设施是投资活动赖以生存和发展的基础

C．基础设施为物质生产提供着不可缺少的条件

D．良好的基础设施能帮助投资者降低投资的成本

(6) 国际投资环境政治因素中的主要因素是(　　)。

A．政治制度　　B．人民对待外资的态度

C．执政者治理国家的能力　　D．政府的行政效率

(7) 下列属于决定和衡量东道国政治环境优劣的实质性因素是(　　)。

A．政局稳定性　　B．政策连续性

C．政治体制完善性　　D．政权民主性

(8) 下列会引起东道国行政效率低下的有(　　)。

A．政府公事不公办　　B．行政机构设置繁杂

C．运行机制失灵　　D．部门和环节脱节

(9) 下列价值观因素中会影响国际投资活动的有(　　)。

A．开放观念　　B．管理观念

C．时间观念　　D．工作和成就观念

(10) 在对法律环境进行分析时，需要考虑的因素有(　　)。

A．政策的连续性　　B．法律的公正性

C．法律的稳定性　　D．投资争端的处理

(11) 下列属于发展中国家主要涉及的国际投资法律是(　　)。

A．对外资进入的法律规定　　B．对外资经营活动的法律规定

C．对外资的优惠政策　　D．产业和地区政策

(12) 法律规定的权利与义务在社会的现实条件下是否能有效的实现和履行决定了能否真正实现(　　)。

A．法律的公正性　　B．法律的稳定性

C．法律的完备性　　D．法律的权威性

(13) 目前国际投资上评价投资环境最常用的等级评分法的提出者是(　　)。

A．中国教授闵建蜀　　B．美国经济学家罗伯特·斯托鲍夫

C．美国教授威廉·A．戴姆赞　　D．美国学者伊西·利特瓦克和彼得·拜延

(14) 下列关于冷热比较法的叙述中正确的是(　　)。

A．冷热比较法也可称作冷热国对比分析法或冷热法

B．冷热比较法是一种以“冷”、“热”因素表示投资环境优劣的评估方法

C．政治稳定性高为热因素；反之，为冷因素

D．冷热比较法受传统文化影响大，文化一元化程度高应为冷因素；反之，为热因素

(15) 最早的投资环境评价方法是(　　)。

A．冷热比较法　　B．闵氏多因素评估法

C．抽样评估法　　D．加权等级评分法

(16) 在加权等级评分法下，可供选择的投资目标国按照总分高低被分为(　　)。

A．3类　　B．4类

C．5类　　D．6类

(17) 下列对闵氏多因素评估法的叙述不正确的是(　　)。

A．闵氏多因素评估法与等级评分法既有密切的联系又有一定的区别

B．闵氏多因素评分法主要是对某国的投资环境做一个总体性的评估

C．闵氏多因素评分法适用于国际投资环境的国别选择

D．闵氏多因素评分法适用于具体投资项目的选择

(18) 下列属于国际投资环境的是(　　)。

A．自然环境　　B．经济环境

C．社会文化环境　　D．法律环境

(19) 下列属于国际投资环境中硬环境的有(　　)。

A．能源供应　　B．外资政策

C．交通运输　　D．邮电通信

(20) 下列因素中，属于人为自然因素的有(　　)。

A．人力资源　　B．地理条件

C．实际增长率　　D．开放进程

3．简答题

(1) 简述东道国与目标市场的距离对于国际直接投资极为重要的原因。

(2) 简述国际上通常用来衡量一国经济技术开发能力的指标。

(3) 简述东道国税收优惠措施的原则。

(4) 简述考察和判断一国政局稳定性的方法。

(5) 简述东道国发展教育，提高教育水平的深刻意义。

4．案例分析题

香港的国际投资环境

中国香港(HongKong)是一个信息极为发达的国际大都市，是世界上最自由的贸易通商港口，再加上本身良好的基础设施和健全的法律制度，给企业家和商人提供了得天独厚的营商环境。因此，越来越多的商人选择在中国香港创立自己的公司，搭建国际架构，创立国际品牌。香港的优势主要体现在以下几方面。

1) 廉洁政府，法制社会

香港特区政府一贯保持廉洁和高效率，务求创造有秩序及自由的投资环境。香港是法治社会，为个人和企业提供公平竞争的机会，从而确保香港的投资环境安全、稳定。在保护企业的权益方面，香港健全的司法体系和严密的知识产权条例，可以确保企业的知识产权受到应有的保护，这对高科技的企业尤其重要。

2) 全球经济及信息最自由地区

全面开放的企业制度、自由贸易和自由市场是经济发展的基石。香港认同贸易和服务全球一体化，并积极加入有关的国际组织。香港是一个免税港，没有配额限制和关税，资金、货物和服务可不受限制地自由流动。

香港的出版和言论自由受法律保护。同时香港每1年也有多个不同行业的国际性大型展览及会议，这些都非常有利于品牌的推广，并有助对外贸易的发展，开拓更多更广的商机。

3) 国际商业和金融中心

香港是居领先地位的国际性商业和金融中心。全球约有3 600家公司选择在香港成立地区总部或办事处。全球排名前100位的银行中，超过70家在香港营运。

香港的国际金融中心地位，在企业扩展业务的过程中，可以为企业提供不同的融资及发展渠道，如银行贷款和发股发债等。香港是内地企业理想的上市集资地方。

4) CEPA 带来的优惠及商机

中央人民政府与香港特别行政区政府在2003年6月29日签署了《内地与香港关于建立更紧密经贸关系的安排》(以下简称CEPA)，为香港本地公司、跨国公司以及国内企业提供了崭新商机。

在货物贸易方面，香港只对少量个别产品征收关税。国内企业可以在香港设立工厂，使用外国进港的免税原材料及零件，在香港制造产品，再免关税进入内地市场。以上的生产流程对原材料必须从外国进口的产品尤其有利。在服务业方面，CEPA 可吸引港商增加在内地服务业的投资，有助于国内外的专业服务经验交流，和加速内地专业服务与国际接轨。

5) 低税率及简单税制

香港的税制简单而明确，税率属全球最低之列。香港不征收资本增值税、股息税、利息税、销售税、增值税和其他隐藏的“附加”税项。

企业进口机器和原料无需缴付关税。另外，只有源自香港的收入才须缴税，在香港以外所赚取的收入均无需缴税。

对于研究及开发工作，香港推行优厚的税项宽减措施，可扣税的项目包括市场研究、可行性研究及其他与商业及管理学有关的研究活动的开支。

6) 高质素的专业人才和基础建设

香港有大量技术并且通晓两文三语的劳动人口。他们不但拥有国际视野，又明白国情，在了解西方文化之余，也深明中国文化的特性。这种种因素都能配合企业的发展，提升企业的素质。

此外，香港具备世界级的基础设施。除了拥有世界最繁忙的海港和空运货柜港口外，香港还可提供最先进、高效率及符合成本效益的电信服务。香港的电缆和卫星网络居亚洲覆盖范围最广之列。

请根据以上信息，结合所学投资环境评估方法，对香港的国际投资环境进行评价。

课 后 阅 读

雀巢中国重塑品牌

在进入中国的第20个年头，雀巢决定让自己在中国的品牌形象变得年轻一些，因为它发现自己最大的消费群体实际上是24～35岁的青年白领。

要引起这些年轻人的共鸣，韩寒是个不错的代言人。于是雀巢组织了一个号称其20年来最盛大的发布会来发布此事，还请来香港著名导演关锦鹏来给它拍了广告片。为了变得更酷一些，它启用了一个新的Slogan“活出敢性”，已经沿用了20年的“味道好极了”在这里不见了，从强调味道改为强调生活态度。

它还想把学生群体争取过来。尽管在校大学生的消费能力可能不及白领，但他们的身份很快就会发生转变。

“我们希望从高中、大学就开始鼓励他们喝第一杯咖啡，培养喝咖啡的习惯，他们是未来的白领。”雀巢大中华区咖啡及饮品业务单位总监何文龙说。

发布新品牌形象的同时，何文龙还希望雀巢咖啡下一步能将渠道铺进二三线城市。要做大市场，需要激活二三线城市的潜在消费群体。而对中国本土企业银鹭的收购可以帮助雀巢走进这些地方。2011 年 4 月 18 日，雀巢与银鹭签订了 60%的购股协议，雀巢可以借助银鹭，让雀巢咖啡迅速进入所有银鹭花生牛奶的销售点。而银鹭的工厂过去原本就在为雀巢咖啡代工生产即饮咖啡产品。合资公司成立后，双方可以更好地整合资源，扩大产能。

在北京、上海这样的一线城市，雀巢咖啡下一步将着重中高端系列产品的开发。即将上市的“馆式系列”就是定位中高端的产品，统一采用全新的包装设计，黑色和金色的主色调让这一系列的速溶咖啡同其他口味区别开来。

这个系列包括原有的丝滑拿铁和卡布奇诺，以及首次引进的白咖啡，价位比其他主流速溶咖啡高。其中白咖啡 2010 年起开始在香港以及东南亚地区流行，最早是由马来西亚的品牌生产。雀巢也捕捉到了这股潮流，开始在位于中国云南的种植基地生产白咖啡，销往香港。现在这种口味已经逐渐流行到了深圳一带，于是雀巢决定在上海、广州和深圳这 3 个城市引入这种新口味。

但是雀巢需要说服中国的消费者，速溶咖啡也可以是高端的——速溶咖啡技术能够萃取到咖啡的精华，同时可以通过大规模生产把成本控制在可承受的程度。这需要时间，这也是为什么它只选择在南方 3 座城市推出白咖啡。

就这样，在将目标消费人群锁定在包括大学生和公司白领在内的年轻人身上的同时，雀巢咖啡已经基本形成初步覆盖低、中、高三个消费层次的咖啡品类。

(资料来源：王清．雀巢中国重塑品牌．第一财经周刊，2011，44.)

第 5 章　国际投资风险

知识目标

■ 熟悉国际投资风险的概念及主要分类，了解国际投资风险的特征，熟悉国际投资风险的识别方法

■ 掌握国际投资风险的管理方法

技能目标

■ 能够识别各类国际投资风险

■ 能够运用所学国际投资风险管理方法对国际投资风险提出管理建议

知识结构

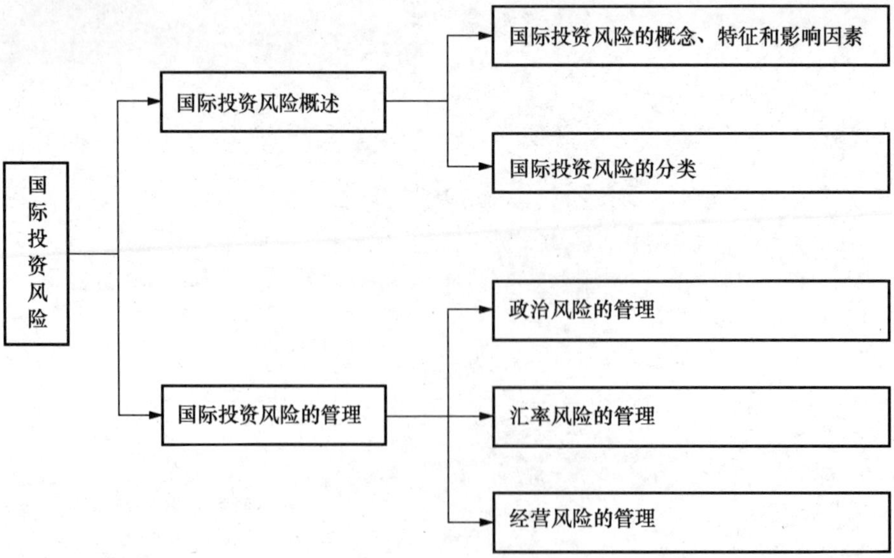

导入案例

DHL 离开中国快递市场

2011 年 6 月中外运敦豪国际航空快件有限公司(以下简称中外运敦豪)发布《转让所持有的国内快递公司全部股权的提示性公告》称，将转让旗下上海全宜快递有限公司(业内俗称为全一快递)、北京中外运速递有限公司(以下简称中外运速递)和香港金果快递有限公司(以下简称金果)三家公司的 100%股权给深圳市友和道通实业有限公司(以下简称友和道通)。原因是新邮政法实施和止不住的亏损。中外运敦豪是 DHL 与中外运的合资公司，双方各拥有 50%的股份。

“新《邮政法》明确规定，外商不得投资经营信件的国内快递业务，不仅包括独资国外快递公司，也包括合资快递公司。而信件业务占到了全一快递总业务的 35%。”DHL 快递亚太区首席执行官许克威事后表示。他同时承认，3 000 多家快递公司在中国国内快递市场内竞争更着实是一个让人头痛的问题。

全一快递、中外运速递、金果这 3 家公司全部是中外运敦豪 2009 年收购的。那一年，DHL 希望通过收购或合资的方式，将其在亚洲的国内快递业务增加一倍，以抓住亚洲各国国内快递服务日益增长的需求。除了中国内地、香港的这三家快递公司，DHL 还收购了印度航空快递公司 Blue Dart Express，在越南、新西兰和澳大利亚成立了合资公司。

当时的 DHL 快递亚太区首席执行官唐睿德(Dan McHugh)曾自信地表示：“中国消费和居民收入在提高，快递业务已变得更具吸引力。我们的战略是成为亚洲和中国规模最大的国内业务参与者。”

完成收购后，中外运敦豪于 2010 年 6 月启动了“中外运全一”品牌标志，计划在 2 年时间内新建 13 个转运中心，将服务范围从国内的 662 个城市扩大到 800 个城市。而同年中外运敦豪也开始进军香港快递市场，收购了同为民营公司的香港金果快递。

不过仅仅 1 年之后，DHL 就发现这个决定并不明智。

和 DHL 最初的判断一样，中国国内快递市场的确在迅速发展。根据国家邮政局发布的《2010 年快递市场监管报告》，2010 年，中国快递市场业务量达到 23.4 亿件，同比增长 25.9%；收入达到 574.6 亿元，同比增长 20%，其中国内快递业务收入 356 亿元，占比 62%。

但由于民营公司为了占领市场而比拼价格，在业务量大幅增长的同时利润却在走低。2010 年快递业务平均单价为 24.6 元/件，比 2009 年末降低 1.2 元。其中异地快递业务平均单价为 18.8 元/件，比 2009 年末降低 1.4 元。

在合并运营 1 年中，全一快递一直处于亏损的状态。中外运敦豪曾经想学习国内的民营快递公司，投资建立大量的服务网点，来适应中国开阔的市场。但由于 DHL 属于上市公司，投资行为受到股东的牵制，无法在短期内进行大规模投资。于是中外运敦豪只能采取分步投资的策略。而这样，让全一快件业务量无法在短时间内得到大量增加，直接导致了公司的亏损。

更加不走运的是，2010 年 10 月新《邮政法》颁布实施，外资(包括合资企业)被禁止经营信件的国内快递业务，而这部分业务，一直都是国内快递业务中利润最高的。

在运营了半年后，也就是截至 2010 年末，全一快递、中外运速递、金果已经累计亏损约人民币 9 923 万元。到了 2011 年 3 月，这三家总资产只有 2.17 亿元的公司，合计负债总额则已高达 3.47 亿元，累计亏损约 3 300 万元，资不抵债。

DHL 这个时候决定止损。于是友和道通以 1 亿元的价格得到了 DHL 当年花费 3 亿元收购的 3 家公司。

DHL 表示，“中国国内快递市场是一定要切入的，但前提是我们要选择合适的时机，”许克威说，“当国内快递的商业环境、法律环境等条件规范的时候，就是我们切入的时机。”

讨论题：结合以上案例，请讨论跨国公司进入一个国家可能会遇到哪些投资风险？

(资料来源：常怡．第一财经周刊，2011，有删改.)

5.1 国际投资风险概述

众所周知，投资者进行国际投资比国内投资获得的利润多，但是因此而需要承担的风险也是和获得利润成正比的，所以投资者在国际投资活动时对风险进行预测、防范和控制是至关重要的。自然而然的，国际投资活动需要识别风险、预测风险、管理风险的过程。

5.1.1 国际投资风险的概念、特征和影响因素

1. 国际投资风险的概念

学术界对风险的定义各不相同。美国的维利特在1901年指出了不确定性是风险的本质，且风险是关于不愿发生的事件发生的不确定性的客观体现。

美国经济学家奈特于1921年在《风险、不确定性和利润》一书中区分了风险与不确定性，他认为风险是“可测定的不确定性”，而不确定性才是真正的不可测定性，表明可以通过一定的途径和方法测定风险。

1964年，美国明尼苏达大学教授小威廉和汉斯在《风险管理与保险》中指出风险对于任何人都是客观存在的，它会因人们判断的差异而产生差异。

一般而言，国际投资风险是指国际投资在特定的环境和特定的时间内，由于各种不确定因素的存在，客观上导致国际投资项目的实际收益与预期值之间的差距或国际投资的经济损失。风险不是指一味的出现坏的结果，它也可能意味着出现好的结果。收益与风险并存，风险越大商机往往也就越大。

2. 风险的特征

任何事物都存在着一定的特征，风险也不例外，其具体特征表现如下所述。

1) 客观性

风险是独立于人的意识之外而客观存在的，它的存在不会因人的意志转移。并且，它一直存在于人类社会的整个发展过程。风险是不可能彻底消除的，人们只能通过一定的技术手段改变风险存在和发生的条件来控制风险，降低风险发生的频率和损失程度。

2) 不确定性

风险的不确定性是指风险是否会发生、发生的时间、产生的结果即损失程度的不确定。它会因时间、空间因素的不断变化而不断发展变化。这就要求我们不断提高风险意识，掌握、运用各种方法，测度风险的可能性，确定风险的大小，便于采取相应的对策规避风险以确保预期目标的实现。

3) 相对性

风险是相对存在的，其相对性是指风险的形式和内容随承受风险的主体不同而不同，也就是在一定的风险环境中，即一定的时间、地点和条件下，风险大小是不尽相同的。这就要求风险主体在增强对风险的承受能力的同时也要脚踏实地、实事求是地对风险进行具体分析和评价。

4) 可测性

风险的可测性特征为人们有效控制风险提供了依据。虽然个别风险的发生是不确定且不可预知的，但通过对大量资料进行观察分析就会发现，风险往往呈现出一定的规律性。因此，

人们可以通过各种科学的方法，根据有关方面的情况、数据，对不同投资方向风险事故发生的概率及其损失程度进行测度。

5) 可控性

风险的可控性是指投资主体通过风险识别、估计等方法预测风险的具体形态如何、到达的程度如何，据此可以采取相应措施将其控制在一定的范围内，以达到防范和化解风险的目的。

6) 收益性

风险既可能会使投资者亏损，也有可能为投资者带来更大的收益。运用各种技术和手段测控、利用风险，往往能使投资者的收益增加。

7) 普遍性

风险无处不在且无时不有，它与人类的生活息息相关。在国际投资活动中，认识风险是不可避免的关键性问题。只有认识到风险的普遍性，才能够更好地进行国际投资。

3. 影响国际投资风险的因素

在国际投资中，风险是由多种因素综合引发的。产生国际投资风险的因素主要有以下几个方面。

1) 投资活动时间的长短

投资活动时间的长短是国际投资风险的重要影响因素。因为投资者进行国际投资活动，尤其是国际直接投资活动时往往要经过很长的一段时间才能够获得经济收益。同时，各种影响投资活动的因素都随着时间的推移而不断地变化，因此，投资期限越长，投资风险也会随之变大，即投资者面临的风险与投资期限长短成正比。

2) 投资者的投资目标

确定投资目标，是外国投资者进行直接投资重要的一步。由于投资环境中包含的很多不确定因素会使投资项目的合理性发生变化，所以一个投资项目的目标过高，其构成因素就会变得复杂，投资者所面临的风险就越大，据此产生的结果与目标发生差异的可能性也就越高。因此，制定风险防范的重要前提是科学的确定投资目标，只有确定了投资目标才能协同内部各要素，产生最优组合来更好地进行国际投资活动，实现利润的最大化。

3) 东道国投资环境

作为跨国经济行为，国际投资无疑要受到东道国投资环境的影响。因为东道国各个地区的投资环境都存在着一定的差异性，所以投资者要具体研究分析导致国际投资风险产生的主要因素即东道国的政治环境因素、经济环境因素、社会文化环境因素、自然环境因素和法律环境因素。

4) 国际投资者的经营管理水平

国际投资者经营管理水平因素与其他因素相比，可控性较大。由于国际投资活动是一种自主的经济活动，因此投资项目的成败在很大程度上取决于投资者的自身素质。如果企业的管理者对于东道国的经营环境、人文地理、风俗习惯和价值取向不熟悉，且缺乏对风险的预见和管理能力，就会很难作出科学的投资决策，使投资活动效率低下。而一个高素质的国际投资者在投资前能够通过周全的分析和研究作出正确的决策，使跨国投资活动在具体的投资经营中获得最大的收益。

5.1.2 国际投资风险的分类

1. 国际投资风险的分类方法

对投资风险进行分类是国际投资风险管理的前提，这样有利于投资者制订行之有效的管理方法。国际投资风险所包括的内容很多，如政治风险、汇率风险、利率风险、经营风险、组织风险、安全风险、法律风险、市场风险、购买力风险、财务风险和技术创新风险等。

加拿大的银行家纳吉提出了如下六类国际投资风险分类方法。

1) 按地理位置或国别分类

按照地理位置或国别分类，可以用特定典型国家给国际投资风险命名，如墨西哥风险、英国风险、新西兰风险、印度风险等。国际投资风险按这种方法划分是作为一个地理概念而存在的。

2) 按筹资主体性质分类

按筹资主体的性质的不同可以把国际投资风险分为主权风险(政府或国家风险)、私营部门风险、企业风险和个人风险等。

3) 按触发风险的因素分类

按触发风险的因素不同把国际投资风险分为政治风险、社会风险和经济风险等。

4) 按资金用途分类

按资金用途的不同把国际投资风险分为贷款风险、出口融资风险、项目风险、国际收支风险和开发投资风险等。

5) 按风险发生原因分类

按国际投资风险发生的原因可以将风险划分为拒付风险、否认债务风险和债务重议风险等。

6) 按风险严重程度分类

按国际投资风险严重程度分类，国际投资风险可以划分为高风险、低风险和一般风险等。

现今，随着人们对国际投资风险认识程度的加深，其分类方法也随着不断地进行完善。目前国际通行的是按风险发生的原因、性质、对象、承受能力及管理能力对投资风险分类进行划分的。而在这些分类方法中最重要是以风险发生的原因为基准的分类，即汇率风险、经营风险和国家风险。

2. 国际投资主要风险

1) 政治风险

政治风险(Political Risk)，又称国家风险，是指由于东道国为了保护国家主权和利益而变动政治因素给国际投资活动造成经济损失的可能性。政治因素包括东道国政局、政治体制、法律法规，也包括东道国的国际政治关系。单个投资者难以控制政治风险的发展，也难以识别和预测它的发生，因此，政治风险是国际投资者面临的最具威胁性的风险。虽然政治风险对国际投资者可能产生很多不利的影响，但是它有时也会产生有利的影响。另外，发达国家的政治风险往往要比发展中国家的政治风险小。

政治风险种类有如下几种。

(1) 主权风险。主权风险是指东道国在不受任何外来法律约束的情况下，从本国利益出发，对跨国投资者的政策和法律进行制定和调整。国际投资者不可抗拒此风险是因为制定法律和政策不仅是一个国家的内政问题，也是国家主权的一种表现形式。它给国际投资者带来了不可避免的巨大损失。

(2) 征用、没收和国有化风险。征用、没收和国有化风险是跨国公司对外直接投资面临的主要风险之一，指东道国由于多方面的原因，对外国的投资项目采取征用、国有化或者没收的措施。征用给外国投资者带来的损失较大，它往往是指东道国政府基于国家主权的需要接管跨国投资企业，同时按其市场价值给予全额或者部分的补偿。没收是指东道国政府在没有任何补偿的情形下，强行占有外国企业全部资产的行为。而国有化则是指东道国通过控制和限制逐渐地征用跨国企业的资产，最终使其成为国内资产的一种做法。它通常在政治不稳定或者政策多变的国家或地区发生。目前，跨国公司对外直接投资活动中面临的最为突出的问题就是征用、没收和国有化风险。它直接影响到对外直接投资的资金流向、发展趋势以及全球性战略的实施。

(3) 战争风险。战争风险是指东道国国内由于领导层变动、社会各阶层利益冲突、民族纠纷、宗教矛盾等，或者东道国与别国在政治、经济、宗教、民族等问题上的矛盾激化使东道国无法通过其他手段解决问题而使用战争手段对破坏的秩序进行维护而给国际投资者造成经济损失的风险。

(4) 政策风险。政策风险是指由于东道国政府变更政策而给国际投资者带来的风险。东道国对土地、市场、税收和产业政策等方面的调整将不可避免地会影响到跨国投资者的经营和收益，并且也会影响投资者的决策。例如，土地政策中涉及土地的购买、拥有使用权时间的长短、土地税等内容和税收政策中计税基数、税率和征税方法的变动均会显著影响投资者的收益和其他目标的实现。同时，对投资者的投资活动有影响的还有东道国市场的开放程度以及在投资区域和行业等方面实行的限制或鼓励政策，如东道国为了自身的利益实行外汇管制，限制国际投资者将本金、利润和其他合法收入的汇出。此外，还有些东道国会专门制定一些针对外商的歧视性政策和法规等。

相关链接

泰国政局动荡的经济代价

东盟峰会于2009年4月10日在泰国海滨城市芭堤雅开幕以来，峰会会场便遭到泰国反独裁民主联盟示威者“红衫军”围堵，警民对峙发生数次激烈冲突。11日下午，大约1 000名“红衫军”突破警方封锁线，冲入东盟系列峰会会议中心大厅，高呼泰国总理阿披实辞职，现场一度混乱不堪。严峻形势下，泰国总理阿披实宣布实施紧急状态并取消东盟峰会一系列会议，与会各国领导人纷纷离开此处回国。

一场本来重大而严肃的国际性峰会，最终在泰国政治风波的闹剧中草草收场，泰国媒体《泰叻报》撰文称，4月11日是全体泰国人“完败”的日子，因为泰国人在全世界面前丢了面子，以罕见的方式结束了一次历经坎坷的跨国峰会，所有泰国人应当为这一天“志哀”。

在这场政局动荡中，东盟国家和泰国都付出了不小的经济代价。然而，政局动荡最大的经济损失者还是泰国。

泰国旅游资源丰富，历来以“微笑国度”闻名于世，各国游客云集。旅游业是泰国国民经济支柱产业，创造的产值占泰国国内生产总值的6%，6 500万泰国人口中约200万人供职于旅游业，占全国劳动力总数的7%。持续动荡的政局冲击泰国经济，旅游业首当其冲。

2007年和2008年，泰国不断出现全天候不间断大规模政治集会活动，仅2008年，围绕总理府的反政府集会就超过200天。反前总理他信的“黄衫军”示威者占据曼谷两座机场9天，就给泰国带来高达1 200亿泰铢(约合34亿美元)的经济损失。

2003—2007年连续5年，泰国被评为最值得旅游的国家，曼谷则多年位列最值得旅游城市的榜首。但是，自2008年11月25日"黄衫军"夺取曼谷机场之后，英国《每日电讯报》将泰国列入世界最危险国家排行榜的第7名，理由是"连市政警察厅都被包围了，实在没有安全保障"。

2009年4月13—15日是泰国一年一度的传统节日泼水节，也就是泰国阴历的新年。很多泰国人和外国人都会在这个时候旅游，因此泼水节通常也是全年旅游的高峰。但是今年的泼水节到来之际，由于泰国反政府示威者和军方之间的对峙，原本应该狂欢的节日蒙上了阴影。泰国旅游部门预计，动荡不安的政局导致2009年泰国旅游收入锐减4成以上，损失可能达2 000亿泰铢(57亿美元)，20万人可能面临失业。

更加让人担心的是，这次泰国政局动荡将给旅游业带来长期负面影响。一些泰国旅游业者表示，他们非常担心，看到曼谷的动荡情景，大部分游客都不会再考虑来泰国旅游了。路透社报道，英国、新加坡、澳大利亚、法国、加拿大、俄罗斯等一些国家陆续向本国公民发出旅游警告，建议这段时间避免赴泰。

泰国一些经济学家将这次"红衫军"的行动称作是泰国经济的灾难，认为其对泰国的破坏力比1997年的金融危机和2004年的印度洋海啸还要严重和深远。原因是，金融危机和海啸并没有过大地打击旅游者的信心，而东盟峰会的取消则直接关系到游客的切身利益。泰国旅行社协会主席阿披差悲观地表示，泰国旅游业已经被政治纷争"彻底泼凉"。

穆迪投资者服务公司(Moody'S Investors Service Corporation)表示，政局持续动荡引发资金外移，泰国的信用评级将被调降。标准普尔评级服务公司(Standard & Poor's Ratings Service Corporation)表示，政局不稳可能会对投资和增长构成不利影响，泰国政局的问题导致该国信用评级面临的下调压力加大。2008年12月，标准普尔将泰国的主权信用评级列入负面观察名单，同时调整对该国BBB＋的信贷评级展望，由"稳定"降至"负面"。

泰国股市的表现则因为政局不稳而表现平平，整体涨幅落后于多数东南亚股市。尽管当地金融市场因泼水节假期休市，但在海外市场交易的泰国概念股和泰铢汇价纷纷大跌。瑞士信贷下调对泰国股市的评级至"减持"，并指出在过去几个月的时间里泰国股市随外围股市出现了一定程度反弹，建议投资者尽快获利了结。泰国证交所总裁帕他丽雅忧虑地表示，东盟峰会原是一个推动泰国股市继续上涨的好机会，但现在却演变成"国家的损失"。尽管泰国股市因公假休市而"逃过一劫"，但投资者普遍对复市后的表现感到担心。

泰铢的汇价也跌至该月内的最低水平。有分析师表示，2009年至今泰铢兑美元的境外交易累计贬值已达到2.8%，未来几个月时间内泰铢都难有表现。三井住友银行分析师杰利表示，即使阿披实辞职，长期来看泰国政局也不会发生大的改变。该行对泰国经济前景的看法十分消极，认为泰铢也将继续走软。

(资料来源：http://finance.gansudaily.com.cn/system/2009/04/19/011065563.shtml.)

2) 汇率风险

(1) 汇率风险的含义。

汇率风险又称外汇风险(Foreign Exchange Risk)，即在国际投资活动中，因外汇市场的不确定性变动而引起汇率的变动，导致经济实体以外币计价的资产有上涨或者下降的可能性。它描述的是一种不确定的状态，具有客观性和相对性的特征。

(2) 影响汇率风险的因素。

货币和时间这两个因素会对汇率风险产生影响。如果没有两种不同货币间的兑换或折算，就不会存在汇率风险。同时，没有时间因素也就无汇率风险可言。时间的间隔越长，汇率就越可能产生波动，因而汇率风险也就越大。如果时间间隔越短，则汇率产生波动的可能性也就越小，汇率风险自然而然的也就越小。汇率风险是不可避免的，它是由汇率波动引起的，其中，影响汇率波动的因素主要有以下几个方面。

① 国际收支及外汇储备。国际收支状况是指一个国家的货币收入总额与付给其他国家的货币支出总额的对比。它直接影响了汇率的变动，如果货币收入总额大于支出总额，国际收支便会出现顺差，该国货币对外汇率就会上升；反之，国际收支出现逆差，该国货币汇率就会下跌。

② 利率变化。利率是指定时期内利息额同借贷资本总额的比率，它是一国借贷状况的基本反映，对汇率波动起决定性作用。影响市场利率变动的因素有五个方面，即宏观经济环境、央行货币政策、价格水平、证券市场变化和国际经济形势。此外，利率水平又会直接影响国际间的资本运动。在国家利率高的情况下，资本会流入，国家利率低的情况下，资本会外流，资本的流入和流出会改变外汇市场的供求关系，进而影响外汇汇率的波动，一个国家利率的提高，往往会导致该国货币升值，利率降低，该国货币往往会贬值。

③ 通货膨胀。通货膨胀的实质是社会总需求大于社会总供给，对一国的汇率有重要并且明显的影响。它往往会导致本国货币汇率下跌，如果通货膨胀得到缓解，则汇率会上升。同时它会影响本币价值及其在国际市场上的信用地位和国民购买力，还会削弱出口商品的竞争力。由它引起的这三个方面影响都会导致本币贬值。

④ 政治局势。一个国家和国际间的政治局势的变化如政治冲突、军事冲突、选举和政权更迭等，都会对外汇市场产生影响。虽然这些在一般情况下影响的时间并不长，但是影响力有时候会很大。

(3) 汇率风险种类。

跨国投资者经营中遇到的汇率风险主要有 3 种类型，分别是折算风险、交易风险和经济风险。

① 折算风险。折算风险(Translation Risk)又称会计风险，它是指经济主体根据会计制度的规定，在公司全球性的经营活动中，为适应报告需要而出现的风险，即将功能货币转换成记账货币时，资产负债表上某些项目的价值因汇率的变动发生了变化，跨国公司是其承受主体。在发生折算风险时，用外币计量的项目即资产、负债、收入和费用的发生额必须按母公司所在国的会计规定对本国货币重新进行表述。但是折算风险所带来的收益与损失只是一种会计的账面概念，它并不表示跨国公司实际的或者已发生的收益和亏损。

例如，中国某跨国公司在美国的一家子公司其账面上资产价值为 100 万美元，按当时汇率 1 美元＝6.5 人民币，反映在中国母公司汇总会计报表中，该子公司资产价值为 650 万元人民币。1 年后，美元贬值，汇率由原先的 1 美元＝6.5 人民币变成 1 美元＝6.3 人民币，此时中国母公司会计账簿上该美国子公司的资产价值降为 630 万元人民币(6.3×100)，发生了 20 万元人民币(650 万－630 万)的折算损失；反之，1 年后，如果美元升值，汇率由原先的 1 美元＝6.5 人民币变为 1 美元＝6.7 人民币，则此时中国母公司会计账簿上该美国子公司的资产价值升为 670 万元人民币(6.3×100)，发生 20 万元人民币(670 万－650 万)的折算收益，详见表 5-1。

表 5-1　折算风险例题计算

时　　间	汇　　率	中国某跨国公司美国子公司的账面资产价值	折算收益/折算损失
当时	1 美元＝6.5 人民币	650 万元人民币	—
1 年后(美元贬值)	1 美元＝6.3 人民币	630 万元人民币	折算损失
1 年后(美元升值)	1 美元＝6.7 人民币	670 万元人民币	折算收益

无论出现以上哪种情况，都会对企业的账目平衡和利润等产生影响，特别当一国是根据企业的会计账款征税时，还会影响其纳税数额。此外，在实际操作中，不需要单独考虑其折

算风险。因为据财务报表分类，折算风险分为资产负债表风险和损益表风险，企业的现金流量表是在这两表的基础上编制而成的。

② 交易风险。交易风险(Transaction Risk)又称交易结算风险，指在以外币计价的交易经营活动中由于该币与本国货币的比值发生变化即汇率变动而引起的损益的不确定性。它包括外汇买卖风险和交易结算风险。

外汇买卖风险又称金融性风险，是指因对一个国家的货币反复进行按一定汇率兑换成另一个国家货币的做法而带来损失的可能性。产生外汇买卖风险的前提是一度买入或卖出外汇，将来又必须要反过来卖出或买入外汇。

交易结算风险又称商业性风险，它与一项具体的经济交易有关，即一般企业进行以外币计价的交易活动时，由于没有确定结算时所运用的汇率而使经济主体可能遭受损失的风险。在交易往来过程中，从达成贸易合同到最终结清债务，结算流程是最关键的一个环节。同时，进行交易往来需要一定的时间，而结算货币的汇率如果在这一定的时间内发生了变动，就会使交易方承担结算风险。

此外，交易风险的承受主体相当广泛，它存在于各种以外币计价结算的交易当中，且具有偶然性，可以依一定条件使损益互相转嫁。

例如，中国公司销售一批货物给美国进口商，30天后美国进口商付货款16 000美元。签订合约时，即期汇率为1美元＝6.3人民币。中国公司期望30天后可按目前汇率1美元＝6.3人民币收取100 800元人民币(16 000×6.3)。但30天后，若汇率上扬至1美元＝6.5人民币，则中国公司收到的货款为104 000元人民币(16 000×6.5)，比期望收入增加3 200元人民币(104 000－100 800)。反之，若30天后，汇率下调到1美元＝6.1人民币，则中国公司只能收到97 600元人民币(16 000×6.1)的销售收入，比预期收入减少了3 200元人民币(100 800－97 600)见表5-2。

表5-2　交易风险例题计算

时　间	汇　率	收益情况	汇兑收益/汇兑损失
签约合同时	1美元＝6.3人民币	—	—
30天后(美元升值)	1美元＝6.5人民币	增加3 200元人民币	汇兑收益
30天后(美元贬值)	1美元＝6.1人民币	损失3 200元人民币	汇兑损失

由上可见，交易风险既可能发生汇兑损失，也可能发生汇兑收益。在国际投资中，投资者将一笔资金投于某种外币资产，如果投资期间该外币汇率上升，投资者的本币实际本息收入会意外地增加；反之，如果投资期间该外币汇率下跌，投资者的本币实际本息收入就会减少，甚至亏损。

③ 经济风险。经济风险(Economic Risk)指意料之外的汇率变动通过影响企业的生产销售数量、价格、成本，引起企业未来一定期间收益或现金流量减少的一种潜在性风险。它带有一定的主观意识，存在于跨国经营活动的生产经营、销售和原材料等的各个方面，其程度大小取决于汇率变动对产品数量、销售价格及生产成本的影响程度。经济风险影响到的范围复杂广泛，且对国际投资活动的影响程度比前面涉及的折算和交易风险对国际投资活动的影响程度更大。同时，它对企业生产经营状况的影响时间长度是不确定的，有可能是短期的也有可能是长期的。此外，它还会影响跨国公司对外投资战略决策。

相关链接

百富勤破产

百富勤投资集团有限公司(Peregrine Investments Holdings Limited，以下简称百富勤)成立于1988年底，由集团主席杜辉廉和董事兼总经理梁伯韬在香港创办。百富勤在短短的几年间，其业务已遍及亚太各地，建立了广泛的亚洲业务伙伴及商业联系，以及公认的环境配售力。在其业务重点的亚洲市场，该集团主要为客户提供各类型的综合投资银行及证券经纪服务。

然而就在百富勤正欲振翅高翔去拓展国际资本市场之时，适逢东南亚金融危机徘徊于港岛，1998年1月12日下午5时，传来令人震惊的消息，百富勤发出公告：“百富勤已委托罗兵逊会计师事务所作为清盘人，进入法律程序进行清盘。”——这意味着亚洲(除日本外)最大的独立上市投资银行——百富勤已宣告破产。

震惊之余，人们自会将目光投向源于1997年下半年的一场涤荡全球的金融风暴，这场在泰国爆发并迅速波及东南亚乃至全球的金融危机。1997年7月2日，泰国中央银行宣布放弃实施了14年的钉住美元的汇率制度安排，改成有管理的浮动汇率制，泰铢在外汇市场上当天大泻17%，危机迅速波及东南亚及整个亚洲地区，7—8月，菲律宾比索、马来西亚吉特、印尼盾和新加坡元兑美元的汇率屡创历史新低。与此同时，这些国家的股市发生大幅波动。东南亚金融危机进一步向全球其他新兴市场和发达国家扩散，而且还从外汇市场波及其他市场如股票市场，由一国货币危机发展成为影响更为广泛的全球性金融动荡。

此次风暴亦使东南亚投资银行界受到相当大的冲击和损失。由于百富勤大量投资于东南亚市场，此番东南亚货币及股市狂泻给它造成了无法弥补的损失。1997年7月，当东南亚国家货币接二连三贬值时，百富勤是区内最大的亚洲货币债券商；货币突然贬值，使一些由百富勤安排发行债券的东南亚公司可能无法履行如期还款责任，百富勤因此在8月及10月共拨出6 000万美元作呆账准备。另外，欠百富勤庞大款项的印尼计程车公司SS本计划以配股筹集资金，偿还百富勤的巨额债务，但由于印尼盾连创新低，汇率从1美元兑换2 400印尼盾跌至3 900印尼盾。于是SS决定再度延迟配股计划，这一决定使百富勤能否收回SS公司债项成为悬念。尽管百富勤一直未曾透露其与SS之间的债务关系，但实际上百富勤手上持有一笔多达2.65亿美元的SS短期票据，而此笔票据将在1998年2月4日到期，以当时印尼在金融危机中的局势，不仅遭受巨大的汇率风险(损失近半，至1998年1月百富勤宣布破产，印尼盾已跌破6 000)，而且连这笔贷款是否能够顺利回收都成为问题，机会甚为渺茫。而百富勤在东南亚其他国家的业务也在这场危机中遭受不同程度的损失，特别是在泰国的业务受损最为严重。

10月初，东南亚金融市场又刮起一股轮跌风——中国香港股市的暴跌。从10月20日到28日，恒生指数在短短的几天里跌去4 541点，跌幅达33.4%。

香港股票持续暴跌亦使百富勤内伤加剧，百富勤在1997年7—10月的股票损失至少在数亿港元以上(估计近10亿港币)。在遭到汇率风险、股市下跌的双重打击下，百富勤决定以裁员方式“止血”，宣布全球裁员275名，占百富勤当时总员工数目的一成半，其中香港雇员47人，但节省回来的成本与百富勤在金融风暴中的损失相比，可谓“杯水车薪”，无济于事。

虽然这次金融风暴是促使百富勤陷入财政危机的直接导火线，但百富勤在推行业务国际化时就已开始处处碰壁，这主要归因于其国际业务扩张过于迅速。随着香港华资财团业务日益国际化，百富勤也追随在欧美和亚洲多个国家开设分行，不过在许多新兴市场，百富勤不断遇到麻烦：1996年初不得不结束开设了近3年的缅甸业务，因为该国军方一直无意推行国企私有化，仰光证券市场的成立又遥遥无期；1996年中，百富勤越南分公司又卷入非法业务逃税的指控，分公司的主管被扣押近1年；1996年4月，孟加拉国当局调查股市舞弊时，也拘捕了两名百富勤雇员；1997年百富勤在港发行台湾证券市场加权指数认购权，也引起台湾方面的不满，该认购权证在期满后并未获得续期。

就是在这般重重压力下，又传来原协议认购股份的瑞士苏黎世集团打退堂鼓和又有一笔6 000万美元贷款到期的不幸消息，这时百富勤内部流动资金早已枯竭，至此，百富勤再无任何回转余地，终于被迫申请破产清盘。

十年创业，扶摇直上，一朝受挫，雏鹰折翼。百富勤的领袖凭借他们在财经界的关系、经验及财产，迅速成长起来，百富勤由最初3亿港元的资本发展成为拥有240亿港元总资产的跨国投资银行，在东南亚及欧美共设有 28 家分行，业务遍及证券、期货经纪、基金管理、投资融资、包销上市等。在中国内地国企改革之中，百富勤洞烛先机、及早部署，成为多个国企及红筹公司上市的主要财务顾问。但显赫一时的金融巨子，却为这次金融风暴所淹殁。在感慨国际资本市场风云突变之时，百富勤的兴与衰更值得全世界的投资银行界人士深思——外汇风险需时刻提防，不能有丝毫懈怠。

(资料来源：http://www.sasacrc.org/newsview.asp?id = 158.)

(4) 汇率风险的预测方法。

洞察汇率的变化趋势及把握导致汇率波动的最基本因素是汇率预测的关键。总体而言，外汇预测的方法可分为基本预测法、市场预测法、技术预测法、德尔菲法和混合预测法。

第一种：基本预测法

基本预测法(Fundamental Forecasting)的预测根据是经济变量与汇率之间的基本关系。影响汇率长期和短期变动的因素有很多，可能包括资本利用率、市场预期、国际收支、货币供应量、经济增长率、利率、通货膨胀率以及投机因素等经济变量。

第二种：市场预测法

市场预测法(Market-Based Forecasting)是一种直接根据市场中的汇率价格预测未来汇率的一种方法。市场预测法认同在一个强势有效的市场上，于当天的汇率中可以反映出所有公开与非公开的信息。它包括即期汇率预测法和远期汇率预测法。

① 即期汇率预测法。指如果外汇市场比较平稳，某种货币的汇率波动比较小，根据汇率随机走动模型，在预测该货币的短期汇率时，可以认为当期的即期汇率就是下一期的即期汇率，即

$$ES_{t+1} = S_t$$

式中，ES_{t+1}——预期的第 $t+1$ 期的即期汇率；

S_t——第 t 期的即期汇率。

② 远期汇率预测法。指主要的国际货币通常都有发达的远期外汇市场或者期货市场。它反映了当前市场对货币未来即期汇率的一致看法。在国际金融市场套利机制的作用下，远期汇率应该是未来即期汇率的无偏估计，即

$$ES_{t+1} = F_t$$

式中，ES_{t+1}——预期的第 $t+1$ 期的即期汇率；

F_t——第 t 期市场标志的第 t+1 期的远期汇率。

第三种：技术预测法

技术预测法(Technical Forecasting)，是一种根据历史的汇率数据对未来汇率进行预测的方法。该方法首先要收集研究对象的历史资料，其次对这些历史资料进行分析，再判断会重复发生的稳定形态有哪些。使用技术分析来预测汇率的方法主要有图表技术分析法和计量经济学分析法两类。

① 图表技术分析法。汇率的图表技术分析法是根据汇率过去的表现，借助图表和曲线分析预测未来汇率走势的基本技术分析方法，它具有客观、简便和直观性的特征。图表技术分析法可以分为曲线图分析法、点形图分析法、K 线图分析法和移动平均线法。

曲线图分析法是按次序将每个价位连接成一条连续曲线的一种方法，在一般的情况下它都以时间为纵坐标，以价格水平为横坐标。该方法有利于人们直接观察汇率的波动趋势，因此经常被采用。

点形图分析法是一种利用带方格的图表来做记录、分析和预测外汇交易价格变动趋势的方法。该方法便于预测者清楚地看到一段时间内汇率波动发生趋势转变的次数和幅度。点形图往往用“×”表示价格上升，用“○”表示价格降低。汇率波动的单位由预测者决定，原则上汇率波动单位的定制要适当。

K 线图又称蜡烛图、阴阳图。它是四种图形中最基本且最常用的图形。最高价、最低价、开盘价和收盘价组成了 K 线图的每一个特定时间单位的图形。通过 K 线图我们可以全面且透彻地观察市场的真正变化。其中，蜡烛中空表示收盘价高于开盘价，黑色实心的蜡烛则表示收盘价低于开盘价。此外，K 线图中的某种图形组合已被国外专家证明可能代表着某种市场行情，并且它能预测出新的价格走向。

移动平均线法是由美国的投资专家格兰维尔创立的，它在汇率技术分析中起着不可替代的作用。该方法的具体做法是先综合相加过去一段时间内的汇率收市价，再求出平均值，然后以横轴为时间，纵轴为平均值来绘制出一条移动的平均线，最后结合每一天汇率移动线和移动平均线两者的方向和相对位置进行分析，预测今后的汇市行情。移动平均线不仅能揭示价格的变动趋势，而且能揭示当前市场的平均成本，还有助涨助跌的特性。但它也存在一定的滞后性。在总体上可将其分为分析买入信号和分析卖出信号两类情况。

② 计量经济分析法。计量经济分析法具有及时性和准确性，因此，人们越来越重视这种分析方法。其在传统的图表分析基础上增加了许多数量化的方法，是技术分析完善过程中的最新发展。该方法一般按以下几个步骤对汇率进行预测：先分析根据预测目标搜集调查的有关资料并判断各变量之间的相互关系；再通过数据运算，建立计量经济模型；接着对模型进行检验，将历史资料代入计量经济模型，比较运算结果与已发生的经济现象，测定该模型的误差；最后利用已经确定的模型预测未来的汇率。

第四种：德尔菲法

德尔菲法(Delphi Method)又称专家意见法，是在 20 世纪 40 年代由 O. 赫尔姆和 N. 达尔克首创的基础上，经过 T. J. 戈尔登和兰德公司进一步发展而成的。兰德公司在 1946 年首次用这种方法用来进行预测，随后该方法迅速被广泛采用。

德尔菲法实施的步骤是先在专家访谈方法的基础上形成关于未来信息的一般性调查表；接着采用匿名发表意见的方式，让彼此之间互不相识、互不往来的专家对调查表中的各个项目作出重要性程度的判断和预测，在测评的时候相互之间不能讨论，使专家们充分地发表出自己的意见而不受到口才、压力、劝说和权威人物意见的影响；组织者再对收回的调查表作统一分析，并把包括上一轮统计分析结果说明的调查表返回给专家，征求预测意见；通过反复征询调查专家对问卷所提问题的看法并对其不断的进行统计修改，扬长避短，最后汇总成趋于一致的看法并将其作为预测的结果。这种方法可靠性和准确性高，具有广泛的代表性。

第五种：混合预测法

混合预测法(Mixed Forecasting)是一种综合以上各种方法来对未来汇率进行预测的方法。结合上述多种方法预测汇率时，首先要运用各种预测方法分别得出某种外币的汇率预测值，在给不同预测方法按百分制分配权重，较不可靠的方法给予较低的权重，较可靠的方法给予较高的权重，最后加权平均各种预测值后的数值为平均实际预测值。

上述各种方法都存在有一定的缺陷，要克服这些缺陷就必须要有机地结合这些方法，使它们发挥出最大的效力。

3) 经营风险

(1) 经营风险的概念。

经营风险(Operating Risk)是国际投资活动中最常见的风险，它指国际投资者在进行跨国投资的整个过程中，由于生产、决策、技术、管理或市场条件的变化等原因引起企业经济损失的可能性。投资者为了获得不确定的预期效益，需要承担一定的经营风险。

(2) 经营风险的类型。

经营风险通常包括价格风险、营销风险、财务风险、人事风险和技术风险。

价格风险是指由于国际市场行情变动引起价格波动，而使跨国投资企业蒙受损失的可能性。由于引起价格变动的因素很多，因此在跨国投资中，价格风险具有经常性和普遍性的特征。

营销风险是指由于产品销售发生困难而给跨国投资企业带来的风险。产生营销风险的原因主要有市场预测失误，预测量与实际量差距过大；产品品种、式样和质量不能满足消费者需要；定价不准或竞争对手低价倾销致使其产品售价毫无竞争力可言；营销策划失误，与消费者沟通不畅等。这些原因都可能给投资者进行国际投资活动造成一定的障碍。

财务风险是指投资者在整个国际投资经营活动中由于债务资本比率提高而导致入不敷出、现金周转不灵、债台高筑而不能按期偿还的风险。债务资本比率的进一步提高会使投资者负担更多的债务成本，给跨国投资者造成不利影响。

人事风险是指企业在员工招聘、经理任命过程中所存在的风险。它是跨国投资企业经常面临的风险，具有人为性、内部性和主观性的特征。人事风险产生的原因有任人唯亲、排挤贤良；提拔过度，难以胜任；环境变化，原有的工作人员不能胜任新环境下的工作等。

技术风险是指跨国投资企业技术开发的高额费用、新技术与企业原有技术的相容性以及新技术的实用性等因素可能给企业带来的一定的风险。

相关链接

联合利华散布涨价信息 被罚款200万元

2011年5月6日，中华人民共和国国家发展和改革委员会(以下简称发改委)在其官方网站公布，联合利华因散布涨价信息，扰乱市场价格秩序被处以200万元的行政罚款。

2011年3月下旬，针对日化产品盛传涨价消息引发部分城市抢购的情况，国家发展改革委即会同相关地方价格主管部门介入调查、依法取证。

发改委查明，2011年3月下旬，联合利华公司有关负责人接受多家媒体采访并发表日化产品涨价言论，增强了消费者涨价预期，引发部分城市发生日化产品抢购，严重扰乱了市场秩序，构成了“散布涨价信息，扰乱市场价格秩序”的价格违法行为，事实清楚，证据确凿。

发改委表示，联合利华公司散布涨价信息扰乱市场价格秩序的违法行为，情节较重，社会影响较大，依法应予从重处罚，但考虑到该公司在约谈后即公开宣布暂停调价并向消费者致歉，主动减轻违法行为危害后果，上海市物价局根据《价格违法行为行政处罚规定》第六条和第十七条第二款第(一)项以及《中华人民共和国行政处罚法》第二十七条第(一)项的规定，决定对联合利华中国有限公司作出200万元罚款的行政处罚。

(资料来源：陈彬．联合利华散布涨价信息被罚款200万元．21世纪经济报道.)

4) 国际投资风险的评估方法

政治风险与国家的政治经济行为是密切相关的，因此投资者需要对东道国内部的各种情况进行深入调查和周全的分析以得出对其国家投资可能面临的风险的总体评价，为国际投资活动提供决策依据。目前，评估国际投资风险的方法有很多，在国际上通行的主要有以下几种。

第一种：国际投资风险指数评估法

国际投资风险指数是国际投资者进行国际投资依据的来源，它是由国际上一些专门进行国际风险评估的机构提供的。对国际产生影响较大的指数主要有以下几种。

① 富兰德指数(FL)。又称国家风险预测指数，它是在20世纪60年代末的时候，美国商业环境风险情报研究所的F．T．汉厄教授根据国家风险的大小设计出的第一个反映经济政治环境风险的评价指数。该指数是由定量评级体系、定性评级体系和环境评级体系综合构成的，三个评级体系在总指数中的比重分别为50%、25%和25%。

其中，定量评级体系侧重于评价一个国家债务偿付能力，包括外汇收入、外债数量、外汇储备状况及政府融资能力四个方面。定性评级体系则侧重于考察一个国家的经济管理能力、外债结构、外汇管制状态、政府官员贪污渎职程度及政府应付外债困难的措施五个方面；环境评级体系包括三个指数系列，即政治风险、商业环境和政治社会环境指数。

富兰德指数以0～100表示，指数越高表示风险越低，指数越低表示风险越高，而风险等级恰恰相反，一级表示风险最小，随着级数的升高风险也逐渐变大。富兰德指数是国际投资活动的重要参考依据之一，每年定期由美国“商业环境风险情报所”提供，该情报研究所定期公布并发表研究报告、统计数据及分析结果，并根据数据既对即期风险情况给予综合打分，又对未来1年后、5年后的综合分数进行预测。

② 国家风险国际指南(ICRG)。是指由设在美国纽约的国际报告集团编制的风险分析指标体系，每月发布一次。它由政治因素、金融因素和经济因素三部分组成，其中政治因素分析占了50%，即100分，金融指数和经济指数各占25%，即各为50分。指标模式为

$$CPFER = 0.5 \times (PF + FF + EF)$$

式中，*CPFER*为政治、金融和经济综合指数，以0～100分表示，分数越高表示风险越低；*PF*为全部政治指数，包括领导权、法律、社会秩序及官僚化程度等13个指标；*FF*为全部金融指标，包括停止偿付、融资条件、外汇管制损害程度及政府毁约等5个指标；*EF*为全部经济指标，包括物价上涨、偿付外债比率及国家清偿能力等6个指标。*CPFER*是针对每个具体国家而言的，它考察各国不同时期的综合风险指数及其变化情况，有利于投资者比较不同国家的政治风险，作出科学的投资决策。

③《欧洲货币》国家风险等级表。国际金融界权威刊物《欧洲货币》(Euromoney)侧重于反映一国在国际金融市场上的形象与地位。在每年的9月或10月它都会定期公布当年各个国家的风险等级表。《欧洲货币》国家风险等级表主要对国家风险进行六个方面的考察。第一个是考察权重为20%的进入国际金融市场的能力，包括在外国债券市场、国际债券市场、浮动债券市场、国际贷款市场及票据市场上筹借资本的能力；第二个是考察权重为10%的进行贸易融资的能力，主要指通过无追索的大型贴现而融资的能力；第三个是考察权重为15%的偿付债券和贷款本息的记录；第四个是考察权重为5%的债务重新安排的顺利程度；第五个是考察权重为20%的政治风险状态；第六个是考察权重为30%的二级市场上的交易能力及转让条件。

④《机构投资者》国家风险等级表。是由著名国际金融刊物《机构投资者》每两年在其9月号刊出的各国国家信誉等级表。此表是向活跃在国际金融界的75～100个大的国际商业银行进行咨询、调查的综合结果。每个被咨询的银行要对所有国家的信誉地位，即风险状况进行评分，分数以0～100表示。0分表示该国的信誉极差、风险大，而100分则表明该国的国家信誉极好。该表主要考虑具有健全的国际风险分析体系的大银行以及“风险暴露”最大的银行的意见，因而直接反映银行界对各个国家风险程度的实际看法。

⑤ 日本公司债务研究所的国家风险等级表。日本公司债务研究所对国家风险进行了研究，编制了国家风险等级表，并且每年都会定期公布结果。此表采用评分的方法来设计风险等级，其所评价国家风险的内容主要包括14项，分别是内乱、暴动及革命的危害性，政权的稳定性，政策的持续性，产业结构的成熟性，经济活动的干扰，财政政策的有效性，金融政策的有效性，经济发展的潜力，战争的危险性，国际的信誉地位，国际收支结构，对外的支付能力，对外资的政策和汇率政策。它以0～10分表示风险程度的高低，0分表示风险最高，10分表示风险最低，再按照综合评分由低风险向高风险排列，最后确定国家的风险等级处于A、B、C、D、E五级中的哪个级别。

上面所述的几种风险评价监测指标、指数的发布机构具有一定的权威性和科学性，为国际投资者提供了丰富的投资风险信息资料。同时，很多国家也以此作为标准，不断地努力为国际投资者营造一个良好的投资环境，促进国际投资的发展。目前关于上述指标体系和方法所涉及的很多因素已经随着时代的发展发生了许多变化，因此我们要理论联系实际，科学、合理、巧妙地运用它们。

第二种：评分定级评估法

评分定级评估法是用一组固定的评分标准衡量东道国各个风险因素，从而确定风险程度的方法。由于这种方法可以方便的比较不同国家的风险，因而在国际上得到广泛的应用。一般情况下，评分定级评估法的整个评分定级过程分为以下四个阶段。

第一阶段：确定考察风险因素。如负债比率、战争次数、人均收入等。

第二阶段：确定风险评分标准。分数越高，风险越大，如负债比率在10%以下为1～2分，10%～15%为3分，15%～25%为4分，25%～50%为5分，50%～80%为6分等。

第三阶段：汇总所有项目的分数，确定该国的风险等级。

第四阶段：比较国家间的风险，得分越高的国家风险越大。

表5-3为国际风险等级序列表。

表5-3 国际风险等级序列表(总分100分)

风险等级	分值	意义
AAA	0～0.5	基本无风险
AA	0.5～1.5	可忽视的风险
A	1.5～3	风险很小
BBB	3～7	低于平均风险
BB	7～15	正常风险
B	15～30	值得重视的风险
C	30～55	高风险
D	55～100	不可接受的风险

第三种：预先警报系统评估法

预先警报系统是指在 1975 年原联邦德国经济研究所制定的一系列重要的国家经济指标。可用这种指标系统观测国家风险状态，以期在国家风险出现之前预先警报，提醒投资者注意。这个系统主要由以下指标组成：偿债比率、本金偿还比率、负债比率、负债对出口比率、负债对外汇储备比率、流动比率、短期外债比率、偿息额对国民生产总值比率、经常项目收支逆差对出口额比率、物价上涨率、货币供给增长率、财政赤字对国内生产总值比率、国际货币基金借款对本国在该组织份额的比率、年固定资产形成额对国内生产总值比率、国际银团对该国贷款的加息率。在进行政治风险评估时，往往要有选择地运用其中一部分指标，其中较为常用的有以下五个指标。

① 偿债比率。该比率反映一国偿付外债的能力，通常认为该比率低于 10%时，表明该国具有较强的偿还能力，当该比率高于 25%时，则意味着可能面临债务困难，存在着不能归还到期债务的可能。其计算公式为

$$偿债比率=\frac{外债当年还本付息额}{当年出品商品与劳务额}\times 100\%$$

② 负债比率。该比率表示一国的经济规模和外债关系。一般认为该比率低于 15%较好；位于 30%以上时，则容易发生债务危机。其计算公式为

$$负偿债比率=\frac{本国全部公司外债余额}{资产总额}\times 100\%$$

③ 负债对出口比率。该比率用以衡量一国短期内偿还全部外债的能力。在当前发展中国家短期债务所占比重日益增加的情况下，如果这个比率越低，就说明这个国家债务危机越不容易发生。人们通常以该比率的 100%左右作为危险界线。其计算公式为

$$负债对出口比率=\frac{本国全部公司债务余额}{当年出口商品与劳务额}\times 100\%$$

④ 流动比率。该比率是流动资产对流动负债的比率，用来衡量企业流动资产在短期债务到期以前，可以变为现金用于偿还负债的能力。一般认为外汇储备相当于 5 个月进口额时比较理想，低于一个月进口额的外汇储备则非常危险。其计算公式为

$$流动比率=\frac{外汇贮备金额}{月平均进口的外汇支出额}\times 100\%$$

⑤ 短期外债比率。该比率是指一国外债余额中，期限在 1 年或者 1 年以下债务所占的比重。用于衡量一国跨境资本的流动规模，速度越快，表明潜在风险越大，一般认为国际公认的标准安全线为 20%。其计算公式为

$$短期外债比率=\frac{一年内到期的外债额}{全部外债余额}\times 100\%$$

第四种：国别评估报告

国别评估报告是指对特定对象国的政治、社会、经济状况进行综合性评估的文件。它往

往用于大型海外建设项目的投资或贷款之前，其性质与可行性研究报告类似，但侧重于防止国家政治风险的发生。

以全球著名的美国摩根保证信托公司的国别评估报告为例，主要有以下四个方面的内容。

① 政治评估。主要是对对象国政府的经济运营能力和环境应变能力进行估价。经济运营能力包括政府官员的政策设计能力、经济官员对政府决策人的影响能力和政府首脑的决策能力；对环境的应变能力包括政府对油价变化、世界经济周期变化等国际经济环境变动的迅速调整能力。

② 经济评估。主要是分析对象国的生产要素和发展目的。它包括自然资源、人力资源、发展战略、国内资金来源和外贸出口情况。其中，自然资源包括已有的自然资源、开发的可能性和开放的程度；人力资源包括劳动者的教育及培训情况和企业家的素质；发展战略包括过去及现时的经济发展长期战略与该国自然资源、人力资源的适应程度；国内资金来源包括国内资金在开发投资中的比重、国内促进储蓄增长的措施；外贸出口情况包括出口商品种类及出口市场多样化程度。

③ 对外金融评估。主要是对对象国国际金融进行评价。它包括国际收支现状、预测及未来的去向，还包括国际收支状态、外债情况、外汇储备和借款的可能性。其中，国际收支状态包括国际收支现状、预测及主要倾向；外债情况包括外债增长率、债务结构及未来的债务负担；外汇储备包括外汇储备水平、按进口规模和出口规模推算的合理水平；借款的可能性包括从国际金融组织中筹措用于国际收支调整的贷款数量。

④ 政局稳定性评估。主要是对对象国和全球政治状态进行考察。它包括国内政治安定性和国际政治的安定性。其中，国内政治安定性包括政府领导班子更替的顺利程度和各项政策的连续性；国际政治安定性包括地区局势和国际政治局势的稳定程度。

5.2 国际投资风险的管理

当今世界是一个不断发展变化的世界，国际政治、经济和技术环境的复杂多变会不同程度地影响国际投资活动。因此，为了提高投资的安全性、收益性和流动性，就要对国际投资风险进行管理。国际投资风险管理的内容有 3 个方面，分别是政治风险的管理、汇率风险的管理和经营风险的管理。

5.2.1 政治风险的管理

政治风险带有相当客观的因素，可控性差且贯穿于投资的全过程，因此在国际投资的长期经济活动中，制定一个成熟的政治风险管理体系，有效地采取各种相应措施防范和规避风险来最大限度地降低损失对国际投资者而言是至关重要的。管理政治风险可以着手于投资前的预防性策略和投资后的控制性策略两方面。

1. 投资前的预防性策略

为了更好地进行国际投资活动，对外投资者必须要在投资活动开始之前就对东道国的政治风险作好防范和规避工作。投资者在投资前一般需要采用的措施有考察分析东道国的政治风险、办理海外保险、与东道国政府谈判并达成特许协定等。

1) 考察分析东道国的政治风险

跨国公司进行国际投资经营必须对影响政治风险的因素如东道国政局稳定情况、对外资态度的开放接纳程度和对外政策情况等方面详细、认真、深入地考察和分析。如果一个国家对外的政策比较开放，欢迎外国投资者进行投资经营活动，那么就有利于投资者进行国际投资活动；反之，就不利于在这个国家进行跨国投资。同时，一个国家对外资态度的开放接纳程度往往能体现于其吸引外资和对外投资规模的大小。通常情况下，政局相对稳定、经济发展程度较高的国家吸引外资和对外投资规模比较大，对外资的优惠或限制的措施比较少，投资者相应需要承担的风险就小，但是在这些国家投资而获得高收益与回报的机会因此也较小。相反，经济欠发达、政治风险较大的国家往往存有潜在的高收益与回报。所以不能一味地回避政治风险高的国家，而应该采取有限度的回避和容忍态度，做好风险防范工作或者设法从其他方面获得相应的补偿来抵消部分由政治风险带来的损失。

总体而言，随着全球经济一体化的不断发展和加强，政治风险在逐渐减小。很多发展中国家都开始包容外资的进入，对外实行开放政策。

2) 办理海外投资保险

办理海外保险是目前一种较为有效地避免政治风险的方法，它可以保障本国企业对外投资的利益和安全。在许多工业国家，如美国、英国、日本、德国和法国等，都设有专门的官方机构对私人的海外投资政治风险的保险，如美国海外私人投资公司(Overseas Private Investment Corporation，OPIC)，英国的出口信贷保证部(Export Credit Guarantee Department，ECGD)，日本通商产业省的海外投资保险部等。海外投资保险承保的政治风险包括国有化风险、战争风险和政策风险 3 类。一般做法是：投资者向保险机构提出保险申请，保险机构经调查认可后接受申请并与之签订保险单，投资者有义务不断报告其投资的变更状况、损失发生状况，且每年定期支付费用。当风险发生并给投资者造成经济损失后，保险机构按合同规定支付保险赔偿金。

相关链接

海外投资保险在江苏“落地生根”

2011 年 10 月，江苏省列入商务部重点境外经济贸易区项目——无锡红豆集团柬埔寨西港特区项目成功获得中国信保海外投资保险的保障。该境外园区投资项目的成功获保，标志着国家政策性海外投资保险产品在江苏“落地生根”，江苏企业从此有了境外投资安全的避风港，企业“走出去”开展国际化经营发展的信心和底气更足了。

作为江苏领先的民营企业代表，红豆集团打破“走出去”以国有企业为主的“禁忌”，联合 3 家无锡当地企业成立江苏太湖柬埔寨国际经济合作区投资有限公司，负责西港特区的建设、运营和管理。据了解，西港特区是中国首个签订双边政府支持我国境外经贸合作区建设协定的园区，为国内众多谋划走出国门、海外发展的企业搭建了良好平台，目前已有 16 家企业入园正式运营。

目前，中国企业投资多集中在亚非拉等国家，受海外投资东道国政治经济不稳定，并购、管理经验缺乏，融资困难等不利因素影响，企业海外投资的风险仍居高不下。中国信保总公司专家指出，政治风险是企业海外投资中面临的最大、最不可预见的风险。2011 年年初爆发的利比亚等中东、北非动乱，也使我国在该地区的 50 个项目遭受损失，涉及合同金额 188 亿美元。

“海外投资保险及时为我们解决了后顾之忧，也使入园企业放了心。”西港特区项目负责人说。自 2011 年 2 月以来，中国信保江苏分公司多次主动与红豆集团对接，根据集团实际情况、风险需求，量身定制保险方案；同时，信保公司还通过组合式的产品、多元化的服务，积极帮助红豆集团加快海外发展战略部署。

“海外投资保险是未来助推江苏”走出去“战略的引领者和护航者，支持我省企业以更加积极的姿态参与世界经济分工，更有力地抵御海外投资风险。”据中国信保江苏分公司副总经理潘水根介绍，除了筑牢风险防火墙外，海外投资保险还能在企业遭受政治风险时及时向出险企业提供经济补偿，最大限度保障企业海外经营和资产的安全。据悉，因为红豆集团的投保，西港特区的入园企业将以最优惠的费率获得江苏信保全面的风险防范服务。

海外投资离不开资金支持，而融资困难造成的瓶颈又会严重影响项目的进展，中国信保推出的海外投资保险恰好为企业解决了这一难题。在保障企业"走出去"安全的同时，海外投资保险也同样为项目融资提供了便利。对于获得中国信保承保的投资项目，银行通常会重点考虑提供贷款，或者提高贷款额度，或者放松贷款条件，使企业更易于获得信贷支持，从而快速推进项目实施。

针对"走出去"存在的诸多困难和问题，中国信保还结合自身专业优势，通过海外投资保险为企业提供了更多增值服务，帮助企业切实提高风险管理能力。

中国信保凭借"国际投资与出口信用保险人联盟"的正式成员身份，以及与国内相关部门、银行及国际上多家资信调查和评估机构保持通畅联络渠道的优势，从项目洽谈之初直至项目运营的各个阶段，随时了解各国政治经济最新动态和东道国投资环境的状况，为企业提供及时、准确、全面的风险管理建议，帮助企业充分利用国际化带来的机遇，抵御金融危机带给企业的管理风险。此次红豆集团投保海外投资保险，也是看中了这一重要的增值服务。集团相关人员表示，红豆将借力信保，进一步完善海外投资战略部署。

据了解，近年来，中国信保在支持企业"走出去"海外投资方面力度不断加大，迄今已为国内约200个、总额405亿美元的境外投资项目提供了海外投资保险保障，为企业走出国门、走向海外提供坚实后盾。

(资料来源：http://insurance.eastmoney.com/news/1215，20111019170012619.html.)

3) 与东道国政府进行谈判并达成特许协定

与东道国政府谈判签订特许协定对国际投资者来说是最有效的避免政治风险的措施。投资者在进行对外投资之前可以设法与东道国政府谈判，并达成特许协议，获得某种法律保障，尽量减少政治风险发生的可能。这类协议要明确：第一，子公司可以自由地将股息、红利、专利权费、管理费用和贷款本金利息汇回母公司；第二，划拨价格的定价方法，以免日后双方在划拨问题上产生争议；第三，公司缴纳所得税和财产税参照的法律和法规，资产评估方法，在东道国的融资方式，企业职工的雇用方式；第四，发生争议时进行仲裁的法律和仲裁地点。

1913—1945年，也就是在资本主义殖民盛行后期，西方一些对外投资者为减轻财产被征用、国有化的压力和避免东道国人民对殖民政府的不满，都采取了与东道国政府签订不同形式的特许协定。例如，美国和英国的跨国公司与一些拉丁美洲国家签订各种形式的特许协议，但是由于当时的历史原因，这些协议在一定程度上带有不平等的性质。在当今国际投资活动中，有些国家的跨国公司在平等和互惠的基础上也与某些东道国签订一些特许协议，保护双方的权利和义务。

相关链接

日企进入中国台湾不受外资限制

据日本《朝日新闻》2011年9月20日报道，日本和中国台湾地区的相关机构定于9月22日签署一份投资协定，以促进双方企业投资，并最终使其发展为一种经济合作协定。报道说，本次协定是通过日本的交流协会和中国台湾地区的"亚东关系协会"缔结的。

据报道，本次投资协定除了应对投资地的贸易保护主义，还涉及投资的促进和自由化。该协议规定，日本企业进入中国台湾地区不受外资的限制，而是与当地企业享受同等待遇。中国台湾地区的企业进入日本也将享受同样待遇。

据中国台湾地区2010年的统计，日本是中国台湾地区最大的进口国和最大的直接投资国。中国台湾地区的企业使用着由日本企业提供的高级材料和核心部件，双方有很强的经贸互补关系。该协议缔结后，在中国台湾地区的日本企业将大幅提升建厂的自由度，因此该协议受到这些企业工商会的大力支持。

(资料来源：http://mnc.people.com.cn/GB/15712284.html.)

2. 投资后的控制性策略

由于投资环境是动态的，所以即使在投资活动开始前采取了措施防范政治风险，也不能保证进行实际投资之后不会发生政治风险。因此投资者在投资后的生产经营活动中也要做好调整经营策略的准备来防范政治风险。常用的控制性管理措施有制定灵活的生产经营战略、采取科学灵活的财务战略、运用短期利润最大化战略和实行分散化投资策略。

1) 制定灵活的生产经营战略

灵活的生产经营战略是指在充分利用环境中存在的各种机会和创造新机会的基础上，合理地调整企业的生产和经营方式。投资者通过这种方式来加大东道国政府对跨国公司进行征用或国有化的难度，达到减小政治风险的目的。在生产经营战略上，要对以下几个方面进行控制。

(1) 控制供应原材料和零配件。

在公司设立的时候，把原材料和配件生产安排在不同的国家，来控制供应原材料和零配件。虽然进口原材料和零配件的运输成本会比较高，供货时间也较长，但它可以保证投入品的质量和来源，使其免受东道国政府的控制，还可以加大东道国的征用成本。同时，东道国即便征用了该企业，也无法获得生产必需的原材料和零配件，导致企业的正常运转无法维持。因此，跨国投资者可以用这个方法有效地降低政治风险。

(2) 控制技术优势和产品的销售市场。

技术优势包括专利、专有技术和生产诀窍等。投资者通过牢牢地将技术优势、产品的分销机构、出口市场以及产品的运输渠道控制在手中的方法，可以有效地减少被征用的风险，也使得东道国政府在接管该企业后，生产的产品无法出口。例如，秘鲁在征用马可纳公司后，发现自己反而失去了进入国际铁矿市场的渠道，结果不得不与马可纳公司重新谈判。

2) 采取科学灵活的财务战略

科学灵活的财务战略是指尽量采用经济、周全的方法来有效地解决国际投资活动中所出现的问题以达到避免和降低国家风险的目的。它具有注重全局性、适时适度性和长期性的特征。科学灵活的财务战略主要包括融资战略和股权结构策略。

(1) 融资战略。

在融资战略上，不能只是局限使用母公司的资金，投资者可以将国际融资渠道打开，并充分利用融资渠道、其他国家政府、国际金融机构或采取大量负债经营和少量股权等方式进行融资和拓展市场。虽然这样做成本比较高，但是它大大地增加了东道国征用的成本和难度，可以有效地对国家风险进行防范，还可以使企业生产经营能力保持良好、稳健的状态。

(2) 股权结构策略。

股权结构策略是在分析企业内外环境因素对资金流动影响的基础上，周全的策划企业资金流动，确保其执行的一个过程。治理跨国公司的重要组成部分和基础是股权结构，因此通过实行股权结构策略不仅可以均衡企业资金流动，增强企业财务竞争优势，也可以提高企业的整体协调性，实现企业整体战略。此外，在遵守东道国关于股权结构规定的前提下，外国投资者可以逐步出售部分或全部股权给当地投资者，分阶段逐步地撤出对外投资的所有权。

3) 运用短期利润最大化战略

短期利润最大化战略是常用的一种防范政治风险的方法，它指国际投资者进行国际投资活动时，用自身的力量进行全部或部分投资。

短期利润最大化战略的第一个含义是跨国公司常常试图在尽可能短的时间内，从当地经营中提取最大数量的现金。这些方法包括递延投资维持费用、将投资削减至仅够维持生产所需的最低水平、缩减营销开支、生产低质量商品、制定高价和取消培训计划等，从而使短期的现金产出达到最大。但是，这些短期行为显然不利于长期生产经营的发展，这一策略是一种消极的反应，它几乎表明该公司在当地的投资经营将不会长久。因此，跨国公司必须选择适当的时间长度来增加现金流入量，以减少风险。

短期利润最大化战略的第二个含义是：在东道国政府采取敌对行动的情况下，用进攻性战术从受到威胁的附属公司提取尽可能多的资金，使跨国公司与该国的未来交易失败。采取这种策略时，需要注意公司行为所产生的国际影响。为避免公司的此类行为在其他国家遭到怀疑，跨国公司可以选择一种消极的间接投资形式来代替，以引起东道国政府的重视。

4) 实行分散化投资策略

实行分散投资策略就是俗话所说的不把鸡蛋放在同一个篮子里面。换言之，就是使投资客体即投资地域、行业、产品等变得分散或者多样化。

国际投资者通过一系列的调整策略，如将不同项目或同一项目的不同产品或者同一产品的不同部件的投资分散在不同的国家，或者将产品组装与产品关键零部件的生产分散投在不同的国家，将国外经营项目与本公司的持续控制结合起来，保持该海外项目对本公司总体市场和产品的依赖，提高东道国政府征用资产的成本来减轻可能的政治风险。

5.2.2 汇率风险的管理

汇率风险管理是一项复杂的系统工程。投资者应对国际投资风险中的汇率风险，要采取不同的管理方法来缓解或消除不同类型的汇率风险可能造成的损失。汇率风险的管理通常可以分为三个方面，即交易风险的管理、折算风险的管理和经济风险的管理。其中，交易风险的管理和折算风险的管理多为短期性，而经济风险的管理多为长期性。

1. 交易风险与折算风险的管理

1) 远期外汇市场套期保值

远期外汇市场套期保值是指利用远期外汇市场，通过签订具有抵消性质的远期外汇合约，消除可能由于汇率变动导致的损失来达到保值的目的。

跨国企业在国际购销业务活动中，从签约到清算债权债务，通常要间隔1～3个月，大型设备的支付期将会更长。企业可以利用远期外汇市场套期保值，针对每一笔以外币计价的应收和应付账款，根据收(付)的时间和金额，卖出(买入)相同币种、相同交割期、相同金额的一笔远期外汇，从而将汇率变动造成的损失以套期交易成本的方式固定下来。

例如，某中国玩具制造商将在3个月后收到美国进口商10 000美元，交易发生日的汇率为1美元＝7.2元人民币。中国玩具制造商预计3个月后人民币升值，美元贬值。为避免汇率风险，该中国制造商签订一份3个月期、按既定远期汇率出售美元的合同。按远期汇率1美元＝7.0元人民币，则中国制造商在3个月后出售10 000美元可以得到70 000元人民币。该中国制造商利用远期市场的直接成本为2 000元人民币(72 000－70 000)。

如果中国玩具制造商对汇率变动预期正确，3个月后人民币升值，美元贬值，即汇率变为 1 美元＝6.8 人民币，如果中国制造商不进行远期外汇市场套期保值，在 3 个月后出售 10 000 美元只能得到 68 000 元人民币，减少的收入为 4 000 元人民币(72 000－68 000)，而利用远期市场则节约了 2 000 元人民币(4 000－2 000)见表 5-4。

表 5-4　远期外汇市场套期保值例题计算

时　　间	汇　　率	价　　值	收 益 情 况
交易发生日	1 美元＝7.2 人民币	72 000 人民币	—
3 个月后(进行保值)	1 美元＝7.0 人民币	70 000 人民币	节约 2 000 元人民币
3 个月后(不进行保值)	1 美元＝6.8 人民币	68 000 人民币	亏损 4 000 元人民币

2) 利用货币市场套期保值

货币市场套期保值指外国投资者在货币市场上，针对每一笔外币计价的应收和应付账款，根据收(付)的时间和金额，通过借贷款创造出相同币种、相同期限、相同金额的应付和应收账款来消除汇率风险。

3) 平行贷款保值

平行贷款保值是指在不同国家的两个母公司分别在国内向对方公司在本国境内的子公司提供金额相当的本币贷款，并承诺在指定到期日，各自按照预先达成的贷款利率支付利息并归还所借货币。

例如，一家英国跨国公司 A 在荷兰设有子公司，而一家荷兰跨国公司 B 在英国设有子公司。英国 A 公司在荷兰的子公司需要欧元，荷兰 B 公司在英国的子公司需要英镑。出现这种情况就可以用平行贷款保值法。英国 A 公司将英镑贷给在英国的荷兰子公司，而荷兰 B 公司将等值的欧元贷给在荷兰的英国子公司。这样做既满足了各子公司对货币的需求，同时又避免了母公司直接投资可能带来的汇率风险。

4) 利用提前或延后支付

提前或延后支付政策是在正确预测汇率变动的基础上，调整收进应收账款的时间和支付应付账款的时间，以减少汇率风险的技术。该方法在跨国公司内部即母公司和子公司及子公司与子公司之间经常采用。其一般性原则如下所述。

(1) 预测外汇汇率将要上升的时候，即外汇将要升值时，拥有外汇债权的主体要延期收汇以争取因汇率上升而可以多收款的好处，拥有外汇债务的主体要提前付汇以防范因外汇汇率上升导致的损失。

(2) 预测外汇汇率将要下跌的时候，即外汇将要贬值时，拥有外汇债权的主体要提前收汇以防范因汇率下跌导致的损失，拥有外汇债务的主体要延期付汇以享受因汇率下跌而可以少付款的好处。

但是，由于采取提前或者推迟支付手段来防范风险相当于将汇率风险转嫁给交易对方，对方必定会对其进行抵制，因此运用这一方法可能难以达到目的。

5) 选择计价货币

计价货币是指合同中规定的用来计算价格的货币。在对汇率进行预测的基础上，合理选择软、硬币。所谓硬币是指汇率坚挺且有升值趋势的货币，所谓软币是指汇率疲软且有贬值趋势的货币。

一般而言，在国际经济活动中，当对方国家货币是软币时，从对方国家进口商品应尽量争取使用对方货币结算，向对方国家出口商品应该尽量争取使用本国货币或硬币结算；相反，当对方国家货币是硬币时，从对方国家进口商品应争取使用本国货币或软币结算，向对方国家出口商品应尽量使用对方货币结算。

2. 经济风险的管理

对经济风险进行管理的目的是为了减少由于汇率的意外变动而给企业的业务现金流造成的损失。有效防范和控制经济风险的最佳管理模式是通过调整销售收入和投入品的币种组合，使得未来销售收入的变化与投入成本变化两者可以相互抵消。防范经济风险的方法有以下几种。

1) 营销管理策略

(1) 选择合适的市场。

营销管理策略先从选择合适的市场入手。企业在选择合适的市场的时候，不仅要考虑进行市场营销活动所需的成本，也要考虑自己的产品在哪个市场销售比较有发展前景和优势。如果本币对外贬值，企业在国内和国际市场上的竞争优势会增加，此时就应同时大力拓展货币升值国家的市场和本国市场。而在本币对外币升值的时候投资者则要注重开发国内市场，因为在这种情况下国内产品在国际市场上往往会处于不利的竞争地位。

(2) 制定科学的产品策略。

产品策略包括产品设计、产品计划和产品发展等决策内容。企业要通过不断地提升企业品牌、提高产品质量、增加产品的外观美感、改进产品的包装和改善服务等来提高企业的市场竞争实力和抵抗风险的能力。

(3) 价格策略。

企业的价格策略包括多项内容。在这些内容里面，选择保持市场份额还是保持利润率和以怎样恰当的频率调整价格是企业在面对汇率风险进行产品定价时要考虑的两个关键性问题。因为保持市场份额或保持利润率的选择不当，会导致企业的经济风险大大增加。所以要全面考虑市场因素，作出科学的判断和选择。同时，价格调整频率不当也会增加企业经济风险。它不仅会增加企业自身的交易成本，还会影响企业的声誉。所以企业即使要承担一定的损失，也要保持价格相对的稳定性。

(4) 促销策略。

促销策略是指促进顾客购买商品以实现扩大销售的策略。在促销策略中，广告、人员推销、宣传和营业推广等因素都会对企业营销效果产生一定的影响。

企业在制定促销策略的时候，要预算促销的成本，并预测将来汇率的走势，合理分配各个国家和地区预算。例如，一个国家货币升值时，要加大促销力度，扩大促销预算，而当一个国家货币贬值时，就要减少促销力度，缩减促销预算。

2) 多样化经营策略

(1) 经营分散化策略。

经营分散化策略是指跨国公司在全球范围内分散其生产基地和销售市场，并将经营业务深入到各个不同国家和不相关联的各个行业中，通过分散化经营降低汇率变动所带来的损失，使整个公司业务现金流动较小。它的理论依据是一种货币升值带来的收益可以部分弥补另一种货币贬值所带来的损失，即因汇率变动而对母公司下的部分子公司在生产和销售上产生的有利影响可以部分地抵消其他子公司在生产和销售上的不利影响，所以，采用该策略可以有效地降低经济风险对整个公司经营活动造成的损失。

(2) 融资多样化策略。

由各种债务计价货币汇率变动产生损失的风险可以通过融资多样化相互抵消。融资多样化策略又包括融资渠道多样化和融资方式多样化。其中，融资渠道多样化指企业争取多样化的融资渠道，即不仅利用商业银行的信贷，也利用国际性或区域性金融机构的贷款，还通过发行证券直接聚集个人资金。而融资方式多样化指利用多种筹资手段获得所需资金，即不仅利用发行证券的方式进行筹资，也利用银行贷款方式进行筹资，还通过发行多种货币债券来满足对资金的需求。采用融资多样化的策略可以增强企业应对汇率及利率变动的能力，大大地降低资金筹措的成本，减少因汇率变动可能造成的损失。

3) 生产管理策略

(1) 科学应对生产策略。

减轻因汇率变动而产生的经济风险的必要途径是采用科学应对生产策略。简而言之，科学应对生产策略就是当子公司所在地货币贬值时，母公司应安排子公司用国内投入品替代成本上涨的进口投入品，从而维持其生产成本的原有水平。例如，20 世纪 70 年代初，随着美元的大幅度贬值，美国福特公司增加国内投资生产引擎等投入品，减少从英国和德国的引擎进口。而当子公司所在地货币升值时，子公司产品在国际出口市场上的价格相对上升，引起销售额的下降，导致销售收入的减少。母公司此时就应安排子公司增加具有高附加值的新产品的生产，促进产品的升级换代及提高制造差别产品的能力，维持子公司产品在国际市场上的份额，从而抵消因货币升值而使出口收入下降的损失；或者通过增加进口投入品的比例或转向生产成本更低的国家或地区进行投资，以降低生产成本，获得较高的收入。

(2) 生产效率提高策略。

降低成本、提高企业的持续盈利能力和市场竞争力的根本途径是采用生产效率提高策略。跨国公司不断提高自动化生产的程度，严格管理产品质量以及采取有效的员工激励机制等都对提高公司的整体生产效率和自身竞争力起着积极的作用。企业因此也就能更好地防范经济风险。

5.2.3 经营风险的管理

经营风险不仅存在于大企业中，也普遍存在于在中小企业。因此，在国际投资活动中，通过各种有效的管理措施减小、分散、规避和化解风险是至关重要的。对跨国公司的经营风险可以采取风险规避、风险抑制、风险自留和风险转移的管理策略。

1. 风险规避

风险规避(Risk Avoidance)，是指事先预料风险产生的可能性程度，判断导致其产生的条件和因素，以及对其进行控制的可能性，在国际投资活动中尽可能地避免或设法以其他因素抵消其造成的损失，必要时需改变投资的流向。控制风险最彻底的方法是风险规避，采用有效的风险规避措施可以削减风险的潜在影响力，降低风险概率和损失程度。但是风险规避涉及放弃某种投资机会，从而相应失去与该投资相联系的利益，因而风险规避手段的实际运用要受到一定的限制。常见的规避风险的措施有以下几种。

(1) 改变生产流程或产品。如开发某项新产品，若花费的成本很高且成功的把握较小，就可以通过放弃新产品的研制或购买该产品技术专利来规避风险。

(2) 改变生产经营地点。如跨国投资者为了规避可能由地理位置缺陷或者经济发展水平落后造成的风险，可以将企业销售地点由一国内某一经济落后地区转移到另一经济发达地区，或者由经济落后国转移到经济发达国。

(3) 放弃对风险较大国家或项目的投资和贷款计划。如当国际债务危机爆发时，放弃对严重债务国的投资。

(4) 闭关自守。即坚持生产经营自成体系，使其不受任何国家政治、经济因素的干扰。

2. 风险抑制

风险抑制(Risk Reduction)，是指采取各种措施，减少风险实现的概率以及经济损失的程度。风险抑制与风险规避是不同的概念，它是国际投资者在分析风险的基础上，力图维持原有决策，减少风险所造成的损失而采取的积极措施。而风险规避虽然可以消除风险，但企业不得不终止拟定的投资活动，放弃了可能获得的潜在高收益。

风险抑制的措施有很多。例如，在做好充分的市场调查和预测的前提下开发新的产品系列；通过完善健全设备预防检修制度减少设备事故所造成的生产中断；在进行投资决策的同时，做好灵敏度分析；做好安全教育，执行操作规程和提供各种安全设施以减少安全事故。

3. 风险自留

风险自留(Risk Retention)，是指投资者对一些无法避免和转移的风险采取现实的态度，在不影响投资根本利益的前提下自行承担下来。风险自留是一种积极的风险控制手段，它使投资者为承担风险损失而事先做好种种准备工作，修正自己的行为方式，努力将风险损失降到最小程度。在承担风险损失的同时可以设法获得其他的额外补偿，因为风险往往是与高收益相伴的。在国际经济活动中，所有国家和企业事实上都承受着不同程度的风险，有意识地加以控制，可以增强自身安全性。投资者自身承受风险的能力取决于其经济实力。经济实力雄厚的大企业，可以承担几十万美元甚至上百万美元的意外损失，但是经济实力薄弱的小企业则只能承担相对小的风险损失。一般而言，企业进行风险自留的具体做法是定期提取一笔资金作为风险专项资金，以供意外风险一旦发生时用来作为风险补偿之用。这种做法实际上是一种自我保险的方式。

4. 风险转移

风险转移(Risk Transfer)，是指投资者借助各种经济技术手段将风险转移给他人承担。一般而言，风险转移措施有保险转移与非保险转移两类。保险转移，是向专业保险公司投保，通过缴纳保险费把风险转移给保险公司承担。风险发生产生的损失即由保险公司补偿。非保险转移是指不通过保险公司而以其他途径实施风险转移。

例如，工程承包者可以通过招标分包商承包基建项目的方式，转移承包工程中基建项目所需劳动力与原材料成本可能提高的风险。又如投资者在一些风险较大的国家投资时，可以要求当地信誉较好且实力较强的银行、公司或政府做担保来转移一部分风险给担保者。

本章小结

国际投资活动是一个识别风险、预测风险、管理风险的过程。国际投资风险是指国际投资在特定的环境和特定的时间内，由于各种不确定因素的存在，客观上导致国际投资项目的实际收益与预期值之间的差距或国际投资的经济损失。以风险发生的原因为基准进行分类，国际投资风险可以分为汇率风险、经营风险和国家风险。国际投资风险与跨国公司的国际直接投资行为是密切相关的，因此，投资者需要对各类风险进行深入调查和周全的分析以得出对其国家投资可能面临的风险的总体评价，为国际投资活动提供决策依据。制定一个成熟的风险管理体系，有效地采取各种相应措施防范和规避风险来最大限度地降低损失对国际投资者来说是至关重要的。

课后习题

1. 名词解释

(1) 国际投资风险　　(2) 政治风险
(3) 评分定级评估法　　(4) 国别评估报告
(5) 汇率风险　　(6) 折算风险
(7) 经营风险　　(8) 平行贷款保值
(9) 风险规避　　(10) 风险抑制

2. 不定项选择题

(1) 下列关于国际投资政治风险防范描述不正确的是(　　)。
　A. 国际投资政治风险防范只能靠投资前防范
　B. 投保海外投资保险是防范国际投资政治风险的重要手段之一
　C. 在投资前要与东道国政府谈判，并达成协议，可以尽量减少政治风险发生的可能
　D. 投资前充分评估东道国的政治风险发生的可能性是尽可能防范政治风险的重要手段

(2) 下列关于防范汇率交易风险的描述不正确的是(　　)。
　A. 平行贷款是防范汇率交易风险的重要手段之一
　B. 当对方国家货币是硬币时，从对方国家进口商品应争取使用本国货币或软币结算，向对方国家出口商品应尽量使用对方货币结算
　C. 采取提前或推迟支付手段来规避风险等于将汇率风险转嫁给交易对方，必受到对方的抵制，目的不易达到，因此，这种做法一般多用于跨国公司内部
　D. 采取远期外汇合约进行套期保值就一定不会遭受汇率损失

(3) 下列不属于经营风险识别的方法是(　　)。
　A. 德尔菲法　　B. 头脑风暴法
　C. 调查问卷法　　D. 幕景识别法

(4) 下列利用带方格的图表来做记录、分析和预测外汇交易价格变动趋势的方法是(　　)。
　A. 曲线图分析法　　B. 点形图分析法
　C. K线图分析法　　D. 移动平均线法

(5) 国际投资风险管理的前提是(　　)。

A．对投资风险进行分类　　B．对投资风险进行评估
C．对投资风险进行规避　　D．对投资风险进行转移

(6) 下列属于国际投资风险特征的是(　　)。
A．相对性　　B．客观性
C．确定性　　D．可控性

(7) 汇率风险包括(　　)。
A．折算风险　　B．交易风险
C．经营风险　　D．经济风险

(8) 下列不属于政治风险的是(　　)。
A．主权风险　　B．征用、没收和国有化风险
C．战争风险　　D．交易风险

(9) 富兰德指数由定量评级体系、定性评级体系和环境评级体系综合构成，这三个评级体系在总指数中的比重分别为(　　)。
A．50%、25%和25%　　B．25%、50%和25%
C．25%、25%和50%　　D．50%、50%和25%

(10) 下列属于国家债务偿付能力内容的是(　　)。
A．外汇收入　　B．外债数量
C．外汇储备状况　　D．政府融资能力

(11) 下列属于国家风险国际指南(ICRG)组成因素的是(　　)。
A．政治因素　　B．法律因素
C．金融因素　　D．经济因素

(12) 反映一国偿付外债能力的比率是(　　)。
A．负债比率　　B．流动比率
C．偿债比率　　D．短期外债比率

(13) 下列属于会对汇率波动产生影响的因素是(　　)。
A．国际收支及外汇储备　　B．利率变化
C．通货膨胀　　D．政治局势

(14) 下列关于折算风险的叙述不正确的是(　　)。
A．折算风险又称会计风险
B．在实际操作中，要单独考虑其折算风险
C．在发生折算风险时，用外币计量的项目即资产、负债、收入和费用的发生额必须按母公司所在国的会计规定对本国货币重新进行表述
D．折算风险所带来的收益与损失只是一种会计的账面概念，它并不表示跨国公司实际的或者已发生的收益和亏损

(15) 下列关于交易风险的叙述不正确的是(　　)。
A．交易风险的承受主体相当广泛
B．交易风险存在于各种以外币计价结算的交易当中
C．交易风险不能依一定条件使损益互相转嫁。
D．交易风险又包括外汇买卖风险和交易结算风险

(16) 下列可以用于预测汇率风险的方法是(　　)。
A．基本预测法　　B．市场预测法

C．点形图分析法　　D．曲线图分析法

(17) 下列属于计量经济分析法特点的是(　　)。

A．及时性　　B．准确性

C．滞后性　　D．差异性

(18) 下列属于经营风险的是(　　)。

A．价格风险　　B．交易结算风险

C．营销风险　　D．人事风险

(19) 下列对于头脑风暴法需遵守原则的叙述不正确的是(　　)。

A．在起初阶段就要对各种意见、方案进行评判

B．追求数量，尽可能要求提出新思路

C．欢迎各抒己见，创造一种自由的气氛，激发参加者提出各种各样的怪诞想法

D．重视那些不寻常的、有远见的、貌似不太切合实际的思想

(20) 下列属于常见的规避风险的措施是(　　)。

A．改变生产流程或产品

B．改变生产经营地点

C．坚持生产经营自成体系

D．放弃对风险较大国家或项目的投资和贷款计划

3. 简答题

(1) 简述在国际经济活动中，如何对计价货币进行选择。

(2) 简述风险的特征。

(3) 简述影响国际投资风险的因素。

(4) 简述短期利润最大化战略的含义。

(5) 简述在国际投资活动中如何消除汇率变动给企业经营活动带来的负面影响。

4. 案例分析题

德国奔驰汽车公司在美失败教训

奔驰是德国产的名牌赛车，以其车速快、售价昂贵、保险费高在美国被看作是一种身份和地位的象征。1981年比德·休兹出任奔驰美国销售总部总裁，将奔驰车的销售重心从欧洲转移到美国，并经过种种努力，建立起在美国的营销网络，将奔驰客车在美国的销售量从1980年的1万辆提高到1985年的3.5万辆，翻了三番。但到1987年后，奔驰赛车在美销售量逐渐下降，到1993年，在美销售量跌至3 000辆，被迫关闭在美的零配件批发储运中心。比德·休兹也被迫辞去其总裁职务而离开奔驰公司。

为什么会出现如此巨大的反差？原来，在制定进入美国市场的营销策略中，奔驰忽略了马克对美元汇率变动趋势的预测。马克长期处于被低估的位置，马克对美元的升值导致出口产品在美国市场售价的提高，从而失去市场竞争力。

试从汇率风险管理角度分析奔驰公司在美受挫的原因并提出事先防范措施。

凯雷控股徐工引发中国外资并购反思

徐州工程机械集团有限公司(以下简称徐工机械)是中国装备制造业龙头企业，根据双方在2005年10月签署的协议，美国凯雷投资集团(以下简称凯雷)将以3.75亿美元收购徐工机械85%的股份。2006年7月中旬，商务部召集所有与凯雷徐工并购案相关的单位(不含外资)召开了听证会，以审查交易是否合规，但未公布结果。2005年10月，凯雷徐工双方修改了协议，凯雷将以18亿元购买徐工机械50%股权，也就是说凯雷同意

放弃 35%股份，双方形成 50∶50 之股比；董事长由中方出任，以确保中方对未来合资企业的控制权。2006 年 11 月，国务院国有资产监督管理委员会审批通过。但是 2007 年 3 月，《财经》杂志报道称，商务部已将凯雷入股中国机械设备制造商徐工机械 50%的议案搁置。

这是一次标志性的并购，国际资本将之视为检验中国外资并购政策的“试金石”，在国内则引发了对外资并购的反对声浪。收购方案甫一披露，原机械工业部负责人联名上书，国家发改委则对装备业进行了专题调研。

凯雷的受挫，意味着中国开始严肃对待外资并购的负面因素，相关政策可能重新调整。政府方面的信号证实了这一判断。

2006 年 3 月 4 日，国家统计局局长李德水在全国政协会议上阐述，外资并购已危及国家经济安全，需要规范，当时在座的有国家总理温家宝、财政部长金人庆、中央银行(以下简称央行)行长周小川等。两天后，李德水接受新华社采访，公开重申此言。3 月 8 日国务院召开关于装备业的专项工作会议，国家发改委提交的报告中，外资大量并购行业骨干企业的现状被重点提及，原因、影响和对策都有长篇阐述。主持会议的副总理曾培炎表示，要规范外资并购。

随后，央行、发改委等经济决策部门频频召开关于外资并购的专题研讨会，这是政策制定的前兆。这些事实表明，民间争论多年后，在中国这个全球吸引外资最多的国家，对于外资并购的政策正在变得谨慎起来。

请结合本项目所学投资风险知识，分析此案例。

课 后 阅 读

能源工业“国有化”难成拉美主流

在全球化时代，如何处理利用外资与捍卫民族国家经济权益之间的关系，是许多发展中国家必须要认真考虑的重大问题。

2006 年，委内瑞拉、玻利维亚和厄瓜多尔三国相继宣布了一系列对能源工业实施“国有化”的措施：玻利维亚宣布国家将从其最大的油田中寻求 82%的销售所得；委内瑞拉查维斯政府也宣布了对 32 个小型油田拥有所有权，并将石油企业的税收由 56.6%提高到了 83%；厄瓜多尔国会最近通过一项法令，规定国家享有所有油田的 50%所有权。委内瑞拉、玻利维亚和厄瓜多尔采取的能源工业“国有化”措施，引起了整个世界的关注。一些西方媒体认为，这些国家的“国有化”措施会赶走外国资本，与全球化趋势背道而驰。

1. 民族主义时代的国有化

早在 20 世纪 30 年代，一些拉美国家就对外资企业实施国有化。或许是历史的巧合，不久前宣布在天然气工业中实施国有化的玻利维亚，正是历史上第一个对外资企业实施国有化的拉美国家。1936 年，通过政变上台的托罗上校宣布，玻利维亚实施“军事社会主义纲领”，推行一系列激进的改良措施，并将美孚石油公司在玻利维亚的资产收归国有。

如同其他发展中国家那样，拉美的经济发展严重依赖自然资源。即使在实施进口替代的工业化发展模式过程中，拉美国家仍然依靠出口初级产品来获取进口资本货及中间产品所必需的硬通货。然而，在相当长的时间内，拉美国家难以掌握本国的自然资源。如在 20 世纪 50 年代末，美国公司控制了拉美地区矿业生产的 80%和石油产量的 75%。中美洲的水果生产和蔗糖业则基本上全部为外国资本所垄断。被称作“绿色魔鬼”的美国联合果品公司在拉美拥有 250 万公顷的土地，并自设军警和自定法律。

20 世纪，拉美的民族主义者不仅要求从跨国公司手中收回自然资源的控制权，而且还主张管制跨国公司在其他领域中的活动。他们认为，外国投资与东道国的关系并不是西方发展经济学家所说的那种“互利关系”，而是一种冲突的关系。因此，东道国政府应充分发挥自身的干预作用，有效地限制外国资本的活动范围。正是在民族主义思想的影响下，不少拉美国家在 20 世纪 60—70 年代修改了外国投资法，对外资提出了较为严格的要求。与此同时，拉美国家还开展了声势浩大的国有化运动。据联合国跨国公司中心统计，1960—1976 年，将近 200 家外国企业被收归国有。这些企业分布在采矿业、石油业、农业、制造业和服务业等国民经济的各个部门。

2. 全球化时代的国有化

20 世纪 90 年代，拉美国家启动了声势浩大的改革开放。改革开放的重大举措之一就是对国有企业实施私有化。在这些国有企业中，相当一部分就是过去国有化时期建立的国有企业。玻利维亚等三国此番举措与此前在拉美大陆上盛行的私有化趋势是大相径庭的。

国有化使拉美国家有效地捍卫了本国的经济利益，但也赶走了许多外国投资。在几十年前实施国有化的几乎所有拉美国家，都面临着资金短缺、技术设备得不到更新的困境。在最近玻利维亚宣布国有化措施后，不少外国投资者纷纷表示，如果他们的利益得不到保护，就将停止投资，甚至扬言要撤出资本。

可见，在全球化时代，如何恰如其分地处理利用外资与捍卫民族国家经济权益之间的关系，是许多发展中国家的领导人必须要认真考虑的重大问题。

(资料来源：江时学. 能源工业“国有化”难成拉美主流. 中国企业家，2006，13.)

第6章 国际证券投资

知识目标

■ 熟悉国际证券投资的概念及基本特征
■ 了解国际证券投资的基本要素

技能目标

■ 能够运用国际证券的基本知识分析中国投资者的对外投资行为
■ 能够熟悉对中国证券市场的对外开放过程

知识结构

- 国际证券投资
  - 国际证券投资概述
    - 国际证券投资的概念与特征
    - 国际证券投资的主要形式
  - 中国证券市场的对外开放
    - 中国证券市场的发展阶段
    - 中国证券市场的国际化发展
    - 中国证券市场国际化的未来趋势

导入案例

“2010年亚洲证券论坛国际研讨会”在北京召开

2010 年，由中国证券业协会承办的“2010 年亚洲证券论坛国际研讨会”在北京召开。该届论坛年会的主题为“亚洲经济的发展新动力”，十二个亚洲证券论坛成员国的代表和中外经济学家以及国内证券管理人员，针对本国和本地区证券市场发展状况以及今后资本市场的发展进行了热烈的讨论。

中国证券业协会会长黄湘平在此次论坛上发表演讲时指出，在世界经济增长的中心移向亚洲，新兴亚洲重要性日益凸显的同时，亚洲新兴市场依然脆弱，亚洲新兴资本市场发展需要寻找新的发展动力、发展制度和发展文化。

黄湘平表示，亚洲新兴资本市场的估值优势明显，外部资本持续流入，市场功能迅速恢复，价格发现效率稳步提升。亚洲新兴资本市场相对发达经济体较快增长，证券收益的比较优势明显，据 2010 年亚洲开发银行《亚洲资本市场监测》分析，以美元计算，2009 年亚洲新兴市场的综合指数增长 73%。这种比较优势形成了良好的示范效果，表现为强劲的羊群效应，2009 年亚洲新兴市场私人资本净流入 2 829 亿美元，比 2008 年的 1 070 亿美元同比增长 164.39%。市场融资功能恢复，2009 年亚洲新兴市场股权融资 1 499 亿美元，同比增长 108.48%。市场交投活跃，2009 年日均交易量最大的中国内地市场达 321.14 亿美元，在全球范围内仅次于美国的 705.74 亿美元。这表明，亚洲证券市场的风险厌恶程度降低，投资风险偏好程度提高，价格发现效率逐步提升。

与此同时，黄湘平指出，中国国内生产总值位居世界第 3，亚洲新兴市场的中国、印度、印度尼西亚、韩国 4 个国家已经被吸收进入 20 国集团，G20 已经或将取代 G8 主导的国际经济、货币政策和金融体系等重要问题的对话平台。截至 2010 年 4 月 30 日，亚洲新兴市场的反弹幅度为 9.1%～72.8%；证券总市值 97.68 万亿美元，中国内地的资本市场已经成为全球的第三大市场，亚洲新兴市场正在成为全球资源配置不可或缺的重要平台。

黄湘平强调，我们在看到世界经济增长的中心移向亚洲，新兴亚洲重要性日益凸显的同时，也注意到了亚洲新兴市场依然脆弱，受 2009 年 11 月迪拜世界集团破产、2010 年 1 月希腊主权债务危机等影响，亚洲新兴资本市场几次出现异动；目前市盈率、市净率处于较高水平，在一定程度上限制了其下一步的提升空间。世界经济已被不平衡的问题困扰了相当一段时间，随着全球退出应对危机刺激政策的预期强化，亚洲新兴市场投资环境趋向中性，市场弹性面临考验。所有这些都说明，亚洲新兴资本市场发展需要寻找新的发展动力、发展制度和发展文化。

首先，在内在价值的形成上需要寻找新的发展动力，重新思考自己的经济增长模式。没有稳定的价值来源，经济和证券市场发展就成了无源之水、无本之木。全球经济增长正向零和博弈发展。亚洲新兴市场需要寻找新的内在价值发展动力，从外向型经济为主转向内向型经济为主，进行经济结构的转型和经济发展方式的转变，培育亚洲新兴市场的内在需求，尤其是亚洲新兴市场国家的消费需求，加快城市化和发展服务业等方面的结构改革来扩大内需。

其次，在市场价格的发现上需要制度和机制的不断创新，把增长的潜力转变为现实的生产力。以中国内地为例，从市场结构看，需要从服务外向型战略形成的“中国制造”为主的价格发现重心转向服务自主创新战略要求的“中国创造”为主的价格发现重心；从市场机制看，需要从服务外向型战略形成的“中国制造”为主的集约化竞价机制转向服务自主创新战略要求的“中国创造”为主的多元化议价和竞价机制。

第三，在市场文化的选择上需要吸纳新的证券文化，通过多种形式加强新兴亚洲国家之间的合作与交流。亚洲新兴市场国家需要以规范发展的共识加入到全球和亚洲新兴国家经济发展平衡和再平衡的进程中。在这一过程中，亚洲新兴国家的合作存在巨大的潜力和业已存在的合作机制。只要我们加强共识，加强合作，在国际机构中就能获得更为合理的话语权和代表权。

（资料来源：黄湘平. 亚洲新兴资本市场正成为全球资源配置重要平台. 证券日报，2010.10.11.）

讨论题：请根据以上材料，讨论在世界经济增长的中心移向亚洲后，中国的资本市场应如何发展？

6.1 国际证券投资概述

国际证券投资是在国际金融市场上买卖债券和股票的一种经济活动。证券作为一种金融资产，不仅是被广泛运用的筹资手段，也是颇受各国公众欢迎的投资对象。第二次世界大战之后，世界各国的公司、银行及政府都对证券的发行和买卖倍加青睐，而对证券投资这种间接投资方式也越来越加以重视。

6.1.1 国际证券投资的概念与特征

1. 国际证券投资的含义

本书在第 1 章讲过，国际证券投资是指一国居民与第三国居民之间进行股票、债权以及其他各种衍生金融工具交易的投资方式。国际证券投资是国际投资者在国际证券市场上购买有价证券的行为，这种行为能够让国际投资者在证券持有期间内获得和其所承担风险成正比的收益。

证券，是有价证券的简称，是用来证明证券持有人可以按照证券所规定的内容，取得相应权益的一种金融资产和法律凭证。广义的有价证券主要包括商品证券、货币证券和资本证券 3 类。商品证券是证明持有人有商品所有权或使用权的凭证，取得这种证券就等于取得这种商品的所有权或使用权，而持有人对证券所代表的商品的相应权利受法律保护，提货单、运货单、仓库栈单等都属于这种类别的证券；货币证券是指本身能使持有人或第三者取得货币索取权的有价证券，它主要包括商业证券(商业汇票和商业本票)和银行证券(银行汇票、银行本票和支票)两大类；资本证券是指由金融投资或与金融投资有直接联系的活动而产生的证券，持有人有一定的收入请求权，它包括股票、债券、基金证券及其衍生品种如金融期货、可转换证券等，这是证券的主要形式。狭义的有价证券指资本证券，在日常生活中人们通常把狭义的证券——资本证券直接称为证券。

2. 有价证券的基本特征

1) 收益性

有价证券的收益性是指持有证券本身可以获得一定数额的收益，这是投资者转让资本使用权的回报。证券代表的是对一定数额的某种特定资产的所有权，而资产是一种特殊的价值，它要在社会经济运行中不断运动、不断增值，最终形成高于原始投入价值的价值。由于这种资产的所有权属于证券投资者，投资者持有证券也就同时拥有了取得这部分资产增值收益的权利，因此，证券本身具有收益性。有价证券的收益表现为利息收入、红利收入和买卖证券的差价。资产增值数额的多少和证券市场的供求状况往往决定了投资者的收益情况。

2) 风险性

证券的风险性是指证券持有者面临着预期投资收益不能实现，甚至使本金也受到损失的可能，这是由未来经济状况的不确定性所导致的。在现有的社会生产条件下，未来经济的发展变化有些是投资者可以预测的，而有些则无法预测，因此，投资者难以确定其所持有的证券将来能否取得收益和能获得多少收益，从而使持有证券具有风险。

3) 产权性

证券投资的产权性是指有价证券代表着证券持有人一定的财产所有权，拥有证券就意味着享有财产的占有、使用、收益和处置的权利。在现代经济社会里，财产权利和证券已密不可分，证券已成为财产权利的一般形式，虽然证券持有人并不实际占有财产，但可以通过持有证券，拥有有关财产的所有权或债权。

4) 变现性

变现性又称兑换性、流通性，指证券持有人可按自己的需要灵活地转让证券以换取现金。变现性是证券的生命力所在，它不但可以使证券持有人随时把证券转变为现金，而且还可使持有人根据自己的偏好来选择持有证券的种类。同时，证券的变现性本身也是构成证券价值的一部分，代表对同一资产的相同权利的两种变现性不同的有价证券，它们的市场价值之间必定会存在一些差距。例如，在我国证券市场上，流通股价值要远大于对应的非流通股价值，其本质区别就在于两者的变现性不同。此外，收益形式、证券期限、证券的信用、市场运行机制和证券发行者的知名度等多种因素都会影响证券变现性的强弱。如果证券的期限越短、信用度越高、市场运行机制越灵活、证券发行者的知名度越高，则证券在流通中的变现性往往会越强；反之，其在流通过程中的变现性往往会越弱。

5) 波动性

证券的波动性体现在它除有了市场价格外，还有券面价格(除了无面额股)。由于受到多方面因素的影响，证券进入流通市场后，市场的交易价格会不断波动，与券面金额或者发行价格产生偏离。证券的波动性可能会给投资者带来收益，也能给投资者造成一定的损失。

6) 投资者的广泛性

投资者的广泛性主要指参与证券投资的人多且面广。证券的投资者既可以是个人，也可以是政府和企业。由于证券投资对投资者的投资数量不作具体限制，并且投资者可以根据自身资金数量的多少和风险的大小自行决定投资数量，因此，社会大众成为了证券投资者的主要组成部分。据统计，美国有 1/3 的人口参与了证券投资。而中国近几年出现的“股票热”和“投资基金热”也充分说明了这一点。

3. 国际证券投资的基本要素

国际证券投资的基本要素是指投资者在国际证券市场上购买股票和债券过程中必须考虑的因素。它主要包括以下几个方面。

1) 投资收益

证券投资者不用货币购买消费品而将其用以投资，当然期望获得利益，即投资收益。收益由两部分组成：一是本期收入，也就是投资期间内股份公司所支付的债券利息或者派发的股利；二是资本所得，即由于证券价格变动，投资者买卖证券获得的不同差价。由于收益的多少受投资额大小的影响，所以在评价投资收益的高低时，一般以收益额与投资额的百分比表示，这个比率称为收益率，其计算公式为

$$R = \frac{P_1 - P_0 + D_1}{P_0}$$

式中，R 为投资收益率；P_0 为证券的期初价格；P_1 为证券的期末价格；D_1 为年内的利息或股息收入。

2) 投资风险

投资者的报酬具有不确定性，也即投资存在着损失的可能。在此，损失是相对于投资的期望收益而言的，即意味着实现的投资收益与预期收益之间存在的偏差。假定某项证券投资的预期收益为 14%，而实际收益只达到 10%，两者的偏差则反映了风险的存在。风险的不可避免就如同战争的爆发、天灾的流行、商业上的欺诈等一样无法预料，绝对无风险的证券投资在世界上是不存在的。证券投资的目的应该是在尽量减少风险的基础上获得较高的报酬，因此，投资者必须树立较强的风险观念。

3) 持有证券的时间

投资者在投资决策时，必定要对持有股票或债券时间的长短进行考虑，因为证券投资涉及的是未来的收益。

6.1.2 国际证券投资的主要形式

国际证券投资的形式有很多，主要包括国际股票投资、国际债券投资和国际投资基金。在接下来的项目中，我们会进行详细的介绍。

经典人物

沃伦·爱德华·巴菲特

图 6.1 沃伦·爱德华·巴菲特

沃伦·爱德华·巴菲特(Warren Edward Buffett)(图 6.1)，美国投资家、企业家及慈善家，一般人称他为股神，但这只是以讹传讹的说法，因为巴菲特本身并不非常热衷于股票操作。正统的财经媒体尊称他为“奥玛哈的先知”(the Oracle of Omaha)或“奥玛哈的圣人”(the Sage of Omaha)。他借由睿智地投资，汇聚了非常庞大的财富，尤其是透过他在伯克希尔·哈撒韦公司的持股。目前巴菲特是该公司的最大股东，并担任主席及行政总裁的职务。根据《福布斯》杂志公布的 2010 年度全球富豪榜，他的净资产价值为 470 亿美元，仅次于卡洛斯·斯利姆·埃卢和比尔·盖茨为全球第 3。2006 年 6 月，巴菲特承诺将其资产捐献给慈善机构，其中 85%将交由盖茨夫妇基金会来运用。巴菲特此一大手笔的慈善捐赠，创下了美国有史以来的纪录。

尽管巴菲特拥有庞大的财富，却以生活俭朴著称。1989 年伯克希尔以 670 万美元资金购置企业专机时，巴菲特打趣地将其命名为“站不住脚号”(The Indefensible)，因为他过去一向对其他企业执行长的相同行为严辞抨击。巴菲特目前仍居住在奥玛哈中部的老房子内，这是他在 1958 年以 31 500 美元、于内布拉斯加州丹地(Dundee)郊区所购置的(不过他也在加州的拉古拿海滩(Laguna Beach)拥有一栋夏季度假小屋)。目前他年薪 10 万美元，相较于其他美国标准普尔 500 大企业的高级主管(2003 年平均水平约为 900 万美元)，可说是非常保守的。2007 年，巴菲特获选为《时代》杂志世界百大最具影响力人士之一。

6.2 中国证券市场的对外开放

证券市场按交易的品种分类，主要有债券市场、股票市场和基金市场；按交易方式的差异，则可分为现货市场、期货市场和期权市场。证券市场国际化是生产国际化和资本国际化发展的必然结果，中国证券市场国际化是中国对外开放必不可少的组成部分。

6.2.1　中国证券市场的发展阶段

中国证券市场从组织结构到法律规范正日趋成熟和完善，已成为中国社会主义经济的重要组成部分。

自 1978 年改革开放至今，中国的证券市场大致经历了两个阶段。

1. 第一阶段(1978—1990 年)

这一阶段中国的证券市场开始重新萌芽，主要表现在以下 3 个方面。

(1) 农村开始实行家庭联产承包责任制。农民的收入大幅度增加，大量的农村劳动力从土地中解放出来，中国农村从此广泛合股集资并创办了一系列各种类型的乡镇企业，这些合股集资而成的企业虽然只是在花名册上登记或开具股金收据，不上市发行股票，但它毕竟是中国股份制经济的萌芽。

(2) 在农村股份制经济的带动下，城市的股份制企业应运而生。1984 年成立的北京天桥股份有限公司成为中国第一家股份制企业。1984 年 11 月，上海飞乐音响股份有限公司率先向社会公开募集股票，从此成为中国首家公开向市场发行股票的企业，此后在北京、上海、西安、沈阳、广州、重庆等地相继出现了通过发行股票进行筹资的活动。

(3) 恢复发行债券。1981 年，中国政府发行了新中国诞生以来的首批国库券，1985 年以后又陆续发行了金融和建设等债券。中国证券交易在 20 世纪 90 年代以前大都属于场外交易，而且多属地区性的，还没有形成真正意义的全国性证券交易中心。

2. 第二阶段(1990 年开始至今)

应该说该阶段是中国证券市场的起步阶段。1990 年 12 月，上海证券交易所正式挂牌营业，成为新中国成立后第一家按国际标准运作的交易所。上海证券交易所的成立不仅标志着在中国大地消失了 38 年的证券交易所得以重生，而且标志着新中国证券交易市场的诞生。此后，深圳证券交易所也在 1991 年 7 月宣告成立。中国证券市场从此进入了迅速发展时期，主要表现在以下 5 个方面。

(1) 证券市场从上海、深圳两地向全国各地延伸，通过计算机联网全国各地的投资者均可参与深沪两个市场的证券交易，从而形成全国统一的现代化和规范化的证券交易市场。

(2) 全国证券交易自动报价系统开通。该系统正式开通于 1990 年 12 月 5 日，它是以计算机联网为纽带，通过远程通讯手段，来为全国的会员公司进行证券买卖提供即时报价、辅助成交、统一清算和交割的现代化综合服务。

(3) 初步形成中国证券市场的管理体系。例如，1991 年，中国 100 家证券公司组成中国证券业协会，财政部成立国债协会，以及由中国人民银行、国家计委、财政部等参与组建的股票联合审批办公室。

(4) 中国政府及企业走出国门，开始在国际资本市场上发行各种国际债券和股票，即在国内发行 B 股以吸引外国投资，在国际金融市场上发行美元、日元、全球等国际债券筹资，在香港发行 H 股及在美国发行存托凭证(depositary receipts，DR)来筹资。

(5) 有关证券方面的法规日趋完善。中国政府从 1990 年至今相继出台了有关规范证券市场方面的《中华人民共和国公司法》、《中华人民共和国国库券条例》、《股票发行和交易管理暂行条例》、《企业债券管理条例》、《国务院关于股份有限公司境外募集股份及上市的特别规定》、《关于严禁国有企业和上市公司炒作股票的规定》、《可转换公司债券管理暂行办法》、《证券投资基金管理暂行办法》和《关于加强证券期货信息传播管理的若干规定》等。

6.2.2 中国证券市场的国际化发展

在证券市场国际化进程中最重要的是制度接轨，而股权分置改革的推动作用也体现在这里。股权分置改革后，上市公司的融资理念、价值投资理念、股票定价理念以及证券公司经营模式等，均将发生革命性变化。股价成为联结各方的共同纽带，各类股东的利益取向趋向一致。这无疑为证券市场的市场化改革注入动力。股权分置改革消除了股票基础价格定价的重大不确定性，使证券市场成为机构投资者真正的舞台。机构投资者主体的确立，使价值投资理念正悄悄成为市场主流，这对于证券市场的长期稳定发展大有裨益。股权分置改革基本完成之日，正值我国加入 WTO 过渡期结束之时，按国际惯例融入国际市场，是增强我国证券市场核心竞争力的现实选择。

目前，中国在证券筹资、投资、证券商及其业务以及证券市场制度的国际化等方面都有了很大程度的发展。近年来对中国证券市场国际化有重大推动作用的政策不断出台，将国际化推向了新的阶段。截至 2007 年年底，中国共有 8 家中外合资证券公司，28 家中外合资基金公司，其中 9 家的外资股权已达到 40%以上，有 4 家外资证券机构驻华代表处成为沪深交易所特别会员，有 39 家和 19 家境外证券机构分别在沪深交易所直接从事 B 股业务。此外，2006 年银河期货和荷兰银行合资成立了国内第一家合资期货公司，标志着外资正式进入中国期货市场。

中国证券市场的对外开放主要体现在以下几个方面。

1. 发行 B 股

B 股股票，又称人民币特种股票，是以人民币标明面值，以外币认购和交易，在境内证券交易所上市交易的股票。根据规定，B 股股票的投资者限于外国的自然人、法人和其他组织，中国香港、澳门、台湾地区的自然人、法人和其他组织，定居在国外的中国公民以及管理部门规定的其他投资者。B 股股东的权利和义务与 A 股相同，其红利以人民币计算，但折成外汇汇出国外。B 股是外国投资者目前在中国进行证券交易的主要方式。

在人民币至今仍未成为自由兑换货币的情况下，如何让境外投资者利用股权投资的形式买卖中国股票，又避免还处于中国证券市场不至于过早地承受国际投机资本所带来的市场风险？面对这样的难题，B 股市场制度的创新在于：第一，开辟了新的筹集外汇资金渠道。与对外借款和发行外币债券相比，发行 B 股股票筹集外资只需支付股息、红利，不存在还本，可以避免出现周期性还偿高峰；第二，B 股股票以人民币标明面值并计价，境外投资者无论是购买还是分得股息红利均是人民币，需要到我国外汇调剂中心调剂成外币，这样投资风险和汇率变动风险均由境外投资者承担；第三，企业发行 B 股股票之后，必然置于众多的海外投资者监督之下，使企业按照国际惯例办事，参与国际市场竞争，改善经营管理，提高经济效益和国际知名度；第四，B 股股票的发行，使众多海外投资者参与我国证券市场活动，有助于我国证券市场的完善和树立我国改革开放的形象。

自 1992 年 2 月 1 日，上海真空电子器件股份有限公司首次在上海证券交易所发行总额为 1 亿元人民币的 B 股以后，到 2000 年 3 月 10 日止，共有 110 家企业在上海和深圳两家交易所发行了 B 股，其筹资总额约合 30 多亿港币。B 股的发行为中国的上市公司开辟了新的融资渠道，并促进了中国证券市场的进一步发展。

但由于H股、红筹股的大量发行，B股市场的国际融资功能减弱。无论市场总体规模还是单只股票流通规模，均不能与红筹股、H股相比。2000年10月后B股市场暂停发行。2001年2月，中国允许境内居民以合法持有的外汇开立B股账户，交易B股股票。2003年一度恢复B股发行，但2005年以后至今，B股市场未见新发行，市场融资功能几近消退。

相关链接

B股的发行

中国人民银行分别在1991年11月22日和上海市政府联合发布了《上海市人民币特种股票管理办法》，在1991年12月5日和深圳市政府联合发布了《深圳市人民币特种股票管理暂行办法》。这标志着在中央政府的许可下，上海和深圳两地开始了证券市场对外开放的试点。

此后，中国人民银行上海市分行于1991年11月25日发布了《上海市人民币特种股票管理办法实施细则》，中国人民银行深圳市分行于1991年12月16日发布了《深圳市人民币特种股票管理暂行办法实施细则》，正式启动了B股发行上市的进程。

但在此之前，深圳和上海两地都已经积极进行了前期的准备工作。

早在1989年，上海申银证券公司管理层依据对国际资本市场的考察，就大胆地向中国人民银行上海市分行提出了发行人民币特种股票的可行性报告。报告中建议通过发行人民币特种股票，吸引国外资金直接进入中国市场。这个建议传到当时的中共上海市委书记江泽民那里，他通过中国人民银行通知申银证券公司，要求提供一个有哪些国家和地区要买中国股票的信息。申银证券公司整理了一份材料，详细报告了中国香港、台湾同胞和日本、美国客人来访中提出的要求，并希望能批准他们向境外发行股票。当时中美合资施贵宝制药有限公司对发行特种股票很感兴趣，申银证券公司也帮助他们做了可行性方案以及发行特种股票的前期准备工作，但1989年的政治风波，使这一工作暂时停顿。

1990年6月，时任上海市市长的朱镕基去香港考察时，提出要以股票形式吸引外国企业家来上海投资，指出这是一条既利用外资又不增加外债的新思路，于是以人民币特种股票形式吸引外商股权投资的方案逐渐在上海金融管理层孕育和萌动。

就在这一期间，党中央、国务院宣布开发开放浦东，中央有关部门于1990年年底明确上海作为股份制试点城市之一，1990年12月上海证券交易所成立并开业，为海外投资者参与上海的股票投资创造了条件。与此同时，上海的股份公司、国有企业、中外合资企业对发行B种股票也表现出极大的积极性。进入1991年，事情又有了转机。中国人民银行上海市分行已将"发行人民币特种股票"列入议事日程，成立了由金融行政管理处牵头、申银证券公司参加的B股研究的小组。同时，海外一些著名大公司如美林、奥本哈默信托投资公司、美国西部信托投资公司等，都对共同发行中国B股表现出极大兴趣。种种迹象表明，发行B股的条件正在成熟。

上海真空电子器件股份有限公司(以下简称电真空公司)经上海市人民政府和中国人民银行批准，在原有2亿元人民币注册资本金的基础上，增资发行100万股B股。1991年11月30日，电真空公司委托上海申银证券公司作为主承销商，同境外证券包销商正式签订了发行B股承销协议书，正式拉开了发行B种股票的帷幕。1992年2月1日发行结束，2月21日电真空B股在上海证券交易所上市，标志着中国证券市场的一个创新品种——第一只人民币特种股票正式问世。

上海B股交易采用美元计价，实行二级经纪人制度和二级清算制度。

1989年春，在深圳资本市场领导小组的一次讨论会上，副市长张鸿义提出：深圳股票市场的发展，要考虑如何走向海外的问题，将来要把股票作为一种吸引外资的工具。

这个问题提出的历史背景，一是随着1988年"深发展"上柜交易，深圳证券市场开始启动；二是深圳作为特区，经济发展强调外引内联，引入国内外资本；三是深圳三资企业最多，体制活，具有外国资本进入的条件。

1990年，中国人民银行深圳分行向总行提出要通过发行股票筹集外资。

1991年12月18日，深圳市举行9家上市公司B股承销签字仪式，当时的中国人民银行行长李贵鲜及深圳市领导出席。香港联交所12个一级会员中，有5个来深圳包销B股。在美国证券市场处于领先地位的美国摩根士丹利证券公司以及香港“新鸿基”、“百富勤”、“浩威”、渣打亚洲、法国里昂等投资银行以及渣打银行、汇丰银行、花旗银行等均参加了B股的包销、经纪和清算业务。

这次深圳B股以溢价方式发行筹资约1亿美元，而海外投资者意向性地要求购买B股的数量，要超过实际发行量的5倍以上。世界银行国际金融公司也找中国人民银行深圳分行商谈，要求“开后门”购买B股，并认购了部分“深中华”。

1992年2月28日，深南玻B率先在深圳证券交易所上市，深交所通过美联社属下的德励财经资讯传输系统，向全球150多个国家和地区同时揭示行情。

深圳B股最初集中交易时使用的挂牌货币是人民币，用港币结算。1993年3月22日改为使用美元作挂牌货币，仍用港币结算。1993年6月28日改为使用港币进行挂牌、港币结算，并一直沿用至今。

1992—1994年底，共上市了58家B股公司，这段时间B股发行上市的规范主要由两个地方性法规《上海市人民币特种股票管理暂行办法》和《深圳市人民币特种股票管理暂行办法》进行规范。直到1995年11月2日，国务院常务会议讨论并原则通过《国务院关于股份有限公司境内上市外资股的规定》，我国第一部全国性B股法规才正式诞生。

(资料来源：陆一．闲不住的手：中国股市体制基因演化史．北京：中信出版社，2008.)

2．外国证券公司进入中国

自1979年中国政府批准第一家国外银行在北京开设办事处以来，目前已有约30个国家或地区的近400家境外金融机构在中国设立办事机构或代表处。其中有100多家外国银行在中国设立了分行，并有近30家海外证券公司进入中国证券市场，有20多家境外证券代理客户入主上海证券交易所B股专用席。与此同时，日本大和证券公司与中国最大的证券公司华夏证券公司共同建立了合资投资信托公司；中国人民银行、中国经济技术投资担保公司、美国摩根士丹利公司、新加坡政府投资公司、香港名力集团5家在1994年10月组成了中国国际金融有限公司，这也是中国第一家中外合资银行。外国证券公司进入中国证券市场不仅推动了中国证券市场的开放，也有助于中国企业和证券公司走向世界。

中国的证券市场是在中国经济体制改革的大背景下发展起来的，它与财政税收体制改革、金融体制改革、投资体制改革、外汇管理体制改革有着密切的关系。中国证券市场将会随着经济的发展和经济体制改革的深化，进一步得到发展和完善。

3．实施QFII制度

1) 中国实施QFII概况

QFII是一国在货币没有实现完全可自由兑换、资本项目尚未开放的情况下，有限度地引进外资、开放资本市场的一项过渡性的制度。这种制度要求外国投资者若要进入一国证券市场，必须符合一定的条件，得到该国有关部门的审批通过后汇入一定额度的外汇资金，并转换为当地货币，通过严格监管的专门账户投资当地证券市场，其资本利得、股息等经批准后可转为外汇汇出。包括韩国、中国台湾、印度和巴西等市场的经验表明，在货币未自由兑换时，QFII不失为一种通过资本市场稳健引进外资的方式。

中国台湾地区、韩国等地的经验表明，引入QFII机制后，热衷投资绩优股、重视上市公司分红、关注企业的长远发展的理性投资理念开始盛行，投机行为有所减少，在一定程度上降低市场的巨幅波动。因此，通过引进QFII机制，吸引境外合格的机构投资者参与进来，将有利于进一步壮大机构投资者队伍；还可以借鉴国外成熟的投资理念，促进资源的有效配置；同时促进上市公司提升公司治理水平，加速向现代企业制度靠拢。

在人民币资本项下未实现完全自由兑换的情况下，2002 年 11 月 5 日中国人民银行和中国证监会联合发布了《合格境外机构投资者境内证券投资管理暂行办法》(以下简称《办法》) 实施允许经批准的海外机构投资者参与 A 股二级市场交易的 QFII 制度，这是中国证券市场市场首次对国际投资者的开放。根据 QFII 暂行办法，境外基金管理机构、保险公司、证券公司以及其他资产管理机构等，经中国证监会批准投资于中国证券市场，并取得国家外汇管理局额度批准后，即可委托境内商业银行作为托管人托管资产，委托境内证券公司办理在境内的证券交易活动。QFII 规则的出台，为国际资本进入中国证券市场打开合规通道，为证券市场提供新的资金来源。从 2002 年 12 月至 2007 年年底，中国已有 52 家境外机构获得 QFII 资格，有 13 家银行(包括 5 家外资银行)获准开展 QFII 托管业务，49 家 QFII 持有的证券资产市值达到近 2 000 亿元人民币，成为我国资本市场的重要机构投资者。

2) 中国 QFII 制度的特点

(1) 引入 QFII 制度的跨越式发展，一步到位。按照国际上的一般经验，资本市场的开放要经过两个阶段，在第一阶段可以是先设立“海外基金”(中国台湾的模式)或者“开放型国际信托基金”(韩国模式)。这一阶段中国台湾用了 7 年，韩国也用了 11 年。我国则是绕过第一阶段，一步到位，其后发优势不可估量。

(2) QFII 准入的主体范围扩大、要求提高。新兴资本市场的国家和地区为了加大监管和控制的力度，普遍以列举的方式明确规定了何种类型的境外机构投资者可以进入本国或本地区，此外，对 QFII 的注册资金数额、财务状况、经营期限等有较为严格的要求。与此相反，我国对 QFII 主体范围的认定比较宽泛，而且赋予了境外投资者更多的自主权。然而，我国从保障国内证券市场的稳定和健康发展出发，对注册资金数额、财务状况、经营期限等指标的要求方面有了进一步的提高。

(3) 人民币升值迅速，QFII 闻风而动，其额度骤增 60 亿美元，当仁不让地成为 A 股市场最有想法、最有资金实力的主力部队，QFII 正成为推动 A 股市场发展的一只重要力量。来自 2007 年全国证券期货监管会议上的最新数据显示，截至 2006 年末，52 家 QFII 持有 A 股的总市值已经达到 971 亿元，占上海、深圳两市 2006 年年末流通总市值的比例达到 3.88%，一跃成为 A 股市场仅次于基金的第二大机构投资者。

(4) QFII 准入门槛大幅降低。《办法》降低了保险公司、基金管理机构的资格门槛，养老基金、慈善基金会、捐赠基金、信托公司、政府投资管理公司等也获得了申请资格。基金管理机构、保险公司等长期资金最近一个会计年度管理的证券资产规模由原先的 100 亿美元下调到 50 亿美元，保险公司取消了实收资本限制，成立年数的要求也由 30 年降到 5 年。另外，明确规定养老基金等其他机构投资者的准入资格。

(5) 资金锁定期缩短。《办法》为鼓励长期投资者直接申请 QFII 资格和额度，将养老基金、保险资金、共同基金等长期资金的锁定期由 1 年以上降低为 3 个月，可以适当满足长期资金对于流动性的要求。

(6) QFII 可直接开设证券账户。《办法》规定：合格投资者应当以自身名义申请开立证券账户；为客户提供资产管理服务的，应当开立名义持有人账户。这一办法适当解决了原有规定不能满足养老、保险类大机构分账管理资产的要求以及实际投资者隐藏在 QFII 总账户背后不利于有效监管的问题。

(7) 多券商委托制度。为方便 QFII 投资，《办法》规定每个合格投资者可分别在上海、深圳证券交易所委托三家境内证券公司进行证券交易，改变了每个 QFII 只能分别在沪深证券交易所委托一家境内证券公司进行证券交易使得投资运作风险过于集中的问题。QFII 统计表见表 6-1。

表 6-1　QFII 统计表

序号	QFII 中文全称	QFII 外文全称	注册地	境内托管行	资格审批时间
1	瑞士银行	UBS AG	瑞士	花旗银行(中国)有限公司	2003.5.23
2	野村证券株式会社	Nomura Securities Co.，Ltd.	日本	中国农业银行股份有限公司	2003.5.23
3	摩根士丹利国际股份有限公司	Morgan Stanley & Co.International Limited	英国	汇丰银行(中国)有限公司	2003.6.5
4	花旗环球金融有限公司	Citigroup Global Markets Limited	英国	德意志银行(中国)有限公司	2003.6.5
5	高盛公司	Goldman，Sachs & Co.	美国	汇丰银行(中国)有限公司	2003.7.4
6	德意志银行	Deutsche Bank Aktiengesellschaft	德国	花旗银行(中国)有限公司	2003.7.30
7	香港上海汇丰银行有限公司	The Hongkong and Shanghai Banking Corporation Limited	中国香港	中国建设银行股份有限公司	2003.8.4
8	荷兰安智银行股份有限公司	ING Bank N.V.	荷兰	渣打银行(中国)有限公司	2003.9.10
9	摩根大通银行	JPMorgan Chase Bank，National Association	美国	汇丰银行(中国)有限公司	2003.9.30
10	瑞士信贷(香港)有限公司	Credit Suisse(HongKong) Limited	中国香港	中国工商银行股份有限公司	2003.10.24
11	渣打银行(香港)有限公司	Standard Chartered Bank(HongKong) Limited	中国香港	中国银行股份有限公司	2003.12.11
12	日兴资产管理有限公司	Nikko Asset Management Co.，Ltd.	日本	交通银行股份有限公司	2003.12.11
13	美林国际	Merrill Lynch International	英国	汇丰银行(中国)有限公司	2004.4.30
14	恒生银行有限公司	Hang Seng Bank Limited	中国香港	中国建设银行股份有限公司	2004.5.10
15	大和证券资本市场株式会社	Daiwa Securities Capital Markets Co.，Ltd.	日本	中国工商银行股份有限公司	2004.5.10
16	雷曼兄弟国际(欧洲)公司	Lehman Brothers International(Europe)	英国	中国农业银行股份有限公司	2004.7.6
17	比尔及梅林达盖茨信托基金会	Bill & Melinda Gates Foundation	美国	汇丰银行(中国)有限公司	2004.7.19
18	景顺资产管理有限公司	INVESCO Asset Management Limited	英国	中国银行股份有限公司	2004.8.4

续表

序号	QFII 中文全称	QFII 外文全称	注册地	境内托管行	资格审批时间
19	荷兰银行有限公司	ABN AMRO Bank N.V.	荷兰	汇丰银行(中国)有限公司	2004.9.2
20	法国兴业银行	Societe Generale	法国	汇丰银行(中国)有限公司	2004.9.2
21	巴克莱银行	Barclays Bank PLC	英国	渣打银行(中国)有限公司	2004.9.15

相关链接

瑞士银行、野村证券获得首批 QFII 入市牌照

是否准许 QFII 在中国登陆，此事已酝酿了几年。先是中国证监会为此做了 3 年多的准备。到 2002 年 11 月 5 日，中国终于拿出《合格境外机构投资者境内证券投资管理暂行办法》，QFII 制度开始启动。业内人士普遍认为，此举是继 1996 年底人民币实现在经常项目下可自由兑换以来，中国资本市场进一步扩大对外开放的一个新的举措。

另一方面，国外投资者只有看好中国经济和证券市场的发展前景，才愿意来中国投资。近几年，美日欧经济要么发展减速，要么处于长期停滞的状况，而中国经济保持了持续稳定的高速增长，对国际资本的吸引力也逐步增强，2002 年成为全球外国直接投资最多的国家。

同时，中国证券市场的规范化程度有了大幅提高，上市公司质量得到了明显改善，一大批规模大、业绩好、居行业龙头地位的大型蓝筹股开始形成。

瑞士银行集团(UBS) 是全球最大的金融集团之一，2002 年拥有总资产 9 000 多亿美元，其所管理的总资产位居世界之最。该集团中，瑞士银行投资银行(UBS Investment Bank) 负责投资银行和创业投资等业务，与该集团旗下的瑞银资产管理(UBS Asset Management，负责法人资产管理与共同基金等业务)、瑞银瑞士私人银行(UBS Switzerland，负责私人银行业务) 构成了完整的金融服务框架，以犄角之势挑战世界各地的金融市场。瑞士银行投资银行在 QFII 方面有比较多的经验，曾在印尼、韩国等地做过这方面的业务，与中国证监会有长期的交往。

野村证券是日本三大证券公司中的第一大证券商，截至 2002 年 3 月 31 日，野村的市值为 260 亿美元，营业总收入达 86 亿美元，净利润 7.7 亿美元，股东权益 130 亿美元。野村与中国证券市场有着长年的接触和交往。野村早在 1973 年就开始拓展中国金融和投资业务，1982 年成为第一家在中国设立代表处的海外证券公司，以后在深圳、上海均成为首家境外特别会员，对中国方面的业务十分熟悉，并以交易见长。

瑞士银行在 2003 年 3 月 21 日通过其托管银行向中国证监会正式递交了 QFII 资格申请，成为首家申请者。野村证券(Nomura Securities) 比瑞士银行晚了 3 天，于 2003 年 3 月 24 日向中国证监会正式递交了 QFII 资格申请。

2003 年 5 月下旬，瑞士银行有限公司、野村证券株式会社 QFII 资格获证监会批准，我国证券市场上首批 QFII 诞生。随后，这两家公司通过托管人向外汇局申请投资额度。国家外汇管理局于 2003 年 6 月 6 日批准两家合格境外机构投资者的投资额度。其中，批准瑞士银行有限公司 QFII 投资额度 3 亿美元，批准野村证券株式会社 QFII 投资额度 5 000 万美元。

(资料来源：卢进勇，杜奇华，闫实强．国际投资与跨国公司案例库．北京：对外经济贸易大学出版社，2005.)

4．新法规的推出

2006 年 2 月 1 日，《外国投资者对上市公司战略投资管理办法》正式实施，外国投资者被允许对已完成股改的上市公司进行战略性投资。外资对 A 股市场的参与，有利于提升 A 股公司治理与透明度，增强国际知名度与海外市场开拓能力，提高 A 股上市公司的质量。同时，

外资还可能带来国际市场上比较前沿的交易方式、投资工具和资产配置的操作技术，有利于提高中国机构投资者的风险管理意识和操作能力，树立理性投资理念。

中国证监会于2006年5月7日出台了《上市公司证券发行管理办法》。其中，对上市公司定向增发、上市公司可以公开发行认股权和债券分离交易的可转换公司债券等符合国际证券市场的交易品种和模式增加较多，这是上市公司证券发行适应全流通模式下市场化运作模式的具体体现，《上市公司证券发行管理办法》对规范中国上市公司及中介机构国际化运作打下了坚实的法律基础。

2006年5月18日，中国证监会发布实施《首次公开发行股票并上市管理办法》，对首次公开发行股票并上市公司的发行条件、发行程序、信息披露、监管和处罚等作了详细明确的规定。其中，市场决定融资上限，战略投资者锁定期加长；新股现金申购制度；关联交易比例限制取消；加大信息预披露制度；超额配售选择权制度及1年辅导期取消等新增规定不仅使证券发行的源头向市场化方式转变，也充分体现了国际化的重要特征。其他如加大中介机构责任、简化上市程序、减少上市成本等方面均体现了国际资本市场的重要特点。

2006年8月1日新《上市公司收购管理办法》出台，为完善和活跃上市公司收购行为、与国际资本市场相关并购规则接轨打下基础，也为资本市场中最为活跃和最能体现市场化的并购行为提供了法律基础。新《上市公司收购管理办法》体现出国际资本市场并购规则的共同特征。首先，对上市公司收购制度作出了重大调整，将强制性全面要约收购方式调整为由收购人选择的要约收购方式；其次，细化要约收购的可操作性，取消了区分为流通股和非流通股不同要约价格底限的规定。其三，通过强制性信息公开披露、程序公平、公平对待股东、规范收购人主体资格、加大对控股股东和实际控制人的监管力度等多方面的措施，将间接收购和实际控制人的变化一并纳入上市公司收购的统一监管体系，维护市场公平，切实保护中小股东的合法权益；其四，转变监管方式，简化审核程序，监管部门由过去的事前审批转变为适当的事前监管与事后监管相结合，加大持续监管的力度。

如果说QFII、QDII等政策的推进，是中国证券市场国际化桥梁的话，那么2006年以来新的办法的推出，则为中国证券市场的内部架构国际化奠定了基础，中国证券市场制度建设的国际化进程继续向前推进。

6.2.3 中国证券市场国际化的未来趋势

根据中国证券市场的现实情况，中国证券市场的国际化进程既要促进国内资本市场的发展和完善，又要保证国内金融市场的稳定，所以我们必须坚持循序渐进的原则。主要方向包括大力发展国内证券市场，努力扩大市场规模，提高上市公司质量，这是中国证券市场国际化的基础，也是提高中国证券市场抵御国际资本冲击能力的重要保证。进一步深化金融体制改革，扩大金融对外开放，适当放宽金融管制，有步骤地实现利率市场化，为我国证券市场国际化创造良好的金融环境。考虑到我国已经积累了巨额外汇储备而且宏观经济基本面良好，应适当加快人民币自由兑换的步伐，以更好地适应证券市场国际化的要求。同时鼓励商业银行在国外广泛设立分支机构，开拓国际金融业务，按照国际惯例实行规范化管理并扩大、完善国内经营外币业务的国际业务部。通过商业银行的国际化为资本的引进和流入提供配套服务、增强资金的流动性，从而促进证券市场国际化的发展。

从下一个步骤来看，实现A、B股市场并轨是我国证券市场走向国际化的重要一步。在全流通市场框架初步形成、人民币汇率市场化形成机制基本建立、QFII不断壮大以及QDII政策出台的背景下，实现A、B股市场的并轨是B股市场的最终归宿。

B 股市场是在我国开始进行股票市场试点时设立的，是中国证券市场国际化的一种过渡性选择。在 10 年的 B 股市场发展过程中，存在市场发展方向不明、市场动力不足、市场透明度不高和市场融资功能丧失等问题。2001 年 2 月 B 股市场对境内投资者的开放和 QFII、QDII 制度的实施，改变了 B 股市场模式的外部条件。A 股市场引入外资迈向国际化的步伐正在加快。目前，外资对解决股权分置以后的 A 股市场抱有很大信心，但对发展方向尚不明朗的 B 股市场持谨慎态度。

从政策的前后一致性角度考虑，A、B 股并轨是最终的结局和现实的选择。2001 年，B 股完成了对国内居民的开放，虽然这一措施并未涉及 A、B 股并轨事宜，但可以看做是为此走出的第一步。接下来将完成对国内机构的开放，这是第二步。QDII 政策的出台是促使 B 股向国内机构开放的导火索或催化剂。如果进一步实现 B 股市场对国内机构的开放，则彻底消除了 B 股市场投资者的分割状况，使国内个人与机构在 B 股市场上的投资地位完全平等，为在适当时机实现 A、B 股的自然并轨扫清障碍。第三步，在未来人民币可自由兑换等条件基本具备情况下，实现 A、B 股自然并轨。

本 章 小 结

国际证券投资是在国际金融市场上买卖债券和股票的一种国际经济活动，是指一国居民与第三国居民之间进行股票、债权以及其他各种衍生金融工具交易的投资方式。国际证券投资的基本要素包括投资收益、投资风险、持有证券的时间。国际证券投资的形式有很多，主要包括国际股票投资、国际债券投资和国际投资基金。中国证券市场从组织结构到法律规范正日趋成熟和完善，已成为中国社会主义经济的重要组成部分。自 1978 年改革开放至今，中国的证券市场大致经历了两个阶段：第一阶段(1978—1990 年)和第二阶段(1990 年开始至今)。

课 后 习 题

1. 名词解释

(1) 证券　　(2) 商品证券
(3) 货币证券　　(4) 风险性
(5) 产权性　　(6) 变现性
(7) 收益性　　(8) QFII
(9) B 股股票　　(10) 投资风险

2. 不定项选择题

(1) 本身能使持有人或第三者取得货币索取权的有价证券是(　　)。
A．货币证券　　B．商品证券
C．资本证券　　D．金融证券

(2) 下列属于货币证券的是(　　)。
A．商业汇票　　B．银行汇票
C．股票　　D．基金证券

(3) 狭义的有价证券指(　　)。
A．货币证券　　B．资本证券

C．商品证券　　D．金融证券

(4) 下列属于有价证券的收益表现的是(　　)。

A．利息收入　　B．红利收入

C．证券市场的供求状况　　D．买卖证券的差价

(5) 美国债券的投资者年平均收益率和股票投资者的年平均收益率分别为(　　)。

A．9%左右，12%以上　　B．8%左右，11%以上

C．8%左右，10%以上　　D．9%左右，10%以上

(6) 拥有有价证券时意味着享有财产的(　　)的权利。

A．占有　　B．使用

C．收益　　D．处置

(7) 下列属于影响证券变现性强弱的因素有(　　)。

A．收益形式　　B．证券期限

C．证券的信用　　D．证券发行者的知名度

(8) 往往决定投资者收益情况的因素是(　　)。

A．资产增值数额的多少　　B．收益形式

C．证券市场的供求状况　　D．证券的信用

(9) 证券的风险性是指证券持有者面临着预期投资收益不能实现，甚至使本金也受到损失的可能，导致这种情况的原因是(　　)。

A．未来经济状况的不确定性　　B．未来经济状况的确定性

C．未来经济状况的不稳定性　　D．未来经济状况的稳定性

(10) 下列证券的4个特性中，可能会给投资者带来收益，也能给投资者造成一定的损失的是(　　)。

A．证券的波动性　　B．证券投资者的广泛性

C．证券的产权性　　D．证券的变现性

(11) 变现性也称(　　)。

A．兑换性　　B．变通性

C．变换性　　D．流通性

(12) 下列可以成为证券投资者的是(　　)。

A．工人　　B．政府

C．企业　　D．大学生

(13) 下列属于国际证券投资基本要素的是(　　)。

A．投资收益　　B．投资风险

C．持有证券的时间　　D．投资理论

(14) 证券投资涉及的是(　　)。

A．未来的收益　　B．过去的收益

C．现在的收益　　D．从过去到现在的收益

(15) 按交易的品种对证券市场进行分类，主要有(　　)。

A．债券市场　　B．现金市场

C．股票市场　　D．基金市场

(16) 按交易方式的差异对证券市场进行分类，可以分为(　　)。

A．现货市场　　B．期货市场
C．期权市场　　D．债券市场

(17) 下列属于生产国际化和资本国际化发展的必然结果的是(　　)。
A．证券市场的普遍化　　B．证券市场的多样化
C．证券市场的特殊化　　D．证券市场国际化

(18) 下列属于中国第一家股份制企业是(　　)。
A．同方股份有限公司　　B．北京天桥股份有限公司
C．上海飞乐音响股份有限公司　　D．茅台酒股份有限公司

(19) 中国证券市场的起步阶段是(　　)。
A．1978—1990 年　　B．1988—1990 年
C．1990 年开始至今　　D．2000 年开始至今

(20) 股权分置改革后，将发生革命性变化的是(　　)。
A．上市公司的融资理念　　B．上市公司的股票定价理念
C．上市公司的价值投资理念　　D．证券公司的经营模式

3. 简答题

(1) 简述证券的特征。
(2) 简述我国 QFII 制度的特点。
(3) 简述国际证券投资的基本要素。
(4) 简述国际证券市场的分类。
(5) 简述 B 股市场制度的创新之处。

4. 案例分析题

英国巴林银行破产事件

1995 年 2 月 26 日，新加坡巴林公司期货经理尼克 • 里森投资日经 225 股指期货失利，导致巴林银行遭受巨额损失，合计损失达 14 亿美元，最终无力继续经营而宣布破产。从此，这个有着 233 年经营史和良好业绩的老牌商业银行在伦敦城乃至全球金融界消失，目前该行已由荷兰国际银行保险集团接管。

巴林银行集团曾经是英国伦敦城内历史最久、名声显赫的商业银行集团，素以发展稳健、信誉良好而驰名，其客户多为显贵阶层，英国女王伊丽莎白二世也曾经是其顾客之一。巴林银行集团的业务专长是企业融资和投资管理，业务网点主要在亚洲及拉美新兴国家和地区。1994 年巴林银行的税前利润仍然高达 1.5 亿美元，银行曾经一度希望在中国拓展业务。然而，1995 年的一次金融投机彻底粉碎了该行的所有发展计划。

巴林银行破产的直接原因是新加坡巴林公司期货经理尼克 • 里森错误地判断了日本股市的走向。1995 年 1 月份，日本经济呈现复苏势头，里森看好日本股市，分别在东京和大阪等地买进大量期货合同，希望在日经指数上升时赚取大额利润。天有不测风云，1995 年 1 月 17 日突发的日本阪神地震打击了日本股市的回升势头，股价持续下跌。巴林银行因此损失金额高达 14 亿美元，这几乎是巴林银行当时的所有资产，这座曾经辉煌的金融大厦就此倒塌。巴林银行集团破产的消息震动了国际金融市场，各地股市受到不同程度的冲击，英镑汇率急剧下跌，对马克的汇率跌至历史最低水平。巴林银行事件对于欧美金融业的隐性影响不可估量。

事情表面看起来很简单，里森的判断失误是整个事件的导火线。然而，正是这次事件引起了全世界的密切关注，金融衍生工具的高风险被广泛认识。从里森个人的判断失误到整个巴林银行的倒闭，伴随着金融衍生工具成倍放大的投资回报率的是同样成倍放大的投资风险。这是金融衍生工具本身的“杠杆”特性决定的。

请分析该如何约束机构内部成员的个人行为，从而避免由个人行为导致的无可挽回的巨大损失？

课后阅读

瑞士 Holderbank：长袖善舞的投资高手

瑞士的 Holderbank(已更名为 Holcim) 在中国内地的水泥业务最早可追溯到 1983 年。1983 年，中国国际信托投资公司开始控股澳门水泥厂，Holderbank 虽只有少量参股，但其下属的水泥企业顾问公司 Holderbank Management & Consulting Ltd 参与了该厂的生产技术管理，由于澳门水泥厂主要为港、澳及珠江三角洲提供优质水泥，这使得 Holderbank 从侧面了解了中国市场。

20 世纪 90 年代，在日本小野田进军中国的时候，Holderbank 主要忙于在南美洲收购各国水泥企业的股份。据统计，从 1992 年至 1997 年该集团在世界各地新建水泥厂或购买股份总共投资 30 亿美元，其中拉美地区超过一半，占了 16 亿美元。

1995 年，由 Holderbank 控股的新加坡东方茂邦水泥有限公司与江苏金猫工业集团公司组建了苏州金猫水泥有限公司，合资组建的金猫水泥具有生产能力 170 万吨/年，产品曾用于上海南浦、杨浦大桥、沪宁高速公路、江阴长江大桥等国家重点工程，每年主营收入达 5 亿元左右(境内水泥上市公司江西水泥 2001 年销售水泥以及水泥熟料共约 178 万吨，获主营收入 3.74 亿元)。金猫水泥在上海大开发中的成功，使得 Holderbank 增强了对中国的信心。

1997 年，东南亚金融危机到来，Holderbank 利用东南亚货币贬值的机会，在东南亚一带大量收购水泥企业。1998 年至 2000 年，Holderbank 产能增加 4 100 万吨，其中亚洲增加了 2 780 万吨，较 1997 年底增加了 425%。

1993 年，举世瞩目的三峡工程开工，并于 1997 年底开始混凝土浇筑。1999 年，三峡工程进入了大规模混凝土浇筑的阶段。就在这时，华新水泥(600801)向 Holderbank 的全资子公司 Holchin B.V.定向发售了 7 700 万股 B 股，占华新水泥总股本的 23.4%，与第一大股东华新集团公司所占比例仅相差 4.5 个百分点。实际上，华新水泥与另外一家水泥类上市公司葛洲坝(600068)是三峡工程的最主要的水泥供应商，几乎垄断了三峡工程的全部水泥供应。Holderbank 参股华新水泥后，宣布与华新水泥结成战略伙伴关系，并在以后的技术改造和项目投资上给予华新水泥许多帮助。

(资料来源：卢进勇，杜奇华，闫实强. 国际投资与跨国公司案例库. 北京：对外经济贸易大学出版社，2005.)

第7章 国际股票投资

知识目标

- 熟悉国际股票的概念、特征和类型
- 了解国际股票操作的基本流程
- 熟悉国际股票市场概况

技能目标

- 熟悉国际股票融资的操作程序
- 能够计算国际股票的收益
- 掌握中国企业海外上市的主要方式

知识结构

- 国际股票投资
  - 国际股票投资概述
    - 国际股票的概念与特征
    - 股票的分类
    - 股票的价格及价格指数
    - 国际股票融资的操作程序
    - 国际股票市场
  - 中国企业境外及香港上市
    - 中国企业直接境外上市
    - 中国企业间接境外上市
    - 中国企业境外上市的主要证券市场

导入案例

深圳中贸网的海外上市故事

1998年5月，曾在斯坦福和硅谷受到过足够的创业熏陶的梁舜钧开始筹建中贸网这个他认为在中国会有广阔发展前景的新公司。

由于当时国内的风险投资渠道还不是特别畅通，所以，对美国资本市场稍有了解的梁舜钧就开始大胆地设想，是否能通过选择直接上市这种方案来使自己的企业在创业之初就与资本市场紧密地结合在一起，从而一步到位地解决自己企业的融资问题。当时公司内部大多数人都持怀疑态度。经过一段时间的积累和讨论，梁舜钧认定直接上市融资的这个想法是完全可行的，于是就根据相关的说明制定出了一个上市时间表，接下来就是与审计师、律师、公共关系公司、庄家、包销商等这样的一些人和机构打交道，最后终于在1998年12月20日于美国NASDAQ 成功挂牌上市(股票代码为IMOT)。

实际上，作为一家中国的民营企业在现阶段要在美国上市，不但要符合相关的资本市场的程序要求，而且还不得不进行一系列复杂的操作以突破两种不同的法律体系间所固有的制度上的壁垒。中贸网为实现其美国上市目标，同样也进行了一系列复杂的操作。首先，中贸网于1998年5月在深圳成立之后，梁舜钧就到香港购买了一家注册名为Intermost的企业，随后将其中贸网的资产注入了这家香港企业；1998年7月，梁舜钧到美国又购买了一家名为Utility Commodity的美国企业，将之更名并重新注册为Intermost公司，随后梁舜钧将香港Intermost公司的资产又注入这家新买来的美国Intermost公司当中。这样，中贸网便通过美国的这家“壳”公司，实现了其在美国资本市场上市的目标。因此，中贸网实际上并不是作为一家中国企业在NASDAQ市场上直接上市，而是作为一个在中国拥有资产的美国本地公司在NASDAQ上实现了曲线上市的。

像这样的法律规避故事在中贸网的整个上市过程当中还有许多。美国NASDAQ的OTC小型资本市场，有一个规定是说企业在招股的时候不能去推销，否则即属违法行为。为了绕过这一法律障碍，梁舜钧的包销商就曾为其在《华尔街日报》登过这样的一个广告说：我们的客户Intermost有100万普通股的股票，价钱是多少多少；接下来马上就有一个注释说，以上内容仅仅是一个备忘录性质的东西，而不是说我要卖这个股票。从法律角度来讲，这不能说是一个销售广告，于是在包销商的帮助下，梁舜钧就巧妙地绕过了这一法律障碍。

IMOT总股本为980万股，上市之初以0.77美元一股的价格共发行了130万股，为中贸网募集到了约100万美元的发展资本。中贸网之所以取得这次海外上市的成功，除了其本身拥有一个有说服力的网络商业模式、一个可行的商业计划以及一个清楚且有吸引力的投资回报说明之外，最为重要的一点是管理层让人觉得可信。梁舜钧说：“在美国，像这种高风险的股票，依照美国的法律是不能靠推销手段来销售，而只能够卖给那些非常懂投资的人才行，这就要求公司的管理层必须取得这些专业的包销商及投资者的信任。事实上，美国是个特别注重口碑的社会，虽然我们也找到了一家美国的投资银行来帮助，但许多工作我们还是通过一些我早年在美国的朋友、同学等的关系才做通的，所以信誉在整个上市过程当中应当说是起到了一种非常重要且关键的作用。”

由于IMOT是美国股市上的第一家中国网络概念股，所以很快就被许多投资者所看好，更为有趣的事情是在梁舜钧自己都不知情的情况下，德国一家最大的券商就安排好了该只股票在德国柏林股票市场上的挂牌上市事宜，而且所有相关费用也都由其自己出具。该只股票目前在柏林股票市场的交易代码为ITM。

这样，通过美国、德国两地同时挂牌，不但扩大了中贸网的知名度，而且也扩展了投资者的队伍。更为重要的一点是，两地同时挂牌对股票的稳定性发挥了极为良好的作用。梁舜钧说：“我们在两地同时上市，卖空操作就受到了很大的限制，因为当美国这边关门时，欧洲那边还开着，所以卖空方的压力就会很大，因此一般做卖空的就会绕过我们这种股票。这样我们的股票就很少会大起大落，而这种比较稳健的走势对我们实际业务的开展就会有很大帮助。”

由于第一轮上市融资的顺利成功，梁舜钧目前正在筹划着为其中贸网公司进行第二轮的融资。“像我们这种公司，一旦跟资本市场联系起来了以后，最大的一个好处就是继续融资变得更加方便了”，梁舜钧说，“第二轮融资可以说彻底改变了以往的局面。在未上市之前，我们去找风险投资基金，他都不愿意听我们的这种故事，因为他听这种故事听得太多了；现在则不同，很多人愿意而且主动找上门来问我们是否需要投资。不过，我们这次计划融入的 1 000 万美金，主要还是希望通过美国市场来解决。”
(资料来源：卢进勇，杜奇华，闫实强．国际投资与跨国公司案例库．北京：对外经济贸易大学出版社，2005.)

讨论题：你听到的我国企业境外上市的例子有哪些？和该例比较有什么共同点？

7.1　国际股票投资概述

国际股票投资是国际证券投资的重要方式，随着经济的全球化发展，越来越多的国家开始在国际上发行股票进行融资。中国企业也通过在中国香港上市、在北美上市等方式向国际股票市场进军。

7.1.1　国际股票的概念与特征

1．国际股票的概念

股票是由股份公司发给投资者用于证明投资者对公司的净资产拥有所有权的凭证。国际股票则是指在国际证券市场上发行和参加市场交易的股票。企业发行国际股票的动机主要有三点：第一，为了在更具深度和广度的国际市场上筹集资金，降低筹资成本，提高筹资额；第二，为了扩大投资者的分布范围，分散股权，提高公司股票的流动性；第三，为了在世界范围内提高公司的知名度，利于企业未来的发展。

2．股票的特征

股票作为一种权利凭证，具有以下几个基本特征。

1) 收益性

股票的最基本特征是收益性，它能为股票持有人带来一定的收益。其收益大小取决于两个方面，一方面是股份有限公司经营状况和盈利状况；另一方面是股票投资者买入价格和卖出价格的对比。

相关链接

可口可乐公司上市 58 年的扩张与分红

20 世纪 90 年代末，在中国股民间曾经流传着一个关于财富的故事和传说。据说，一位美国人在二战后购买了 5 000 美元的可口可乐股票，并将股票收藏于箱底。之后，她便渐渐淡忘了此事。50 年后，她突然从箱底翻出了几乎遗忘的可口可乐股票，抛售后，她竟意外地获得了 5 000 万美元的收入。也就是说，50 年间可口可乐股本扩张及股价增值，让这位幸运的美国老太太获得了 1 万倍的收益。

可口可乐(Coca-Cola，又称 Coke)是从事不含酒精饮料的制造与销售的一家美国跨国公司。1886 年 5 月，该公司成立于美国佐治亚州亚特兰大市，至今已 126 岁了。可口可乐公司是全世界最大的饮料公司，也是软饮料销售市场的领袖和先锋，透过全球最大的分销系统，畅销世界超过 200 个国家及地区，在世界各地的合伙人多达 90 500 个，饮料品种多达 2 800 种，每天为 15 亿消费者提供服务，占全世界软饮料市场的 48%，其品牌价值已超过 700 亿美元，是世界第一品牌。

1950 年 1 月 26 日，可口可乐在纽约证交所挂牌上市。自 1950 年上市以来，可口可乐始终坚持“按季分红”的原则，即便大比例分拆股票，但每年四次的派现分红，却从不间断。相比之下，1996 年以前，由于股本扩张频繁，而且扩张速度快，因此，其间“按季分红”的派现水平明显要低一些，但却一直是不断提高的。近十多年来，可口可乐的现金分红更是不断上升，见表 7-1。

表 7-1　1997—2008 年可口可乐按季分红一览

单位：美元

年　度	年度分红(合计)	每季分红(派现)
2008 年	15.2	3.8
2007 年	13.6	3.4
2006 年	12.4	3.1
2005 年	11.2	2.8
2004 年	10.0	2.5
2003 年	8.8	2.2
2002 年	8.0	2.0
2001 年	7.2	1.8
2000 年	6.8	1.7
1999 年	6.4	1.6
1998 年	6.0	1.5
1997 年	5.6	1.4

注：表中“年度分红”=“每季分红”×4。表中数据是指每 10 股派现额(美元)。

(资料来源：http://blog.sina.com.cn/s/blog_4928fb8a0100bpgd.html，有删改.)

2) 风险性

股票一旦购买，其收益只能取决于公司的盈利情况，如要转让，则受制于千变万化的股票市场，因而股票投资极具风险性。

相关链接

1990 年日本股市泡沫破灭

1987 年美国股市暴跌之后，率先恢复的是日本股市，并且带动了全球股市的回升。此后，日本股市一直呈上升态势。1989 年 12 月，东京交易所最后一次开市的日经平均股指高达 38 915 点，这也是投资者们最后一次赚取暴利的机会。

进入 20 世纪 90 年代，日本股市旋即暴跌。到 1990 年 10 月股指已跌破 20 000 点。1991 年上半年略有回升，但下半年跌势更猛。1992 年 4 月 1 日东京证券市场的日经平均指数跌破了 17 000 点，日本股市陷入恐慌。8 月 18 日降至 14 309 点，基本上回到了 1985 年的水平。

到此为止，股指比最高峰期下降了 63%，上市股票时价总额由 1989 年底的 630 万亿日元降至 299 万亿日元，3 年减少了 331 万亿日元，日本股市的泡沫彻底破灭。

股市泡沫的破灭带来的后果非常严重。第一个后果是证券业空前萧条。1991 年股市大幅下跌以来的两年中股票市场的交易量只有以往的 20%。主要靠赚取交易手续费生存的两百多家证券公司全部入不敷出，且经营赤字越来越大。1992 年不少大公司的赤字高达 400 亿日元以上。

第二个后果是泡沫经济的破灭，打击了日本的实体经济。泡沫膨胀期间，民间设备投资和住宅投资已经饱和，政府投资的增长已达极限，泡沫破灭后，经济形势急转直下，立即出现设备投资停滞，企业库存增加、工业生产下降、经济增长缓慢的局面，中小企业处境艰难，失业增加。影响所至，连房地产也未能幸免。日本房地产价格在1990年达到了耸人听闻的高位，当时日本皇宫地块的价格相当于美国加利福尼亚所有房地产价格的总和。泡沫破灭后，日本房地产价格跌幅近半才刚刚开始稳住，整个国家的财富缩水了近50%。

第三个后果是对外证券交易额大减，日本的长期资本收支盈余，由20世纪80年代的资本输出大国戏剧性地变成输入大国。由于国内资金紧张，许多20世纪80年代大肆扩张海外地盘的日本三产企业纷纷抽资回逃。

第四个严重后果也是最长期的后果，在企业狂热转向直接融资大赚其钱时，银行耐不住寂寞，风险大的企业和非银行金融机构终成银行业的主要融资对象，泡沫的破灭间接导致了银行业的危机，这也是目前日本政府最难于解决的问题之一。

日本经历了长期熊市，即使在2005年的反弹之后，日本股市离其历史最高点还有70%之遥。

日本股市暴跌后，经济学界把20世纪80年代末期日本由股市的狂热造成的过热经济增长称作典型的泡沫经济。股市遭重创后，泡沫经济也就随即破灭。这就是90年代世人所看到的日本现象。

3) 流动性

股票具有很强的流动性，不同的投资人之间可以随时通过买卖方式有偿转让股票，并且股票还可以用于抵押。

4) 价格的波动性

股票是一种特殊的商品，它与一般商品一样，有自己的市场行情和市场价格，其市场价格的高低，不仅与该股份有限公司的经营状况和盈利水平紧密相关，而且也和股票收益与市场利率的对比关系有着紧密的联系。此外，它还会受到国内和国外经济、政治、社会以及投资者心理等诸多因素的影响。正因为如此，股票这种金融产品的风险较高。

5) 决策性

普通股票持有者有权参加股东大会，选举董事会，参与企业经营管理的决策。股东所拥有权利的大小，取决于其所持有的股份占公司总股本的比例。

6) 长期性

对股票投资者而言，其投资是无确定期限的长期投资。投资者一旦买入某一公司股票，就不能中途要求退股，以抽回投资。当然，股票投资者可以通过股票市场将股票卖出而转让给其他投资者，收回投资资金。

3. 国际股票融资的特征

(1) 根据多数国家的公司法和证券法，国际股票发行人仅限于资本业已股份化的特定类型的公司组织，通常为股份有限公司或特定类型的有限责任公司。

(2) 国际股票发行人与投资人分属于不同的国家或地区，其股票发行或上市交易行为受到不同国家法律的支配，由于其法律适用较为深入地涉及不同国家的公司法、财产法和证券法规则，故其法律冲突问题的解决较为复杂。

(3) 国际股票本质上是可自由流转的股东权利凭证，它具有权利无期限性，采取记名证券形式，其权利内容又具有复合性与复杂性，故国际股票的发行、交易与权利争议解决均不同于国际债券。

(4) 国际股票融资通常不以单纯的一次性股票发行为内容，发行人往往追求国际股票发行与股票上市的双重后果，其目的在于提高国际股票发行的效率，建立某种长期稳定的国际融资渠道，由此又造成实践中对于股票发行与股票上市概念混用的情况。

(5) 国际股票融资具有较强的技术性和复杂的程序性，多数国家的证券法或公司法对于股票发行与上市规定有条件规则、上市聆讯规则和程序规则，因而在现代社会中，凡提到股票发行与上市，通常意味着这一行为是在金融中介人和专业机构协助下进行的，是遵循公开和公正原则进行的，并且是在法律规定的条件规则和程序规则控制下进行的。

综上所述，国际股票融资不仅在性质上不同于传统的投资行为(如中外合资合同行为)、贷款行为或其他类似合同行为，而且不同于国际债券融资行为，可以说，现代各国证券法对于国际证券发行与交易的规则更主要是为控制股票融资行为而设置的。

7.1.2 股票的分类

1. 一般股票的分类

在证券市场上，发行股票的股份有限公司根据自身经营活动的需要和满足投资者不同的投资需求，发行各种不同的股票。按照不同的标准，股票可分为以下几种类型：按股票所赋予的股东权利划分，股票一般可分为普通股和优先股；按股票的票面形态划分，股票可分为记名股票和非记名股票，有面额股票和无面额股票等。在此对最常见分类中的两种股票——普通股与优先股进行分析。

1) 普通股

普通股是股份有限公司各种股份中最基本的一种，也是发行量最大的股票种类。股份有限公司最初发行的股票一般都是普通股股票，通过发行普通股股票所筹集的资金通常是股份有限公司股本的基础。普通股股票的持有者构成了股份有限公司的基本股东，他们平等地享有股东权利。

普通股的股东享有以下几种权利。

(1) 经营参与权。这一权利主要是通过参加股东大会来行使的。普通股股东有权出席股东大会，听取公司董事会的业务和财务报告，在股东大会上行使选举权和表决权。

(2) 收益分配权。普通股的股息不固定，股息的多少完全取决于该公司的经营业绩、盈利状况以及公司收益分配政策，公司经营业绩好，盈利多，普通股的股息收入就高；反之，股息收入则低。

(3) 认股优先权。股份有限公司为增加公司资本而决定增加发行新的普通股股票时，现有的普通股股东有权优先认购，以保持其在公司中的股份权益比例，但其优先认购比例以其现在持股比例为限。

(4) 剩余资产分配权。当公司解散或清算时，普通股股东有权参与公司剩余资产的分配。同时需要说明的是，普通股股东负有限责任，即当股份有限公司经营不善破产时，普通股股东的责任以其所持股票的股份金额为限。

根据股票的具体情况，普通股中又可以细分为蓝筹股、绩优股和垃圾股等。

(1) 蓝筹股是指在其所属行业内占有重要支配性地位、业绩优良、成交活跃、红利优厚的大公司股票。“蓝筹”一词源于西方赌场。在西方赌场中，有三种颜色的筹码，其中蓝色筹码最为值钱，红色筹码次之，白色筹码最差。投资者把这些行话套用到股票上，就产生了“蓝筹股”这一称谓。蓝筹股并非一成不变，随着公司经营状况的改变及经济地位的升降，蓝筹股的排名也会变更。据美国著名的《福布斯》杂志统计，1917 年的 100 家最大公司中，目前只有 43 家公司股票仍在蓝筹股之列，而当初“最蓝”、行业最兴旺的铁路股票，如今完全丧失了入选蓝筹股的资格和实力。

(2) 绩优股主要指的是业绩优良且比较稳定的大公司股票。这些大公司经过长时间的努力，在行业内达到了较高的市场占有率，形成了经营规模优势，利润稳步增长，市场知名度很高。一般而言，绩优股具有较高的投资回报和投资价值，其公司拥有资金、市场、信誉等方面的优势，对各种市场变化具有较强的承受和适应能力，绩优股的股价一般相对稳定且呈长期上升趋势。因此，绩优股总是受到投资者，尤其是从事长期投资的稳健型投资者的青睐。

(3) 垃圾股指的是业绩较差的公司的股票。这类上市公司或者由于行业前景不好，或者由于经营不善等，导致其股票在市场上的表现萎靡不振、股价走低、交易不活跃、年终分红也差。投资者在考虑选择这些股票时，要有比较高的风险意识，切忌盲目地跟风投机。

2) 优先股

优先股具有优先于普通股取得股息和当公司破产时优先于普通股得到清偿的权利。优先股股票一般要在票面上标明“优先股”字样，其优先权通常包括下列几项内容。

(1) 优先领取股息。当公司利润不足以支付全体股东的股息和红利时，优先股股东可先于普通股股东分取股息，优先股的收益分派采取约定股息率的方式，即在公司发售股票时，就已确定了日后的股息率，股息是固定的，不随利润的增减而波动。

(2) 优先索偿权。当公司解散、改组和破产时，优先股持有者可先于普通股股东分得公司的剩余资产。

(3) 股息部分免税。美国税法规定，一个公司购买另一公司的优先股票，其股息收入只按15%计算缴纳联邦政府公司所得税，其余 85%免税，优先股票因而较受企业欢迎。由于优先股较普通股有上述优先权利，因此在另一方面也失去了一些权利，如优先股股东的表决权受到严格限制，没有对公司业务的经营控制权，没有选举权；由于优先股的股息已事先定好，因而不能享受公司利润增长的利益，从这个意义上说，优先股又是公司举债集资的一种形式。

优先股种类很多，按照股息是否可以累积，可以将其分为累积优先股和非累积优先股两类。累积优先股最常见，发行比较广泛，其股息率是固定的，无论公司获利多少，它都不受影响，持这种股票的人可以有一笔稳定的收入，而且其股息可以累积，当公司营业欠佳，无力支付股息时，可将其累积起来，待公司营业好转，盈利较多时，应优先补发这些积欠的股息；非累积优先股本期未支付的股息不能累积到下一期，由于它不利于投资者，认购者少，所以发行的也很少。

按照是否可以参与企业的剩余利润的分配，可以将优先股分为参与优先股和非参与优先股。参与优先股是指当公司盈利较多时，股东除得到固定的股息外，还可以与普通股股东分享公司的盈余。这种股票对投资者很有利，但发行者不多。大部分优先股均属非参与优先股，即只按规定股息率取得股息，不参加公司利润的分配。

按照是否具有转换性，可以将优先股分为可转换优先股和不可转换优先股。可转换优先股股东可以在规定的条件下把所持股票变换成普遍股股票或公司债券，持有这种股票的股东可以依据公司的经营状况和股市行情来自行决定是否将其变换成普通股股票或者公司债券。通常情况是，当公司前景和股市行情看好、盈利增加、有利可图时，可按规定的条件和价格，将优先股股票转换成普遍股股票。当公司前景不明确、盈利明显减少、支付股息有困难时，也可将优先股股票转换成公司债券。不可转换优先股则在任何时候、任何条件下都不能变换成普通股或公司债券。目前，国际上较为流行的是可转换优先股股票，股份有限公司发行这种股票的目的在于吸引更多的投资者。

相关链接

通用汽车将从财政部回购21亿美元优先股

通用汽车于2011年10月底宣布，该公司将从美国财政部那里回购价值21亿美元的优先股，这表明通用汽车正计划采取另一项重大措施来偿还在去年收到的总额500亿美元的联邦政府援助资金。

在此以前，通用汽车已经偿还了大约67亿美元的联邦政府贷款。在回购上述优先股以后，通用汽车尚未偿还的政府援助资金将只剩下美国财政部所持该公司的61%普通股。当通用汽车在晚些时候通过IPO(首次公开募股)交易重新上市时，纳税人将可开始拿回这些援助资金。

在通用汽车通过IPO交易筹资上市时，美国财政部将会出售其所持有的部分通用汽车普通股，但出售交易将会分次进行，目的是避免通用汽车的股票价值受损。在这一过程中，纳税人能从援助通用汽车的活动中获得收益还是仅可实现收支平衡将依赖于财政部出售所持该公司普通股时的股票价值。

与广泛交易的普通股相比，优先股更加接近于贷款，这种股票拥有高收益股息。美国财政部所持通用汽车优先股的股息回报率为9%，自援救活动开始以来，该部已经从通用汽车那里获得了大约7亿美元的利息和优先股息付款。财政部今天发表的声明确认，该部已经批准了通用汽车的优先股回购计划。

与此同时，通用汽车还正在采取其他措施来削减债务。该公司宣布，将向全美汽车工人联合会(UAW)下属的退休医疗保健信托基金偿还28亿美元的欠款，这家基金成立的目的是支付退休员工的医疗保健支出；此外，通用汽车还将向其资金不足的养老基金提供40亿美元的现金和价值20亿美元的公司普通股。

通用汽车还宣布，该公司已经接近于同多家银行达成一项50亿美元的5年期循环信贷安排，但预计这一信贷额度一般来说不会被动用。

此前公布的估测数据显示，通用汽车所有普通股的总价值将需达到670亿美元左右，才能令纳税人从中获益。根据分析师在今年早些时候作出的预测，通用汽车的市值将为640亿美元到900亿美元，这意味着纳税人很有可能获得收益。

(资料来源：http://news.163.com/10/1101/11/6KDBKBH100014JB6.html.)

2. 国际股票的分类

通常情况下，国际股票可以分为直接海外上市的国际股票、存托凭证和欧洲股权。

1) 直接海外上市的国际股票

许多大企业通过在成熟的海外证券市场上直接发行股票上市。它不仅有利于企业扩大在国际上的知名度，树立国际形象，也有利于企业筹集发展所需要的资金。

企业在海外直接上市时，必须符合当地证券市场的要求和上市条件，而且要遵循当地证券管理机构的规章和制度。以香港联合交易所和美国纽约证券交易所为例，他们对海外上市公司的规定条件如下所述。

(1) 香港联合交易所对海外上市公司的规定条件。上市公司必须向联交所证明其业务性质“符合联交所致力维系的正当行业标准”；申请上市的公司一般必须具备3年营业记录；公众持有股票的预期市值至少为5 000万港元，而公司股票预期市值必须在1亿港元以上；公司执行的会计标准必须符合国际会计准则(International Accounting Standards，IAS)。

(2) 美国纽约证券交易所对海外上市公司的规定条件。必须首先向美国证券交易委员会(Securities & Exchange Commission，SEC)登记；公众持股量不少于110万股，股东人数不少于2 000名，公众持有股市值不少于1 800万美元，公司的有形资产净值不少于1 800万美元；公司必须在最近3个财务年度中连续盈利，且在最后1年不少于250万美元，前2年每年不少于 200 万美元，或者最后 1 年不少于 450 万美元，3 年累计不少于 650 万美元；公司执行的会计标准必须符合美国一般会计公认标准(US Generally Accepted Accounting Principles，US GAAP)。

2) 存托凭证

存托凭证(Depositary Receipts，DR)是国际股票的一种创新形式，是指在一国证券市场流通的代表外国公司有价证券的可转让凭证下，属公司融资业务范畴的金融衍生工具。存托凭证可以自由地在美国和欧洲证券市场交易，也可以在主要的证券交易所像纽约证券交易所、纳斯达克或者伦敦股票交易所上市交易。

按其发行或交易地点之不同，存托凭证被冠以不同的名称，如在美国的一家全国性证券交易所(纽约证券交易所或纳斯达克证券交易所)或者柜台市场上公开交易的存托凭证称为美国存托凭证(American Depository Receipts，ADR)，在美国以外的国家或者地区发行和出售的存托凭证称作全球存托凭证(Global Depository Receipts，GDR)等。

由发行者办理，经过美国证券交易委员会注册的存托凭证可分为 3 类，即一级存托凭证、二级存托凭证和三级存托凭证。其中，一级存托凭证最为简单，允许现有证券在美国场外市场和美国以外的一些交易场所进行交易，注册手续简单，不必完全符合 SEC 的信息披露要求，不需要遵守“美国一般公认会计准则”，也无需提供符合美国一般会计原则(US GAAP)的财务报告和全面的定期报告。二级存托凭证可以在美国的证券交易所上市，但是公司不能发行新的证券。三级存托凭证允许现有股东以正式公开的形式出售股份，但必须在 SEC 注册，且需要呈交符合美国一般可接受会计原则的财务报告和定期报告。

类似于上市公司的股票，存托凭证在主要的证券交易所或者柜台市场里进行交易。对于一个投资者而言，交易新浪或者搜狐的存托凭证和交易可口可乐或者通用汽车的股票一样方便。并且，可以通过发行新的存托凭证或者注销现有的存托凭证来分别满足美国或当地交易市场的投资需求。发行新的存托凭证，始发于投资者通过经纪商投资于一家非美国公司。经纪商可以在美国的二级市场购买现有的存托凭证，或者通过在本地市场购买普通股并过户给存托银行在当地的托管账户，让存托银行发行新的存托凭证。经纪商将投资者的美元转换成相应的外国货币并支付给当地的经纪商。

托管银行在收到普通股以后，会随即指示存托银行发行存托凭证并过户给相应的经纪商，最终存托凭证被划入投资者的账户。相反的，当存托凭证被出售时，在美国境外被托管的普通股可以通过一种跨界交易被释放出来，重新投入当地证券市场。在这种情况下，存托凭证被注销，由当地托管银行保管的普通股被过户给在当地市场买入的经纪商。

存托凭证具有比外国股票更为便捷等方面的优势。第一，存托凭证以本国或者本地区货币为结算单位，避免了投资者因汇率的波动而引起的外汇结算风险，也省去了换汇和结算方面的麻烦；第二，在美国，一些投资者受到限制不能购买外国股票，但是可以购买在美国上市且在美国 SEC 登记的美国存托凭证。

多年来，非美国公司多次成功利用存托凭证为其合并和收购提供融资。英国的沃德丰电信公司于 1999 年兼并美国的 AirTouch，汇丰银行于 2003 年兼并美国的 Household Finance 就是很好的例子。

拥有在美国上市的存托凭证计划，可以让有兼并倾向的非美国公司建立美元面值的资产用于兼并。这个做法可以消除美国股东因为要收到非美元股票而提出的反对理由。简而言之，存托凭证为非美国公司并购美国公司提供了灵活性，让其用于收购的股票部分变得更具吸引力和更具可行性。

3) 欧洲股权

欧洲股权(Euro Equities)是20世纪80年代产生于欧洲的特殊的国际股票形式，是指在面值货币所属国以外的国家或国际金融市场上发行并流通的股票。因此，这里所说的欧洲同欧洲货币、欧洲债券一样，并非是地理学意义上的欧洲，而是国际金融学上的一种概念。最早的欧洲股权是英国于1983年在伦敦证券交易所发行的欧洲美元股权。

欧洲股权的产生与欧洲债券市场的发展密切相关。在20世纪80年代初欧洲债券市场上出现了与股权相联系的债券，这种债券可按照一定的条件转化为股票，因此，这直接促使了欧洲股权的产生。此外，在20世纪80年代，以英国撒切尔政府为代表的西欧各个国家奉行自由化和私有化的经济政策而需要大量的资金和分散的股权，这也促进了欧洲股权的发展。随后，欧洲股权的种类不断扩大，英国成了欧洲股权的中心市场。

欧洲股权市场伴随着全球股市的涨落经历了衰退与繁荣，按照世界经济的总体发展趋势和西欧的一体化进程来看，欧洲股权的发展前景还是非常广阔的。

欧洲股权与直接在海外上市的国际股票相比，具有自己的特点。通常情况下，直接在海外上市的国际股票往往是企业在国内股票市场上市的基础上，选择某一国外金融中心的证券交易所上市国际股票部分。而欧洲股权一般在多个国家的市场上同时发行，由跨国投资银行组成的国际辛迪加进行跨境承销。

小知识

辛 迪 加

法语 syndicat 的音译，原意是“组合”。资本主义垄断组织的重要形式之一，指由同一生产部门的少数资本主义大企业，通过签订统一销售商品和采购原料的协定以获取垄断利润而建立的垄断组织。参加辛迪加的企业，在生产上和法律上仍然保持自己的独立性，但是丧失了商业上的独立性，销售商品和采购原料由辛迪加总办事处统一办理，其内部各企业间存在着争夺销售份额的竞争。

此外，欧洲股权与欧洲各国的国内股票相比，促进了股票真实市场价格的实现和投资者结构的变化。它采用了在国际范围内竞价发行的发行方式，即按估计的市场状况预定发行底价，由各国投资者自行出价，报价在最终确定的认购价格以上的投资者即可购得欧洲股权。

7.1.3 股票的价格及价格指数

1. 股票的交易价格

股票交易价格又称股票市场价格、股票转让价格，是指在股票市场上股票实际成交时的价格。狭义的股票价格就是指这种股票交易价格；广义的股票价格则包括股票的票面价值、账面价值、清算价格、理论价格、发行价格、交易价格。在股票投资活动中，一般使用狭义的股票价格概念。

从直接因果关系上看，股票交易价格是由股票市场上的供求关系决定的。当股票市场上某种股票供大于求时，其市场交易价格就会下降；反之，则会上升。而这种供求关系，与其他普通商品的供求关系一样，是由一系列更为深层次的因素决定的。通常情况下，把影响股票交易价格的因素分成两大类：一是基本因素，二是技术因素，这两类因素可能从相同或者相反方向对股票交易价格产生影响。

基本因素包括来自股票市场外部的经济与政治因素。经济因素又分为主观因素和客观因素，主观因素指公司经营状况，客观因素主要是指外部经济环境的变化，主要包括经济周期、利率、货币供给量、汇率以及公司经营状况等。政治因素包括国内外的政治形势、政治活动、政局变化、政权更迭、国家政治经济政策与法律的公布或改变、国家或地区间的战争和军事行动等，尤其是政局突变和战争爆发，会引起股票市场价格的巨大波动。

技术因素是影响股价短期波动的因素，其形成完全是由于投机活动的结果，包括股票市场上的各种投机操作、市场规律以及证券主管机关的某些干预行为等因素。其中，股票市场上的各种投机操作尤其应当引起投资者的注意。在证券市场里买卖股票的人，对于股票未来的趋势，不是看涨，就是看跌，于是自然形成两股相反的力量。当买进的多头(买进者)力量强大时，股价就升高；反之，卖出的空头(卖出者)力量强大时，股价就下降。投机者就利用这一涨一落的时机，赚取差额。

总而言之，这些因素都被认为是股价波动的潜在影响因素，它们对股票市场的趋势起着决定性的作用。

2. 股票价值的确定

一般而言，投资者在买卖股票前，都要评估一下股票的价值，也就是要准确掌握自己可能买卖的股票的内在价值，以便探知目前该股票的市场价格是否合理。如果股票价值超过市场价格，就说明该股票价格被低估，具有很大的上涨潜力，投资者可以考虑买进；如果情况相反，投资者可以考虑卖出股票。

股票价值的确定方法很多，在此仅介绍两种简单但使用最广泛的方法。

1) 股息折现法

假设 k 为投资者的期望报酬率(折现率)，D_i 为股票第 i 期股利，P_0 为股票第 0 期内在价值，则有

$$P_0=\frac{D_1}{1+k}+\frac{D_2}{(1+k)^2}+\cdots+\frac{D_\infty}{(1+k)^\infty}$$

如果每期股利 D_i 相同，则可以得到

$$P_0=D_1\left(\frac{1}{1+k}+\frac{1}{(1+k)^2}+\cdots+\frac{1}{(1+k)^\infty}\right)=\frac{D_1}{k}$$

如果将模型变得更复杂一点，假设预期股利每年以固定百分比增长(增长率为 g)，则

$$P_0=\frac{D_0(1+g)}{1+k}+\frac{D_0(1+g)^2}{(1+k)^2}+\cdots+\frac{D_0(1+g)^\infty}{(1+k)^\infty}=\frac{D_0(1+g)}{k-g}=\frac{D_1}{k-g}$$

由以上分析可知，在使用这种方法时，必须首先确定投资者的期望收益率，在此，可以借用资本资产定价模型来达到这个目的。

资本资产定价模型是夏普(Sharp)于 1964 年提出的，他认为一种证券的收益率 R_i 与无风险证券收益率 R_f 及市场收益率 R_m 之间存在如下关系：

$$R_i=R_f+\beta_i(R_m-R_f)$$

式中，$\beta_i=\frac{\mathrm{COV}_{im}}{\sigma_m^2}$；$\mathrm{COV}_{im}$ 为第 i 种证券与市场组合收益率之间的协方差；而 σ_m^2 为市场收益率的方差。

夏普认为投资者所希望得到的最低收益率等于没有风险情况下的收益加上对风险的补偿。沿用他的这种思路可以得到一种证券的折现率：

$$k=k_f+\beta_i(k_m-k_f)$$

2) 每股盈余估计法

每股盈余估计法就是把市盈率(Price to Earnings Ratio，P/E ratio)乘以每股盈余所得的乘积作为股票的预估价值，该模型的公式为

$$P_e=\frac{P_t}{e_e}\times e_t$$

式中，P_e为股票本期的预期价格；e_e为本期预估每股盈余；P_t为第t期时某一股票的每股股价，e_t为第t期时每股正常盈余。

在利用这一模型时，我们可以首先估计出本期盈余，依据历史信息确定市盈率的大小，然后根据公式就可以得到本期股票价值。

3. 股票投资的收益

股票投资的收益主要来自 3 个方面：股息和红利收益、股票交易差价收益、股份公司资产增值收益。

股票投资收益率是衡量收益与投资总额之间关系的比率。一项股票投资是否合理，是否物有所值，要靠股票投资收益率来衡量。反映股票收益率的高低，一般可以利用以下几个指标。

1) 本期股票收益率

这是股份公司以现金派发股利与本期股票价格的比率，用公式表示为

$$本期股票收益率=\frac{本期股利}{本期股票价格}\times 100\%$$

例如，2009 年 1 月 1 日老张购买某公司发行股票，股票购买价为 60 元/股，2010 年 1 月 1 日老张每股分得红利 15 元，则本期股票收益率为 15÷60×100%＝25%。

2) 持有期收益率

股票没有期限，但投资者可在股票市场上出售，因此，股票投资者持有股票的时间有长有短。股票的持有期可以是 1 周、1 个月、1 年或者更长的期间。

$$持有期收益率=\frac{出售价格-购买价格+现金股利}{购买价格}\times 100\%$$

例如，老张购买了一定数量的股票，买入价为 50 元/股，1 年后以 60 元/股卖出，1 年中所得红利为 10 元/股，则持有期收益率为(60－50＋10)÷50＝40%。

持有期收益率对投资者有重要意义，因为这个比率越大，投资者得到的报酬就越多。

4. 股票价格指数

股票价格指数，简称股价指数，是指金融服务机构编制的，通过对股票市场上一些有代表性的公司发行的股票的价格进行平均计算和动态对比后得出的数值。它是以百分比表示的一种股价波动相对数，以“点”为单位，反映了各种股票价格的平均变化情况和股票市场的

趋势。由此，人们往往称股票价格指数为股市的测量器和反映经济情况的“晴雨表”。西方国家比较有影响的股票价格指数主要有美国的道·琼斯股价指数、标准普尔股价指数、东京证券交易市场指数以及中国香港的恒生指数等。

7.1.4　国际股票融资的操作程序

国际股票融资的核心内容是国际股票发行，它是指符合发行条件的公司组织以筹集资金为直接目的，依照法律和公司章程的规定向外国投资人要约出售代表一定股东权利的股票的行为。根据多数国家证券法的规定，股票发行应当符合公开、公平与公正的基本原则，某些国家的法律甚至对于股票发行方式也设有概括性规定(如我国法对于股票发行方式加以列举式概括)。但总体而言，多数国家的法律对于发行股票设有不同的规则。下面，就公募发行股票和私募发行股票作一个简要的介绍。

1) 股票公募发行(Public Offer)

股票公募发行是指发行人根据法律规定，以招股章程(Prospectus)形式向社会公众投资人公开进行募股的行为，其发行程序、信息披露和有效认股之确认均受到特别法规则、要式行为规则的规制。

2) 股票私募发行(Placement)

股票私募发行又称配售，是指发行人根据法律的许可，以招股信息备忘录(Information Memorandum)或类似形式向特定范围和特定数量的专业性机构投资人以直接要约承诺方式进行售股的行为，其发售程序、信息披露和有效认股之确定仅受到较为宽松的法律控制。

3) 股票公募发行与私募发行的主要区别

简而言之，股票公募发行与私募发行的主要区别有以下几个方面。

(1) 发行申请规则。股票公募需要向证券市场所在国的证券监管部门履行股票发行申请注册、备案和审核；而股票私募通常不需向证券市场所在国证券监管部门履行发行注册申请或审核程序，或者仅需履行较为简单的注册备案程序。

(2) 信息披露要求。股票公募依照多数国家的法律须使用正式的招股章程(prospectus)，在必要条款内容、验证标准和披露程序上受到较严格的法律控制；而股票私募则仅需使用法律要求较为宽松甚至没有要求的信息备忘录，许多国家的法律对其必要内容和验证标准不设要求而交由惯例控制，其披露可以采取分别派送的方式，对其披露时间的要求也较为宽松，这使得发行准备工作大为减省。

(3) 售股对象。股票公募是发行人向不特定公众发出的售股要约，其要约和有效认股之确认须遵循严格的公开性规则；而股票私募则是发行人向特定范围和特定数量的机构投资人发出的售股要约，其要约承诺原则上遵循合同法规则。

(4) 上市审核规则。股票公募通常谋求在境外的正式证交所上市股票之目的，故发行人除须履行发行申请程序外，还须接受证交所的上市条件审核，接受上市规则的约束；而单纯的私募股票不能在正式的证交所上市，通常仅可在证券商交易系统或店头市场交易，其上市审核问题较为简单，一般受到惯例的支配。

为了充分利用证券市场所在国的法律条件，典型的国际股票融资(特别是在筹资规模较大的情况下)通常采取股票公募与私募相结合的方式，保障所公开发售和私募的股票共同上市，实践中称之为“公开发售与全球配售”。依此方式，发行人通过承销人在股票上市地进行一定比例的公募，又通过承销团在世界其他地区进行一定比例的私募；在此类募股中，发行人和承销人根据法律的要求须准备公募使用的招股章程和在不同地区私募使用的信息备忘录，须根据上市地法律的要求协调公募与私募的比例，须使股票公募与私募所遵循的申请审核程序和信息披露程序相衔接。按照英、美等国的证券法规则，在采取公开发售与全球配售的情况下，公开发售的比例原则上不得低于同次发行总额的 25%，香港原则上也遵循这一比例，但在实践中通常可酌情降低这一要求。

相关链接

盛大退市

2011 年 10 月 17 日，盛大网络集团(以下简称盛大)宣布其董事会于两天前收到其创始人和董事长陈天桥的建议函：回购除了他跟他妻子、弟弟三人持有之外的所有盛大股份。

如果此举成功，就意味着盛大将从一家上市公司变回私人公司，而且是中国赴美上市的互联网公司中第一家私有化的主流公司。

这两年，受酷 6 巨额亏损拖累，加上游戏业务不振，新业务如 LBS 产品“切客”、轻博客“推他”、短信产品“有你”仍处于培育期，盛大网络业绩不断下降。盛大 2009 年第四季度运营利润为 8 190 万美元，而 2010 年第一季度为 5 160 万美元，此后运营利润逐季度下降，到 2011 年第二季度，其运营利润仅为 1 280 万美元，运营利润率仅为 5%。

盛大的业绩已经快逼近亏损的边缘，而盛大的业务横跨文学、音乐、游戏、旅游、影视与视频几大领域，追求的是打通产业链。可一旦对新业务的投资加大，盛大网络将很快进入亏损状态。而且，盛大控股的盛大游戏和酷 6 都已经上市，盛大文学也只是 2011 年因为股市低迷而暂缓上市，盛大并不缺融资渠道。

金山软件董事长雷军在其新浪微博发表评论称，“假如母公司成功私有化，完全没有股市和公众压力，可以放开手脚做一些大事”。

曾经是中国最强大的互联网公司之一的盛大，如今已经与腾讯、阿里巴巴、百度的差距越来越大。

陈天桥也曾公开表示，盛大已走过 11 年发展，正进入新的转型期，未来 2～3 年将会迎来中国互联网最为惨烈的竞争。

要私有化，这时也正是好时机。股市和盛大的股价都正处于低点。

从 2011 年 4 月中旬开始，盛大股价已经连续半年下跌，陈天桥这次提出的收购价为每股 41.35 美元，虽然较盛大网络 2011 年 10 月 14 日的收盘价高 24%，但半年前其股价一度超过 50 美元。

更重要的是，据这次的收购价计算，盛大市值为 23.3 亿美元，收购剩余的 31.6%股份要花 7.36 亿美元，而根据盛大 2011 年二季度的财报，其账上现金就有 13.43 亿美元。摩根大通也已经出具了为其回购股票借款的“高度信心函”。这意味着在收购成功后，陈天桥能轻轻松松还掉这次因收购而借的钱。

假如市场上对于盛大将在退市后回国内上海主板上市的传言属实，陈天桥还能因此大赚一笔。

在股市低迷的美国，盛大目前的市值与优酷、人人、奇虎 360 相当，但盛大布局的产业链是如此之长，这个估值并不能算让人满意。

投资机构易凯资本对此的看法是，盛大如果回国上市将有助于“释放公司的真正价值”，并将成为 A 股上第一家真正主流的互联网公司，这意味着很可能能获得高得多的估值。

(资料来源：杨轩．盛大退市．第一财经周刊，2011．有删改.)

7.1.5 国际股票市场

国际股票市场又称为国际股权市场，是指在国际范围内发行并交易股票的市场。国际股票市场的主要交易品种有股票现货、股票期货、股票指数期货(简称股指期货)、股票期权(Stock

Option)和存托凭证。目前国际股票市场主要有 5 个，即纽约证券交易所、东京证券交易所、伦敦证券交易所、香港联合证券交易所和纳斯达克市场。

1. 纽约证券交易所

纽约证券交易所(New York Stock Exchange，NYSE)成立于 1792 年，是全世界规模最大、资格最老、人气最旺的证券交易市场。其独特之处就在于它保持了传统的手工作业、面对面的交易方式。目前交易所内有 3 000 只股票挂牌交易，股票总值达 7 兆亿美元。纽约证交所内现共有 480 名会员证券交易商。买卖交易时证券交易商将交易指令传给会员，会员再把该信息传达给指定的经纪人，最后经纪人到交易站寻找买卖主。近几年来，纽约证交所为了提高效率，已把单纯的手工作业处理指令改为由证券交易商用电脑直接发送到交易站的交易形式，经纪人只负责处理大宗或复杂的交易指令了。纽约证交所的布局是由 17 个马蹄形交易站和会员摊位组成的，每只股票固定在某个交易站进行买卖，场内工作人员可分“交易商”和“经纪人”两种。交易商通常在交易站不动，只是买卖自己分配到的六只股票，他们的工作是主持竞标、执行买卖、负责记录和传送价格信息；经纪人则可以买卖任何一只股票，他们代表券商奔走于各交易站，并根据客户要求在场内走动、叫价以期寻找到最佳的买卖主。除了采用这种传统的股票交易方式，交易所内不允许有任何的秘密和进行非法的交易。在整个交易过程中，经纪人本身并不能控制价格，事实上是买卖双方在进行着直接交易。

纽约证券交易所有主板和高增长板两个市场，这两个市场都有自己不同的上市标准，高增长板市场的上市标准相对宽松一些。在美国，许多列居《财富》杂志榜首的大牌公司在上市初期大都会选择在纽约证券交易所上市，如 IBM 电脑公司(International Business Machines Corporation)、波音公司(The Boeing Company，BA)、通用电器公司(General Electric Company，GE)等。

在场内从事交易活动的会员大致可以分为以下几类。

1) 佣金经纪人

佣金经纪人(Commission Broker)又称代理经纪人，是纽约证券交易所里各种正式会员中人数最多的一种。他们专门代理顾客买卖债券，通过向顾客收取佣金来获得报酬，因为他们只是按照投资者的委托指令进行交易，所以自身不承担任何风险。

2) 场内经纪人

场内经纪人(Floor Broker)又称两美元经纪人，这类会员主要是协助佣金经纪人进行交易以赚取佣金。在佣金经纪人受顾客委托的交易笔数太多时而无法全部执行或者不愿意接受时，便转交给场内经纪人代为执行。

3) 零数经纪人

零数经纪人(Odds-lot Dealer)只从事零数交易。纽约证券交易所的股票买卖通常以 100 股为交易单位，100 以及 100 以上整倍数的交易称为整数交易，而 1～99 股的交易为零数交易。零数交易的价格完全由整数交易的行情决定。当零股经纪人接到客户的零股订单时，其就以自备资金进行零股的买卖。

4) 专家经纪人

专家经纪人(Specialist)专门经营若干种股票，可以以自营商的身份参加交易，也可以以经纪商的身份参加交易，但是他们一般不直接接受客户的委托，而且在同一笔交易中不能同时兼具两个身份。此外，专家经纪人还有维持证券市场供求平衡和价格稳定的责任和职能。他们以自营商的身份进行证券交易活动，通过买进和卖出证券为其所负责的证券制造市场。他们必须要灵活地作出正确的判断，并用自己账户的资金或者证券进行买卖，以弥合市场供求的差距，使证券的买入和卖出价格大体平衡。

5) 交易所自营交易商

交易所自营交易商(Floor Dealer)以当事人的身份为自身的目的进行证券买卖，从买价和卖价的差额中赚取利润。但由于他们本身就熟悉市场行情，且不用支付佣金，因此证券主管机构对其活动规定有较严格的限制。

2. 东京证券交易所

东京证券交易所(Tokyo Stock Exchange)的前身名为东京证券株式会社，成立于1878年，1941年合并了9家证券交易所，成为官商合办的证券交易所，1946年在美军占领下曾一度解散。1949年美国以实行"三原则"(市场集中交易原则，时间、价格优先原则和现货交易原则)为条件，同意东京证券交易所重新开业。

会员大会及理事会是交易所的决策机构。会员大会相当于股份公司中的股东大会，是最高权力机构，决定交易所的重大问题。每个正式会员不论其规模大小，都有相等的表决权。经纪会员则除了参加解散交易所的决议外，只对变更与其利益有重大关系的决议有表决权。理事会为常设机构，商定为执行会员大会决定的基本方针所必需的具体方法、制定各种规章制度。

东京证券交易所的上市股票交易分为一部和二部。新证券上市时，首先在二部交易，待达到一定的交易量标准时，再在一部上市。1980年在二部上市的股票标准如下所述。

(1) 上市股数及资本额，东京附近的公司股份需在1 000万股以上，资本额5亿日元以上；东京附近以外的公司股份需在2 000万股以上，资本额10亿日元以上。

(2) 持有500～50 000股的中小股东须在2 000人以上。

(3) 公司开设年限在5年以上。

(4) 资本净值在15亿日元以上，每股在100日元以上。

(5) 最近前3年税前纯利润为：第1年2亿日元以上，第2年3亿日元以上，第3年4亿日元以上。

(6) 最近3年每年每股分配的股息在5日元以上，上市后预期仍可维持这一水平。

由于20世纪70年代以来日本在世界经济中的地位迅速上升，东京证券交易所的股票交易额也随之迅速扩大。特别是20世纪80年代后半期，由于日元对美元的汇率大幅升值，其年交易额在1988年达到了21 810亿美元，跃居世界第1位，为当年纽约证券交易所的13 560亿美元的1.61倍。

3. 伦敦证券交易所

伦敦证券交易所(London Stock Exchange，LSE)成立于1773年，但其历史可以追溯到1698年，是世界上最早的证券交易所。现在的全称为大不列颠及爱尔兰证券交易所。交易所实行股份制，股东即为交易所成员，共有股东 4 600 名。交易所的最高领导机构是理事会，由股东选举产生，每年改选其中的1/3。其中1名理事系英格兰银行的代表，作为英国政府的代理人，为当然理事，但是没有投票权。

伦敦证券交易所成员分为两大类：第一类是经纪商，只代顾客和所属公司进行股票买卖，收取佣金。经纪商不能直接对公众进行交易，只能代公众与证券商交易；第二类是自营商，他们持有相当数量的多种股票，既买进，又卖出，以赚取差价收益。但只能以交易主体的身份与场内经纪人交易。

英国伦敦证券交易所曾经有许多过于严格的限制。例如，经纪商与自营商的业务不能兼营，实行固定佣金制和最低佣金规定，限制非交易所成员收购交易所成员的股权，禁止银行、保险公司、投资公司及外国人介入证券交易等。这些过严的限制，使它在国际竞争中处于不利地位。为适应客观形势，交易所于 1986 年 10 月 27 日进行了大胆改革，取消了上述限制，被西方报刊称为“大爆炸”。此后该交易所的面貌显著改观。

上述 3 家证券交易所分布在美洲、亚洲和欧洲，对全球股票交易起着举足轻重的作用。1985 年 6 月 30 日，纽约证券交易所把原来由上午 10 时到下午 4 时的营业时间改为从早晨 6 点半到下午 4 时，由于伦敦与纽约之间的时差为 5 个小时，改动后的营业时间使两地重叠的交易时间增加到 1 小时。这就使以纽约、伦敦、东京三大交易所为中心的国际证券市场可以实现每天 24 小时的连续作业。

4. 香港联合证券交易所

香港联合证券交易所有限公司(the Stock Exchange of Hong Kong Ltd.，SEHK，以下简称联交所)于 1980 年 7 月正式注册成立。它由原来在中国香港的 4 家证券交易所合并、改组而成。这 4 家交易所是 1891 年成立的香港证券交易所，合并前规模居第 2 位；1969 年成立的远东证券交易所，合并前规模居第 1 位；1971 年成立的金银证券交易所，合并前规模居第 3 位；1972 年成立的九龙证券交易所，合并前规模居第 4 位。这 4 家交易所均实行会员制，合并后共有会员 1 081 名。

联交所有两个市场供有意上市的公司选择，分别是主板和创业板。联交所作为上市事宜的前线监管机构，负责审批申请上市公司的上市资格。而香港证监会是监管上市公司信息披露的法定监管机构。因而上市申请人须授权联交所代为向香港证监会呈交有关资料以作备案。香港证监会有权就上市文件的草拟稿提出意见。如果载于文件内的数据不足或有误导成分，香港证监会还具有保留反对该项上市申请的权力。

在香港联合证券交易所上市的股票，原来主要是由金融和房地产、酒店等服务行业的企业所发行，制造业所占的比重很小。股市资金中，外资所占比例很大，英国资本的公司发行的股票占重要地位。

5. 纳斯达克市场

纳斯达克(National Association of Securities Dealers Automated Quotation，NASDAQ)全名为全国证券交易商协会自动报价系统。该市场是世界上第一个电子股票交易市场，也是全球最大的场外交易市场和纽约证交所之外全球第二大股票交易市场，由美国全国证券交易商协会于 1971 年在华盛顿创建。

纳斯达克交易所主要是高科技企业上市首选的交易所，它是美国最大的基于电子交易平台的股票市场，在纳斯达克上市的公司数量大约有 3 200 家，主要分布于技术、零售、通信、金融服务、运输、媒体和生物科技等领域。由于纳斯达克的上市财务标准要比纽交所的标准低，所以，它更适用于中小企业，尤其适用于创业投资的企业公开到资本市场上市融资。

纳斯达克的发展与美国高技术产业的成长是相辅相成的，被奉为“美国新经济的摇篮”。

目前纳斯达克已区分为 3 个市场：NASDAQ 全球精选市场(NASDAQ global select market)、NASDAQ 全球市场(NASDAQ global market)、NASDAQ 资本市场(NASDAQ capital market)。通常，在 NASDAQ 资本市场上市的公司大都是规模较小的新兴企业，而规模较大的公司则大多在 NASDAQ 全球市场、NASDAQ 全球精选市场进行交易。因为 NASDAQ 全球市场、

NASDAQ 全球精选市场对上市公司的财务要求较高。

NASDAQ 与纽约证券交易所相比，不同之处在于它没有交易大厅，券商们是完全通过连接美国各地的计算机终端进行自动报价和交易的。这种特殊的布局大大拓宽了市场的空间，提高了交易效率，因此使得 NASDAQ 在信息披露的公开性、证券交易的公平竞争性都引起了发行者和投资者们广泛的关注。它的出现更加适应了现代证券交易市场的需求并且发展得十分迅速。迄今为止，NASDAQ 的计算机网络已从初建时的 500 个终端发展到 30 多万个，其中 3 万个终端分布在美国以外的多个国家和地区；它同时可为 500 多家做市商随时提供 6 万项竞争性报价，并且计算机网络会从中选出最优的价格供给全球的投资者参考。目前在 NASDAQ 挂牌的公司多为高科技公司，如从事电脑行业的微软电脑公司(Microsoft Corporation)、戴尔电脑公司(Dell Computer Corporation)、英特尔电脑公司(Intel Corporation)、雅虎网络公司(Yahoo！Inc)等。

小知识

做市商(Market Maker)是指在证券市场上，由具备一定实力和信誉的证券经营法人作为特许交易商，不断地向公众投资者报出某些特定证券的买卖价格(即双向报价)，并在该价位上接受公众投资者的买卖要求，以其自有资金和证券与投资者进行证券交易。简言之，做市商即通常所说的庄家。

相关链接

中国企业境外上市历程与现状

1990 年中信泰富在香港地区借壳上市，掀开了中国企业在海外融资的序幕。此后，境内企业纷纷走出国门，到境外融资。中国企业在境外上市经历了四起四落，现在是第五次浪潮。

第一次浪潮是 1992 年底至 1994 年的制造业企业境外上市浪潮。1992 年底中国证监会成立，随后，就批准第一批公司到境外上市。中国公司第一次在美国股市上露面是 1993 年 7 月的青岛啤酒，随后还有上海石化、马鞍山钢铁、仪征化纤等 8 家。它们的主挂牌在我国香港，但通过全球存股证方式(GDR)和美国存股证方式(ADR)分别在全球各地和美国纽约证券交易所上市。通过其他途径在纽约证券交易所上市的第一家与中国有关的股份公司是 1992 年 10 月 9 日上市的华晨金杯汽车。第一次浪潮持续到 1994 年消退。一方面是受到墨西哥的金融危机的影响，另一方面是公司本身的原因，这也是主要的原因。公司上市后的业绩较差，在管理制度、体制、公司的治理结构等方面仍存在着传统的痕迹，特别是存在缺少激励机制，公司运营业绩和股价表现与管理层和员工利益关联不大等一系列问题。第一次浪潮就这样退下去了。

第二次浪潮是 1995 年基础设施类企业境外上市浪潮。“九五”期间，中国政府大力发展制约国民经济发展的电力、交通等基础设施产业，华能电力国际、中国东航、南方航空、大唐发电等公司就是这股浪潮的代表。这些公司一上市，很快吸引了那些想购买中国基础设施股票的投资者的注意力。然而好景不长，由于受当时国内市场经济疲软，许多项目被迫停建、缓建，以及基础设施领域恶性竞争等因素的影响，此类企业亏损严重，致使国外投资人抛售这些公司股票，造成股价狂跌。

第三次浪潮是 1996 年至 1997 年“红筹股”境外上市浪潮。尽管这些公司主挂牌在中国香港，但通过美国存股证方式(ADR)，也可在纽约证券交易所上市，这些股票有航天科技、招商局、中国华润、上海实业、北京控股、广东粤海等。但是，随着 1997 年底亚洲金融危机的突然爆发，香港股市一落千丈，再加上红筹股业绩和表现欠佳，不少股票跌到发行价以下。第三次浪潮消退后，国外资本市场对中国股票大门紧闭长达 15 个月。

第四次浪潮是 1999 年至 2005 年初高科技概念股的境外上市浪潮。在这次浪潮中上市的企业中既有以中国海洋石油、中国电信为代表的大型的、带有垄断性的企业；也有我国第一家境外上市的民营高科技企业——侨兴环球；更有以互联网、电子商务为特色的企业——中华网、新浪网、网易。但是，2005年初，国家外汇管理局发布了《关于完善外资并购外汇管理有关问题的通知》，那些境内居民在境外投资直接或间接设立、控制境外企业，应按照规定办理审批、登记手续，按照这样的规定来操作，上市公司审批过程延长，上市等待的时间也大大增加。

第五次浪潮在2005年10月掀起。2005年10月21日，国家外汇管理局发布了《国家外汇管理局关于境内居民通过境外特殊目的公司融资及返程投资外汇管理有关问题的通知》，其内容将对民营企业境外上市有着根本性的突破，解放了民营企业境外上市的渠道，民营企业境外上市的热潮由此掀起。

(资料来源：新华网 http://news.xinhuanet.com/finance/2012-02/25/c_122753907.htm.)

7.2 中国企业境外及香港上市

境外上市是中国企业走向世界的一个重要途径。中国企业境外上市的方式有两种：一种是直接境外上市，另一种是间接境外上市。随着1994年8月《股份有限公司境外募集股份及上市的特别规定》的实施，中国企业还逐渐开始在美国、新加坡、伦敦等证券市场发行上市。1994年8月，山东华能成功在纽约挂牌上市，成为N股，即在中国内地注册、在纽约上市的外资股。1997年3月，北京大唐发电股份有限公司成功地在伦敦证券交易所挂牌上市，成为首家在伦敦上市的中国公司。1993年10月，中远集团收购了在新加坡上市的Sun Corp公司，成为最先在新加坡上市的中资企业。1997年5月，天津中新药业在新加坡上市，成为第一家中国籍S股，即在中国内地注册、在新加坡上市的外资股。

境外上市不仅仅拓宽了中国企业的融资渠道，在这一过程中，境外投资银行开始接触国内市场，国际投资者进一步了解了中国的状况，增强了投资中国的信心，同时加速了国有大型企业转换经营机制，提高国际知名度和竞争力，更使中国的证券界开始了解与国际成熟资本市场的差距和不足。

7.2.1 中国企业直接境外上市

20世纪90年代以后，随着中国证券市场的对外开放，中国企业也开始了到境外发行股票并直接上市的历程。直接境外上市是一种由境内企业直接以自己的名义在境外的证券交易所上市的上市方式。也就是说，境外上市的主体就是境内企业本身。通常，境外直接上市都是采取首次公开募股(Initial Public Offerings，IPO)方式进行。

对于国内企业来说，海外直接上市困难重重。首先，直接境外上市的主要困难在于，境内法律与境外法律不同，对公司的管理、股票发行和交易的要求也不同。进行境外直接上市的公司需通过与中介机构密切配合，探讨出符合境内、境外法规及交易所要求的上市方案。其次，直接境外上市的条件比较高，因为中国证监会对企业直接境外上市有明确的条件要求。这些条件要求有如下几项。

(1) 符合我国有关境外上市的法律、法规和规则。

(2) 筹资用途符合国家产业政策、利用外资政策及国家有关固定资产投资立项的规定。

(3) 净资产不少于4亿元人民币，过去一年税后利润不少于6 000万元人民币，并有增长潜力，按合理预期市盈率计算筹资额不少于5 000万美元。

(4) 具有规范的法人治理结构及较完善的内部管理制度，有较稳定的高级管理层及较高的管理水平。

(5) 上市后分红派息有可靠的外汇来源，符合国家外汇管理的有关规定。

(6) 证监会规定的其他条件。

直接境外上市的流程分境内流程和境外流程，境外流程因市场不同而有异。境内的流程主要是要经过证监会的审批，申请及批准程序有如下 6 项。

(1) 公司在向境外证券监管机构或交易所提出发行上市初步申请(如向香港联交所提交 A1 表，即上市排期申请表格)3 个月前，须向证监会报送申请报告、所在地省级人民政府或国务院有关部门同意公司境外上市的文件和境外投资银行对公司发行上市的分析推荐报告等文件，一式五份。

(2) 证监会就有关申请是否符合国家产业政策、利用外资政策以及有关固定资产投资立项规定会商国家计委和国家经贸委。

(3) 经初步审核，证监会发行监管部函告公司是否同意受理其境外上市申请。

(4) 公司在确定中介机构之前，应将拟选中介机构名单书面报证监会备案。

(5) 公司在向境外证券监管机构或交易所提出发行上市初步申请 5 个工作日前，应将初步申请的内容(如向香港联交所提交 A1 表)报证监会备案。

(6) 公司在向境外证券监管机构或交易所提出发行上市正式申请(如在香港联交所接受聆讯)10 个工作日前，须向证监会报送以下报送文件中的④～⑩的文件，一式二份。证监会在 10 个工作日内予以审核批复。

申请直接境外上市须报送的文件包括如下 14 项。

① 申请报告。其内容应包括：公司演变及业务概况，重组方案与股本结构，符合境外上市条件的说明，经营业绩与财务状况(最近三个会计年度的财务报表、本年度税后利润预测及依据)，筹资用途等。申请报告须经全体董事或全体筹委会成员签字，公司或主要发起人单位盖章。同时，填写境外上市申报简表。

② 所在地省级人民政府或国务院有关部门同意公司境外上市的文件。

③ 境外投资银行对公司发行上市的分析推荐报告。

④ 公司审批机关对设立股份公司和转为境外募集公司的批复。

⑤ 公司股东大会关于境外募集股份及上市的决议。

⑥ 国有资产管理部门对资产评估的确认文件、国有股权管理的批复。

⑦ 国土资源管理部门对土地使用权评估确认文件、土地使用权处置方案的批复。

⑧ 公司章程。

⑨ 招股说明书。

⑩ 重组协议、服务协议及其他关联交易协议。

⑪ 法律意见书。

⑫ 审计报告、资产评估报告及盈利预测报告。

⑬ 发行上市方案。

⑭ 证监会要求的其他文件。

7.2.2 中国企业间接境外上市

中国证券市场国际化的进程是从境外间接上市开始的。1984 年 1 月，香港中银集团与华润集团组合新琼企业有限公司斥资 1.8 亿港元，购得香港证券交易所上市公司康力 34.8%的股份，揭开了中国企业收购海外上市公司进行重组取得上市地位的序幕。间接上市主要包括红筹上市和买壳境外上市两种方式。其中，红筹上市是境内企业境外上市的主流方式。

1. 红筹上市

红筹上市是指境内企业实际控制人在开曼群岛、维尔京、百慕大等离岸中心设立特殊目的公司(Special Purpose Vehicle，SPV)，再以境内股权或资产对SPV进行增资扩股，并收购境内企业的资产，再以境外SPV名义在境外交易所上市的一种境外上市方式。其中，又分以公司名义在境外设立SPV以及以自然人名义设立SPV两种方式。前者主要被国有企业运用，而民营企业则往往运用后者。以自然人名义设立SPV 再上市是红筹上市中最常用的方式。截至目前，境内企业赴境外上市采用最多的方式就是“红筹上市”模式。

1) 红筹上市的优势

(1) 可以规避直接境外上市的条件。证监会对境内企业直接境外上市的条件有明确的规定，并且要求较高。例如，规定拟上市企业净资产不少于4亿元人民币，过去一年税后利润不少于6 000万元人民币和筹资额不少于5 000万美元等。而红筹上市是以境外SVP的身份境外上市的，所以无须遵守以上规定。

(2) 适用法律更易被各方理解和接受。因为红筹上市的主体是海外控股公司，因此，该公司本身应适用离岸公司登记地法律，即以离岸地法律为上市主体的属人法。而操作中通常选择的离岸地均为原英属殖民地，其法律原属英美法系，与美国公司法同源，与中国法律相比更容易被国际投资人、美国监管机构和交易所理解和接受。对国际投资人而言，如果上市主体能够适用同属英美法系的离岸地法律，同时受英美法系制度下有关法院的司法管辖，将消除其对投资安全性的顾虑，有利于企业在境外进行融资和上市。

(3) 可流通股票的范围更广。在红筹上市过程中，海外控股公司的全部股份，经美国《1933年证券法》和《1934年证券交易法》规定的合法注册登记程序或根据美国证监会(U. S. Securties and Exchange Commission，SEC)《144规则》的规定进行有限出售，均可实现在交易所的流通。而在直接境外上市方式下，除在证券交易所上市的流通股外，其余股份一般不能在证券交易所直接上市流通。

(4) 股权运作方便。由于股权运作全部在海外控股公司层面完成，而海外控股公司股权的运作实行授权资本制，包括发行普通股股票和各类由公司自行确定权利义务的优先股股票、转增股本、股权转让、股份交换等的大量股权运作事宜均可由公司自行处理，并可授权海外控股公司董事或董事会决定，因而具有极强的灵活性。同时，海外控股公司的注册资本在设立时仅需认购，不需实缴，使公司资本运作的成本大大降低，特别适合资本项目项下外汇收支尚未完全放开的中国企业。在海外控股公司层面上，股东和私募中外部投资人的出资及相对应的股东权利和义务均可由各方自由协商确定，这在吸引和引进海外资本时极具灵活性，对在企业融资过程中灵活满足包括股东和私募投资人在内的各方的要求具有非常重要的意义。

(5) 税务豁免。海外控股公司最广为人知也是最易引起争议的，是离岸地政府对海外控股公司除收取有关注册、年检等费用外，不征收任何税收。这样，就使上市主体将来进行各类灵活的资本运作成本大大降低。

2) 红筹上市的分类

按境内企业与境外SPV关联方式的不同，又可以将红筹上市分成控股上市、附属上市、合资上市和分拆上市4种。

(1) 控股上市。控股上市一般指国内企业在境外注册一家公司，然后由该公司建立对国内企业的控股关系，再以该境外控股公司的名义在境外申请上市，最后达到国内企业在境外间接挂牌上市的目的。广西玉柴实业股份有限公司就是通过控股上市的方式实现其在纽交所上市的。

(2) 附属上市。附属上市指国内欲上市企业在境外注册一家附属机构，使国内企业与之形成母子关系，然后将境内资产、业务或分支机构注入境外附属机构，再由该附属公司申请境外挂牌上市。四通集团就是采用这种方式达到了在香港联交所间接挂牌的目的。

(3) 合资上市。合资上市一般适用于国内的中外合资企业，这类企业在境外上市，一般是由合资的外方在境外的控股公司申请上市。易初中国摩托车有限公司在美国上市就是采用这种模式。

(4) 分拆上市。分拆上市适用于国内企业或企业集团已经是跨国公司或在境外已设有分支机构的情形。它是指从现有的境外公司中分拆出一子公司，然后注入国内资产分拆上市，原母公司的声誉和实力有利于成功上市发行。利用这种模式上市的一个典型例子是在澳大利亚证交所成功上市的富益工程。

总之，境内企业在选择具体的红筹模式时，应依据自身的特点来决定。如果该企业所属的是一跨国集团，而且该企业在境外发展多年，有一定声誉和实力，那就可以选择分拆上市的模式。如果该企业属中外合资企业，则可选择合资上市的模式。若无上述的条件，则可以视国内企业规模而定，如果该国内企业是企业集团，且实力雄厚，则可选择附属上市的模式，否则就可以选择控股上市的模式，或根据具体的情况另行选择或创新。

2. 买壳境外上市

买壳境外上市是指一家或几家非上市的境内公司(买壳公司)联合以现金或交换股票的形式，收购一些业绩较差、筹资能力弱化的已在海外证券市场上挂牌的上市公司(壳公司)来取得境外交易所的上市地位，然后通过“反向收购”的方式注入自己的有关业务及资产，实现间接境外上市的目的。

中国企业通过买壳上市融资始于1984年初，但为数很少。20世纪90年代以后，通过该方式上市的中资公司有所增加，目前已达到30家。例如，首钢在1992年收购了香港东荣钢铁公司51%的股权后，将公司更名为香港首钢国际公司，并募股集资达18亿港币。通过买壳上市筹资不仅可以通过注入资产来增加公司的实力，而且还可以避开一些东道国对外国公司上市的严格限制，并可以节省大量的时间。目前，虽然到海外买壳上市的中国企业必须经过中国证券监督管理委员会的批准，但买壳上市仍不失为中国企业国际化的一个最佳途径。

买壳境外上市的操作方式一般如下：境内买壳公司与一家境外上市的“壳公司”议定有关反向收购的条件；“壳公司”向“买壳公司”定向增发股票；“买壳公司”的资产注入“壳公司”而成为其子公司，但“买壳公司”的股东是“壳公司”事实上的控股股东。

小知识

反向收购(Reverse Merger，又称买壳上市)是指非上市公司股东通过收购一家“壳公司”(上市公司)的股份控制该公司，再由该公司反向收购非上市公司的资产和业务，使之成为上市公司的子公司，原非上市公司的股东一般可以获得上市公司70%～90%的控股权。

1) 买壳上市的优点与缺点

与以 IPO 直接上市相比，买壳上市的优点有如下 3 个方面。

(1) 手续简单、上市条件灵活。与直接上市相比，买壳方式显然没有那么多复杂的上市审批程序。

(2) 时间短、成本低。买壳上市(约在 6～8 个月以内)一步到位，节省许多时间和费用。

(3) 避免复杂的财务、法律障碍。买壳方式在对上市中的审计与法律审核方面的要求要轻松得多。

当然，买壳上市也存在一些明显的缺点。“买壳公司”在买壳上市后，一开始不可能募集到大量资金，而且“壳公司”可能存在潜在风险，一旦国内股东成为“壳公司”的股东就要承担如下两个风险。

(1) 先上市，后融资。拟上市公司通过与一个已上市公司合并，首先取得上市地位，在投资银行专家的指导下，根据公司业绩的好坏、股价的高低，通过增发新股等方式进行融资，但增发融资通常难以融到 IPO 那么大的资金量。

(2) 寻找到一个干净而有潜质的“壳”并不容易。多数“壳公司”运作不规范，存在隐性的债务和负担，市场形象不佳。所以，拟买壳企业要聘请专业的投资银行为企业寻找合适的“壳公司”，并由其充分指导企业进行财务和法律等方面的清理。

2) 典型的买壳境外上市流程

首先，境内企业的初始状态是纯内资企业；然后境内企业原股东在百慕大、英属维尔京群岛(British Virgin Islands，BVI)等地注册境外豁免公司(AAA 离岸公司)，并以该公司作为外商与境内原股东合资，或收购原境内公司净资产，使境内公司成为外商控股公司；接着境外 AAA 离岸公司因控股境内 AAA 公司，可合并报表，再将境外 AAA 离岸公司与“壳公司”进行股权置换。至此，买壳境外上市完成。

由于买壳境外上市主要是“买壳公司”和“壳公司”之间的市场化交易，所以需要监管部门、交易所审批的环节较少，因而容易控制和把握上市进度。但能否成功买壳境外上市的关键是找到一个合适的壳资源。“壳”之所以成为“壳”是有原因的，无论是因为战略不明、管理不善还是外部市场和竞争环境的恶化，企业沦为“壳”的过程往往就是企业顽强挣扎以求生存的过程。在这个过程中出现财务黑洞、隐含债务乃至法律诉讼都是再正常不过的事了，因此市场上真正干净的“壳”寥若晨星。在这种情况下，买壳的企业如果没有经过专业、严谨、详尽的调查就贸然进入，很有可能会陷入一个精心设计的财务陷阱。

3) 理想的“壳”资源应具备的特点

理想的“壳”资源应该有以下 6 个特点。

(1) 规模不大，股价也不高。这样可以降低购壳成本，容易购壳成功。

(2) 要注意“壳公司”是否有负债，如果有，负债一定不能高。

(3) 股东人数适中。公众股东太少，不值得公开交易。而太多，新公司要与这些人联系，并递交资料报告，成本会较高；另外股东太多，收购时遇到的困难总要多一些。并且原“壳公司”股东积累的不满，往往会在新股东入驻之后爆发出来。

(4) 业务与拟上市业务接近，结构简单。

(5) 保住上市资格不太难，最好能有机会尽快获得再融资资格。

(6) 原有控股股东、债权人等均支持重组。

相关链接

蒙牛资本扩张路线——海外融资&红筹上市

2002 年 6 月，内蒙古蒙牛乳业(集团)股份有限公司(以下简称蒙牛)与摩根斯坦利等三家外资机构签署投资意向，引入外资 2.16 亿元，占 32%的股份；2003 年通过可转债，进行二次增资，引入 3.67 亿元；2004 年最终在香港联合交易所成功上市。而在蒙牛引入战略投资者进行资产重组的同时，也利用离岸结构完成了自身“股权激励”的安排，成就了后来牛根生的集体富翁团队。

蒙牛在海外融资与境外上市的运作过程中，屡为世人先，从 1999 年创业，到 2004 年成功上市，牛根生团队的原始股东实现了 5 000%的回报率，成为创业神话中的一员，而离岸结构无论在其“股权激励”的安排中，以及后来的“红筹上市”的运作中，都是一项重要的资本运作工具。

蒙牛在整体的国际资本运作中，基本可分为三步走，而在这三步中，离岸公司作为资本工具又扮演了不同的角色，蒙牛的资本运作策略如图 7.1 所示。

图 7.1　蒙牛的资本运作策略

第一步，搭建股权激励结构。

2002 年，蒙牛在英属维尔京群岛(BVI)注册了两家新公司：金牛公司和银牛公司。

金牛的股份：由 15 位自然人持有，他们全部为蒙牛的高管人员，牛根生、郑九强、卢俊、孙玉斌、杨文俊、孙先红和邱连军 7 位蒙牛主要高管控股金牛 87.4%。

银牛的股份：由 16 位自然人控制，除郑九强是蒙牛的董事之外，其他人均为蒙牛自身或与业务相关公司的中高层管理人员。

使用离岸公司结构，以持股的方式，将蒙牛的管理层、雇员、其他投资者、业务联系人的利益悉数注入金牛与银牛两家公司中，并透过这两家公司完成对蒙牛的间接持股，使相关利益人成为蒙牛当然的公司股东，保证了内部经营管理目标与利益的一致性和外部市场环境的稳定性。

第二步，引入战略投资。

2002 年，摩根斯坦利、英联、鼎辉三家投资机构共同控制了在开曼新设的 MS Dairy Holdings，作为对“蒙牛”投资的股东公司。

在开曼注册 China Dairy Holding，作为控股公司，以及未来香港上市的主体。在毛里求斯设立公司，作为 China Dairy Holding(开曼)公司的全资子公司，用于存放投资资金，及反向收购境内的蒙牛股份有限公司。

扩大开曼 MS Dairy Holdings 公司的法定股本，分为一股十票投票权的 A 类股 5 200 股，及一股一票投票权的 B 类股 99 999 994 800 股。

中资方的“金牛”与“银牛”公司认购 A 类股 5 102 股；外资方 MS Dairy Holdings 公司出资 2 600 万美金认购 B 类股 48 980 股。中外资的投票权为 51∶49，股权为 90∶10。

用毛里求斯公司进行反向收购，使 China Dairy Holding(开曼)公司通过其全资的毛里求斯公司间接拥有了境内蒙牛股份公司 67.7%的股份。

签订对赌协议，若蒙牛实现高速成长，则 1 年后，中资方认购的 A 类股，可全部按 1∶10 的比例转换为 B 类股，实现投票权与股权一致；若蒙牛未能实现高速成长，则 A 类股票按 1∶1 转化为 B 类股，外资将以 China Dairy Holding(开曼)公司 90%的股权及投票权，间接全面控制境内的蒙牛股份公司(90%×67.7%＝60.4%)。

使用开曼离岸公司的股权结构，使公司有很大的可拓展性；引入资金在为快速扩张提供了保障的同时，也通过外部约束机制实现了足够的激励，引入战略投资图如图 7.2 所示。

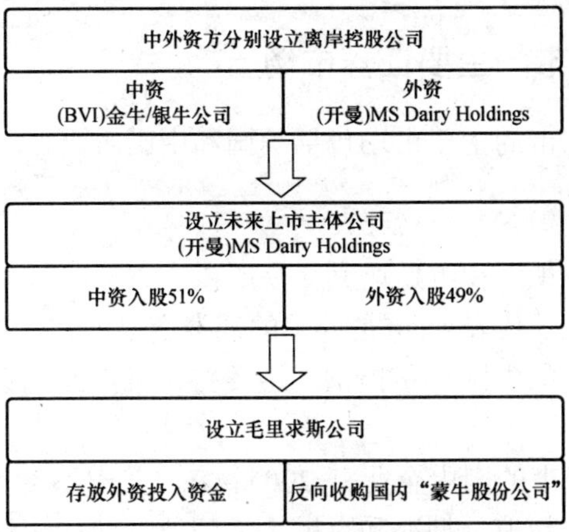

图 7.2 引入战略投资

第三步，香港上市。

为做好上市前的财务准备，蒙牛同意三家战略投资者以 3 500 万美金向毛里求斯公司注资，以换取 China Dairy Holding(开曼)公司的可转债 3.67 亿股。正是利用这比资金，使得毛里求斯公司对境内蒙牛股份的持股比例上升至 81.1%。

2004 年 3 月 23 日，牛根生从三家投资公司以象征性的 1 美元接收了 6.1%的 China Dairy Holding(开曼)公司的股权。

最终，金牛与银牛公司成功持有"蒙牛"上市主体 China Dairy Holding(开曼)公司 51%的股份，实现了对境内的蒙牛股份有限公司 41%(51%×81.1%)的间接持股。

MS Dairy Holdings 公司通过持有"蒙牛"未来上市主体 China Dairy Holding(开曼)公司 43%的股份(摩根 28.5%，英联 8.5%，鼎辉 5%)，总出资额为 5 亿元，实现了对境内的蒙牛股份有限公司 34%(43%×81.1%)的间接持股。

2004 年 6 月 10 日，蒙牛在香港联合交易所成功上市，发售价 3.925 港元，新发 2.5 亿股，募集资金 9.812 5 亿港元。外资方通过上市直接套现与可转债转股后分别成功套现 3.925 亿港元与 10 亿港元。

利用离岸结构成功实现香港上市，达成了中外资双方的双赢，中资利用资本市场快速扩张，而外资则取得了高收益得以顺利退出。蒙牛的香港上市路线如图 7.3 所示。

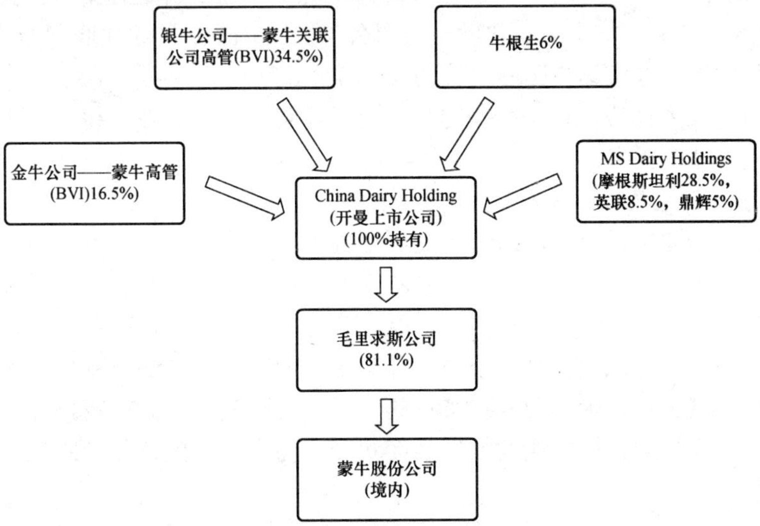

图 7.3 蒙牛的香港上市路线

(资料来源：http://www.cil-online.com/apps/spv-listing-menniu.html.)

7.2.3 中国企业境外上市的主要证券市场

目前，中国企业境外上市的主要市场包括美国和中国香港。

1. 美国上市

我国是纽约泛欧交易所集团和纳斯达克交易所在亚太地区最大的上市公司来源国，为此，纽约证券交易所在北京开设了代表处(这是外国的证券交易所在华的首家代表处)，该代表处负责为在纽约证券交易所上市的中国公司提供本地支持，推广纽约证券交易所的品牌，并为上市公司提供服务。

目前在这两大交易所上市的国内企业有 200 多家，其中不乏大型国企和新兴行业的龙头企业，特别是互联网行业的新浪、搜狐和百度，太阳能行业的无锡尚德、中电光伏等，都代表了我国在这些领域的最高水平。

中国的企业在美国上市均不是股票本身的直接挂牌，而是以美国存托股票(American Depository Share，ADS)或美国存托股证(American Depositary Receipts，ADR)形式挂牌的，1个单位的 ADS 一般折合为多个单位的普通股。ADR 的发行实际上是避开了美国法律对外国公司股票在注册手续、财务报表、会计准则、信息披露等方面的严格管辖，并为美国投资者购买、转让非美国公司的股票提供了便利。中国证券监督管理委员会在 1994 年所选定的第二批到海外直接上市的国有企业中，有华能国际电力、华能发电、东方航空、南方航空和天津钢管 5 家公司可以通过发行 ADR 到美国证券市场上挂牌上市。1994 年 4 月 28 日，中国证券监督管理委员会和美国证券交易委员会签订了《中美合作监管备忘录》，从而开始了两国股票投资领域的合作。中国山东华能国际电力公司于 1994 年 8 月 4 日以 ADR 方式在美国纽约证券交易所挂牌上市，成为新中国第一家在美国上市的公司。山东华能国际电力公司此次共发行 2 337.4 万股，约合 11 .687 亿普通股，每股发行价格为 14 .25 美元，共筹资 3.33 亿美元。此后，中国的有些公司将已发行的 B 股或 H 股转为 ADR 形式在美国上市，如上海的氯碱化工、上海轮胎橡胶和上海第二纺织等。也有的公司是在全球配售过程中将在美国发行的部分以 ADR 的形式配售上市，如上海石化股份有限公司等。中国企业将 B 股和 H 股转为 ADR 在美国发行，成为中国证券市场与国际接轨的又一途径。

在美国上市有很多优势，也有一些劣势，对于即将上市的企业来讲，是否选择在美国上市，需要综合考虑其中优劣。

1) 在美国上市的优势

对于中国国内企业来说，成功地进入美国证券市场通常是一个企业走向成熟和国际化的重要一步，标志着资本市场对公司经营业绩和前景的认可。具体来看，由于美国市场的交易环境要比大部分其他地区的证券市场更加活跃、资金流动性更强，因此，进入美国资本市场除了可为公司筹集资本外，在提高上市公司在其本国和全球市场的认受性、增加股东价值、降低融资成本、提供进入美国商业票据市场的途径、及时利用有利的市场环境进一步融资、发展美国业务、兼并收购、提高企业的知名度和产品的声誉及民营化和股权兑现等方面都有重要的战略意义。

(1) 获得更多的资金。由于这一市场可能是任何公司获得资金的最大来源，加上在美国市场“中国企业”是个热点，比较容易获得溢价，另外成功的 IPO 将立即为发行公司创造出进入公开市场的渠道。例如，未来上市公司能够通过二级股票发行和债券发行进入世界资本市场；通过均衡股票和债务构成，上市公司可以获得更大的融资灵活性和更有利的借款条件等。

(2) 有利于建立多元化和均衡的公司所有权结构。在美国上市一般可使上市公司接触到更广泛的投资者基础，包括美国和国际散户、机构投资者，公司可以借此建立广泛的国际投资者基础，从而有助于确保多元化和均衡的公司股权结构。

(3) 提升形象和市场影响力。在美国上市能使公司及其产品吸引到国际媒体的关注，如美国有线电视新闻网(Cable News Network，CNN)、彭博新闻社、华尔街日报、金融时报、全球性财经有线电视卫星新闻台(Consumer News And Business Channel，CNBC)等，更广泛的媒体关注将转化为有利的市场影响力、市场份额和竞争地位。市场对公司认知度的提升将提升投资者对公司股票的兴趣。

另外，由于美国监管机构严格的信息披露要求，进一步保证了美国上市公司所有重要信息的透明度和公开性，从而增强了投资者的信心。

2) 在美国上市的劣势

(1) IPO 成本很高。

总体来讲，在美国进行 IPO 的一次性和后续成本(如法律顾问、会计服务、承销、打印、为处理增加的报告工作和投资者关系而增加的人员)很高，这些成本通常高于在美国以外的其他市场进行 IPO 的成本。

① 美国信息披露的成本比较高。

近年来，美国对报告和公司治理的要求明显严格起来。首次公开发行股票时，公司一般必须提供 3 年的符合美国公认会计准则的财务报表(还可能须提供 5 年的财务报表)。上市后必须定期向 SEC 和其他监管机关提交各种报告。通常，为遵守披露要求，必须全面扩大(或完全替换)现有的公司信息体系，因此成本很高。通常在美国上市的后续披露要求要比在美国以外地区上市繁琐。另外，美国上市条例要求公司进行大量并广泛的信息披露，这也有可能令公司失去以往所享有的商业隐私权。

② 遵守《萨奥法案》(the Sarbanes-Oxley Act，SOX)的成本比较高。

2002 年，在会计丑闻大量涌现的背景下通过的萨奥法案对上市公司及其高级职员提出了大量的报告和程序性义务。该法案的规定事实上对公司的经营、治理和财务信息披露等方面都产生了重大的影响，该法案提高了上市成本和延长了上市时间。另外，每个交易所对公司治理方面也有很多要求。

(2) 美国的法律与诉讼环境与中国内地的情况差别很大。

例如，美国市场会针对公司的主要股东来设定不同的售股限制，包括限制他们在特定的股票禁售期内出售股票的数量。美国的投资者也较习惯通过法律诉讼程序来保护自己的股东权利。因此，公司往往需要就不同的法律问题咨询不同的律师来降低自身的法律诉讼风险。

2. 中国香港上市

香港作为亚太地区的国际金融中心，在吸引国际资本方面优势明显，其成熟的市场运行环境，完善的投资银行服务，健全的法律法规和市场监管体制对于内地企业有着极大的吸引力，已成为内地企业境外上市的首选地。

因为香港的英文是 Hong Kong，取其字首名，在中国内地，上市地在中国香港的外资股被称为 H 股。1992 年中国证监会成立不久，即开始创设 H 股的准备工作。1992 年 10 月，中国证券监督管理委员会确定首批 9 家大型国有企业作为试点单位，在中国香港发行 H 股并上市。1993 年 6 月 19 日，中国证券监督管理委员会、香港证券及期货事务监察委员会、香港联合交易所、上海和深圳证券交易所在北京联合签署了《证券监督合作备忘录》，这为中国内地企业在中国香港上市奠定了法律基础。1993 年 6 月 29 日青岛啤酒股份有限公司在中国香港正式招股上市，成为中国内地首家在中国香港上市H股的国有企业。此后，到中国香港上市的中国内地企业越来越多，至1994年6月6日东方电机股份有限公司正式在联交所挂牌上市，获准上市的9家中国内地企业共发行55.06亿H股，筹资达116.81亿港币。1994年中国又安排22家内地企业到中国香港上市。中国内地企业在中国香港上市，不仅为内地企业筹集了大量的资金，而且还促进了中国内地企业股份制的改革和中国股票市场的发展。

1) 内地企业赴港上市的优势

内地企业海外上市之所以首选联交所，主要是基于以下几点。

(1) 本土市场。

中国香港作为中国的一部分，长期以来是内地企业海外上市的首选市场。一些在中国香港及另一主要海外交易所双重上市的内地企业，其绝大部分的股份买卖在中国香港市场进行。中国香港的证券市场既达到国际标准，又是本土市场。

(2) 文化相同、地理接近。

中国香港与内地往来十分便捷，语言文化基本相同，便于上市发行人与投资者及监管机构沟通。

(3) 建立国际化运营平台。

中国香港没有外汇管制，资金流入流出不受限制；中国香港税率低、基础设施一流、政府廉洁高效；在中国香港上市，有助于内地发行人建立国际化运作平台，实施“走出去”的战略。

(4) 再融资便利。

在联交所，上市6个月之后，上市发行人即可进行新股融资。

(5) 中国香港是国际金融中心。

中国香港是国际公认的金融中心，业界精英云集，已有众多中国内地企业及跨国公司在联交所上市融资。其在金融基建、资金流动、信息、人才等方面都有明显的优势。

2) 内地企业赴港上市的劣势

内地企业在香港上市也存在一些问题，主要体现在以下几点。

(1) 早先上市的国有企业政府色彩浓厚，包装过度。上市以后公司未能真正与国际惯例接轨，在经营管理、会计审核制度、业务评估等方面同香港惯用的规则还存在一定差距。

(2) 信息披露不规范、不及时。H股公司业务运作以及监管乃至企业内部的政策变动等信息披露不及时，国际投资者无法清晰、及时地获得第一手资料，从而造成投资者信任危机。

(3) 公司治理不规范，管理水平低。盲目更改募集资金，盲目投资，盲目多元化现象严重。

(4) 资产运作不灵活，二级市场再融资能力差。目前国内大部分在香港上市的公司(红筹股、国企H股)已经丧失了再融资功能。

本章小结

国际股票是指在国际证券市场上发行和参加市场交易的股票。股票的特征有收益性、风险性、流动性、价格的波动性、决策性和长期性。通常情况下，国际股票可以分为直接海外上市的国际股票、存托凭证和欧洲股权。股票投资的收益主要来自三个方面：股息和红利收益、股票交易差价收益、股份公司资产增值收益。国际股票融资的核心内容是国际股票发行。海外上市是中国企业走向世界的一个重要途径。中国企业境外上市的方式有两种：一种是直接境外上市，另一种是间接境外上市。目前，中国企业境外上市的主要市场包括中国香港和美国。

课后习题

1. 名词解释

(1) 国际股票　(2) 欧洲股权
(3) 股票的交易价格　(4) 本期股利收益率
(5) 股票价格指数　(6) 股票私募发行
(7) 股票公募发行　(8) 红筹上市
(9) 国际股票市场　(10) 买壳境外上市

2. 不定项选择题

(1) 根据股票的具体情况，普通股主要可以细分为(　　)。
A．蓝筹股　B．绩优股
C．垃圾股　D．B 股

(2) 业绩优良且比较稳定的大公司股票是(　　)。
A．绩优股　B．蓝筹股
C．垃圾股　D．优先股

(3) 下列属于影响股票交易价格的因素是(　　)。
A．货币供给量　B．国内外的政治形势
C．政权更迭　D．公司经营状况

(4) 下列属于优先股优先权内容的是(　　)。
A．优先领取股息　B．认股优先权
C．优先索偿权　D．股息部分免税

(5) 美国税法规定，一个公司购买另一公司的优先股票，计算缴纳联邦政府公司所得税时，股息收入的免税部分占(　　)。
A．15%　B．25%
C．55%　D．85%

(6) 下列属于优先股股东不享有的权利的是(　　)。
A．优先索偿权　B．选举权
C．认股优先权　D．对公司业务的经营控制权

(7) 按照股息是否可以累积，可以将优先股分为(　　)。
A．累积优先股和非累积优先股　B．参与优先股和非参与优先股
C．可转换优先股和不可转换优先股　D．普通优先股和特殊优先股

(8) 下列属于股票投资收益主要来源的是(　　)。
A．股息和红利收益　B．股票交易差价收益
C．股票的预期收益　D．股份公司资产增值收益

(9) 股票的持有期可以是(　　)。
A．1 周　B．1 个月
C．1 年　D．5 年

(10) 西方国家比较有影响的股票价格指数主要有(　　)。

A．美国的道·琼斯股价指数　　B．标准普尔股价指数
C．东京证券交易市场指数　　D．中国香港的恒生指数

(11) 按照英美等国的证券法规则，在采取公开发售与全球配售的情况下，公开发售的比例原则上不得低于同次发行总额的(　　)。
A．15%　　B．25%
C．35%　　D．45%

(12) 我国构建境内上市外资股结构的主要依据是(　　)。
A．我国的文化　　B．我国的经济情况
C．我国的法律　　D．我国的会计准则

(13) 存托证上市结构的当事人除包括发行人和基础证券承销人之外，主要还包括(　　)。
A．证券购买人　　B．存托银行
C．存托证承销人　　D．托管银行

(14) 佣金经纪人又称(　　)。
A．代理经纪人　　B．两美元经纪人
C．零数经纪人　　D．专家经纪人

(15) 1949年美国同意东京证券交易所重新开业的条件是实行(　　)。
A．市场集中交易原则　　B．时间和价格优先原则
C．现货交易原则　　D．时间和价格统一原则

(16) 由美国全国证券交易商协会于1971年创建的世界上第一个电子化证券市场是(　　)。
A．香港联合证券交易所　　B．东京证券交易所
C．伦敦证券交易所　　D．纳斯达克市场

(17) 按境内企业与境外SPV关联方式的不同，可以将红筹上市分成(　　)。
A．控股上市　　B．附属上市
C．合资上市　　D．分拆上市

(18) 总是受到投资者，尤其是从事长期投资的稳健型投资者的青睐的股票是(　　)。
A．优先股　　B．蓝筹股
C．垃圾股　　D．绩优股

(19) 通常情况下，国际股票可以分为(　　)。
A．直接海外上市的国际股票　　B．存托凭证
C．间接海外上市的国际股票　　D．欧洲股权

(20) 允许现有股东以正式公开的形式出售股份，但必须在SEC注册，且需要呈交符合美国一般可接受会计原则的财务报告和定期报告的是(　　)。
A．一级存托凭证　　B．二级存托凭证
C．三级存托凭证　　D．全球存托凭证

3. 简答题

(1) 简述企业发行国际股票的主要动机。
(2) 简述股票的特征。
(3) 简述普通股股东享有的权利。
(4) 简述股票公募发行与私募发行的主要区别。
(5) 简述买壳上市的优点与缺点。

4. 案例分析题

网易的纳斯达克之旅

广州网易计算机系统有限公司(以下简称网易)成立于1997年5月，是一家主要从事互联网信息业务的企业。网易对Internet在中国的普及和发展起到了举足轻重的作用，同时也从一家只有几个人的默默无闻的小公司成长为中国互联网最出色的网络服务商之一。

想在纳斯达克上市并非易事，网易要做的准备工作还很多。在美国上市的网易公司并非注册地为中国广州的网易，而是注册地在美国、但在中国境内拥有技术软件开发及服务的一家纯粹的外资公司。显然，这样一种安排是出于上市的需要。根据网易国内律师提供的法律意见书草稿，网易在境外设立的公司是由境外自有资金设立的，与中国国内公司的股权结构不尽相同，也没有任何关系。但两家公司的最大股东则是同一个人，即网易总裁丁磊。

2000年3月28日，网易在美国公开上市申请书。3月29日，网易在长城饭店举行新管理层媒体见面会，丁磊正式辞去首席执行官职务，改任首席技术执行官，李景辉就任首席执行官，新的首席执行官毕业于美国宾州大学，曾获英国文学和经济学学位。丁磊对有关外界“网易将在美国上市，而上市需要公司管理者的美国背景”的猜测表示否认。但是，美国市场客观存在着对于上市公司的美国背景一向相当重视的传统，丁磊的否认明显不具有说服力。据悉，这次发生变动的除丁磊外还包括网易整个管理层，具体包括首席运营官、联合首席技术官和两位副总。这几位都具有海外背景，其中联合首席技术官来自于世界第二大门户网站Excite。

2000年4月底，网易正式向美国证券交易监督委员会提交上市申请，在美国发布了招股说明书。

2000年6月22日，网易开始了全程路演。路演是国际证券市场在公司股票发行前常用的一种推介手段，主要是通过一系列的推介活动让投资者对发行人有更深切的了解和直观的感性认识，发行人和承销商最后根据投资值的反馈来比较客观地决定发行量、发行价和发行时机。按照上市所需要的进程，发布完招投说明书后，即将上市的公司要经过短则两周、长则四周的全程路演。路演的时机、做得好不好都非常重要，它会直接影响到公司股票的发行情况。

美国投资银行美林证券是此次网易上市的主承销商(另一家为德意志银行)，美林证券北京首席代表何宁先生称，网易面临的时机自然无法与5 000多点的高涨时期相比，但是，起码处于整个市场逐渐复苏的阶段。

美国东部时间2000年6月30日上午11时，网易Net ease.com，Inc. (股票代码NTES)在纳斯达克股票交易所正式挂牌交易。网易此次共发行了450万份存托凭证，每份合普通股100股，定价15.50美元，准备筹资6 975万美元，网易已发行股本15%。以招股价计算，网易的市值将达4.67亿美元。至此，网易成为当时继中华网和新浪网之后，又一家在纳斯达克挂牌的中国概念网络股。

请结合以上案例，讨论中国企业境外上市需要注意的问题有哪些？

课 后 阅 读

中国企业香港上市回顾

1991年6月4日，联交所宣布成立“中国研究小组”，负责对中国有关公司在港上市的可行性作出研究，并探索联交所在中国扩大集资功能的潜在角色。

与此同时，当时的国家体改委副主任刘鸿儒等以新华社香港分社客人名义赴港考察，认为境外上市利大于弊。这一结果于1992年4月向国务院作了汇报，当时的决定是：香港上市要慎而又慎，首先要搞好上海、深圳两个证券市场。

1992年4月29日，朱镕基副总理在北京接见李业广(时任联交所主席)。谈到内地企业到香港上市问题，朱总理当即表示：选择十家左右国有企业到香港上市。

1993年6月19日，内地与香港签订监管合作备忘录，10天之后的6月29日，第一家内地企业——青岛啤酒有限公司(以下简称青岛啤酒)，在港挂牌上市，至此，拉开了内地企业赴港上市的序幕。

1992年7月15日，海虹集团公司上市，此为首家内地企业通过在港成立控股公司而上市的个案。1993年2月，红筹股骏威投资新股超额认购达658倍，冻结资金241亿港元，创下香港股市历史最高超额认购记录。1993年6月17日，联交所为了适应内地企业来港上市而对交易所上市规则作出的修订条例。6月19日，中国证监会、上海证交所、深圳证交所与香港证监会及联交所在北京签订证券市场监管合作备忘录。1993年7月15日，首家H股公司——青岛啤酒赴港上市，及至1993年底，共6家内地国企在港成功发行H股并上市，集资总额达81.42亿港元。1994年，更有9家H股上市，共集资97.92亿港元，占年度香港所有新上市公司集资额的57%。为配合H股发展，香港恒生指数服务有限公司于1994年8月8日正式推出恒生中国企业指数，以帮助投资者了解国企股的表现。为配合《中华人民共和国公司法》在内地于1995年7月1日起执行，联交所又于1994年11月11日宣布，修订有关适用于内地注册公司发行人的《证券上市规则》，此后三年，大陆企业在港上市达到高潮。

第 8 章　国际债券投资

知识目标

- 掌握国际债券的概念、特征与分类
- 了解国际债券的评级
- 熟悉国际债券市场概况

技能目标

- 能够按照国际评级机构的信用评级对债券进行初步的评估
- 能够计算国际债券收益
- 熟悉中国发行国际债券的发展历程

知识结构

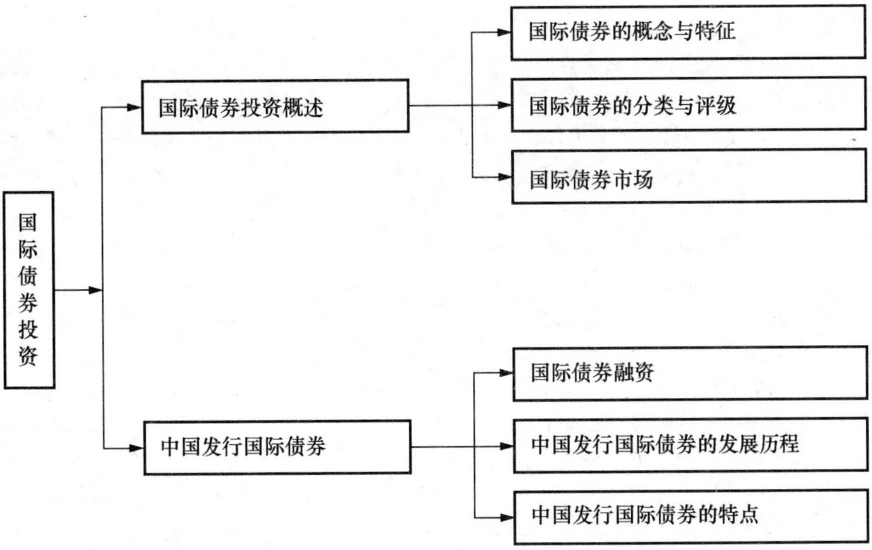

导入案例

外汇投资多元化 美国债仍是投资主选

作为全球最大的外汇储备拥有国，我国2010年拥有2.4万亿美元的巨额储备，外媒将其称为“中国的新核武器”。如何管理这2.4万亿美元的巨额储备，不仅关系到我国的切身利益，也牵动着世界的神经。

1. 外汇投资日益多元化

有消息传出，我国外管局买入价值4亿欧元(合5.05亿美元)的西班牙10年期国债。西班牙此次发行了总额为60亿欧元的债券，在短短几个小时之内，投资者的认购需求就达到了145亿欧元。债券有三分之二由国际投资者购得，亚洲投资者所购份额达14%，而我国外管局又占到其中近一半。

由于担心欧元区危机可能会迫使欧元瓦解，亚洲投资者一直尽可能少地购买欧元区南部外围成员国的债券。在2010年1月一次类似的西班牙10年期债券发售中，亚洲投资者所购份额仅占5%。

中国社会科学院中国经济评价中心主任刘煜辉则认为，现在购买西班牙国债风险是毫无疑问的，因为欧洲国家未来的财政平衡还存在较大的不确定性。但他同时认为，支持欧洲经济、支持现在欧元的市场份额符合我国长远的国家利益。

2010年7月上旬，认购西班牙债券之前，我国刚刚大幅增持了日本国债。同时，日本财务省两度公布我国购买日本国债的数据，2010年1—5月，我国合计净购买日本国债高达约1.3万亿日元(约合人民币973亿元人民币)，其中，前4个月累计达5 410亿日元。5月我国更是大幅增持了7 352亿日元的日本国债。

随着我国大举增持日本国债，我国目前已成为日本国债的第二大持有国。有分析认为，2008年金融危机爆发后，我国政府改变了过分偏重美元资产的外汇储备结构，增持欧元资产。但2010年以来，欧洲债务危机使欧元贬值，促使我国进一步加快投资对象多元化以规避风险，这是我国快速增持日本国债的主要原因，也印证了我国外管局有意分散投资外汇储备的努力。

国家外汇管理相关负责人指出，中国外汇储备是负责任的长期投资者，外汇储备在投资经营过程中，将严格按照市场规则和所在国的法律法规进行运作。外汇储备同时还是一个财务投资者，并不追求对投资对象的控制权。

2. 美国债仍是投资主选

自我国加入WTO后，我国的外汇储备随着对外开放不断深入并日益增加。统计表明，1978—1988年，我国外汇储备余额均未超过50亿美元。1996年11月，我国外汇储备首次突破1 000亿美元大关，5年后增加到2 000亿美元。进入21世纪后，我国外汇储备激增，2006年2月超过日本成为全球最大外汇储备国。2006年10月，我国外汇储备突破1万亿美元，2009年6月底突破2万亿美元。截至2010年3月，我国外汇储备余额达2.42万亿美元。

如何管理手中的巨额储备、分散投资风险，这显然是个艰巨的挑战。

据了解，在我国外汇储备投资中，所持有的美元资产高达70%以上，而美元汇率近年来波动较大。根据美国财政部发布的数据，中国持有美国国债的数额2010年4月已经突破9 000亿美元大关，是美国头号债主。

外汇局坦言，金融危机后，美国实施了大规模的经济救助政策，财政赤字猛增，市场上一度出现对美元进一步贬值的担心。但其同时表示，美元贬值是相对其他国家和地区货币的，而其他国家和地区也面临着这样或那样的问题，如欧洲国家政府负债规模也较高。

时任中国外汇投资研究院院长谭雅玲表示，如果中国只买美国国债风险很大，把所有权重压在一个筹码上在风险来临时将不可逆转。现在中国努力多元化调整外汇资产的结构和配置，长远来看，对中国和世界都有好处。但很长一段时间内，美国国债的地位将难以取代，仍将是中国投资的主要选择。中国作为主权国家，选择什么国家的债权，是根据市场发展趋势和结构配置决定的。

(资料来源：http://finance.sina.com.cn/roll/20100716/00233388136.shtml. 有删改.)

讨论题：你认为我国应该如何调整外汇资产结构？

8.1 国际债券投资概述

债券的发行和流通超出了本国的国界，便产生了国际债券。国际债券投资在世界金融中扮演了重要的角色。

8.1.1 国际债券的概念与特征

1. 国际债券的含义

国际债券是指一国政府机构、金融机构或工商企业为筹集资金而向外国投资者发行的可自由流转的债权证券。

2. 国际债券的特征

国际债券是一种跨国发行的债券，涉及两个或两个以上的国家，同国内债券相比，具有一定的特殊性，具体表现在以下几个方面。

1) 资金来源广

国际债券是在国际证券市场上筹资，发行对象为各国的投资者，因此，其资金来源比国内债券要广泛得多，通过发行国际债券，可以使发行人灵活和充分地为其建设项目和其他需要提供资金。

2) 发行规模大

发行国际债券，规模一般都较大，这是因为举借这种债务的目的之一就是要利用国际证券市场资金来源的广泛性和充足性。同时，由于发行人进入国际债券市场必须由国际性的资信评估机构进行债券信用级别评定，只有高信誉的发行人才能顺利地进行筹资，因此，在发行人债信状况得到充分肯定的情况下，巨额借债才有可能实现。

3) 存在汇率风险

发行国内债券，筹集和还本付息的资金都是本国货币，所以不存在汇率风险。发行国际债券，筹集到的资金是外国货币，汇率一旦发生波动，发行人和投资者都有可能蒙受意外损失或获取意外收益，因此，国际债券很重要的一部分风险是汇率风险。

4) 有国家主权保障

在国际债券市场上筹集资金，有时可以得到一个主权国家政府最终付款的承诺保证，若得到这样的承诺保证，各个国际债券市场都愿意向该主权国家开放，这也使得国际债券市场具有较高的安全性。当然，代表国家主权的政府也要对本国发行人在国际债券市场上借债进行检查和控制。

5) 以自由兑换货币作为计量货币

国际债券在国际市场上发行，因此其计价货币往往是国际通用货币，一股以美元、英镑、德国马克、日元和瑞士法郎为主，这样，发行人筹集到的资金是一种可以通用的自由外汇资金。

3. 国际债券的投资收益

1) 债券的价格

债券的价格分为在一级市场(发行市场)上债券的发行价格和在二级市场上买卖债券的交易价格。

债券的发行价格是指债券投资者从发行人手中购入债券时应该支付的市场价格。由于债券的期限长短、票面利率和市场利率等多方面的因素会影响到债券的发行价格，因此债券的发行价格不一定就是其票面价格，债券发行人可能采用的债券发行方式有三种，分别是溢价发行(按高于债券面额的价格发行债券)、等价发行(以债券的票面金额作为发行价格)和折价发行(按低于债券面额的价格发行债券)。

债券的交易价格是指投资者之间转让债券的价格。税收待遇、资金和债券供给间的关系、债券流动性的强弱、汇率变动、物价波动、央行的金融政策、政治因素、投机因素等都会影响到债券的交易价格。

2) 债券的收益率

债券的收益率是用来衡量投资者收益水平的重要指标。债券的收益率主要有名义收益率、当期收益率、持有期收益率和到期收益率几种。

(1) 名义收益率。名义收益率是假定在不存在任何外来因素影响的情况下投资者的收益水平，即每年固定的债息额与债券面额的比率。用公式表示为

$$名义收益率=\frac{年债息额}{面额}\times 100\%$$

名义收益率虽然能显示每年支付债息总额的水平，但是它在一般情况下不能够说明投资收益水平。

(2) 当期收益率。当期收益率又称直接收益率，是债券每年的固定利息与债券实际买入价格的比率。它能说明投资者每年取得的债息额水平的高低或在持有期内每年连续可得的债息收益水平，因此，它是一个投资者常用的收益指标。用公式表示为

$$当期收益率=\frac{年债息额}{买入价}\times 100\%$$

投资者可以通过对市场上各证券当期收益率的计算和比较，来作出投资哪种证券的决定。

(3) 持有期收益率。债券的持有期收益率是指投资者在某一特定持有期内的债券收益率，即从买入债券到卖出债券期间所得的收益率。用公式表示为

$$持有期收益率=\frac{卖出价-买入价}{买入价}\times\frac{360}{持有期限}\times 100\%$$

(4) 到期收益率。到期收益率是综合的年平均收益率，指投资者在债券到期的情况下应该得到的收益率。它包括了所有债息收益和可能得到的资本利息。到期收益率所体现的收益有一定的期限性，即从购买之日起至到期日止的一段时间；所体现的收益内容有这段时间内的债息收益，也有同期内的资本盈亏，即债券自身价值的变化。到期收益率的计算比较复杂，国外通用的方法是采用一个近似的公式，所得的近似值也足以作为依据，用公式表示为

$$AYTM\approx\frac{C+(P_m-P_0)/N}{(P_m+P_0)/2}\times 100\%$$

式中，$AYTM$ 为应得到期收益率；C 为年债息额；P_m 为到期面值；P_0 为买入现价；N 为剩余年数。投资者在衡量和选择投资机会时通常会将到期收益率作为一项重要的依据。

8.1.2　国际债券的分类与评级

1. 国际债券的总体分类

国际债券在整体上可分为外国债券(Foreign Bond)、欧洲债券(Euro Bond)和全球债券(Global Bonds)三大类。

1) 外国债券

外国债券是指由债券发行人在某一外国的市场以该国货币标价发行，并在该国证券市场交易的国际债券。例如，中国财政部在德国发行并在法兰克福交易所上市的政府债券，中国银行在日本发行并在东京交易所上市的“武士债券”，中国银行在美国发行并上市的“扬基债券”等均属此类。

2) 欧洲债券

欧洲债券是指由债券发行人以债券面值货币所在国以外的国际货币发行(通常同时在几个国家发售)的国际债券，它实际上是一种无国籍债券。根据欧洲债券的面值货币不同，它又可进一步分为欧洲美元债券、欧洲英镑债券、亚洲美元债券、亚洲英镑债券等。例如，中国银行在国际市场发行并在东京上市的美元债券和在伦敦上市的美元债券均属此类。

欧洲债券与外国债券除了发行市场方面有差异外，还有一些其他方面的差异。

(1) 债券承销方面。外国债券通常由债券发行地所在国的金融公司、证券公司或投资银行承销；而欧洲债券通常由国际性金融公司、证券公司或投资银行组织不同国家(通常为债券发行地)的分销商共同承销，即所谓“全球发售”。

(2) 债券面值货币方面。外国债券所使用的货币只限于债券市场所在国的货币；而欧洲债券的发行人则可以根据货币的汇率、利率和集资用途，选择某种主要货币标明债券面值。

(3) 在适用法律方面。外国债券的发行必须受发行地国家法律的支配，并且往往须履行特定的申请和注册程序，它在法律上被视为某种外国证券；而欧洲债券的发行一般不受债券发行地国家法令的管制(但须受上市地国家法律的支配)，通常也无须向发行地国家履行申请和注册程序，其法律适用问题通常须在债券发行文件中确定。

(4) 发行税收方面。外国债券的发行人原则上须按照市场所在国法律接受预扣证券发行税(但许多国家和地区给予免税优惠)；欧洲债券的发行人通常不需缴纳证券发行税，且此类债券的交易所得税也不予征收，这对于投资者来说也颇有吸引力。值得说明的是，由于证券交易市场的存在和各国证券市场的国际化发展，外国债券与欧洲债券在进入二级市场后的区别将趋于减弱。

3) 全球债券

全球债券是 20 世纪 80 年代末产生的一种具有高度流动性的新型投资工具，是一种在全世界的主要国际金融市场上同时发行，并在全球多个证券交易所上市，全天 24 小时均可交易的债券。这种债券最初是世界银行于 1989 年发行的，主要以美元、日元和欧元为面值。有些国家也发行过全球债券。例如，瑞典于 1993 年 2 月发行了 20 亿美元的全球债券；意大利于 1993 年 9 月发行了 55 亿美元的全球债券，1994 年 1 月又发行了 3 000 亿日元的全球债券。这种新型债券正以较快的速度发展着。

相关链接

中国发行全球债券，搅热国际债券市场

2003年，中国最新发行的10亿美元和4亿欧元全球债券被投资者争相抢购，原因是投资者热衷于购买新兴市场债券，并对亚洲国家经济前景持乐观预期。此次是中国自2001年5月以来首次发行全球债券。

据这批债券的承销行透露，新发行的美元债券和欧元债券所吸引的投资者需求均大于实际所需，债券发行价超出了最初计划。

欧元债券的认购额超过10亿欧元。大约80名投资者直接参与了债券交易，一半以上的债券被法国、英国、德国和瑞士等非亚洲国家的买主抢走，其余部分落在亚洲国家买主的手中。

债券发售收益率与市场掉期利率中值之差为7个基点，早些时候传言为10个基点。1个基点相当于1/100个百分点。

当时2006年到期债券息差为8个基点，而新债券将于2008年到期，这意味着对投资者来说新债券的风险系数较大。

时任法国巴黎银行驻伦敦的企业联合业务全球主管马丁·伊根指出，正常来讲这种情况不会发生。该行与德意志银行、瑞士银行共同代理欧元债券的发行工作。伊根表示，由于中国债券较难买到，所以投资者不惜花费大本钱。

此次债券发行的一家牵头行表示，美元债券也受到普遍欢迎。高盛、美林和JP摩根代理美元债券的发行。

消息人士称，美元债券的认购额为20亿美元左右，有150名投资者直接参与债券交易。一半以上的美元债券流入欧洲和美国的账户，其余部分被亚洲投资者买走。

美元债券与美国国债的息差为53个基点，此前传言为55个基点。

欧洲和美国的银行业者均表示，中国强劲的经济增长是周三发行的全球债券的主要卖点。

标准普尔评级服务公司(Standard and Poor's Corporation)周三表示，因中国健康的债务水平和良好的经济改革成果，该公司将新债券的评级定为BBB。预计2003年中国外债占经常项目收入的比例将降至42%左右，从而使整体债务占经常项目收入的比例降至15%左右，未来几年中国对外商投资政策的放宽应该会使中国的对外竞争力继续提高。

在目前的市场条件下，低利率的国际市场环境导致借贷成本降低，令投资者争相抢购新兴市场债券，从而抬高了债券价格。2001年中国发售的欧元债券收益率与市场掉期利率中值之差为32个基点，这表明2003年的市场情况较那时要健康得多。

JP摩根新兴市场债券指数(EMBI+)同美国国债的息差周三为470基点，上一次低于480基点是在1998年5月5日。巴西、委内瑞拉和菲律宾等其他新兴市场国家也充分利用了最近几周发行全球债券融资的最佳时机。

(资料来源：http://www.chinadaily.com.cn/gb/doc/2003-10-24/content-275322.htm.)

2. 国际债券的一般分类

国际债券除在整体上分为外国债券、欧洲债券和全球债券外，还可按照债券发行利率、债券发行货币、债券可转换性、债券发行主体、债券兑付期限等标准进行不同的分类。例如，按照国际债券的利率确定方式可将其分为固定利率债券、浮动利率债券、零息债券等；按照国际债券(实际上限于欧洲债券)的发行货币可将其分为单一货币债券、双重货币债券、货币选择债券等；按照国际债券的可转换性可将其分为直接债券、可转换债券、认购权证、转让贷款证券等；按照国际债券的发行主体，可将其分为政府债券、金融债券、企业债券等；按照国际债券的兑付期限可将其分为长期债券、中期债券、短期债券和短期票据等。下文介绍以下几种常见的国际债券类型。

1) 固定利率债券

固定利率债券(Fixed Rate Bond)是指具有固定利率、固定利息息票和固定到期日的债券。债券代理机构通常按照规定向息票持有人支付利息，并于到期日向债券持有人偿付本金。固定利率债券是国际债券的传统类型，也是目前国际债券融资中采用最多的典型形式。

固定利息债券通常在市场利率相对稳定的条件下发行，当市场利率不断发生较大变化时，将会对债券发行人或债券投资人造成风险，影响债券的发行条件和发行效果。20 世纪 80 年代以后，欧洲债券市场上开始出现了一些固定利率债券的变型，其中最典型的为可撤销债券(Retractable Bond)，此种债券将债券期限分为若干期，发行时仅固定第一期利率，其后每期均另确定利率，以此来克服固定利息债券自身的缺陷。

2) 浮动利率债券

浮动利率债券(Floating Rate Notes，FRNs)是指利息率可按一定条件浮动变化的债券。它产生于 1970 年。该债券结合了中期银团贷款和长期欧洲债券的优点，一方面，它可为借款方提供期限长于银团贷款的中长期借贷资金，另一方面，它又使投资者减少了因利率上升而引起的资金贬值风险。证券市场参与者通常认为，浮动利率债券具有将风险平均分配于借款方和贷款方的作用，为双方提供了公平躲避利率变动风险的条件；从市场表现来看，浮动利率债券的市场价格较为平稳，其买卖差价较小，债券发行人所负担的利息与伦敦银行同业拆借利率(London Interbank Offered Rate，LIBOR)的差额不大，该券种的流动性也较高，这充分体现了此种创新性金融工具的作用。浮动利率债券自 20 世纪 80 年代以后得到了长足的发展，成为国际资本市场上重要的金融创新，其品种和发行条件也日趋多样化和复杂化，该类债券的发行人多为从事贷款业务的金融机构。其特点主要有以下几个。

(1) 其债券利息许可根据短期存款利率的变化每 6 个月或 3 个月(依债券发行条件规定)调整一次。

(2) 其利息率通常是在伦郭银行同业拆放利率(LIBOR)的基础上略提高一些，并且其利息率浮动通常定有最低下浮限制，并可附有利息率浮动上限。

(3) 浮动利率债券依其具体发行条件可附有不同的息票，通常每6个月或3个月支付一次；浮动利率债券通常为中长期债券，期限多为 5～15 年。

(4) 浮动利率债券多为可转让的无记名债券。

3) 零息债券

零息债券(Zero-Coupon Bond)是指以贴现方式发行，不附息票，而于到期日时按面值一次性支付本利的债券。其特点主要有以下几个。

(1) 该类债券以低于面值的贴现方式发行，由其发行贴现率决定债券的利息率。

(2) 该类债券的兑付期限固定，到期后将按债券面值还款，形式上无利息支付问题。该类债券的收益力具有先定性，对于投资者具有一定的吸引力。

(3) 该类债券在税收上也具有一定优势，按照许多国家的法律规定，此类债券可以避免利息所得税。

零息债券在国际债券融资市场中也占有相当大的份额，我国在国内债券市场上也曾成功地发行过零息债券，但其债券期限较短。

4) 可转换债券

可转换债券(Convertible Bonds)是指按照固定利率条件发行，但可按照投资者的意愿和约定条件转换为对发行人(或担保人)公司股票的公司债券。它为发行人提供了一种在不扩张股本条件下的低利息率融资工具，且其融资效率往往高于股票发行和一般债券发行。对于投资者来说，可转换债券的吸引力实际取决于其转换升水(转换日时股票市场价格高于约定每股转化价格的差额之百分比)，它大大提高了该债券的收益潜力；不仅如此，由于债券二级市场的存在，可转换债券的市场价格实际上与发行人公司的股票价格也具有了相关性，从而直接提高可转换债券的投资价值。其特点主要有以下几个。

(1) 该类债券的发行人仅限于其资本业已股份化的股份有限公司或有限责任公司。

(2) 该类债券是一种固定利率债券，其利息率通常较低，以平衡转换选择权的利益。

(3) 该类债券的转换日期通常为发行条件中约定的某一利息支付日，并应规定合理的申请准备期间。

(4) 该类债券在发行条件中附有转换选择权，债券持有人有权在约定的转换日期时以约定的每股转换价格(Conversion Price)要求将该债券转为对发行人公司(或担保人公司)的普通股股票，也有权不将其转换为股票而要求将其转换为一般的固定利率债券，并且在通常情况下，可转换债券的每股转换价格应高于债券发行时该公司股票的市场价格。

5) 短期票据

短期票据在美国称为商业票据(Commercial Paper)，在欧洲称为欧洲票据(Euro Notes)。它原本为一种货币证券，仅可提供短期资金信用，并不属于严格意义上的债券；但自 20 世纪 80 年代以后，金融机构通过一系列金融安排，使之成为某种中短期融资工具；实践中称之为“短期票据的便利化使用(Note Facility)”，并被誉为现代资本市场的四大金融创新之一。

在短期票据便利化的安排下，借款人通常须与负有承销责任的金融机构签署包括贷款承诺、票据承销、贷款展期承诺和还款担保在内的一系列协议文件；然后由借款人签发一系列短期票据(通常为本票)交由承销人安排以贴现价承销和余额承购，而背书转让(或无记名发票)制度、票据贴现市场和承销人贷款承诺则为借款人的短期票据融资提供了有效的保障；在初次短期票据即期后，借款人通过续期短期票据和承销人的展期承诺实现所谓“循环承销安排”(Revolving Underwriting Facilities)，以此自然延长了贷款期间，由此可形成 1～7 年的中短期融资。短期票据的便利化使用具有手续简便和筹资成本低的特点，在短期资金市场发达且法律管制宽松的国家中，此种短期票据的发行甚至不需要有承销机构，借款人不必支付任何承销费用，即可实现发行筹资目标。通常认为，短期票据的便利化使用综合了票据工具、信贷技术与证券化融资技术的特点，它与传统的国际债券融资和贷款融资均不完全相同；此类金融工具在国际融资市场中占有相当大的份额并有不断上升之趋势，其中不仅包括欧洲票据，还包括被称之为“票据发行贷款”的某些金融品种。

3. 国际债券的评级

债券信用评级是对借款人某一具体债券的偿还风险、偿债可能性和信用等级所作的具体评价，它表明了不同拟募债券的等级，主要以国际借款人募集债券前的具体债务结构、偿债能力、财务状况、违约可能性、资金效益预测、债券担保情况、借款人信用状况、所在国法制保障等因素为评级依据。债券信用评级具有一定的易变动性，它通常是依据某一借款人在债券发行前的状况进行信用评级，其评级结论仅针对该拟发行的债券，因而同一评级机构对同一借款人不同次发行的债券可能会有不同的结论。

目前国际上比较具有权威性的资信评级机构有标准普尔评级服务公司和穆迪投资者服务公司，其对国际债券的评级分别见表 8-1 和表 8-2。

表 8-1 标准普尔评级服务公司债券信用评级表

等 级	含 义	注 释
AAA	最高级	付息和还本能力非常强
AA	高级	付息和还本能力很强
A	中高级	付息和还本能力较强
BBB	中级	付息和还本能力足够
BB	中低级	付息和还本能力有限
B	较差，半投机级	付息和还本能力缺乏足够的保障，风险较高
CCC	差，明显投机级	付息和还本能力没有保障，风险很高
CC	差，最大投机级	付息和还本能力基本没有保障，风险极高
C	低级债券	一般表示收益债券，没有能力支付本息
D	违约债券	处于违约之中，付息和还本都受拖欠

表 8-2 穆迪投资者服务公司长期债券资信评级表

等 级	含 义	注 释
Aaa	质量最佳	投资风险最小，利息支付受到充分稳定的保护，本金安全，任何可预见的变化都不可能损害其发行的资力雄厚的财务状况
Aa	质量高	受保障程度略低于 Aaa 级，长期风险比 Aaa 稍大一点
A	中上等级	保障本息安全的因素足够，但将来某个时候可能容易出现造成损害的因素
Baa	中等级	有一定程度的风险，利息支付和本金安全的保障程度目前来看是足够的，但从长远来看某些保障因素可能缺乏，具有投机的特征
Ba	投机性因素	利息和本金在将来情况的好坏变化中得不到较好的保护，财务状况不稳定
B	不值得投资	缺乏利息和本金支付的保证或者缺乏维持长期的其他契约条款的保证
Caa	可能违约	可能有危及利息和本金安全的现实因素
Ca	高度投机性	经常违约或者有其他明显的缺点
C	最低级	前景极差，完全不能用来作真正的投资

与债券信用评级对应的是国家风险评级，又称“国家信用评级”或“国家风险评估”。它是指国际评级机构对某一国的整体债务结构、能力、货币与外汇政策、金融与经济法制、国家信用状况所作的综合性宏观评估与预测，综合反映了一个国家的整体信贷风险与偿债信用水平。国家风险评级的结果不仅被普遍用于国际债券融资，而且被广泛地用于国际贷款融资和其他负债性国际融资的决策过程。按照传统的国际信贷观念，某一国的借款人受到其所在国法制和金融环境的约束，当该借款人自身信用发生问题时，债权人可以依赖于其所在国担保制度和破产制度得到救济，而国家本身是不会破产的。但是，20 世纪 70 年代以来一些发展中国家发生的大规模债务危机与货币危机根本改变了传统的国际信贷观念。在今天的国际融资实践中，国际贷款方在决定进行国际信贷决策时不仅要谋求更为广泛和可靠的贷款担保和国家救济手段，而且往往要遵循国家风险评级所指导的贷款风险界限。通常认为，对某一借款人的非风险贷款额不应超过累加后其所在国国家风险评级所指导的贷款总限额；而对个别借款人的债券信用评级结论只有在不超过其国家风险评级结论的范围内才是可靠安全的。

目前进行国家风险评级的国际评级机构主要有商业环境风险评估(Business Environment Risk Intelligence，BERI)机构、欧洲货币杂志社、机构投资者杂志社、国际报告集团等，其中以商业环境风险评估机构的国家风险评级最为著名。BERI 每年对 50 个国家定期进行国家风险预测和评级，并根据对相关国家未来 5 年内的定性预测、定量预测和环境预测进行加权综合后得出总的信用评级结果，其信用级别共分 8 级，信用度共分为 100 度。BERI 的国家风险评级报告对于国际贷款人和机构投资人具有重要的指导作用；根据客户的要求，BERI 还将提供进一步的统计资料和评级结果。欧洲货币杂志社和机构投资者杂志社所进行的国家风险评级涉及 100 多个国家，其评级方法比较注重国际市场统计资料，包括被评级国家进入国际债券市场的能力和统计指标、进入国际信贷市场的能力和统计指标；此外，也综合考虑被评级国家的政治法律风险和经济指标因素。其评级结果通常以排名方式确定被评级国家在国际融资市场中的综合地位，其信用度也分为 100 度。

国家风险评级结论对于国际贷款和国际债券的贷方决策具有重要的指导作用。从国际融资实践来看，国际金融机构和投资机构主要以三类方式运用国家风险评级报告：首先，国际贷款方通常以国家风险评级报告和国家风险等级确定的信贷限额作为信贷的警戒线和贷款决策的基本依据，在超越信贷限额的情况下，通常很难产生国际融资协商。一般情况下，一国信贷额度的确定与其风险成反比变动；该信贷额度的确定可依据放贷国最高放贷额的百分比法确定，也可依据被评级国的偿债能力限额确定，还可依据组合投资理论设定对不同国家的信贷限额。其次，由于国家风险评级报告提供的是比较结论和相对值结论，国际贷款方通常又以之作为投资风险管理的依据，将信贷资金依据分散投资原理投向高信用等级的国家，并且避免将资金过度集中于某一业务地区。最后，根据国家风险评级结论，国际贷款方可在判断风险的基础上寻求减低风险损失的方法，如对于高风险的信贷融资，可要求担保安排，可采用银团贷款结构，还可提出其他分散风险的方法。

相关链接

信用评级巨头遭遇信任危机

近来，欧洲主权债务危机愈演愈烈，欧盟打响了史无前例的“欧元保卫战”。除反思自身举债度日的发展模式之外，国际信用评级机构推波助澜的作用也频遭质疑。2010 年 6 月 2 日，欧盟提议将设立“欧洲证券和市场管理局”的新机构，以便进一步监管评级机构。与此同时，美国国会金融危机调查委员会当天也在纽约举行听证会，调查国际信用评级机构在金融危机中所起的负面作用。

对国际知名评级机构的批评意见屡见不鲜，但像目前这样遭到各方严重质疑、受到政府部门调查并面临严格监管的局面还是少见。“信用记录”一向良好的评级机构如今正遭遇严重的信任危机。

作为金融市场中一个重要的服务性中介机构，信用评级公司为政府、公司债券等评定等级。目前国际上公认的最具权威的专业信用评级机构只有三家，即穆迪投资者服务公司、标准普尔评级服务公司和惠誉国际信用评级有限公司。可以说，国家与机构的信用高低，就由这三大国际评级机构说了算。

虽然被视为“金融市场看门人”，但在当前不断蔓延的希腊债务危机中，三大国际评级机构的作用却备受质疑，被认为是市场动荡的幕后推手。

从 2009 年年底开始，三大机构先后数次降低了希腊国家信用评级，使希腊的融资成本迅速增加，为已经捉襟见肘的希腊财政赤字添加压力。2010 年 4 月 26 日，标准普尔评级服务公司进一步将希腊的主权信用级别下调至垃圾级。这意味着希腊政府债券完全丧失了作为抵押品的资格，失去了借贷功能。

随后，三大评级机构又把矛头对准了其他欧洲国家。2010 年 5 月 5 日，穆迪投资者服务公司将葡萄牙主权信用评级列入负面观察名单。5 月 6 日，穆迪发布报告，认为希腊债务危机可能扩散至欧洲多国银行业，其中葡萄牙、西班牙、爱尔兰和英国将是最易发生危机的几个国家。

一时间，整个欧洲风声鹤唳，债务危机阴霾笼罩。短短几个月，欧元已经从 2009 年底的强势货币，一路狂跌近 16%，欧洲三大主要股指下跌均超过 5%。欧盟与国际货币基金组织紧急磋商，在 2010 年 5 月 10 日凌晨提出了 7500 亿欧元的救助计划，才将市场暂时稳定住。

国际信用评级机构在欧洲主权债务危机中"兴风作浪"的表现，遭到社会各界的猛烈抨击。

时任德国总理默克尔和法国总统萨科齐当时发出联名信，要求就评级机构评估政府债券及公布决定的方式展开审查。

法国前景研究与国际信息中心副主任卡佩勒·布朗卡尔教授也认为："在国际金融危机来临时，评级机构未能先知先觉，还打高分；对欧洲主权债务危机又过分小心，实行降级。前后不一致，令人生疑。"

其实，广大投资者对评级机构"马后炮"的滞后反应以及"落井下石"的做法提出质疑，已经不是第一次了。

1997 年亚洲金融危机酝酿之时，三大公司未能发出任何警告；等到危机爆发后，慌张应对，降级过激，加剧市场恐慌。

在 2008 年国际金融危机爆发前，三大评级机构无一例外地给予了金融衍生次贷产品"AAA"的最高评级。评级机构不仅未能对危机做出及时预警，反而对危机的膨胀起到了推波助澜的作用。

(资料来源：http://www.chinanews.com.cj.news.2010/06-12/2339931.shtml，有删改.)

8.1.3　国际债券市场

国际债券市场是国际资本市场的重要组成部分。从 20 世纪 80 年代起，随着资本市场证券化与国际化的发展，国际借贷的结构也发生了重要的变化。一方面，国际债券融资在国际借贷中的比重不断提高，并于 1983 年迅速超过了传统的银行贷款融资方式，成为国际借贷市场的主流；另一方面，在借贷融资证券化的同时，金融工具的创新亦成为某种时尚，为适应借款人和投资人的不同需要和金融环境的要求，证券化的金融工具也走向了复合化和复杂化，浮息债券和可转换债券的出现有效地改善了借款人的融资条件，而短期票据的融资使用则极大地便利了融资手续，降低了借贷成本，这一发展过程甚至改变了商业银行的信贷观念，导致了信贷工具与证券手段的结合，贷款销售、贷款转让日益趋于普遍化。20 世纪 80 年代国际资本市场的借贷结构见表 8-3。

表 8-3　20 世纪 80 年代国际资本市场的借贷结构

单位：亿美元

融资工具 \ 年度	1984 年	1985 年	1986 年	1987 年	1988 年
银行国际贷款	447	430	524	917	1 256
普通固定利率债券	584	948	1 415	1 213	1 617
浮息债券	382	587	512	130	219
可转换债券	109	113	269	430	350
票据发行贷款	75	344	248	290	144
欧洲商业票据	113	126	590	558	571

(资料来源：经济合作与发展组织. 金融市场趋势，截至 1989 年 8 月数字.)

近年来，国际债券融资正在以很快的速度发展着，其原因是多方面的。首先，20 世纪 80 年代初期，源自一些发展中国家的债务危机使得国际商业银行蒙受了巨大的损失，寻求分散风险的金融工具成为国际金融机构业务的重要考虑，而这一时期修订的巴塞尔协议对于跨国银行资本金的要求也导致银行收缩了其一般信贷业务。其次，对于投资者而言，债券和债券市场为其提供了某种收益稳定、高流动性、有利于分散风险的投资工具。此外，运用各种债券融资工具对于借贷方来说也具有筹资便利、降低筹资成本的优点。

与国际债券分为外国债券和欧洲债券相对应，国际债券市场也可分为外国债券市场和欧洲债券市场。外国债券市场是一种传统的债券市场，它在一定程度上反映了市场所在国货币的地位。目前，纽约、法兰克福、东京、苏黎世是世界上最大的外国债券市场，它们的业务量占整个外国债券市场的95%左右。欧洲债券市场在地理范围上并不限于欧洲，还包括亚洲、中东等地的债券市场。伦敦和卢森堡是现今世界上最重要的欧洲债券市场。欧洲债券市场以欧洲美元为主体，此外还包括德国马克、日元、瑞士法郎、英镑、特别提款权等。20 世纪 70 年代后期，欧洲债券市场得到迅速的发展，目前欧洲债券的筹资额占整个国际债券筹资总额的 60%以上。从债券发行人对国际债券市场的利用程度来看，美国、英国、日本、法国、加拿大是国际债券市场的主要融资国；其他发达国家在国际债券市场的债券融资额中也占有一定的比重；而发展中国家对于国际债券市场的利用程度较低。

我国自 1982 年开始，利用国际债券市场筹集资金，当时，在改革开放的政策指导下，为利用国外资金，加快我国的建设步伐，我国的一些金融机构率先步入国际资本市场，以发行债券的形式筹资。1982 年 1 月，中国国际信托投资公司在日本东京资本市场上发行了 100 亿日元的债券，期限 12 年，利率 8.7%，采用私募方式发行。此后，财政部、银行与信托投资公司、有关企业等相继进入国际债券市场，在日本、美国、新加坡、英国、德国、瑞士等国发行外国债券和欧洲债券。目前，我国债券市场正日益走向成熟和壮大。

相关链接

迪拜主权债务违约危机

迪拜(Dubai)是阿联酋第二大酋长国，面积 3 885 平方千米，占阿联酋总面积的 5%。迪拜拥有世界上第一家七星级酒店、全球最大的购物中心、世界最大的室内滑雪场、源源不断的石油和重要的贸易港口地位，这些为迪拜带来了巨大的财富，使迪拜成了奢华的代名词。

2005 年以来，迪拜以建设中东地区物流、休闲和金融枢纽为目标，推进了 3 000 亿美元规模的建设项目。在此过程中，政府与国有企业的债务像滚雪球一样不断增加。在这种情况下，2008 年 9 月爆发的全球经济危机对迪拜造成了直接打击。房价下跌、建设项目被取消等利空因素接连出现，使暂停偿还债务的可能性越来越大。

但国际社会仍对迪拜暂停还债的可能性抱有怀疑态度。因为迪拜走过的历程与众不同。一直统治迪拜的马克图姆家族，从 19 世纪末开始就努力拉动海湾地区的贸易需求，如 1960 年建设迪拜国际机场；1983 年开通当时世界上最大的人工港口 JevelAli 港；1985 年设立 JevelAli 经济自由区等。

在谢赫 • 穆罕默德的统治下，迪拜推进了迪拜的象征性建筑——七星级酒店迪拜塔等大规模建设项目。海湾地区产油国把通过高油价盈利积累的巨额外汇投入到了迪拜。

9.11 恐怖袭击事件后中东人赴欧美旅游受到限制，迪拜便吸收休闲需求，起到了一种“解放区”的作用。在此过程中，国有企业迪拜世界在港口运营、房地产开发、旅游休闲、经济自由区运营、私募基金、大型折扣店、航空项目、证券交易和金融服务领域，在世界各地推进大型项目，实现了迪拜政府的野心。

全球金融危机结束了迪拜酋长国数年的辉煌发展史，众多工程被迫停工甚至取消，许多类似棕榈岛的项目成为“烂尾楼”。

2009 年 11 月 25 日迪拜最大企业实体组织迪拜世界宣布暂停偿还债务 6 个月，震惊全世界。受此冲击，26 日欧洲大部分股市一开盘就暴跌 3%。

8.2 中国发行国际债券融资

改革开放以来，中国利用外资取得了显著的成绩，国民经济快速发展，综合国力大幅度提高。允许国际多边金融机构发行人民币债券，是中国经济快速发展的结果，也是2005年中国深化改革开放的一项重要举措。它有助于推动中国资本市场的发展，进一步完善社会主义市场经济体系。

8.2.1 国际债券融资

在前面我们已经知道了国际债券主要分为欧洲债券和外国债券两种，而国际债券融资相对应的也就分为欧洲债券融资和外国债券融资两种。下文对两种债券融资方式的特点进行一个简要的介绍。

1. 欧洲债券融资特点

1) 管制松散

欧洲债券市场的所在货币当局，对银行及金融机构、跨国公司、国际金融机构的融资活动管制都很松散。如果在美国纽约市场发行美元债券，美国对此审查相当严格，因此很难获准，而在欧洲货币市场发行美元债券，手续则较为简单，不需评级机构评级，也不必向任何机构登记注册，而债券注册则只需向当地证券交易所提交说明书即可。

2) 币种多样化

欧洲债券可以有更多的货币种类选择，而且当一些借款人想展期筹集较大金额的资金时，欧洲货币市场都能满足货币种类和数量的需要。

3) 交易集中

欧洲债券市场的交易全部在证券交易所里成交，没有场外市场，要接受证券交易所规章制度的管理和监督。

4) 资金调拨方便

欧洲市场是完全自由的市场，不存在限制和标准。加上在欧洲的一些金融中心、银行林立，业务经验丰富，融资类型多，电讯联系发达，银行遍布世界各地，资金的调拨非常方便，如果融资后需要调换成各种所需货币，可在最短时间内完成调换并调拨到世界各地。

2. 外国债券融资特点

1) 发行外国债券首先要对借款者进行评级

借款者涉及许多机构或公司企业，其信誉程度决定了能否发行债券及借款的数额，资信高的可以获准发行，且发行限额较高。如日本政府规定，发行日元债券，属政府级即AAA级，贷款数额可不受限制；AA级的限定只可发行300亿日元；未评级的只能发行100亿日元。

2) 发行额较大且筹资多国化、多样化

美国规定在美国发行美元债券，规模至少5 000万美元，从世界发行境外债券筹资数额来看，相当可观，约占国际筹资总额的60%。

3) 资金使用无严格限制，但不得干扰债权国的财政金融政策

发行外国债券筹到的资金，其具体的用途及使用进度，债权国一般没有特殊要求，但债

券毕竟是在外国发行，各国的经济、金融、税收等政策和法令又各异，在发行过程中要熟悉掌握和注意执行当地的法律。

4) 筹资手续复杂

外国债券要受外国当地有关金融当局的管理，因此筹资手续相当复杂。例如，在美国发行扬基债券要经美国证券交易委员会批准。而且，外国债券融资对资信评级、申请手续和报送的资料都要求较严较细，非常复杂。

8.2.2 中国发行国际债券的发展历程

中国企业参与国际证券投资只是刚刚起步，最多不过 10 年的历史。1986 年，中国国际信托投资公司通过国际融资租赁的方式购买了澳大利亚波特兰铝厂 11%的股份，从此开始了中国进入国际市场从事证券投资的历史。20 世纪 90 年代以后，中国企业海外证券投资有所发展。1990 年，中信香港集团收购了香港泰富发展有限公司 49%的股份，并将该公司改名为中信泰富。在中国企业从事海外证券投资的同时，中国的各主要金融机构也大力发展海外金融业务，尤其是注重海外证券业务的开展，截至 1996 年底，中国境内仅几家国有专业银行就在海外开设了 500 多家分支机构，遍布亚洲、美洲、大洋洲和欧洲分支机构的资产已达 1 200 多亿美元，其中中国银行分布在 68 个国家或地区的分支机构就达 474 家，海外资产逾千亿美元。因为中国企业的经济实力所限，中国企业海外证券投资的规模远远小于中国企业的海外上市筹资活动，但中国企业从事海外证券投资活动却为中国企业跨国化开辟了又一重要途径。

中国经济的迅速发展引发了急需建设的交通、能源、通信等基础设施领域对资金的巨大需求。由于国际债券具有期限长和筹资数额大等优点，中国政府和企业从 20 世纪 80 年代初开始采用发行国际债券这一发达国家惯用的筹资方式。1982 年 1 月，中国国际信托投资公司在日本东京市场上首次发行 100 亿日元的私募债券，期限为 12 年，票面利率为 8.7%，从而开创了中国利用国际证券市场筹集资金的先例。1983 年 8 月，福建投资企业公司又在日本东京市场发行 50 亿日元利率为 8.5%、期限为 10 年的私募债券。1984 年 11 月，中国银行首次在日本东京市场发行 200 亿日元的公募债券。中国银行、中国国际信托投资公司和福建投资企业公司于 1985 年先后在东京、法兰克福、香港、伦敦和新加坡发行了 10 宗国际债券。据统计，1986—1992 年，中国先后在国际债券市场上总共发行 49 次债券，筹资 16.6 亿美元。此后，中国利用国际债券市场融资数额呈急剧上升的态势，1993 年中国的金融机构在国际证券市场上发行债券达 21 次，筹资共达 28 亿美元。1994 年 1 月 14 日，财政部代表中国政府正式向美国证券交易委员会注册登记发行 10 亿美元的全球债券，并同时在美国、欧洲和亚洲销售，发行该债券的牵头机构是美国的美林证券公司，这也是中国首次进入美国资本市场。

8.2.3 中国发行国际债券的特点

从中国在国际证券市场已发行的债券情况看，中国发行的国际债券有以下几个特点。

1. 公募和私募相结合

中国发行国际债券是以私募债券的形式起步的，私募债券发行程序简单，不必因向地方政府报送“注册报告”与“募股说明书”待批而耗费时间。但由于私募债券不能在二级市场上市流通，所以中国同时也发行审批手续复杂，但能在二级市场上挂牌交易的公募债券。

2. 发行主体多元化

中国发行国际债券的主体既有以政府名义出现的银行和金融机构，也有以政府或银行作担保的各类企业，从而开创了一个全方位、多层次的融资渠道。

3. 在大陆注册和在香港注册的企业并举

在大陆注册和在香港注册的企业并举指的是除上述境内注册企业发行国际债券融资外，在香港注册的中资公司，如海外发展、粤海投资、越秀投资等也通过发行可换股债券筹集资金。

4. 所发行的国际债券的种类多样化

到目前为止，中国已发行的国际债券种类有扬基债券、武士债券、将军债券、欧洲美元债券、亚洲美元债券、欧洲日元债券、欧洲马克债券、全球债券、可换股债券(在香港市场上发行)等。债券种类的多样化不仅有利于扩大中国的筹资规模，而且可以减少利率和汇率风险。

5. 发行市场的分散化

中国国际债券的发行市场已由20世纪80年代的日本，扩展到90年代以后的欧洲、北美和亚洲各国。利用发行国际债券进行融资，已成为中国利用外资的主要途径。中国政府和企业的国际债券融资对中国基础设施的建设及经济的迅速发展起到了明显的促进作用。

本章小结

国际债券是指一国政府机构、金融机构或工商企业为筹集资金而向外国投资者发行的可自由流转的债权证券。债券的收益率是用来衡量投资者收益水平的重要指标。国际债券在整体上可分为外国债券、欧洲债券和全球债券三大类。债券的收益率主要有名义收益率、当期收益率、持有期收益率和到期收益率几种。中国发行的国际债券有公募和私募相结合、发行主体多元化、在内地注册和在中国香港注册的企业并举、所发行的国际债券的种类多样化和发行市场的分散化等特点。

课后习题

1. 名词解释

(1) 国际债券　　(2) 债券的发行价格
(3) 溢价发行　　(4) 名义收益率
(5) 持有期收益率　　(6) 欧洲债券
(7) 浮动利率债券　　(8) 固定利率债券
(9) 零息债券　　(10) 债券信用评级

2. 不定项选择题

(1) 下列不属于国际债券特征的是(　　)。
A. 资金来源广　　B. 发行规模小
C. 不存在汇率风险　　D. 有国家主权保障

(2) 债券发行人可能采用的债券发行方式有(　　)。
A. 溢价发行　　B. 等价发行
C. 平价发行　　D. 折价发行

(3) 下列会对债券交易价格产生影响的有(　　)。

A．税收待遇　　B．汇率变动

C．央行的金融政策　　D．投机因素

(4) 当期收益率又称(　　)。

A．间接收益率　　B．直接收益率

C．本期收益率　　D．到期收益率

(5) 投资者在债券到期的情况下应该得到的收益率是(　　)。

A．到期收益率　　B．持有期收益率

C．名义收益率　　D．当期收益率

(6) 由债券发行人在某一国外市场以该国货币标价发行，并在该国证券市场进行交易的国际债券是(　　)。

A．外国债券　　B．欧洲美元债券

C．欧洲英镑债券　　D．全球债券

(7) 根据欧洲债券的面值货币不同，它又可进一步分为(　　)。

A．欧洲美元债券　　B．欧洲英镑债券

C．亚洲美元债券　　D．亚洲英镑债券

(8) 使用的货币只限于债券市场所在国货币的债券是(　　)。

A．欧洲英镑债券　　B．亚洲美元债券

C．外国债券　　D．全球债券

(9) 下列属于外国债券的是(　　)。

A．武士债券　　B．欧洲英镑债券

C．扬基债券　　D．亚洲美元债券

(10) 正在以较快速度发展着的新型债券是(　　)。

A．政府债券　　B．亚洲英镑债券

C．外国债券　　D．全球债券

(11) 按照国际债券的可转换性可将债券分为(　　)。

A．直接债券　　B．可转换债券

C．转让贷款证券　　D．认购权证

(12) 下列属于目前国际债券融资中采用最多的债券典型形式是(　　)。

A．固定利率债券　　B．浮动利率债券

C．零息债券　　D．可转换债券

(13) 20 世纪 80 年代以后，欧洲债券市场上开始出现了一些固定利率债券的变型，其中最典型的为(　　)。

A．可撤销债券　　B．不可撤销债券

C．普通债券　　D．混合利率债券

(14) 浮动利率债券通常为中长期债券，期限多为(　　)。

A．2～12 年　　B．3～13 年

C．4～14 年　　D．5～15 年

(15) 短期票据的便利化使用所具有的特点是(　　)。

A．手续繁杂　　B．筹资成本高

C．手续简便　　D．筹资成本低

(16) 下列属于债券信用评级主要依据的是(　　)。

A．债券担保情况　　B．资金效益预测

C．借款人信用状况　　D．所在国法制保障

(17) 20 世纪 70 年代后期，欧洲债券市场得到迅速的发展，目前欧洲债券的筹资额占整个国际债券筹资总额的(　　)。

A．60%以上　　B．65%以上

C．70%以上　　D．75%以上

(18) 从债券发行人对国际债券市场的利用程度来看，下列属于国际债券市场主要融资国的有(　　)。

A．美国　　B．英国

C．日本　　D．法国

(19) 下列不属于欧洲债券融资特点的是(　　)。

A．管制松散　　B．币种单一

C．交易集中　　D．资金调拨方便

(20) 下列属于外国债券融资特点的是(　　)。

A．筹资手续简便　　B．资金使用无严格限制

C．筹资手续复杂　　D．发行额较大且筹资多国化、多样化

3. 简答题

(1) 简述国际债券的特征。

(2) 简述可转换债券的特点。

(3) 简述欧洲债券与外国债券的不同点。

(4) 从国际融资实践来看，简述国际金融机构和投资机构运用国家风险评级报告的主要思路。

(5) 简述中国发行的国际债券的特点。

4. 案例分析题

在华韩企改变融资方式　衣恋和威亚将首发人民币债券

据韩国《朝鲜日报》2011 年 12 月 1 日报道，韩国衣恋集团和现代威亚公司作为进军中国的韩国企业，将首次在中国发行人民币债券(熊猫基金)。

报道称，据韩国证券界消息，衣恋集团上海法人——衣念时装贸易有限公司决定于 2012 年 2 月发行规模为 5 亿元的 3 年期人民币公司债券。该公司最近将向中国银行间市场交易商协会提出申请。据了解，以折合韩元为基准，衣念发行的债券年利率估计为 6.7%，比中国其他银行贷款利率约低 1 个百分点。

此外，现代威亚公司也将通过中国分公司于 2012 年上半年发行 4 亿元 3 年期人民币公司债券，发行经办人为“韩亚大投证券”。

韩国企业此前曾在中国香港发行过几次人民币“点心债券”，但此次发行熊猫债券还是第一次。韩亚大投证券常务曹江镐(音)说：“打进中国的韩国企业的融资方式从向中国银行贷款扩大为直接融资，这具有深远意义。”

报道分析称，中国政府一直限制外企发行债券，而今年以来采取了灵活的态度，因此可以肯定今后韩国企业的人民币债券发行规模将进一步扩大。

(资料来源：http://mnc.people.com.cn/GB/16463231.html.)

请结合本章所学内容，讨论衣恋和威亚为什么要发行人民币债券？

课后阅读

熊猫债券

2005年9月28日，经国务院批准，国际金融公司(International Finance Corporation，IFC)和亚洲开发银行(Asian Development Bank，ADB)将成为首批在华发行人民币债券的国际多边金融机构。外国债券是指某一国借款人在本国以外的某一国家发行以该国货币为面值的债券，此次国外开发机构获准在国内发行人民币债券在我国债券市场是史无前例的，可以说是我国债券对外开放过程中的一个重大突破。

根据国际惯例，国外金融机构在一国发行外国债券时，一般以该国最具特征的吉祥物命名。据此，财政部部长金人庆将国际多边金融机构首次在华发行的人民币债券命名为“熊猫债券”。

2005年10月11日，IFC在银行间市场发行了11.3亿元的10年期的熊猫债券，票面利率为3.4%，按票面值发售。债券的主承销商为中金公司和中信证券。IFC将用债券收益向3家中国企业提供融资。

2005年10月13日，ADB发行的10亿元熊猫债券为10年期债券，票面利率为3.345%，债券主承销商为中银国际。ADB在债券募集说明书中称，发债所募集的资金将纳入其普通资本资源，特别是为其在中国的项目融资。

2006年11月10日，世界银行旗下成员之一——IFC在中国市场上启动了第二期熊猫债券的发行。IFC发行熊猫债券所获融资将用于向民营企业提供贷款，在促进中国债券市场发展的同时，推动中国民营经济的发展。该期债券发行总规模8.7亿元人民币，期限为7年，票面利率为3.2%，主要在银行间市场面向机构投资者发行。由中金公司和中信证券担任联合承销商。此次融得的资金将用于向国内4家公司提供融资。

2009年12月1日，ADB宣布，该行已确定在中国市场发行总值10亿元人民币的10年期熊猫债券。这是继 2005年首发成功后，亚行第二次发售以人民币计价的固息债券。中国国际金融有限公司将是第二批熊猫债券的主要承售商。

熊猫债券的发行对我国来说是一石多鸟之举。第一，此举将进一步丰富境内发债主体，促进债券市场国际化。第二，此举将提升人民币的国际地位，扩大人民币的使用范围，提高人民币的资金使用效率，有利于进一步发挥资本市场转化储蓄为投资的功能。第三，发行熊猫债券有利于减少对美元资产的依赖度，推动资本双向均衡流动，争取在世界金融体系中的“话语权”。第四，国际金融公司和亚洲银行这些享有盛誉的国际金融机构进入中国境内市场，有利于学习借鉴国际经验，加强对国际债券市场的制度规范、运作方式、信用评级、支付清算、监管体系以及金融技术的掌握，加快中国债券市场对外开放的步伐。

(资料来源：李燕勃. 熊猫债券. 现代商业，2010，15. 有删改.)

第9章 国际投资基金

知识目标

- 掌握国际投资基金的概念、特征与种类
- 了解国际投资基金的运作

技能目标

- 能够运用国际投资基金的概念与运作初步分析宏观经济现象
- 了解中国基金投资业的发展历程

知识结构

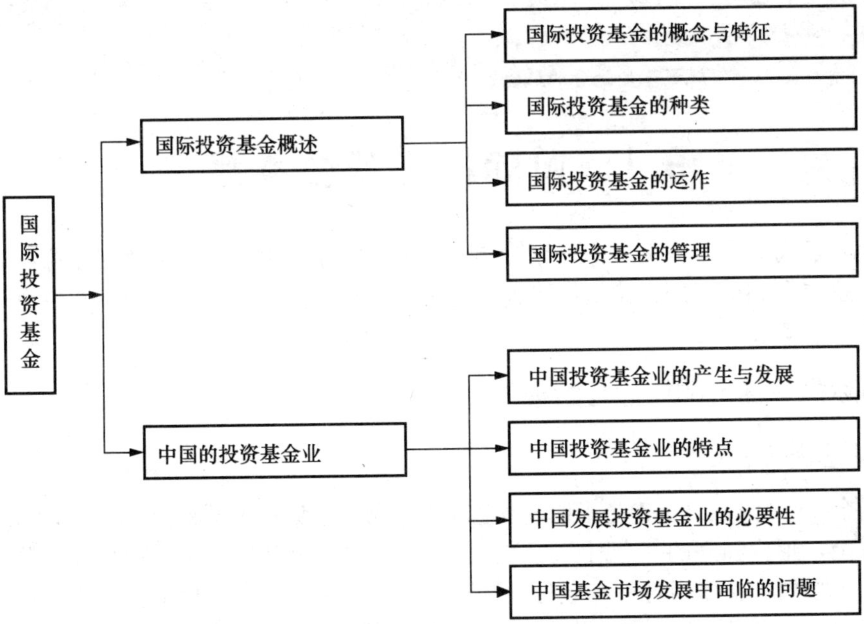

导入案例

麦道夫诈骗案事件

伯纳德·麦道夫(Bernard L.Madoff)，美国著名金融界经纪人，前纳斯达克主席，诈骗案发前是纳斯达克OMX集团提名委员会的一名成员，1960年，从法学院毕业后的他拿着自己在海滩上做救生员赚来的5 000美元创立了伯纳德·麦道夫投资证券公司，并因此闻名华尔街。这家公司主要以担任股票买卖的中间人而闻名。2001年，麦道夫公司被称为纳斯达克股票市场三大提供上市咨询的经纪公司之一，纽交所第三大经纪公司。因为设计一种“庞氏骗局”(层压式投资骗局)，令不少著名投资者金融机构损失500亿美元(约3 900亿港元)以上，曾逃过美国证券交易委员会等机构的监管。麦道夫还领导着一项投资顾问业务，这一业务专为富人、对冲基金和其他机构投资者理财。

1. 麦道夫诈骗案事件起因

麦道夫被两个儿子告发欺诈。事件缘起于2008年12月初，麦道夫向其中一名儿子透露，客户要求赎回70亿美元投资，令他出现资金周转问题；2008年12月9日，麦道夫突然表示提早发放红利。对此，麦道夫的儿子感到可疑，第二天在公司便向父亲询问，当时麦道夫拒绝解释，指示两人到其寓所再谈。

同日，麦道夫于寓所向儿子承认，自己炮制的是一个巨型金字塔层压式“庞氏骗局”，前后共诈骗客户500亿美元。

麦道夫的儿子于2008年12月10日当晚便告发了麦道夫，一场可能是美国历史上金额最大的欺诈案暴露在世人眼前。

2. 麦道夫诈骗案欺诈手法

据香港《文汇报》报道，美国联邦调查局(FBI)特工卡希奥皮在刑事起诉状中说，麦道夫的投资顾问公司以营运证券业务欺骗投资者，他在交易中亏损了投资者的钱，却以其他投资者的本金，借词作为投资回报支付给另一些投资者，导致投资者损失数百亿美元。

麦道夫创办的投资证券公司主要担当股票买卖中间人，但他还秘密进行投资顾问业务，有11～25名顾客，管理资产约171亿美元。麦道夫的职员表示，公司的投资顾问业务位于公司另一层，麦道夫一直将有关财务文件保密，对投资业务亦含糊其辞。

讨论题：请讨论，如何规避基金投资的风险？

9.1 国际投资基金概述

近几年来，商品牛市吸引人们眼球的同时，国际基金也引起了投资者的注意，对那些活跃在能源、金属等领域“翻云覆雨”的各类基金统称为国际基金，同时国际基金也是影响市场价格走势的重要力量之一。

9.1.1 国际投资基金的概念与特征

1. 投资基金的含义

投资基金(Investment Fund)是指通过发售基金份额，汇集众多不特定的且有共同投资目的的投资者的资金，形成独立的基金财产，委托专业投资机构分散投资于各种有价证券和其他金融工具，并由投资者按其所持有基金份额享受收益和承担风险的一种集合投资方式。各个国家对投资基金的称谓是不一样的。英国称投资基金为“单位投资信托”(Unit Investment Trust)；美国称为“共同基金”(Mutual Fund)；日本和我国台湾地区将投资基金纳入信托的范围，并且特别限定为证券投资信托(Securities Investment Trust)。

投资基金具有多种投资功能，可以用来积累个人财富，可以作为价值的储藏工具，同时也是一种追求高收益的手段。投资基金通过向投资者发行股份或受益凭证募集社会闲散资金，再以适度分散的组合方式投资于各种金融资产，从而为投资者谋取最高利益。

2. 投资基金的特征

投资基金是一种金融中介机构以基金份额的形式向投资者发售金融形式的所有权，以此在投资者和筹资者之间充当资产转换的媒介。投资基金也是一种投资工具，本身属于有价证券的范畴，投资于基金份额同样要承担风险和支付一定的交易费用，其收益并不是固定的。另外，投资基金也是一种信托投资方式，与一般信托有相似之处，但又有自己的特点。

投资基金的特点表现在人们投资于投资基金就等于聘请了具有丰富经验和专业知识的专家，这些专家能为投资者带来较高的回报，因为他们的投资决策一般是根据随时了解到的最新的有关经济形势、国内外市场的发展动态、上市公司的经营状况等信息，并经过认真分析和对证券市场总体走势进行预测后作出的。同时，投资基金的运作人进行组合投资，即对上市或未上市公司的股票、新股认购权证、公司债券、股权凭证、地方债券、金融债券、政府债券等有价证券进行组合，可以有效地降低风险。目前，世界各国都颁布了有关投资基金的管理和运作的法规，对投资基金的设立、管理和运作做了严格的限定，有利于保护投资者的利益。此外，投资者对投资基金有很大的选择性，认购多少投资基金视投资者自身的实力而定，因此，投资基金的品种适合更广范围的投资者。

3. 投资基金与股票、债券的差异

1) 体现的权利关系不同

股票是一种所有权凭证，投资者购买股票后就成为公司的股东，反映的是一种所有权关系；债券是一种债权凭证，投资者购买债券后就成为公司的债权人，反映的是债权债务关系；基金是一种受益凭证，投资者购买基金份额就成为基金的受益人，反映的是一种信托关系。

2) 所筹资金的投向不同

股票和债券筹集的资金主要投向实业领域；基金筹集的资金主要投向有价证券等其他金融工具或产品。

3) 风险程度和收益情况不同

一般情况下，股票价格的波动性较大，不确定性强、风险高、收益也高；债券的波动性较股票要小，风险低、收益也低；基金的投资选择灵活多样，能有效地分散风险，因此基金投资获得的收益相对稳定。

4. 证券投资基金的发展历程

证券投资基金作为社会化的理财工具，起源于英国的投资信托公司。产业革命极大地推动了英国生产力的发展，国民收入大幅增加，社会财富迅速增长。证券投资基金由此萌芽。1868 年，英国成立“海外及殖民地政府信托基金”，金融史学家将之视为证券投资基金的雏形；1873 年，苏格兰人罗伯特·弗莱明创立“苏格兰美国投资信托”，专门办理新大陆的铁路投资，聘请专职的管理人进行管理，投资信托才成为一种专门的营利业务；1897 年，英国《股份有限公司法》公布，投资基金脱离原来的契约形式，发展成为股份有限公司式的组织形式；1890 年，运营中的英国投资信托基金超过 100 家，以公债为主要投资对象，在类型上主要是封闭型基金。

1924 年 3 月 21 日，“马萨诸塞投资信托基金”在美国波士顿成立，这是世界上第一个公司型开放式基金；1926—1928 年 3 月，美国成立的公司型基金多达 480 家；1929 年 10 月，全球股市崩溃，大部分基金倒闭或停业；整个 20 世纪 30 年代，基金业的发展一直处于低速迟缓阶段；20 世纪 40 年代以后，各发达国家的政府认识到证券投资基金的重要性，纷纷立法加强监管；1940 年，美国颁布《投资公司法》和《投资顾问法》，以法律形式明确基金的运作规范，并成为其他国家制定相关基金法律的典范。此后的世界基金业基本处于稳中有升的发展态势。

相关链接

美国长期资本管理公司兴衰启示录

投机市场中不存在百战百胜的法宝，任何分析方法与操作系统都有缺陷与误区。美国长期资本管理公司的故事是最新、最有说服力的证据。

1. 四大天王

美国长期资本管理公司(Long-Term Capital Management，LTCM)创立于 1994 年，主要活跃于国际债券和外汇市场，利用私人客户的巨额投资和金融机构的大量贷款，专门从事金融市场炒作。它与量子基金、老虎基金、欧米伽基金一起被称为国际四大“对冲基金”。

2. 梦幻组合

LTCM 掌门人是梅里韦瑟(Meriwehter)，被誉为能“点石成金”的华尔街债务套利之父。他聚集了华尔街一批证券交易的精英加盟：1997 年诺贝尔经济学奖得主罗伯特 • 默顿(Robert Merton)和西奥多 • 舒尔茨(Theodore Schultz)，他们因期权定价公式荣获桂冠，前财政部副部长及美联储副主席大卫 • 莫里斯(David Mullis)，前所罗门兄弟债券交易部主管罗森菲尔德(Rosenfeld)。这个精英团队内荟萃职业巨星、公关明星、学术巨人，真可谓“梦幻组合”。

3. 骄人业绩

1994—1997 年，LTCM 业绩辉煌骄人。成立之初，资产净值为 12.5 亿美元，到 1997 年末，上升为 48 亿美元，净增长 2.84 倍。每年的投资回报率分别为 1994 年 28.5%、1995 年 42.8%、1996 年 40.8%、1997 年 17%。

4. 致富秘籍

长期资本管理公司以“不同市场证券间不合理价差生灭自然性”为基础，制定了“通过电脑精密计算，发现不正常市场价格差，资金杠杆放大，入市图利”的投资策略。舒尔茨和默顿将金融市场历史交易资料及已有的市场理论、学术研究报告和市场信息有机结合在一起，形成了一套较完整的电脑数学自动投资模型。他们利用计算机处理大量历史数据，通过连续而精密的计算得到两种不同金融工具间的正常历史价格差，然后结合市场信息分析它们之间的最新价格差。如果两者出现偏差，并且该偏差正在放大，电脑立即建立起庞大的债券和衍生工具组合，大举套利入市投资；经过市场一段时间调节，放大的偏差会自动恢复到正常轨迹上，此时电脑指令平仓离场，获取偏差的差值。

5. 法宝之瑕

不能忽视的是，这套电脑数学自动投资模型中也有一些致命之处：

(1) 模型假设前提和计算结果都是在历史统计基础上得出的，但历史统计永不可能完全涵盖未来现象。

(2) LTCM 投资策略是建立在投资组合中两种证券的价格波动的正相关的基础上。

尽管它所持核心资产德国债券与意大利债券正相关性为大量历史统计数据所证明，但是历史数据的统计过程往往会忽略一些小概率事件，亦即上述两种债券的负相关性。

6. 阴沟翻船

LTCM 万万没有料到，俄罗斯金融风暴引发了全球的金融动荡，结果它所沽空的德国债券价格上涨，它所做多的意大利债券等证券价格下跌，它所期望的正相关变为负相关，结果两头亏损。它的电脑自动投资系统面对这种原本忽略不计的小概率事件，错误地不断放大金融衍生产品的运作规模。LTCM 利用从投资者那儿筹来的 22 亿美元作资本抵押，买入价值 3 250 亿美元的证券，杠杆比率高达 60 倍。由此造成该公司的巨额亏损。它从 1998 年 5 月俄罗斯金融风暴到 9 月全面溃败，短短的 150 天资产净值下降 90%，出现 43 亿美元巨额亏损，仅余 5 亿美元，已走到破产边缘。9 月 23 日，美联储出面组织安排，以美林、摩根为首的 15 家国际性金融机构注资 37.25 亿美元购买了 LTCM 的 90%股权，共同接管了该公司，从而避免了它倒闭的厄运。

9.1.2 国际投资基金的种类

国际投资基金得以迅速发展的重要原因之一是它的种类和发行形式多样。其分类方式也较多，如按组织形态分类、按受益凭证能否赎回分类、按募集方式分类、按不同的投资目标分类、按基金的来源和运用的地域分类、按基金的运用方法分类、按投资的金融业务种类分类和按投资的性质分类等。

1. 契约型投资基金和公司型投资基金

按照组织形态的不同，可以分为契约型投资基金和公司型投资基金。

1) 契约型投资基金

契约型投资基金又称信托投资基金，是指通过发行受益凭证筹资，由基金管理公司、托管公司、投资者以签订信托契约的形式组建的一种投资基金。契约型投资基金不仅涉及基金的管理公司和托管公司，也涉及投资者。它是一种历史最为悠久的投资基金，现今被广泛采用，英国、日本、韩国、新加坡、中国香港和中国台湾设立的投资基金多属于这一类。

2) 公司型投资基金

公司型基金在美国被称为共同基金，它是以营利为目的的，并依据公司法的规定而不是依据信托契约而设立的，受基金投资者的委托通过发行股票来筹集资金并从事各种有价证券投资的股份有限公司。公司型基金涉及 5 个当事人，即投资者、基金公司、管理公司、托管公司和承销商。其设立必须在工商管理部门和证券交易委员会注册，并同时在股票发行和交易的所在地登记。目前，公司型投资基金也已经被世界各国广泛采用。

3) 契约型投资基金与公司型投资基金的区别

由于契约型投资基金和公司型投资基金是以其组织形态来划分的，这也就决定了它们存在着多方面的区别，见表 9-1。

表 9-1 契约型与公司型投资基金的比较

项目 内容	契约型基金	公司型基金
法律依据	依据基金契约组建，信托法是其设立的依据	依据公司法组建
法人资格	不具有法人资格	具有法人资格

续表

内容 \ 项目	契约型基金	公司型基金
投资者的地位	作为信托契约中规定的受益人，对基金如何运用所做的重要投资决策通常不具有发言权	投资者作为公司的股东有权对公司的重大决策发表自己的意见
融资渠道	不具有法人资格，一般不能向银行贷款	具有法人资格，扩大公司规模时，可以向银行贷款
基金的发行凭证	发行受益凭证筹集资金，仅仅是一种信托关系	发行普通股票，既是所有权凭证，又反映信托关系
运营方式	依据基金契约建立、运作，契约期满，基金运营随即终止	除非依据公司法破产、清算，否则公司一般具有永久性，公司运营具有股份公司的特性

2. 封闭式投资基金和开放式投资基金

根据基金单位是否可以增加或者赎回，可以分为封闭式投资基金和开放式投资基金。自2004年6月1日起施行的《中华人民共和国证券投资基金法》第五条规定：基金合同应当约定基金运作方式，基金运作方式可以采用封闭式、开放式或者其他方式。

1) 封闭式投资基金

封闭式基金是指经核准的基金份额总额在基金合同期限内固定不变，基金份额可以在依法设立的证券交易场所交易，但基金份额持有人不得申请赎回的基金。虽然封闭式投资基金不能赎回，但却可以像普通股一样在二级市场上通过经纪人进行买卖。

2) 开放式投资基金

开放式基金也称为追加型投资基金，是指基金份额总额不固定，基金份额可以在基金合同约定的时间和场所申购或者赎回的基金。基金的净资产价值和一定的手续费决定了开放式投资基金的买卖价格，而投资基金的买卖价格又能反映出投资基金所投资的股票、债券等有价证券的价值及基金的收益情况。它适合缺乏证券知识、风险承受能力低、期望获得稳健收益的投资者。

3) 封闭式投资基金和开放式投资基金的区别

封闭式投资基金和开放式投资基金是相对而言的，从目前各国发行的这两类基金的规则来看，两者的区别见表9-2。

以美国为例。1924年3月21日，美国成立了第一只首次在设立时就向公共出售的开放式基金——“马萨诸塞投资信托基金”(Massachusetts Investment Trust，MIT)，它最初的资产规模只有5万美元，由哈佛大学200名教授出资组成。继MIT基金后，其他开放式基金纷纷效仿，但是开放式基金不如封闭式基金盛行，到1929年，仅有19只开放式基金，其总资产仅为1.4亿美元。此后，美国为了保护投资者利益、刺激投资者投资，分别颁布了《证券法》、《证券交易法》、《投资公司法》和《投资顾问法》，从此美国基金进入一个较快的发展期。70年代以后，大部分投资基金开始由封闭式向开放式转变，开放式基金逐渐成为美国基金的主流品种。目前，美国封闭式基金大约只有500多个，多为债券基金和国家基金，而开放式基金的数目则高达5000多个，种类多种多样。美国开放式基金无论就种类、数量还是规模而言，都堪称世界之最，美国有30%的人口投资开放式基金，开放式基金已在美国金融业中处于绝对优势地位。

表 9-2 封闭式基金和开放式基金的主要区别

项目 内容	开放式基金	封闭式基金
基金份额	可变；可以随时接受申购和赎回	一般固定不变；扩大规模只能依靠设立新的基金
基金期限	无预定的存续期限，理论上可以无限地存在下去	有固定的存续期间，期满后一般予以清盘
交易方式	向基金管理公司或销售机构申购或购回；基金的投资者和经理人或代理人之间直接进行交易，投资者之间不发生交易行为	封闭式基金发起设立时，投资者可以向基金管理公司或销售机构认购；当封闭式基金上市交易时，投资者又可委托券商在证券交易所按市价买卖
交易价格	根据基金单位资产净值决定；每个交易日公布资产净值	市场竞价决定；定期公布基金的单位资产净值
投资策略	流动性需求大；制定长期投资策略同时必须考虑短期	流动性需求小；制定长期的投资策略，取得长期经营绩效

3. 公募基金和私募基金

就证券发行方法之差异，按照是否向社会不特定公众发行或公开发行证券的区别，可以分为公募基金和私募基金。

1) 公募基金

公募基金是指向广泛而不特定的投资者发行基金份额的基金。公募(Public Offering)就是公开募集。公开的意思有两点：一是可以做广告；二是募集的对象数量比较多，如封闭式基金和开放式基金等。自 2004 年 6 月 1 日起施行的《中华人民共和国证券投资基金法》第二条规定：在中华人民共和国境内，通过公开发售基金份额募集证券投资基金(以下简称基金)，由基金管理人管理，基金托管人托管，为基金份额持有人的利益，以资产组合方式进行证券投资活动，适用本法。

2) 私募基金

私募基金(Privately Offered Fund)是相对于公募而言的，指通过非公开方式，面向少数机构投资者募集资金而设立的基金。其销售和赎回都是通过基金管理人与投资者私下协商来进行的。

(1) 私募基金的分类。

根据不同的标准，私募基金又有多种分类方法。在此，我们将仅以常用的投资对象进行划分。从国际经验来看，现行私募基金的投资对象非常广泛。以美、英两国为例，其私募基金的投资对象包括股票、债券、期货、期权、认股权证、外汇、黄金白银、房地产、信息软件产业以及中小企业风险创业投资等，投资范围从货币市场到资本市场再到高科技市场、从现货市场到期货市场、从国内市场到国际市场的一切有投资机会的领域。根据上述对象可以将其分为 3 类。

① 产业私募基金。该类基金以投资产业为主。由于基金管理者对某些特定行业如信息产业、新材料等有深入的了解和广泛的人脉关系，基金管理者可以有限合伙制形式发起设立产业类私募基金。管理人只是象征性支出少量资金，绝大部分由募集而来。管理人在获得较大投资收益的同时，亦需承担无限责任。这类基金一般有 7～9 年的封闭期，期满时一次性结算。

② 阳光私募基金。阳光私募基金又称私募证券投资基金，是指由投资顾问公司作为发起人、投资者作为委托人、信托公司作为受托人、银行作为资金托管人、证券公司作为证券托管人，依据《信托法》发行的证券投资类信托集合理财产品。它可以根据投资人的要求结合市场的发展态势适时调整投资组合和转换投资理念，投资者可按基金净值赎回。它的优点是可以根据投资人的要求量体裁衣，资金较为集中，投资管理过程简单，能够大量采用财务杠杆和各种形式进行投资，收益率比较高等。

③ 私募股权投资基金(Private Equity，PE)在中国通常称为私募股权投资，从投资方式角度看，是指通过私募形式对非上市企业进行的权益性投资，其在交易实施过程中附带考虑了将来的退出机制，即通过上市、并购或管理层回购等方式，出售持股获利。狭义的私募股权投资基金主要是指创业投资后期的私募股权投资部分，广义的私募股权投资包括私募风险投资基金(Venture Capital，VC)，私募风险投资基金具有投资回收周期长、风险高、收益也高的特点。

虽然私募股权投资基金与私募风险投资基金都是对上市前企业的投资，但是两者在投资阶段、投资规模、投资理念和投资特点等方面有很大的差异，其主要区别在于投资领域。私募股权基金的投资对象主要是那些已经形成一定规模的，并产生稳定现金流的成熟企业，而私募风险投资基金主要投资于那些处于创业期、成长期的中小高科技企业权益，以分享它们高速成长所带来的高收益。

此外，私募股权投资基金与阳光私募基金也有着多方面的区别。第一，私募股权投资基金主要以私募形式投资于未上市的公司股权，而阳光私募基金则主要是指通过私募形式，向投资者筹集资金，进行管理并投资于二级市场的基金。即阳光私募基金一般是指私募信托证券基金，主要投资于二级证券市场，而私募股权投资基金重点投资于一级市场，两者在投资对象上有所区别。第二，阳光私募基金主要是用来区别共同基金等公募基金的，而私募股权投资基金主要是用来区别私募风险投资基金的。

(2) 私募基金的交易费用。

投资者投资私募基金不仅是关心自己是否盈利，还更关心投资私募的费用。一般的私募基金的费用有基金交易费用和基金运营费用。基金交易费用是指在进行基金交易的时候发生的基本费用，一般有认购费用、申请购买费、赎回费用、私募基金转托管费、转换费用等。基金运营费用是指在私募基金运作过程中所产生的费用，常见的是从基金资产中扣除，可能有所减低价值。运营费包括管理费、托管费、可持续销售费、证券交易费用、信息披露费用、与基金相关的会计师费和律师费等，一般按照国家的规定来收取。

(3) 私募基金的组织形式。

① 公司式。公司式私募基金有完整的公司架构，运作比较正式和规范。目前公司式私募基金(如“股胜投资公司”)在中国能够比较方便地成立。半开放式私募基金也能够以某种变通的方式，比较方便地进行运作，不必接受严格的审批和监管，投资策略也就可以更加灵活。例如，第一，设立某“投资公司”，该“投资公司”的业务范围包括有价证券投资；第二，“投资公司”的股东数目不要多，出资额都要比较大，既保证私募性质，又要有较大的资金规模；第三，“投资公司”的资金交由资金管理人管理，按国际惯例，管理人收取资金管理费与效益激励费，并打入“投资公司”的运营成本；第四，“投资公司”的注册资本每年在某个特定的时点重新登记一次，进行名义上的增资扩股或减资缩股，如有需要，出资人每年可在某一特定的时点将其出资赎回一次，在其他时间投资者之间可以进行股权协议转让或上柜交易。该“投资公司”实质上就是一种随时扩募，但每年只赎回一次的公司式私募基金。

不过，公司式私募基金有一个缺点，即存在双重征税。克服缺点的方法有很多，如将私募基金注册于避税的天堂(如开曼、百慕大等地)；将公司式私募基金注册为高科技企业(可享受诸多优惠)，并注册于税收比较优惠的地方；借壳，即在基金的设立运作中联合或收购一家可以享受税收优惠的企业(最好是非上市公司)，并把它作为载体。

② 契约式。契约式基金的组织结构比较简单。具体的做法可以是：证券公司作为基金的管理人，选取一家银行作为其托管人；募到一定数额的金额开始运作，每个月开放一次，向基金持有人公布一次基金净值，办理一次基金赎回；为了吸引基金投资者，要尽量降低手续费，并且证券公司应根据业绩表现收取一定数量的管理费。

其优点是可以避免双重征税，缺点是其设立与运作很难回避证券管理部门的审批和监管。

③ 虚拟式。虚拟式私募基金表面看起来像委托理财，但它实际上是按基金方式进行运作的。例如，虚拟式私募基金在设立和扩募时，表面上是与每个客户签订委托理财协议，但这些委托理财账户是合在一起进行基金式运作，在买入和赎回基金单元时，按基金净值进行结算。具体的做法可以是：每个基金持有人以其个人名义单独开立分账户；基金持有人共同出资组建一个主账户；证券公司作为基金的管理人，统一管理各账户，所有账户统一计算基金单位净值；证券公司尽量使每个账户的实际市值与根据基金单位的净值计算的市值相等，如果两者不相等，在赎回时由主账户与分账户的资金差额划转平衡。

虚拟式的优点是可以规避证券管理部门对基金设立与运作方面的审批与监管，设立灵活，并避免了双重征税。缺点是依然没有摆脱委托理财的束缚，在资金筹集上需要法律上的进一步规范，在资金运作上依然受到证券管理部门对券商的监管，在资金规模扩张上缺乏基金的发展优势。

④ 组合式。为了发挥上述 3 种组织形式的优越性，可以设立一个基金组合，将几种组织形式结合起来。组合式基金有 4 种类型，即公司式与虚拟式的组合，公司式与契约式的组合，契约式与虚拟式的组合，公司式、契约式与虚拟式的组合。

⑤ 有限合伙制。有限合伙企业是美国私募基金的主要组织形式。2007 年 6 月 1 日，我国《合伙企业法》正式施行，一批有限合伙企业陆续组建，这些有限合伙企业主要集中在股权投资和证券投资领域。

⑥ 信托制。通过信托计划进行股权投资或者证券投资也是阳光私募的典型形式。

通常上市公司不论何种形式的收购，都会给其财务结构带来较大的影响，并导致股票价格有所变化。这种变化必然对私募基金的投资模式带来变化。其中有些私募基金可能专注于这样的业务，由目前的普遍投机性私募基金转变为专业化从事上市公司并购甚至产业并购的合作伙伴性基金(M&A Fund)。这种收购基金正是发达国家金融市场为数庞大的私募股权基金(Private Equity Fund)中的一种。以近年来在我国多有斩获的美国凯雷集团为例，该公司自有资金约为 80 亿美元，而投资带动的资金可达 800 亿美元，比我国 A 股市场全部私募基金的总数还要多。强大的资金优势、政治优势和全球资本上谙熟的人脉关系，对一些并购项目基本上可以进行一些外科手术式的操作，即整体收购，不用十分费力地拿到海外资本市场上市，获取超过 30%的年收益率。此外，近年来在内地非常活跃的房地产投资商凯德置地(Capita Land)，其母公司则是新加坡交易所上市的大型房地产商嘉德置地集团在中国的全资子公司。这些国际投资机构，以全球化的金融眼光来看待机会，巧妙地组合资产，进行跨国金融市场套利。

(4) 私募基金的发展历程。

私募股权基金起源于美国。20 世纪末，有不少富有的私人银行家通过律师、会计师的介绍和安排，将资金投资于风险较大的石油、钢铁、铁路等新兴产业，这类投资完全是由投资者个人决策，没有专门的机构进行组织，这就是私募股权基金的雏形。

现代 PE 产业先后经历了 4 个重要发展的时期。

① 1946—1981 年的初 PE 时期，一些小型的私人资产投资以及小型企业对私募的接触使 PE 得到起步。

② 1982—1993 年的第一次经济萧条和繁荣的循环使 PE 发展到第二个时期，这一时期的特点是出现了一股大量以垃圾债券为资金杠杆的收购浪潮，并在 20 世纪 80 年代末 90 年代初在几乎崩溃的杠杆收购产业环境下仍疯狂购买著名的美国食品烟草公司雷诺纳贝斯克(RJR Nabisco)中达到高潮。

③ PE 在第二次经济循环(1992—2002 年)中得到洗涤并经历了其第三个时期的进化。这一时期的初期也就是 20 世纪 90 年代初期逐渐浮现出一系列金融和经济现象，如储蓄和贷款危机，内幕交易丑闻以及房地产业危机。这一时期出现了更多制度化的私募股权投资企业，并在 1999—2000 年的互联网泡沫时期达到了发展的高潮。

④ 2003—2007 年成为 PE 发展的第四个重要时期，全球经济由之前的互联网泡沫逐步走弱，杠杆收购也达到了空前的规模，从而使私募企业的制度化得到了空前的发展。从 2007 年美国黑石集团(Blackstone Group)的 IPO 中我们可以得到充分的印证。

经过 50 多年的发展，国际私募股权投资基金成为仅次于银行贷款和 IPO 的融资手段。其规模庞大、投资领域广阔、资金来源广泛、参与机构多样。目前西方国家私募股权投资基金占其 GDP 份额已达 4%～5%。迄今为止，全球已有数千家私募股权投资公司，黑石集团、KKR 集团、凯雷投资集团、贝恩投资有限公司、阿波罗投资集团、德州太平洋集团、高盛集团和美林公司等机构是其中的佼佼者。

相关链接

PE 投资成功退出案例

1. 李宁有限公司

李宁公司的上市历程可分为四个阶段:

1) 第一阶段(1997 年 8 月—2001 年)——整合

李宁公司的上市谋划始于 1997 年，当时李宁在全国各地开办有十几家企业，彼此互相参股、结构混乱。在资本运作专家的设计下，李宁将北京、广东、烟台 3 家公司合并为李宁体育用品集团公司，全国各地的其他公司相继整合到这个核心企业中，初步实现集团结构的明晰。

1997 年 8 月，上海李宁成立，注册资本为 500 000 元人民币。成立当时，公司主要由李宁家族所成立的两家公司——上海宁晟和上海力发所控制。

2) 第二阶段(2001 年—2002 年 12 月)——改组

2001 年，上海李宁原计划由有限责任公司改组为股份有限公司。由于中国公司法要求股份有限公司必须有 5 名以上发起股东，因此上海李宁部分实际控制人相互转让股权，将上海李宁股东数目增加到 6 名。

但由于获得私人资本的投资并预期到境外上市，上海李宁最终未能改组成股份有限公司，而采取以下步骤改组为全外资企业:

2002 年 10 月，为筹备私人股本投资及将上海李宁改组为中国全外资企业，李宁家族、李宁合伙人及主要高管、两家战略股东在海外注册成立 Real Sports 公司。

2002 年 10 月 29 日，Real Sports 与上海李宁股东达成协议，同意向上海李宁当时之股东收购上海李宁发行的全部股本，代价为 600 万美元。

2002 年 12 月 11 日，上海李宁由内资有限责任公司改组为中国全外资企业(外商独资企业)，注册资本 8 000 000 美元，总投资额 20 000 000 美元。

3) 第三阶段(2003年1月—2004年6月)——创投正式加入

2003年，新加坡政府投资公司和中国鼎晖向李宁公司投资1 850万美元，2004年李宁公司在香港联交所上市。

李宁公司于2003年1月引入新加坡政府投资公司全资拥有的Tetrad Venture Pte Ltd.和CDH China Fund。两家公司根据私人股权投资协议，分别以15 000 000美元及3 500 000美元认购Real Sports的新股份，分别持有公司19.9%和4.6%的股权。

根据私人股权投资协议，各方同意Tetrad Venture Pte Ltd.和CDH China Fund拥有包括提名董事加入董事会的权利。Tetrad和CDH根据私人股权投资协议拥有的优先权于公司上市时终止。

由于创投资本加入后，Real Sports公司财务表现优异，使公司以发售价计算的价值有所上升。虽然两家创投公司是于2003年初正式加入的，但与李宁公司的磋商与合作早已展开，可以认为，李宁公司在海外注册公司以及收购改组等一系列资本运作，均是在为创投资本的加入创造条件，并且由于创投资本的一再坚持，李宁公司放弃了改组为股份有限公司在境内上市的计划，选择了改组为全外资企业在境外上市的路径。

4) 第四阶段——上市

2004年6月，李宁公司在香港主板成功上市。李宁股票受到资本市场的追捧，在香港公开发售的认购数量为暂定发售股份总数的132.2倍；国际配售也出现了约11倍的超额认购。首日上市开盘价报2.325港元，较其2.15港元的首次公开募股价格上涨8%。

李宁公司上市之后，两公司迅速减持股份至15.19%和3.5%。由于这两家公司并没有禁售期，可以在李宁有限公司上市后，随时转让股份。因此，创投在李宁海外上市后实现“全身而退”，几乎是势成必然。

2. 盛大公司

2004年5月，盛大网络(股票代码：SNDA)在美国纳斯达克股票交易市场正式挂牌交易。虽然盛大将发行价调低了15%，从原先的13美元调到了11美元，但公开招募资金额仍达1.524亿美元，当天收报于11.97美元。2004年8月，盛大网络首次公布财报之后，股价一路攀升至21.22美元，当时盛大市值已达14.8亿美元，成为纳斯达克市值最高的中国概念网络股。与此同时，盛大也超越了韩国网络游戏公司NCSOFT的市值，成为全球最大的网络游戏股。盛大创始人陈天桥掌握的股票市值约达11.1亿美元，以90亿元人民币的身价超过了丁磊，成为新的中国首富。而10月27日，盛大在NASDAQ的最新股价，达到了31.15美元。

盛大网络的成功上市以及其股价的卓越表现，为其主要创投机构——软银亚洲信息基础投资基金(SOFTBANK Asia Infrastructure Fund，以下简称“软银亚洲”)带来不菲的收益。成立于2001年2月的软银亚洲是日本软银公司与美国思科战略合作的结果，10.5亿美元资金来自思科，第一期资金为4亿美元，主要投资领域为亚太区的宽带、无线通信、有线电视网等。2003年3月，软银亚洲向国内拥有注册用户数最多的互动游戏公司盛大网络投资4 000万美元，这是软银亚洲在上海的第一个投资项目。软银亚洲认为，中国网络游戏产业正进入高速发展阶段，市场增长空间很大，根据预期，此项投资7年后的回报将达10倍。与大部分在线游戏界人士看法不同，软银亚洲更看中盛大的运营能力而非游戏产品本身。

软银亚洲一共投入4 000万美元，18个月后成功退出，获得14倍的投资收益。在上市之初，软银亚洲就减持了5.6%的盛大股份，套现17 250 000美元，其仍持有盛大19.3%的股份，按2004年10月的盛大市价计算，其市值在8亿美元以上，是其初始投资的20多倍。

(5) 私募基金与公募基金的区别。

私募基金与公募基金具体的区别可表现为以下5点。

① 募集的对象不同。公募基金的募集对象是广大社会公众，即社会不特定的投资者。而私募基金募集的对象是少数特定的投资者，包括机构和个人。

② 募集的方式不同。公募基金募集资金是通过公开发售的方式进行的，而私募基金则是通过非公开发售的方式募集，这是私募基金与公募基金最主要的区别。

③ 信息披露要求不同。公募基金对信息披露有非常严格的要求，其投资目标、投资组合等信息都要披露。而私募基金则对信息披露的要求很低，具有较强的保密性。

④ 投资限制不同。公募基金在投资品种、投资比例、投资与基金类型的匹配上有严格的限制，而私募基金的投资限制完全由协议约定。

⑤ 业绩报酬不同。公募基金不提取业绩报酬，只收取管理费。而私募基金则收取业绩报酬，一般不收管理费。对公募基金来说，业绩仅仅是排名时的荣誉，而对私募基金来说，业绩则是报酬的基础。

(6) 私募基金相对于公募基金的优势。

相对于公募基金来说，私募基金的优势有以下 3 点。

① 产品更有针对性。由于私募基金是向少数特定对象募集的，因此其投资目标更具针对性，更有可能为客户量身定做投资服务产品，组合的风险收益特性能满足客户特殊的投资要求。

② 更容易风格化。由于私募基金的进入门槛较高，主要面对的投资者更有理性，双方的关系类似于合伙关系，使得基金管理层较少受到开放式基金那样随时赎回的困扰。基金管理人只有像巴菲特那样充分发挥自身理念的优势，才能获取长期稳定的超额利润。

③ 更高的收益率。这是私募基金的生命力所在，也是超越公募基金之处。由于基金管理人尽职尽责，有更好的空间实践投资理念，同时不必像公募基金那样定期披露详细的投资组合，投资收益率反而更高。

正是因为有上述特点和优势，私募基金在国际金融市场上发展十分迅速，并已占据十分重要的位置，同时也培育出了像索罗斯、巴菲特这样的投资大师和国际金融“狙击手”。

相关链接

鼎晖创投

鼎晖创业投资管理有限公司曾经是一家极其低调的本土私募股权投资基金，是乳业巨头蒙牛的“伯乐”。作为中国第一家以有限合伙制运营的私募股权基金，2005 年以前，鼎晖凭借本土管理团队的人脉资源和专业能力寻找、发现目标企业，然后联合摩根士丹利、高盛等国际投行共同投资，并借助这些大投行广泛的国际投资者资源和丰富的操作经验，共同打造一条“海外 IPO 生产线”。在一定程度上保证了其所投项目在海外上市的成功率。

鼎晖创投自 2002 年成立后的开山之作是投资蒙牛乳业(02319.HK)，而这一投资故事却是耳熟能详的摩根士丹利经典案例，“发现”蒙牛乳业的鼎晖只是这个故事的配角。2002—2005 年底，鼎晖就投资了约 9 个项目，其中，蒙牛乳业、李宁体育(02331.HK)、速达软件、分众传媒、雨润食品(江苏雨润食品，01068.HK)、永乐家电(00503.HK)分别在香港和纳斯达克上市，其成功退出率超过 60%。

4. 成长型投资基金、收入型投资基金和平衡型投资基金

根据投资风险与收益的不同，可以分为成长型投资基金、收入型投资基金和平衡型投资基金。

1) 成长型投资基金

成长型投资基金是指主要投资于那些伴随经营业务的扩张，从而导致股本、资产、经营业绩均处于扩张时期，成长性良好的上市公司股票，以追求资本增值的基金类型。这种基金的投资一般属于长期投资。

2) 收入型投资基金

收入型投资基金和成长型投资基金相反，收入型投资基金最大限度地追求当期收入，而不强调成长和长期资本利得，是一种投资于可以带来当期收入的有价证券的基金。该基金一般有两种，一种是主要投资于股票和债券的固定收入的投资基金；另一种是以投资股票为主要收入的股票收入型基金，股票收入型基金一般成长潜力大，但风险也比较大。

3) 平衡型投资基金

平衡型投资基金是一种既追求长期资本增值，又追求当期收入的基金，这类基金主要投资于债券、优先股和部分普通股，它除了被限定以一定的比例投资于债券和绩优股之外，其余的一般投资于普通股。其风险和收益状况介于成长型基金和收入型基金之间。

5. 国内基金、国际基金、海外基金和国家基金

根据资本来源和运用地域的不同，可以分为国内基金、国际基金、海外基金和国家基金。

1) 国内基金

国内基金是指由国内投信发行，在国内注册，以国内投资人为销售对象，受到相关法律监督的基金。国内基金虽然在大多数国家仍占主导地位，但其筹资范围的局限性、投资机会选择的有限性和收益的有限性已表现得非常明显。

2) 国际基金

国际基金是指面向国内投资者发行的、用于在国际金融市场上进行投资运作的投资基金。它不仅为本国的投资者分散了投资风险，增加了更多的投资机会和投资收益，还能使本国的投资者及有关机构更加熟悉和了解国际金融市场。

3) 海外基金

海外基金又称离岸基金，指面向基金公司所在国以外的投资者发行的，并投资于境外金融市场的投资基金。海外基金的发行范围广、投资的地域宽和投资组合的选择性强。通过海外基金的方式进行投资，不仅可以分享全球投资机会和利得，还可以分散风险、节税、移转资产和进行专业管理。

4) 国家基金

国家基金是指资本来源于国外，并投资于某一特定国家的投资基金。国家基金是一种不仅基金公司的所在国没有还本付息的债务压力，而且操作简便、成本较低、风险较小的投资基金。国家基金是一个国家利用外资，解决本国发展资金不足的重要手段。

6. 固定型投资基金、管理型投资基金和半固定型投资基金

根据基金运用方法的不同，可以分为固定型投资基金、管理型投资基金和半固定型投资基金。

1) 固定型投资基金

固定型投资基金是指基金的经营者只能投资于预先确定的证券。在整个信托期间，原则上既不能变更投资方向，也不能转卖证券。

2) 管理型投资基金

管理型投资基金又称自由型或融通型基金，指经营者可以根据证券市场的状况，对已购进的证券进行自由买卖，并且可以不断地对投资组合进行调整。

3) 半固定型投资基金

半固定型投资基金是一种介于固定型投资基金和管理型投资基金之间的投资基金，它在一定的条件和范围内，可以改变投资方向和内容。

7. 综合型投资基金与单项型投资基金

根据按投资的金融业务种类不同，可以分为综合型投资基金和单项型投资基金。

1) 综合型投资基金

综合型投资基金是指基金投资的业务种类可以是多样的，既可以进行直接投资，也可以进行间接投资业务，如贷款、租赁、证券买卖、拆借融资等。因为这类基金从事的业务既有银行业务又有信托业务，在某种程度上等同于综合性金融公司，不能体现金融分工的要求、基金的独特功能和特色，所以这类基金通常在很多国家受到严格的限制或被禁止。

2) 单项型投资基金

单项型投资基金从事的业务是单一的，它可以只从事股权式投资，也可以只从事有价证券式的投资业务。

8. 股权式投资基金与有价证券式投资基金

根据投资的性质不同，可以分为股权式投资基金和有价证券式投资基金。

1) 股权式投资基金

股权式投资基金是一种基金经营者以股权方式投向某一产业或某类企业公开发行或上市的股份或股票，或者以参股或合资的方式进行投资的基金。股权式投资基金的投机成分很少，因为经营者直接投资于企业，并主要着眼于企业股权增值或资本收益，只侧重于分红和投资资本的增值。同时，这类基金一般是封闭式的，流动性比较弱，因此它的运作就比较稳定。

2) 有价证券式投资基金

有价证券式投资基金是指基金的管理者以投资于公开发行和公开上市的股票和债券为主，即主要参与二级市场中的证券买卖的一种基金。它主要着眼于二级市场的买卖差价和红利收入，通过购买上市公司的股票和债券间接投资于企业。有价证券式投资基金的投机成分很大，它不仅注重分红，还注重股票和债券在二级市场上的买卖差价收入。由于这种类型的基金一般是开放式的，所以它的流动性比较强。

9. 国际对冲基金

对冲基金(Hedge)通常被人们称为套头基金、套利基金和避险基金，它起源于 20 世纪 50 年代初的美国。对冲一词最早是在美国农业中所使用，通过卖出农产品期货锁定价格来规避市场价格波动风险。第一个对冲基金是 1949 年 1 月美国人阿尔弗雷德·温斯罗·琼斯(Alfred Winslow Jones)创建的名为“Take heart，baby-boomers”的一般合伙制股票基金，后改为有限合伙制的琼斯对冲基金(the Johns Hedge Fund)。

一直以来，外界对于对冲基金定义的争论都较多。国际货币基金组织将它定义为“私人投资组合，通常离岸设立，以充分利用税收优惠和规避管制带来的便利条件”；美国第一家提供对冲基金商业数据的机构 Mar/Hedge 将它定义为“一般采取投资于多种资产、利用杠杆效应或者在其投资组合内运用各种套利技术，并且采取奖励性佣金制度(通常占 15%～25%)投资策略的一种基金”；著名的美国对冲基金国际顾问公司(Van Hedge Funds Advisor，VHFA)将它定义为“采取私人合伙公司或者有限责任公司形式，主要投资于公开发行的证券或者金融衍生品的基金”。

根据上述各种各样的定义，对冲基金实际上是指由金融期货和金融期权等金融衍生工具与金融组织结合后，以高风险投机为手段，并以营利为目的的金融基金。它服务于特定的投资者群体，并且可以运用任意金融产品和在任意市场上进行交易。

1) 对冲基金的分类

对冲基金有两种分类方法，不仅可以根据其不同的投资风格和方式分类，也可以根据其交易手段分类。

(1) 根据不同的投资风格和方式分。

根据不同的投资风格和方式可以将对冲基金分成 8 种类型，即宏观基金、全球基金、买空(多头交易)基金、卖空基金、市场中性基金、行业对冲基金、重组驱动基金和基金中基金。其中，宏观基金根据国际经济环境的变化利用股票、货币汇率等投资工具在全球范围内进行交易，典型的“宏观”基金有老虎基金、索罗斯基金等；全球基金则更侧重于在个别市场上挑选股票，与宏观基金相比不常使用指数衍生工具，包括在新兴市场投资和在其他特定区域投资的基金；买空基金按对冲基金架构建立，征收利润奖励费和使用杠杆投资，但从事传统股份买卖；卖空基金向经纪商借入它认为价值高估的证券并在市场出售，然后希望能以低价购回还给经纪商；市场中性基金采用相互抵消的买空卖空手段以降低风险；行业对冲基金专注于某些行业的投资交易；重组驱动基金的投资人目的在于利用每一次公司的重组事件获利；基金中基金指投资于对冲基金的对冲基金。

(2) 根据交易手段分。

根据交易手段，又可以将对冲基金分成 3 种类型，即低风险对冲基金、高风险对冲基金和疯狂对冲基金。其中，低风险对冲基金主要在美国和国外的股市投资，一般很少以高于本身资本两倍的借贷款进行投机交易，交易方式以长买短卖为主，即购买可能会上升的股票，借用和出售可能会下跌的股票，待市场出现好转后，再买回这些股票；高风险对冲基金经常以高于资本 2～5 倍的借贷款进行投机交易，而且不仅在全球股票市场上进行长买短卖，也在全球债券、货币和商品期货等市场上进行大规模的投机交易，由索罗斯经营的量子基金就是较典型的例子；疯狂对冲基金以高于本身资本十倍甚至几十倍的借贷款在国际金融市场上进行炒作，最典型的例子是美国长期资本管理基金，该公司曾以 40 多亿美元的资产向银行贷款 100 多亿美元，其买进卖出的各种证券和股票市面价值一度高达 1.25 万亿美元，结果导致了 1998 年 9 月美国对冲基金事件的爆发。

2) 对冲基金的特点

对冲基金经过几十年的演变，已成为一种新的投资模式的代名词，其主要特点表现在以下几个方面。

(1) 投资活动的复杂性。

近年来结构日趋复杂、花样不断翻新的各类金融衍生产品如期货、期权、掉期等逐渐成为对冲基金的主要操作工具。这些衍生产品本为对冲风险而设计，但因其低成本、高风险、高回报的特性，成为许多现代对冲基金进行投机行为的得力工具。对冲基金将这些金融工具配以复杂的组合设计，根据市场预测进行投资，在预测准确时获取超额利润，或是利用短期内中场波动而产生的非均衡性设计投资策略，在市场恢复正常状态时获取差价。

(2) 投资效应的高杠杆性。

“杠杆”(Leverage)在金融界有多重含义，其英文单词的最基本意思是“杠杆作用”，通常情况下它是指利用信贷手段使自己的资本基础扩大。典型的对冲基金往往利用银行信用，以极高的杠杆借贷在其原始基金量的基础上几倍甚至几十倍地扩大投资资金，从而达到最大程度地获取回报的目的。对冲基金的证券资产的高流动性使得对冲基金可以利用基金资产方便地进行抵押贷款。一个资本金只有 1 亿美元的对冲基金，可以通过反复抵押其证券资产，贷出高达几十亿美元的资金。这种杠杆效应的存在，使得在一笔交易扣除贷款利息后，净利润远远大于仅使用 1 亿美元的资本金运作可能带来的收益。但是，采取高风险的投资方式，为对冲基金可能带来高收益的同时也为对冲基金带来不可预估的损失。最大规模的对冲基金都不可能在变幻莫测的金融市场中永远处于不败之地。

(3) 筹资方式的私募性。

对冲基金的组织结构一般是合伙人制。基金投资者以资金入伙，提供大部分资金但不参与投资活动；基金管理者以资金和技能入伙，负责基金的投资决策。由于对冲基金在操作上要求高度的隐蔽性和灵活性，因而在美国对冲基金的合伙人一般控制在 100 人以下，而每个合伙人的出资额在 100 万美元以上。由于对冲基金多为私募性质，从而规避了美国法律对公募基金信息披露的严格要求。由于对冲基金的高风险性和复杂的投资机理，许多西方国家都禁止其向公众公开招募资金，以保护普通投资者的利益。为了避开美国的高税收和美国证券交易委员会的监管，在美国市场上进行操作的对冲基金一般在巴哈马和百慕大等一些税收低、管制松散的地区进行离岸注册，并仅限于向美国境外的投资者募集资金。

(4) 操作的隐蔽性和灵活性。

对冲基金与面向普通投资者的证券投资基金不但在基金投资者、资金募集方式、信息披露要求和受监管程度上存在很大差别，在投资活动的公平性和灵活性方面也存在很多差别。证券投资基金一般都有较明确的资产组合定义，即在投资工具的选择和比例上有确定的方案，如平衡型基金指在基金组合中股票和债券大体各半，增长型基金指侧重于高增长性股票的投资。同时，共同基金不得利用信贷资金进行投资，而对冲基金则完全没有这些方面的限制和界定，可利用一切可操作的金融工具和组合，最大限度地使用信贷资金，以牟取高于市场平均利润的超额回报。由于操作上的高度隐蔽性和灵活性以及杠杆融资效应，对冲基金在现代国际金融市场的投机活动中担当了重要角色。

此外，对冲基金与传统的投资基金有许多差异见表 9-3。

表 9-3 对冲基金与传统投资基金的比较

项目 内容	对冲基金	传统投资基金
投资者资格	个人名义参加，最近两年内个人年收入至少在 20 万美元以上；家庭名义参加，夫妇最近两年的收入至少在 30 万美元以上；机构名义参加，净资产至少在 100 万美元以上。1996 年新的规定，参与者由 100 人扩大到了 500 人，参与者的条件是个人必须拥有价值 500 万美元以上的投资证券	无特别限制
操作	合伙人和管理者可以自由、灵活运用各种投资技术	受证券法制约，基金管理者须严格按证券法投资以保证投资者利益
监管	一般不受政府监管	监管严格
筹资方式	私筹发起，禁止广告推广，可通过 4 种方式参与：在上流社会获得投资消息；直接认识对冲基金的管理者；通过别的基金转入；有投资银行、证券中介公司或投资咨询公司的特别介绍	监管严格
设立地点	可以离岸设置，享受税收优惠，规避政府管制	不能离岸设立
信息披露	信息不公开，不用披露财务及资产状况	信息需要即时地公开披露

续表

项目 内容	对冲基金	传统投资基金
经理人员报酬	固定管理费加上年度利润奖励	大多领取固定工资
经理能否参股	可以参股	一般不参股
投资者抽资	要求股东抽资必须提前通知	一般不作限制
可否贷款交易	可以自有资产抵押进行贷款交易	不可以贷款交易

3) 对冲基金的运作

基金管理者最初的对冲操作中，在购入一种股票的同时也购入这种股票的一定价位和时效的看跌期权(Put Option)。这样，卖方期权的持有者就可以在股票价位跌破期权限定的价格时，将手中持有的股票以期权限定的价格卖出，从而使股票跌价的风险得到对冲。

而在另一类对冲操作中，基金管理人先买进几只某种行情看涨行业的优质股，同时以一定比率卖空该行业中几只劣质股。这样组合的结果是，若该行业预期表现良好，优质股涨幅必超过其他同行业的股票，买入优质股的收益将大于卖空劣质股的损失；如果预期错误，此行业股票不涨反跌，那么较差公司的股票跌幅必大于优质股，则卖空盘口所获利润必高于买入优质股下跌造成的损失。正因为这样的运作方法，才会使早期的对冲基金成为避险保值的保守投资策略的基金管理形式。近年来由于对冲基金有能力在熊市获取收益而备受人们青睐。但实际上，几乎所有对冲基金的管理者都是出色的金融经纪人，因此对冲基金的这种能力并不像外界所理解的那么容易。

4) 对冲基金与国际金融危机

对冲基金在促进金融市场发展的同时，也会对金融市场的稳定产生不利影响。

对冲基金冲击一国货币的层次通常有两个。一是借助一些突发性经济、政治、金融等事件，不断抛售该国货币，以打击货币汇率；二是趁该货币持有者对货币汇率的稳定产生动摇之际迅速掀起对该货币汇率的冲击，引诱货币的持有者将该货币资产包括存款全部转换成外币资产。

对冲基金和国际游资狙击一国金融市场的具体主要形式有 3 种：一是沽空，即投资人在手中不持有证券的情况下，向券商借入证券以卖出，通过远期汇率间接作用于即期汇率；二是现汇市场的直接冲击，即先通过各种渠道大量借入该国货币，逐渐抛出压低汇率水平后再买入该国货币偿还借款来从中谋取汇差价；三是连环狙击，即对冲基金的基金经理预先购入看跌股票指数期货，佯攻汇市，逼迫当地金融监管当局提高利率，借以打击股市现货市场和股指期货，最终在股市和股指期货市场盈利等。

对冲基金利用现货市场卖空投机的手段冲击货币市场与证券市场的方式有 6 种：一是大量高价抛售已囤积的目标国家或地区的货币，造成目标国家或地区的市场动荡与货币贬值；二是同时在目标国家或地区的证券市场卖空主要指标成分股，打压股市价格；三是迫使目标国家或地区的监管机构进行干预市场。通常是中央银行动用外汇储备回购目标国家或地区的货币，或提高利率；四是若市场干预失败，引发目标国家或地区的货币贬值、证券市场价格下跌；五是对冲基金低位回购目标国家或地区的货币，还本付息获利；六是对冲基金在证券市场低位回购股票，归还融券机构获利。

对冲基金利用多个市场联动运作冲击金融市场的手段有 7 种：一是与目标国家或地区的银行签订远期合同，大量抛售目标国家或地区的货币购美元；二是目标国家或地区的银行在现货市场大量抛售目标国家或地区的货币、买入美元进行对冲保值；三是同时利用货币市场、外汇市场、股票市场和衍生工具市场声东击西；四是同时在目标国家或地区的证券市场卖空债券期货；五是迫使目标国家或地区的监管当局进行市场干预，通常是中央银行动用外汇储备回购目标国家或地区的货币，或提高利率，引发期货价格下跌；六是在证券市场低位回购股票，归还融券机构获利；七是低位回购远期合同获利。

对于对冲基金可以利用多种方式对国际金融市场造成冲击的问题，有些国家和地区认为要加强对其的全面监管，而有些国家和地区反对对其的全面监管。虽然在对冲基金等金融衍生工具的总体监管方面还没有达成共识，但是巴塞尔委员会、国际证监联合会、欧洲联盟等国际金融组织还是纷纷采取了一系列的重大国际性举措。即使如此，对冲基金毕竟是自由市场经济的合法存在物，因此不会因种种限制而在国际金融市场上销声匿迹。总而言之，对冲基金的发展和对其的监管是一个动态的博弈过程，随着国际金融市场的制度和规则的不断完善，对冲基金今后的活动空间将可能受到一定的限制而在一个相对透明的市场里以一种相对规范的方式运作，这样一来，对冲基金的放大倍数和影响能力都会有一定程度的减少。

相关链接

量子基金

量子基金(Quantum Fund)是全球著名的大规模对冲基金，美国金融家乔治·索罗斯旗下经营的五个对冲基金之一。

量子基金是高风险基金，主要借款在世界范围内投资于股票、债券、外汇和商品。量子美元基金在美国证券交易委员会登记注册，它主要采取私募方式筹集资金。据说，索罗斯为之取名“量子”，是源于索罗斯所赞赏的一位德国物理学家、量子力学的创始人海森堡提出“测不准原理”。索罗斯认为，就像微粒子的物理量子不可能具有确定数值一样，证券市场也经常处在一种不确定状态，很难去精确度量和估计。量子基金(Quantum Fund)和配额基金(Quota Fund)都属于对冲基金(Hedge Fund)。其中前者的杠杆操作倍数为 8 倍、后者可达 20 倍，意味着后者的报酬率会比前者高，但投资风险也比前者来得大，根据 Micropal 的资料，量子基金的风险波动值为 6.54，而配额基金则高达 14.08。

索罗斯是 LCC 索罗斯基金董事会的主席，民间投资管理处任命他为量子基金集团的顾问。量子基金在量子集团内是最老和最大的基金，普遍认为在其 28 年历史中在全世界的任何投资基金中具有最好的业绩。

量子基金由双鹰基金演变而来。双鹰基金由索罗斯和吉姆·罗杰斯于 1969 年创立，资本额为 400 万美元，基金设立在纽约，但其出资人皆为非美国国籍的境外投资者，从而避开美国证券交易委员会的监管。1973 年，双鹰基金改名为索罗斯基金，资本额约 1 200 万美元；1979 年，索罗斯将公司更名为量子公司。至 1997 年末，量子基金已成为资产总值近 60 亿美元的巨型基金。1969 年注入量子基金的 1 万美元在 1996 年底已增值至 3 亿美元，增长了 3 万倍。

量子基金成为国际金融界的焦点，是由于索罗斯凭借该基金在 20 世纪 90 年代所发动的几次大规模货币狙击战。这一时期，量子基金以其强大的财力和凶狠的作风，在国际货币市场上兴风作浪，对基础薄弱的货币发起攻击并屡屡得手。

量子基金虽然只有 60 亿美元的资产，但由于其在需要时可通过杠杆融资等手段取得相当于几百亿甚至上千亿资金的投资效应，因而成为国际金融市场上一个举足轻重的力量。同时，由于索罗斯的声望，量子基金的资金行踪和投注方向无不为规模庞大的国际游资所追随。这一时期发生的几起严重的货币危机事件(如英镑危机、墨西哥经济危机和东南亚金融风暴)，索罗斯及其量子基金都负有责任。

在过去三十多年的历史中，量子基金的平均回报率高达 30%以上，量子基金的辉煌也在于此。然而，1998 年以来，投资失误使量子基金遭到重大损失。先是索罗斯对 1998 年俄罗斯债务危机及对日元汇率走势的错误判断使量子基金遭受重大损失，之后投资于美国股市网络股也大幅下跌。至此，索罗斯的量子基金损失总数达50亿美元，量子基金元气大伤。2000年4月28日，索罗斯不得不宣布关闭旗下两大基金：量子基金和配额基金，基金管理人德鲁肯米勒和罗迪蒂“下课”。量子基金这一闻名世界的对冲基金至此寿终正寝。同时索罗斯宣布将基金的部分资产转入新成立的“量子捐助基金”继续运作。他强调“量子捐助基金”将改变投资策略，主要从事低风险、低回报的套利交易。

9.1.3　国际投资基金的运作

1. 投资基金的组织结构

国际基金的运作与其组织结构是密不可分的，投资基金的组织结构如图9.1所示。

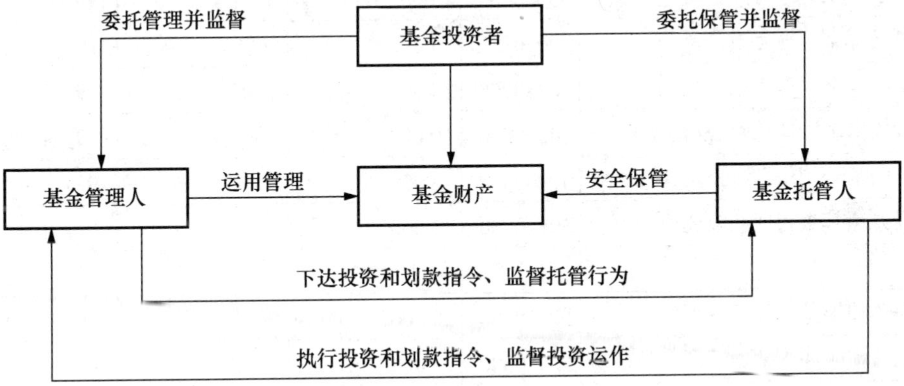

图9.1　投资基金的组织结构

1) 基金投资者

基金投资者就是基金份额的持有人，也是基金出资人和基金受益人。它包括个人投资者和机构投资者。作为基金财产的最终所有人，投资者享有多项权利，同时履行相应的义务。每份基金单位代表同等的权利和义务。

2) 基金管理人

基金管理人是负责基金财产具体投资操作和日常管理的机构，它由依法设立的基金管理公司担任。契约型基金必须聘请专业的基金管理人从事基金管理。公司型基金则可以选择聘请基金管理人或不聘请。基金管理人的基本职能是依法募集设立基金(充当基金发起人)和管理基金财产。

3) 基金托管人

基金托管人是基金财产的名义持有人，也是负责基金财产保管的机构。按照《证券投资基金法》规定，基金托管人由依法设立并取得基金托管资格的商业银行担任。基金投资者与基金管理人之间的委托代理关系和信息不对称，容易使基金管理人出现道德风险行为，从而损害投资者的利益。基金托管人的引入则能够有效缓解基金投资者与基金管理人之间因信息不对称而产生的利益冲突。

基金托管人的基本职能是安全保管基金财产，监督基金管理人的投资运作以防止基金财产挪作他用，因此被称作基金安全的“守护神”。基金管理公司名录和基金托管行名录分别见表9-4和表9-5。

表 9-4 基金管理公司名录(2011 年 4 月，部分)

序号	公司名称	公司代码	注册资本/万元	注册地址	成立时间
1	国泰基金管理有限公司	50010000	11 000	上海	1998 年 3 月
2	南方基金管理有限公司	50020000	15 000	深圳	1998 年 3 月
3	华夏基金管理有限公司	50030000	23 800	北京	1998 年 3 月
4	华安基金管理有限公司	50040000	15 000	上海	1998 年 5 月
5	博时基金管理有限公司	50050000	10 000	深圳	1998 年 7 月
6	鹏华基金管理有限公司	50060000	15 000	深圳	1998 年 12 月
7	长盛基金管理有限公司	50070000	15 000	深圳	1999 年 3 月
8	嘉实基金管理有限公司	50080000	15 000	上海	1999 年 3 月
9	大成基金管理有限公司	50090000	20 000	深圳	1999 年 4 月
10	富国基金管理有限公司	50100000	18 000	上海	1999 年 4 月
11	易方达基金管理有限公司	50110000	12 000	广东	2001 年 4 月
⋮	⋮	⋮	⋮	⋮	⋮
60	民生加银基金管理有限公司	50610000	20 000	深圳	2008 年 10 月
61	纽银梅隆西部基金管理有限公司	50620000	20 000	上海	2010 年 6 月
62	浙商基金管理有限公司	50630000	10 000	杭州	2010 年 9 月
63	平安大华基金管理有限公司	50640000	30 000	深圳	2010 年 12 月
64	富安达基金管理有限公司	50650000	30 000	上海	2011 年 4 月

表 9-5 基金托管行名录(2011 年 4 月)

序号	托管人名称	注册地址	取得托管资格时间	网址
1	中国工商银行股份有限公司	北京	1998 年 2 月 24 日	http://www.icbe.com.cn
2	中国农业银行股份有限公司	北京	1998 年 5 月 29 日	http://www.abchina.com.cn
3	中国银行股份有限公司	北京	1998 年 7 月 7 日	http://www.boc.cn
4	中国建设银行股份有限公司	北京	1998 年 3 月 18 日	http://www.ccb.com
5	交通银行股份有限公司	上海	1998 年 7 月 3 日	http://www.bankcomm.com
6	华夏银行股份有限公司	北京	2005 年 2 月 23 日	http://www.hxb.com.cn
7	中国光大银行股份有限公司	北京	2002 年 10 月 23 日	http://www.cebbank.com
8	招商银行股份有限公司	深圳	2002 年 11 月 6 日	http://www.cmbchina.com
9	中信银行股份有限公司	北京	2004 年 8 月 18 日	http://www.ecitic.com
10	中国民生银行股份有限公司	北京	2004 年 7 月 9 日	http://www.cmbc.com.cn
11	兴业银行股份有限公司	福建	2005 年 4 月 25 日	http://www.cib.com.cn
12	上海浦东发展银行股份有限公司	上海	2003 年 9 月 10 日	http://www.spdb.com.cn

续表

序号	托管人名称	注册地址	取得托管资格时间	网址
13	北京银行股份有限公司	北京	2008 年 6 月 3 日	http://www.bankofbeijing.com.cn
14	深圳发展银行股份有限公司	深圳	2008 年 8 月 6 日	http://www.sdb.com.cn
15	广东发展银行股份有限公司	广东	2009 年 5 月 4 日	http://www.gdb.com.cn
16	中国邮政储蓄银行有限责任公司	北京	2009 年 7 月 16 日	http://www.psbc.com
17	上海银行股份有限公司	上海	2009 年 8 月 18 日	http://www.bankofshanghai.com
18	渤海银行股份有限公司	天津	2010 年 6 月 29 日	http://www.cbhb.com.cn

2. 投资基金的设立

首先要明确基金发起人的工作和职责；其次是依法向证券监管机构提交申请设立的文件；最后是公布基金招募说明书和发行公告。

小知识

证券投资基金招募说明书的内容与格式

证券投资基金招募说明书的内容与格式包括以下几个方面。

1) 招募说明书封面

2) 招募说明书目录

3) 招募说明书正文

(1) 绪言。

(2) 释义。

(3) 基金设立。

(4) 本次发行有关当事人。

(5) 发行安排。

(6) 基金成立。

(7) 基金投资。

(8) 风险揭示。

(9) 基金资产。

(10) 基金资产估值。

(11) 基金费用。

(12) 基金税收。

(13) 基金收益与分配。

(14) 基金的会计与审计。

(15) 交易安排。

(16) 基金的信息披露。

(17) 基金持有人。

(18) 基金发起人。

(19) 基金管理人。

(20) 基金托管人。

(21) 基金终止。

(22) 基金清算。

(23) 其他应披露事项。

(24) 招募说明书存放或查阅方式。

3．基金的发行

基金的发行就是基金发起人向投资者销售基金份额的行为和过程。它是投资基金整个运作过程的基本环节之一。基金的发行方式可以按发行对象和发行范围的不同分为私募和公募两种。销售渠道包括商业银行、证券投资咨询机构和专业基金销售公司、证券公司、基金公司直销中心、网上交易和基金超市等。商业银行、证券公司基金代销机构名录见表 9-6 和表 9-7，基金销售支付结算机构名录见表 9-8。

表 9-6　基金代销机构名录——商业银行(2011 年 4 月，部分)

序号	机构名称	网址	联系地址
1	中国工商银行股份有限公司	http://www.icbe.com.cn	北京市西城复兴门内大街 55 号
2	中国农业银行股份有限公司	http://www.abchina.com.cn	北京市东城区建国门内大街 69 号
3	中国银行股份有限公司	http://www.boc.cn	北京市西城区复兴门内大街 1 号
4	交通银行股份有限公司	http://www.bankcomm.com	上海市银城中路 188 号
⋮	⋮	⋮	⋮
35	洛阳银行股份有限公司	http://www.bankofluoyang.com.cn	洛阳新区开元大道 256 号
36	乌鲁木齐商业银行股份有限公司	http://www.uccb.com.cn	乌鲁木齐市新华北路 8 号
37	烟台银行股份有限公司	http://www.ytcb.com	山东省烟台市芝罘区海港路 25-18 号
38	齐商银行股份有限公司	http://www.qsbank.cc	山东省淄博市张店区金晶大道 105 号
39	浙江民泰商业银行股份有限公司	http://www.mintaibank.com	浙江省温岭市三星大道 168 号
40	大连银行股份有限公司	http://www.bankofdl.com	大连市中山区中山路 88 号
41	哈尔滨银行股份有限公司	http://www.hrbcb.com.cn	哈尔滨市道里区尚志大街 160 号
42	重庆银行股份有限公司	http://www.cqcbank.com	重庆市渝中区邹容路 153 号
43	浙江稠州商业银行股份有限公司	http://www.czcb.com.cn	浙江省义乌市江滨路义乌乐园东侧
44	东莞农村商业银行股份有限公司	http://www.dgrcc.com	东莞市城区南城路 2 号
45	天津银行股份有限公司	http://www.tccb.com.cn	天津市河西区友谊路 15 号

表 9-7　基金代销机构名录——证券公司(2011 年 4 月，部分)

序号	机构名称	网址	联系地址
1	国泰君安证券有限责任公司	http://www.gtja.com	上海市延平路 135 号
2	广发证券有限责任公司	http://www.gf.com.cn	广东省广东市天河北路 183 号大都会广场 42 楼

续表

序号	机构名称	网址	联系地址
3	国信证券有限责任公司	http://www.guosen.com.cn	深圳市红岭中路 1012 号国防证券大厦 26 层
4	招商证券有限责任公司	http://www.newone.com.cn	深圳市福田区益田路江苏大厦 A 座 39-45 层
5	华泰联合证券有限责任公司	http://www.lhzq.com	深圳市深南东路 5047 号发展银行大厦 25 层
6	中信证券有限责任公司	http://www.cs.ecitic.com	北京市朝阳区新源南路 6 号京城大厦三层
7	海通证券有限责任公司	http://www.htscc.com	上海市淮海中路 98 号金钟广场 19 层
8	申银万国证券有限责任公司	http://www.sywg.com.cn	上海市常熟路 171 号
9	西南证券有限责任公司	http://www.swsc.com.cn	重庆市渝中区临江支路 2 号合景国际大厦 A 座 22-25 层
10	华龙证券有限责任公司	http://www.hlzqgs.com	甘肃省兰州市城关区静宁路 308 号
⋮	⋮	⋮	⋮
92	中邮证券有限责任公司	http://www.cnpsee.com.cn	陕西省西安市太白北路 320 号华弘大厦
93	首创证券有限责任公司	http://www.sczq.com.cn	北京市西城区德胜门外大街 115 号德胜尚城 E 座

表 9-8　基金销售支付结算机构名录(2012 年 4 月)

编号	机构名称	网址	联系地址	电话	监督银行	首次备案时间
1	汇付数据	www.tty.fund.com	上海市虹梅路 1801 号凯科国际大厦 8-9 层	4008202819	民生银行	2010 年 5 月
		合作的基金销售机构	基金管理公司：国泰、南方、华夏、华安、博时、鹏华、长盛、嘉实、大成、富国、易方达、宝盈、银华、长城、银河、泰达宏利、金鹰、招商、华宝兴业、国联安、海富通、长信、泰信、景顺长城、广发、兴业全球、申万菱信、中海、光大保德信、上投摩根、东方、东吴、天弘、华泰柏瑞、汇添富、工银瑞信、信诚、建信、华商、汇丰晋信、诺德、浙商、平安大华、富安达、方正富邦(45 家)独立基金销售机构：诺亚正行、天天基金、好买基金(3 家)			
2	通联支行	www.allinpay.com	上海浦东新区新金桥路 28 号新金桥大厦 10 楼	95156 4006695156	浦发银行	2010 年 10 月
		合作的基金销售机构	基金管理公司：国泰、南方、华安、博时、鹏华、大成、富国、易方达、宝盈、长城、银河、国投瑞银、万家、金鹰、招商、华宝兴业、国联安、海富通、长信、景顺长城、广发、兴业全球、中海、光大保德信、上投摩根、中银、国海富兰克林、天弘、汇添富、工银瑞信、交银施罗德、建信、汇丰晋信、浙商、富安达、财通、长安(37 家) 独立基金销售机构(0 家)			
3	银联电子	www.chinapay.com	上海市浦东新区东方路 800 号宝安大厦 29 楼	95516-5	交通银行	2012 年 1 月
		合作的基金销售机构	基金管理公司：国泰、南方、华夏、华安、博时、长盛、嘉实、大成、富国、易方达、宝盈、融通、银华、银河、泰达宏利、国投瑞银、万家、金鹰、招商、华宝兴业、摩根士丹利华鑫、国联安、海富通、长信、泰信、天治、景顺长城、广发、兴业全球、诺安、申万菱信、中海、光大保德信、上投摩根、中银、东吴、国海富兰克林、华泰柏瑞、汇添富、交银施罗德、华商、汇丰晋信、益民、信达澳银、诺德、中欧、金元比联、浦银安盛(48 家) 独立基金销售机构(0 家)			

续表

编号	机构名称	网址	联系地址	电话	监督银行	首次备案时间
4	易宝支付	www.yeepay.com	北京市朝阳区朝外大街甲 6 号万通中心 D 座 23 层	010-59370500	中国工商银行	2012 年 3 月
		合作的基金销售机构	基金管理公司：银华(1 家) 独立基金销售机构(0 家)			

4. 基金的认购

基金的认购是投资者的行为，即在基金发行期内投资者申请购买基金份额的行为。具体而言，对契约型基金的投资以购买基金份额来实现；而对公司型基金的投资则是通过购买基金公司的股票来实现的。

在一般情况下，对投资者首次认购基金份额都规定了最低认购投资额。若追加认购，则必须为某一数额(如 1 000 元)的整数倍。认购基金份额的程序与认购股票的程序类似，投资者需先申请开立基金账户。

5. 投资基金的交易和赎回

封闭式基金成立之后即进入封闭期。在封闭期内，基金份额总额是固定的，不再售出或赎回基金份额。因此，投资者只能通过交易方式转让基金份额以获得现金，新的投资者要参与基金投资，只能通过二级市场购买基金。基金交易主要在证券交易所竞价交易。

一般而言，封闭式基金在发起设立后的 1～3 个月内即可申请挂牌上市，它需要符合法律规定的条件。在证券交易所上市的基金份额，其交易程序、方法与规则同股票类似。

开放式基金的申购是指自基金开放日起，投资者在基金存续期间向基金管理人提出申请购买基金份额的行为。

申购与认购的区别：开放式基金的认购和申购是购买基金在两个不同阶段的说法。如果投资者在一只基金募集期中购买基金份额，称为认购，每单位基金份额净值为 1 元人民币。基金申购是指基金募集期结束并成立后，投资者根据基金销售网点规定的手续购买基金份额。

赎回则是指投资者在基金存续期间向基金管理人提出申请卖出基金份额的行为。

基金份额的申购或赎回价格，是按申购或赎回申请日当天每一单位基金份额资产净值加上申购费或减去赎回费计算的。

单位基金份额的资产净值(Net Asset Value，NAV)，是某一时点上该投资基金每一单位实际代表的价值，是基金单位价格的内在价值。

单位基金份额资产净值＝(基金资产总额－基金负债总额)÷基金份额总数

基金单位申购价格＝基金单位资产净值×(1＋申购费率)

6. 开放式基金的转换

基金转换是指开放式基金持有人将其所持有的某一只基金的全部或部分基金份额转换为同一基金管理人管理的另一只开放式基金的基金份额的行为。基金转换以份额为单位进行申请，即采用“份额转换”原则。

基金的转换价格以转换申请日的基金单位资产净值为基础计算。基金转换的计算公式为

转出金额＝转出基金份额×转出基金单位资产净值

基金转换费＝转出金额×基金转换费率

转入金额＝转出金额－基金转换费

转入基金份额＝转入金额÷转入基金单位资产净值

7. 基金的投资目标

投资基金也是一种金融资产，同样要遵循流动性、安全性和盈利性三原则。对基金来讲，盈利性是指基金的运作必须获得投资收益；流动性是指基金资产低成本地转变为现金的能力；安全性则是指基金规避投资风险，保全资本的能力。

各种基金追求收益与风险偏好不同，大体上存在着两种典型的投资目标：一是当期收入的最大化，以收入型基金为代表。二是资本长期增值即最大资本利得，主动承受较高的投资风险，这种投资目标的代表是成长型基金。部分证券投资基金名录见表9-9。

表9-9　部分证券投资基金名录(2012年4月，共969只)

序号	基金名称	基金简称
1	华安创新证券投资基金	华安创新混合
2	南方稳健成长证券投资基金	南方稳健成长混合
3	华夏成长证券投资基金	华夏成长混合
4	国泰金鹰增长证券投资基金	国泰金鹰增长股票
5	鹏华行业成长证券投资基金	鹏华行业成长混合
6	富国天源平衡混合型证券投资基金	富国天源平衡混合
7	易方达平稳增长证券投资基金	易方达平稳增长混合
8	融通新蓝筹证券投资基金	融通新蓝筹混合
9	长盛成长价值证券投资基金	长盛成长价值混合
10	南方宝元债券型基金	南方宝元债券
⋮	⋮	⋮
965	鹏华美国房地产证券投资基金	鹏华美国房地产(QDII)
966	信诚全球商品主题证券投资基金(LOF)	信诚全球商品主题(QDII-FOF-LOF)
967	富兰克林国海亚洲(除日本)机会股票型证券投资基金	国富亚洲机会股票(QDII)
968	上投摩根全球天然资源股票型证券投资基金	上投摩根全球天然资源股票(QDII)
969	华安标普全球石油指数证券投资基金(LOF)	华安标普全球石油指数(QDII-LOF)

8. 投资规模的限制

这主要体现在对投资组合的限制，具体包括两个方面：一是对单只有价证券投资额占该有价证券总额的限制，即投资于同一家上市公司有价证券的总额不得超过该公司发行的该种有价证券总数的一定比例；二是对某一公司有价证券(尤其是股票)的投资额占该基金资产净值比重的限制。这是指投资基金对于任何一家上市公司股票的投资额不得超过该投资基金净资产的一定比例。

9.1.4 国际投资基金的管理

1. 国际投资基金管理的主要依据

国际投资基金管理的主要依据有投资基金章程、信托契约、委托管理协议、委托保管协议和招募说明书等。

1) 投资基金章程

投资基金章程是基金的发起人在设立基金时所制定的纲领性文件，它是对基金进行管理的主要法律依据，也是投资者或债权人了解基金的重要文件。

2) 信托契约

信托契约是一种信托成立的法律文件。在信托契约上，信托的条款、信托人及受益人姓名都清楚地订出。

3) 委托管理协议

委托管理协议是公司型投资基金与基金管理公司，就委托管理公司对基金资产进行投资管理问题达成的协议。委托管理协议的作用在于从法律上确立了基金公司和基金管理公司的权利和义务。此外，使基金增值及投资者权益得以保护的重要保障是选择合格的基金管理人。

4) 委托保管协议

委托保管协议是基金公司或基金管理公司与基金托管人就保管基金资产问题达成的协议。委托保管协议明确了委托人即基金公司或基金管理公司与受托人即基金托管公司的权利与义务。

5) 招募说明书

招募说明书是经国家有关部门认可的一个法律性文件。它的目的在于让投资者了解本基金，以便让投资者作出是否投资该基金的决策。实际上，投资者以招募说明书来监督基金公司的运作，当投资者的权益受到侵犯时，可以行使权利来维护自身的利益。现今，它已成为基金经营与管理的纲领性文件。

2. 国际投资基金管理的法律规范

政府作为证券市场的监护者，为了使本国证券市场正常运作，保护每个基金投资者的利益，对基金的运作和管理进行了不同程度的监督与限制，具体体现在以下几个方面。

1) 对基金投资对象的限制

按照大多数国家的法律规定，投资基金主要用于投资上市或未上市公司的股票、新股认购权证、股权凭证、金融债券、可转换公司债券、政府债券等有价证券，以及其他一些流动性较强的商业票据。有些国家不允许投资未上市的公司股票，只有极少数的国家允许作一些诸如房地产业务等方面的直接投资。

2) 对基金投资数量的限制

各国都对投资基金投资于股票和债券的最低比例、购买同一公司证券的数量占该公司已发行证券的最高比例和购买同一公司的股票占该基金资产净值的最高比例等进行了限制性规定，但是规定的具体比例不尽相同。有些国家对不同类别的投资基金采取不同的比例限定，也有些国家对各类投资基金的限定采取相同的比例。

3) 对基金投资方法的限制

各国都严格规定禁止利用基金购买本基金或本基金的董事、主要股东、主要承销商所持有的证券，或者将基金资产出售给或借给上述与本基金有关的人员。禁止经营多种投资基金的基金管理公司对其所经营的投资基金进行相互的交易活动。同时，也禁止利用拆借资金或贷款买入证券以及卖出借来的证券。

通过上述各个方面的限制，大大地降低了欺诈行为发生的可能性，有效地保护了投资者的利益。

3. 国际投资基金的投资政策与投资组合

1) 国际投资基金的投资政策

国际投资基金的投资政策是指基金公司为了实现投资基金设立的宗旨和目标而制定的原则性指导思路。制定国际投资基金政策时要从投资组合、购买证券的分散程度、各种证券质量的搭配、充分利用基金进行投资的程度和收益的发放方式这5个方面入手。

基金的性质决定了国际投资基金的投资政策，风险承受力大的投资者应该选择成长型投资基金，较为保守的投资者应该选择收入型或者平衡型投资基金。为了便于投资者选择适合自己需要的投资基金，投资基金的投资政策应在其招募说明书中体现出来。

2) 国际投资基金的投资组合

投资组合是指依据投资政策而制定的，由投资人或金融机构所持有的股票、债券、衍生金融产品等组成的集合。分散投资风险是投资组合的目标，投资组合往往会随着基金管理人、配置、费用、基金资产和投资目标的变化而变化。因此，投资组合是投资基金性质的具体体现。同时，它也是投资基金运作与管理的核心，如何在不同的资产当中进行比例分配、在同一个资产等级中选择哪几个品种的债券和哪几个品种的股票以及各自的权重是多少等问题，都是投资者进行投资组合时需要考虑的。

此外，投资于投资基金也像投资于其他证券一样，存在一定的风险。例如，因经济、政治、社会等方面的变动所导致损失的风险，以及因金融市场与购买力的变动、基金本身经营不善或欺诈行为造成损失的风险等。

4. 国际投资基金的费用、收益及利润分配、税收方法和报告制度

1) 国际投资基金的费用

国际投资基金的费用主要是指基金在整个运作过程中需要的各种投入，它主要由基金的开办费、操作费、固定资产的购置费、基金利润的分配费、受益凭证的销售费以及行政开支费构成。国际投资基金设立与运作所需的费用主要来自投资者和基金本身的收益。

2) 国际投资基金的收益及利润分配

国际投资基金的收益除了来自债券与股票的收益外，还有一部分来自资本利得，即利用基金资产投资于有价证券所得到的买卖差价收益，以及基金所持有的证券增值所带来的收益即资本增值。收益的发放方式不仅可以采用以现金的方式直接发放给投资者，也可以将其滚入本金进行再投资。

3) 国际投资基金的税收方法

世界各国对投资基金的税收方法有一定的差别。多数国家对投资基金的经营者是免税的，因为投资基金的经营者只不过是一个委托代理机构，既不是基金资产的所有者，也不是基金的受益者。因此，基金的投资者才是纳税人。虽然有些国家和地区对基金的投资者免征一定的税金，特别是对海外投资基金的投资者免除一切税收，但在一般情况下，基金投资者需要交纳所得股息、利息、红利收入的所得税，股票基金和债券基金的交易税及交易单据的印花税等。

4) 国际投资基金的报告制度

根据各个国家的法律规定，基金公司应定期或不定期地向投资者公布基金的有关信息，这些信息主要通过基金运作过程中发布的报告与公告来披露。报告与公告一般由基金管理人编制并向投资者公布，包括基金的年度报告与中期报告、基金资产净值公告和基金投资组合公告。

9.2 中国的投资基金业

我国的投资基金是在计划经济体制向市场经济体制的过渡中出现的，与西方发达国家相比，具有规模较小、经验缺乏和先天不足的特点。为了保证我国投资基金市场的有序健康发展，规范投资基金的管理和运作，防范和化解金融风险，我们在全面了解和认识投资基金市场的同时，还应借鉴国外投资基金发展的成功经验，在建设我国的投资基金发展模式上参考各国模式，使其不断的发展和壮大。

9.2.1 中国投资基金业的产生与发展

中国的投资基金业产生于20世纪90年代初，虽然在80年代中期以后，一些专家曾提出发展中国投资基金业的必要性和可能性，并发起设立了一些基金，但由于规模较小，不足以形成市场，仍处于理论探索阶段。1991年由中国农村发展信托投资公司等在山东淄博发起设立的乡镇企业投资基金于1992年得到中国人民银行的批准，成为中国第一家经法律认可的投资基金。随后各种类型的投资基金在沈阳、大连、海南、武汉、北京、深圳等地广泛出现。1997年11月14日，国务院证券委员会发布新中国成立以来有关投资基金设立、运作和管理的第一部法规——《证券投资基金管理暂行办法》，此后中国的投资基金业步入规范化轨道。

1998年3月23日，开元和金泰两只投资基金分别获准在上海和深圳交易所上网发行，基金规模各为20亿元人民币，均采用契约型封闭式，存续期均为15年。开元和金泰两只投资基金是《证券投资基金管理暂行办法》颁布后首次上市发行的基金，这两只基金的上市发行，标志着中国证券投资基金的正式启动，同时也迎来了“中国百姓投资基金热的高潮”。1998年3月—2000年2月，按新管理方法发行的投资基金已有开元、金泰、兴华、安信、裕阳、普惠、泰和、同益、景宏、汉盛、裕垄、安顺、晋丰、兴和、天元、裕元、景阳、景博、同盛和金鑫共20只。2003年10月末，公募基金的数量首次突破100只。2005年9月，基金数量达到了200只。此后在不到一年半的时间之内，基金数量又增加了100只。但受2007年股市狂飙和投资者认购基金狂热的影响，2007年监管部门对于新基金的审批节奏明显放慢，直到2008年4月时，基金数量才攀升到400只。自此之后，直至2010年5月，几乎每隔一年，基金数量就再度增加百只。其后又再度加速，2010年5月—2010年12月，7个月之内，基金数量从600只增加至700只，6个月之后，基金数量扩大到800只。接下来几乎以同样的频率，基金总数量于2011年底达到900只，于2012年6月达到1 000只。

9.2.2 中国投资基金业的特点

中国投资基金业的历史很短，再加上中国整个证券业的历史不长，证券市场尚不发达，这就使中国的投资基金业形成了以下4个特点。

1. 境外基金先于境内基金

中国境外基金的发展要早于境内基金，1985 年 12 月，中国东方投资公司就在香港和伦敦推出了旨在对中国投资的“中国东方”基金，资产净值为 1 700 万美元。随后由法国汇理银行五洲投资有限公司牵头设立的以中国为投资对象的基金于 1990 年底在伦敦上市。到 1992 年底仅在香港设立的中国基金已近 20 个，资产总值约 50 亿港元。境外基金的发展带动了境内基金业的发展。

2. 每只基金的规模较小

在中国已发行的证券基金中，基金规模达上亿元的比例较小，多数在 5 000 万元以下，即使是新上市的基金规模也只不过几十亿元人民币左右，而美国有很多基金都在百亿美元以上。规模较小会减弱基金对市场的影响力和抗风险能力。

3. 投资基金的市场小

2006 年美国共同基金的总额已超过 10 万亿美元，相当于美国银行 3.3 万亿美元存款总额的 82%。而中国发行的各类投资基金总额仅有约 500 亿元人民币，仅是城镇居民 5 万多亿元存款的 0.1%。这一比例制约着中国企业的筹资规模，进而影响企业的发展。

4. 投资基金多为封闭式和契约型

到目前为止，中国发行的投资基金绝大多数都是契约型的，而且是封闭式的，就连最近发行的两个最大的开元和金泰基金也是契约型封闭式。契约型和公司型投资基金在世界上均被广泛采用，如美国的投资基金基本上是公司型的，而日本、韩国多为契约型。

但是开放式的投资基金对投资者更有利，因此发达国家发行的投资基金多采用开放式，走向开放式的投资基金是投资基金业的发展趋势。

9.2.3 中国发展投资基金业的必要性

中国发展投资基金业是非常必要的，原因有如下 4 点。

1. 企业所有制改革的需要

目前中国的大中型国有企业正进行股份制改造，企业的公有股份投资于投资基金，使股票在基金股东之间流动，既可避免大量公有股流入私人手中，又可实现公有资产的流动和增值，还可以解决公有股上市的难题，进而起到支持国有企业改革的作用。

2. 中小投资者的要求

在中国，存款仍然是城乡居民投资的主要渠道，他们把金融资产的 80 %以上的现金用于银行储蓄，在中国的存款利率经过三次下调之后，城乡居民去银行存款的兴趣渐失。而今天的股市经过多次震荡之后再次陷入低迷，加上他们缺乏专业知识以及因没有足够的资料和时间去研究股市，这就令积蓄不多的中小投资者们望而却步。中小投资者渴望有一种收益较高、风险较低的投资工具，投资基金则能迎合该部分中小投资者的这一需要。

3. 稳定证券市场的需要

中国证券市场上的投资者一直以中小散户为主，中小散户在风云莫测的股市中只能更加注重短线投资，追涨杀跌，加剧了市场波动，导致中小投资者亏多赚少。投资基金使中小投资者的资金由散变为集中，进行理性投资。由于投资基金的规模大，作出投资决策前先运用其丰富的专业知识、经验及信息，对股市进行深入的研究和分析，并进行长线投资，不盲目投资，不跟风炒作，所以不仅加强了投资决策的正确性，还降低了证券市场的投机成分，减缓了市场的异常波动，起到了稳定证券市场的作用。

4. 证券市场发展的需要

发达国家的证券市场不仅法规健全、规模庞大，而且还显示出品种的多样化和结构的合理性。发展投资基金不仅增加了投资市场上的投资工具，而且可使证券市场的结构得以调整，从而达到增加筹资数量、发展证券市场的目的。

9.2.4 中国基金市场发展中面临的问题

我国基金市场的快速平稳发展，改变了社会传统的理财观念和理财方式，使得以信托关系为核心的理财文化被愈来愈多的人所认同和接受，并成为我国广大投资人参与社会投资的一种重要方式。同时，行业的快速发展进一步推动了中国资本市场的制度改革。然而，由于我国证券投资基金发展的时间较短，行业整体仍存在如下一系列问题：

1. 基金投资行为存在显著的羊群效应特征

基金作为机构投资者参与市场，有助于市场的扩展、深化和相对稳定。但在另一方面，基金在市场的运作中也会产生出某种负面效应，其中最为典型的就是基金的“羊群效应”。所谓羊群效应，就是指个体跟随“市场领导者”发出的信号进行操作，造成市场一个时期价格和收益率的涨跌将趋向于加强下一个时期价格和收益率的涨跌，甚至导致“过度波动”等现象的出现。

在这种效应的作用下，市场正常的运行秩序受到影响，同时也会破坏基金的创新机制而导致整个基金行业的平庸化，影响基金资源优化配置效应的实现和整个基金业的发展。随着基金力量的不断增强，“羊群效应”的破坏作用会更加巨大。所以，如何避免或减弱基金“羊群效应”的产生，是基金业发展中应该重视的问题。

2. 行业性整体人才匮乏，高端人才流动过于频繁

我国基金业的快速发展使得基金业人才紧缺，导致了基金管理人员的频繁流动。据调查发现，我国基金经理的平均任职期限不到1年，而美国基金经理的平均任职期限为5 年。基金业人才的快速流动直接影响基金的投资业绩，影响基金业的稳定发展。

此外，基金经理的培养期被大大缩短，低龄化和浅阅历现象明显。基金经理的成长必须要经历助理研究员、研究员、基金经理助理等岗位，因此需要相当长的培养期，才能真正成为专业知识扎实、经验丰富的基金经理。通常情况下，美国对基金经理的培养期需要 12 年以上，基金经理平均年龄超过 40 岁，很多公募基金经理、对冲基金经理皆有从事多种行业的任职经历。最近两年，由于国内基金业人才相对匮乏，导致基金经理的培养期被大大缩短，只有大约 5 年时间，大量年轻的基金经理被“拔苗助长”地迅速推到前台。据不完全统计，目前基金经理队伍中 30 岁以下(不包含 30 岁)的基金经理已经超过了 10 位。基金经理往往是从象牙塔直奔投资岗位，缺乏从事实业经济的经历，也缺乏扎实的公司基本面研究功底，这常常让很多基金经理看不到企业盈利的灵魂。国内基金经理年轻化、从业经历浅等问题已经成为制约基金业发展的主要问题之一。

3. 投资范围有限，资产管理能力不高

目前我国的金融市场还不是十分发达，金融产品单一，基金可选择的对象只有股票、国债等少数几类，而且由于我国上市公司的股利发放数量较少，基金的收益主要依靠资本利得而不是红利，基金管理人在选择股票时往往倾向于少数能获得资本利得的股票。这样一来，本已有限的投资范围就更小了，使多元化投资、分散风险的投资理念无法得到较好的贯彻执行。同时，股票市场没有如期货、期权、掉期等衍生工具，并且市场缺乏做空机制，资金只能通过单向做多来获取收益，这制约了基金公司在风险管理方面的能力，导致其组合投资管理手段有限，无法充分显示出专业投资人相对普通投资者的比较优势。一旦影响证券市场的利率、货币供给等外部因素发生变化，导致市场行情下跌，基金所持有的资产必然随之缩减，使基金投资者遭受巨大损失。

4. 基金的外部监督管理体系亟待完善

首先，我国基金监管仍缺乏完善的法律支撑。相较于基金业的快速发展，我国证券投资基金的法律建设尚显滞后，现有的法律法规还不能满足基金规范的需要。尽管我国已经有了《证券法》、《证券投资基金法》、《信托法》等法律规章制度，但尚未建立以《证券投资基金法》为核心、各类部门规章和规范性文件相配套的较为完善的基金监管法律法规体系。另外，我国的基金立法缺乏一定的延续性，相关法律法规的可操作性较差。

其次，基金行业自律组织缺乏必要的权威性。随着基金业的快速发展，政府对基金业事无巨细的直接监管无疑是效率低下的。作为多层次基金监管体系的一部分，基金行业自律具有经常性、及时性、专业性、低成本等特点，不仅可以有效保障基金业长期稳定和规范发展，而且可以促进基金业内相互竞争、相互监督的良好市场机制的建立。我国目前的基金业自律机构是中国证券业协会，对基金监管的专业性不强，而且缺少对违规行为进行处罚的权威性。

第三，我国还没有建立较协调的外部监管体制。

我国的金融监管当局主要是银监会、证监会、保监会，此外，中国人民银行和证券交易管理机构等部门也在一定范围内承担了部分监管职能。各部门有各自的监管领域和职责，然而，证券投资基金作为一个投资工具，其当事人的性质不是单一的，必然会存在监管责任交叉的现象，从而可能引发监管不协调和相互推卸监管责任的问题。

本章小结

投资基金是指通过发售基金份额，汇集众多不特定的且有共同投资目的投资者的资金，形成独立的基金财产，委托专业投资机构分散投资于各种有价证券和其他金融工具，并由投资者按其所持有的基金份额享受收益和承担风险的一种集合投资方式。国际投资基金的种类和发行形式多样。国际基金的运作与其组织结构是密不可分的。中国的投资基金业产生于20世纪90年代初，1991—2012年，中国的投资基金业已走过了20年的历程。

课后习题

1. 名词解释

(1) 投资基金　　(2) 封闭式投资基金

(3) 开放式投资基金　　(4) 阳光私募基金

(5) 成长型投资基金　　(6) 委托保管协议
(7) 信托契约　　(8) 国际基金
(9) 对冲基金　　(10) 基金转换

2. 不定项选择题

(1) 按照组织形态的不同，可以将国际投资基金分为(　　)。
A．契约型投资基金和公司型投资基金
B．封闭式投资基金和开放式投资基金
C．公募基金和私募基金
D．成长型投资基金、收入型投资基金和平衡型投资基金

(2) 适合缺乏证券知识、风险承受能力低、期望获得稳健收益的投资者的基金是(　　)。
A．公募基金　　B．契约型投资基金
C．收入型投资基金　　D．开放式投资基金

(3) 销售和赎回都是通过基金管理人与投资者私下协商来进行的基金是(　　)。
A．公募基金　　B．私募基金
C．公司型投资基金　　D．成长型投资基金

(4) 产业私募基金的封闭期一般有(　　)。
A．3～5 年　　B．5～7 年
C．7～9 年　　D．9～11 年

(5) 下列属于私募风险投资基金所具有的特点的是(　　)。
A．投资回收周期长　　B．风险高
C．投资回收周期短　　D．收益高

(6) 下列属于私募基金交易费用的是(　　)。
A．认购费用　　B．申请购买费
C．赎回费用　　D．私募基金转托管费

(7) 下列属于私募基金相对于公募基金的优势的是(　　)。
A．产品更有针对性　　B．更容易风格化
C．更高的收益率　　D．产品更广泛化

(8) 面向国内投资者发行的、用于在国际金融市场上进行投资运作的投资基金是(　　)。
A．国内基金　　B．海外基金
C．国家基金　　D．国际基金

(9) 对冲基金通常被人们称为(　　)。
A．宏观基金　　B．套头基金
C．套利基金　　D．避险基金

(10) 根据交易手段，可以将对冲基金分成(　　)。
A．低风险对冲基金　　B．行业对冲基金
C．高风险对冲基金　　D．疯狂对冲基金

(11) 下列不属于对冲基金的特点的是(　　)。
A．投资活动的复杂性　　B．筹资方式的私募性
C．筹资方式的公募性　　D．投资效应的高杠杆性

(12) 一般而言，封闭式基金申请挂牌上市要在发起设立后的(　　)。
A．1～3 个月内　　B．1～4 个月内

C．1～5个月内　　D．1～6个月内

(13) 下列属于国际投资基金管理的主要依据的是(　　)。

A．投资基金章程　　B．信托契约

C．委托管理协议　　D．招募说明书

(14) 在信托契约上被清楚订出的有(　　)。

A．受益人年龄　　B．信托的条款

C．信托人　　D．受益人姓名

(15) 使基金增值及投资者权益得以保护的重要保障是(　　)。

A．确立基金公司的权利　　B．确立基金公司的义务

C．选择合格的基金管理人　　D．签订权益保障合同

(16) 基金经营与管理的纲领性文件是(　　)。

A．委托管理协议　　B．招募说明书

C．投资基金章程　　D．信托契约

(17) 投资组合的目标是(　　)。

A．获得投资收益　　B．明确投资方向

C．分散投资项目　　D．分散投资风险

(18) 国际投资基金设立与运作所需的费用主要来自(　　)。

A．利用基金资产投资于有价证券所得到的买卖差价收益

B．债券的收益

C．基金所持有的证券增值所带来的收益即资本增值收益

D．股票的收益

(19) 基金资产具有可以用较低成本转变成现金的能力指的是(　　)。

A．基金的流动性　　B．基金的安全性

C．基金的盈利性　　D．基金的变现性

(20) 投资基金业的发展趋势是(　　)。

A．走向开放式的投资基金　　B．走向封闭式的投资基金

C．走向公司型的投资基金　　D．走向契约式的投资基金

3. 简答题

(1) 简述投资基金与股票、债券的差异。

(2) 简述私募股权投资基金与阳光私募基金的区别。

(3) 举例克服公司式私募基金存在双重征税缺点的方法。

(4) 简述契约式基金的具体做法。

(5) 简述私募基金与公募基金的区别

4. 案例分析题

深圳金蝶软件公司引入风险投资

金蝶公司是1993年才建立的财务软件公司，公司建立之初，在财务软件领域，既有早已形成规模并在国内市场上占有很大份额的“用友”、“万能”、“安易”等，又有许多其他公司在争夺着财务软件市场。作为后来者的金蝶公司如果没有自己的独特之处将很难立足。金蝶总裁徐少春，这个中国第一代电算化硕士，提出了“突破传统会计核算，跨进全新财务管理”观念，并且紧紧抓住与国际接轨这一核心，快速开发新产品。1993年金蝶公司推出了V2.0和V3.0 DOS版财务软件。在1995年底，金蝶又先声夺人，依据敏锐的市

场判断力率先开发出全新的 WINDOWS 产品，在同业引起了极大轰动。1996 年 4 月，金蝶开发的全新 WINDOWS 产品经过有关部门严格测试，被评为“中国首家 WINDOWS 版优秀财务软件”。在此之后，金蝶再接再厉，缩短产品的更新周期，在产品技术上远远领先于其他财务软件，并大力提倡决策支持型软件。

虽然金蝶在短短的几年里实现了超速发展，但是它至今仍然是个规模不大的企业，即便成为中国的大企业，在跨国公司面前，它仍然是条小鱼，仍然面临被吃掉的风险。市场竞争的生存法则，激励这些企业不安于现状，大胆引进风险投资，以求企业的长远发展。

世界著名的信息产业跨国集团——国际数据集团 IDG 公司是集出版、信息网络、展览、市场研究和咨询为一体的、业务遍布世界 80 多个国家和地区，年销售总额达 17 亿美元的国际大公司。

1998 年 5 月 6 日，金蝶公司与 IDG 公司已经正式签订协议，将接受 IDG 设在中国的风险投资基金公司——广东太平洋技术创业有限公司 2 000 万元人民币的风险投资，用于金蝶软件公司的科研开发和国际性市场开拓业务。这是继四通利方之后国内 IT 业接受的最大一笔风险投资，也是中国财务软件行业接受的第一笔国际风险投资。

(资料来源：卢进勇，杜奇华，闫实强.国际投资与跨国公司案例库. 北京：对外经济贸易大学出版社，2005.)

请结合本章所学内容，讨论金蝶公司为什么能吸引到风险投资？

课后阅读

苹果公司的经典案例

1976 年，当时就职于阿塔里公司的乔布斯和就职于惠普公司的沃兹奈克共同设计出一块电脑线路板(苹果一号)，并将它们拿到斯坦福大学的一个家用电脑俱乐部展示，样品展出后大受欢迎，许多人表示要购买。受此鼓舞，他们决定进行小批量生产。乔布斯卖掉了汽车，沃兹奈克卖掉了个人计算机，一共凑集了 1 300 美元，然后雇人为这部电脑设计印刷电路板。1976 年 6 月，乔布斯带了一块电脑板去找一家电脑零售店——拜特行，拜特行的老板威尔逊一下子订购了 50 块。由于资金短缺，乔布斯施展高明的手段，要求几家电子元器件供应商以赊账的方式提供零件，他甚至说服了律师和公关公司，以赊欠的方式提供服务。

苹果一号的销售情况出乎意料得好，乔布斯和沃兹奈克开始意识到，他们的小资本根本不足以应付业务急剧发展的需要。乔布斯后来回忆道：“大约在 1976 年秋，我发现市场的增长比我们想象的还快，我们需要更多的钱。”为此，他们分头去找他们曾经工作过的公司主管——阿塔里和惠普公司的主管，请这些昔日的主管接受他们的苹果电脑原型，但最后都未成功。1976 年秋，他们决定成立自己的公司。一家公共关系公司的总裁 R·麦克纳在三次拒绝乔布斯的合作建议之后，终于勉强同意先提供服务然后再收取服务费。麦克纳将投资家 D·瓦伦丁介绍给他们，但是当瓦伦丁开着豪华的汽车、身穿笔挺的西服来到他们的厂房时，看到的是一幅近似凄惨的景象：简陋的厂房、破旧的设备和两个衣着寒酸的愣小子……看到这些，瓦伦丁耸了耸肩，扬长而去。在这个关键时期，风险资本家马克库拉的出现给他们带来了转机。

时年 38 岁的马克库拉曾担任过大名鼎鼎的英特尔公司销售经理，此时已是百万富翁，他以多年来驾驭市场的丰富经验和企业家特有的战略眼光敏锐地意识到了未来电脑市场的巨大潜力。他决定与两位年轻人进行合作，投资创办公司。他与乔布斯和沃兹尼克共同讨论，花费了两个星期的时间研拟出一份苹果电脑公司的商业计划书，不仅自己入股 9.1 万美元，并且以他的声誉帮助公司从美国商业银行借了 25 万美元的贷款。然后，三人共同带着苹果的商业计划，走访马克库拉认识的风险投资家，结果又筹集到了 60 万美元的创业投资。此外，为了加强公司的经营管理，马克库拉还推荐了全美半导体制造商协会主任斯科特担任公司的经理。四个合伙人组成了公司的领导班子，马克库拉任董事长、乔布斯任副董事长、斯科特任总经理、沃兹奈克是负责研究开发的副经理。

技术、资金、管理的结合产生了神奇的效果。苹果公司的销售额一年一个台阶地猛增，1977 年 4 月，苹果公司在旧金山举行的西岸电脑展览会上，首次公开展示了新产品——苹果二号，1977 年销售额为 250 万美元，1978 年为 1 500 万美元，1979 年为 7 000 万美元，1980 年为 1.17 亿美元，1981 年为 3.35 亿美元，1982

年为 5.82 亿美元，苹果公司成为《财富》500 大公司之一，排行第 411 位。这是第一次一家新公司在 5 年之内就进入《财富》500 家大公司排行榜。

1980 年 12 月 12 日，苹果公司首次公开发行股票，以每股 22 美元的价格，公开发行 460 万股，集资 1.01 亿美元。乔布斯、马克库拉、沃兹奈克、斯科特 4 人共拥有苹果公司 40%的股份，其中，乔布斯拥有 750 万股，价值 1.65 亿美元，马克库拉拥有 700 万股，价值 1.54 亿美元，沃兹奈克拥有 400 万股，价值 8 800 万美元，斯科特拥有 50 万股，价值 1 100 万美元。

早先在苹果公司下赌注的风险投资家也都获得了丰厚的回报。阿瑟·罗克 1978 年花费 5.76 万美元，以每股 0.9 美元的价格买了 64 万股，公开招股上市时价值已经达到了 1 400 万美元，增值 243 倍。1993 年初，乔布斯公开宣称，苹果公司创造了 300 个百万富翁，而此时，乔布斯自己在苹果公司的股票价值也已经高达 2.84 亿美元。

(资料来源：卢进勇，杜奇华，闫实强. 国际投资与跨国公司案例库. 北京：对外经济贸易大学出版社，2005.)

第10章 中国与国际直接投资

知识目标

- 了解中国对外直接投资的政策
- 熟悉中国对外直接投资及吸引外资的概况
- 掌握中国对外直接投资及吸引海外直接投资的策略
- 了解中国对外直接投资及吸引外资的发展趋势

技能目标

- 学会分析中国企业对外直接投资的战略选择
- 能够运用相关知识分析外商直接投资行为
- 能够根据中国对外直接投资及吸引外资的发展趋势分析跨国公司投资行为的变化

知识结构

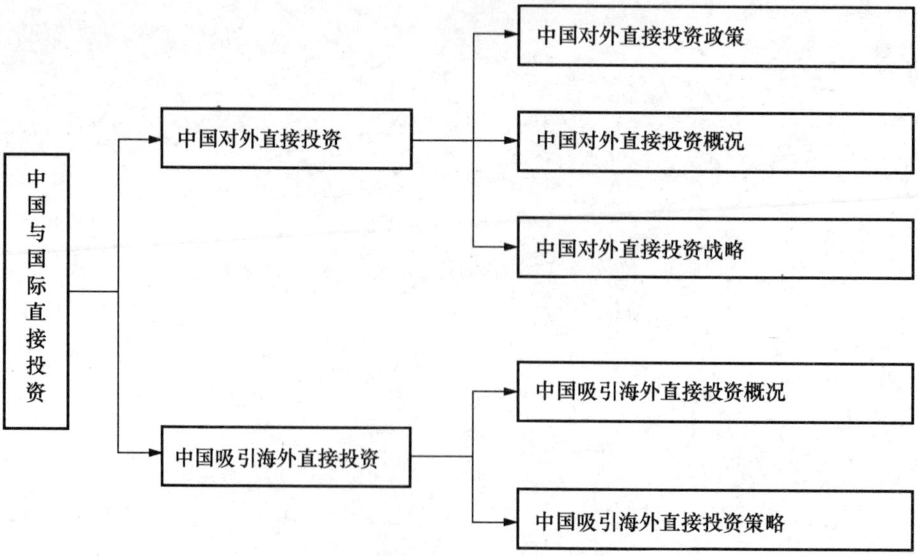

导入案例

吉利收购沃尔沃

已有82年历史的沃尔沃，是欧洲著名的豪华汽车品牌，被誉为“世界上最安全的汽车”。在汽车安全和节能环保方面，有许多独家研发的先进技术和专利。近年来，尤其是受2008年金融危机的影响，沃尔沃虽在福特的旗下，但还是资不抵债，亏损严重，销售大幅下降，产能放空，采购成本上升。

吉利控股集团(如图10.1所示)是中国最早也是最大的民营汽车生产企业，创建于1986年11月6日，1997年吉利开始进入汽车产业。2002年经营规模列“全国500强”第421位、“浙江省100强”第28位。2003年被评为“中国汽车工业50年发展迅速最快、成长性最好”的企业之一，拥有员工上万人。

图10.1　吉利

但是，吉利毕竟是个新兴的汽车产业，其性能和百年老店沃尔沃是没法比的，在安全性方面、发动机等电气设备上有很大的不足之处。而沃尔沃则是被称为全球安全性最好的车，且它是一家欧洲百年老店，名声在外。吉利希望通过收购沃尔沃，掌握沃尔沃的核心技术，促进吉利汽车产业的迅速发展，从而在世界市场上有一席之地。2008年年底，福特方面宣布出售沃尔沃轿车公司，吉利方面立刻组建了谈判团队赴欧谈判。2009年10月28日，福特宣布吉利成为沃尔沃优先竞购方。

2009年12月23日，吉利宣布与福特就收购沃尔沃的所有重要商业条款达成一致，标志着谈判进入收尾阶段。2010年3月28日，吉利斥资18亿正式收购瑞典沃尔沃轿车100%的股权。

请根据中国对外直接投资的相关知识分析吉利为什么要收购沃尔沃，收购成功的原因是什么。

随着经济全球化进程的推进，中国不仅大规模地引进利用外资，也开始对外直接投资。尤其是加入世界贸易组织(World Trade Organization，WTO)后，中国经济和企业面临着巨大的挑战和机遇。由于降低了关税保护，扩大了市场开放，外国的企业与产品大肆“入侵”，在中国土地上与国内企业和产品一比高低。与此同时，也给中国企业“走出去”、进入国际市场、进行国际投资、利用国际资源创造了条件。

10.1　中国对外直接投资

改革开放伊始，中国政府就做出了走出国门办企业的战略决策。30多年来，中国企业对外直接投资从无到有、从小到大，一直保持快速增长的态势。对外直接投资不仅可以缓解我国企业资金短缺的压力、有效弥补国内资源供给不足，同时也是我国企业克服贸易壁垒、减少贸易摩擦的重要途径。在当前经济全球化推动世界经济不断融合与渗透、我国外贸不平衡问题逐渐加剧与突出的背景下，开展对外直接投资不仅具有客观必然性，而且具有重要的战略意义。

10.1.1　中国对外直接投资政策

我国自20世纪90年代后期以来，逐步取消限制企业对外投资的政策规定，并开始采取新的政策措施和法律手段来鼓励和保护本国企业的对外投资。2000年，党中央提出“走出去”战略；2004年，国务院做出关于投资体制改革的决定；2006年，七部委下发《境外投资产业指导政策》；2007 年，国务院下发《关于鼓励和规范企业对外投资合作的意见》。一系列重大决定为我国对外直接投资打开了大门，各种鼓励和支持政策也接踵而来。

随着中国经济的迅猛发展及对外开放度的进一步扩大，中国政府支持发展对外投资的政策环境越来越宽松，这表现在以下几个方面。

1. 简化对外投资审批程序，规范监督管理

在投资审批方面，中国商务部 2003 年发布《关于做好境外投资审批试点工作有关问题的通知》，在北京等 12 个省市进行了下放境外投资审批权限、简化审批手续的改革试点，地方外经贸部门的审批权限由 100 万美元提高到 300 万美元。中国国务院 2004 年 7 月做出的《关于投资体制改革的决定》，进一步把对外投资项目从审批制转向核准备案制。而 2009 年 5 月 1 日正式实施的新的《境外投资管理办法》，进一步放宽地方对外投资审批权限，同时简化审批程序和审查内容，缩短并严格明确审批时间。例如，新办法中规定，中方投资额在 1 亿美元以上的由商务部核准，1 000 万美元～1 亿美元的地方企业由地方商务主管部门核准，其他的只需在商务部的“境外投资管理系统”中按要求填写完全申请表即可获得核准。新办法还对核准程序做出了相对明确的规定。核准期限一般为 20 个工作日，最多再延长 10 个工作日。对于 1 000 万美元以下的非能源、资源类对外投资，商务部和省级商务主管部门的核准和审查时间由原来的 15～20 个工作日缩短至 3 个工作日。

在监督管理方面，原中国对外经济贸易部(于 2003 年整合为商务部)联合其他部委在 2002 年分别发布了《对外直接投资统计制度》、《境外投资联合年检暂行办法》、《境外投资综合绩效评价办法(试行)》、《成立境外中资企业商会(协会)的暂行规定》。从 2003 年起，由商务部牵头组织开展对外直接投资统计、境外投资联合年检、对外投资综合绩效评价和境外中商企业商会工作。商务部和国家外汇管理局(以下简称外汇局)2005 年 5 月发布了《企业境外并购事项前期报告制度》，要求企业在确定境外并购意向后，须及时向国家商务部及外汇管理部门报告。在 2008 年《中华人民共和国外汇管理条例》发布以后，外汇局于 2009 年 7 月 13 日又发布了《境内机构境外直接投资外汇管理规定》。根据该规定，境内机构可以使用自有外汇资金、符合规定的国内外汇贷款、人民币购汇或实物、无形资产及经外汇局核准的其他外汇资产来源等进行境外直接投资。境内机构境外直接投资所得利润也可留存境外用于其境外直接投资。同时，外汇局对境内机构境外直接投资及其形成的资产、相关权益实行外汇登记及备案制度，而不是审查制度。这一制度极大地放松了对境外直接投资的外汇管理。

2. 国家财政金融支持

为了鼓励和引导企业到国外投资，中国政府通过设立政府专项资金、产业投资基金以及信贷融资等方式向国内企业提供支持。

目前，中国为境外直接投资提供直接金融支持的机构主要包括中国出口信用保险公司、中国进出口银行和国家开发银行，这些机构的资本金全部来自国家财政。中国出口信用保险公司主要为境外投资提供投资保险服务、担保服务和各类咨询服务。中国进出口银行作为专业外经贸政策性银行，对各类对外投资合作给予信贷支持，并设立了境外投资专项贷款。2004 年 10 月，中国国家发改委、中国进出口银行等颁布了《关于对国家鼓励的境外投资重点项目给予信贷支持的通知》，每年安排“境外投资专项贷款”，享受出口信贷优惠利率。国家开发银行自 1998 年成立以来则在世界 50 多个国家设立了工作组，为各类投资项目提供信息咨询，已经累计提供境外投资项目贷款逾 200 亿美元。例如，由国家开发银行 100%控股的中非

发展基金有限公司于 2007 年 5 月注册成立，注册资本约 10 亿美元，二期将增至 30 亿美元，最终达到 50 亿美元，以股权和准股权投资等方式支持中国企业走进非洲。

3. 信息和技术支持

我国政府机构自身或政府出资创办的对外投资信息咨询机构为对外直接投资提供了信息和技术支持服务，降低了对外投资的前期成本。国家发展和改革委员会、外交部、商务部、国家税务总局、各行业协会以及各地方商务部门等提供有关东道国的宏观经济状况、投资环境、法律制度、行政管理制度和要素成本等信息。

中国商务部 2003 年组建了专门的服务机构——外商投资促进中心(投资促进事务局)，为中国各类对外投资企业提供完善的服务，同时在商务部网站建立并不断完善相关系统。商务部还加强了各种市场信息平台、对外投资产业指导和国别投资报告制度的建设。例如，2003 年开始每年编写《国别贸易投资环境报告》，2004 年开始制定《对外投资国别产业导向目录》，分国别编写《对外投资合作国别(地区)指南》。这些报告为国内企业提供各国和地区法律法规、税收政策、市场状况、行业机会和企业资信等投资信息，大大减少或避免了因信息不对称而给企业投资决策带来的负面影响。2006 年 7 月还颁布了《中国企业境外投诉服务暂行办法》，并在北京成立“商务部中国企业境外商务投诉服务中心”，无偿提供中国企业境外商务投诉服务。

另外，国家还通过财政扶持、人员安排等手段，在不同层面设立了一些中介服务机构，为企业境外投资提供便利，这类机构有中国国际投资促进会等。另外一些专业服务机构，包括律师事务所、会计师事务所、投资机构等也为企业境外投资提供大量的信息服务。

4. 在协调保障方面提供支持

为解决我国大多数中小企业国际经营管理经验缺乏、国际融资能力差、风险意识和抗风险能力薄弱的难题，中国商务部 2006 年下半年，决定筹资 200 亿元人民币，在政治相对稳定且与我国关系较好的国家(主要是发展中国家)，分批支持建立多个“境外经贸合作区”，吸引中国企业尤其是中小企业到这些区域进行直接投资。

同时，中国政府利用多边双边磋商机制，加强与东道国政府的交流，签订了部分双边投资协定(截至 2008 年年底，中国已经签署的《双边投资协定》超过 110 个，仅次于德国)和避免双重征税协定(截至 2009 年上半年已经协调避免了 90 多个双重征税协定)，进而为国内企业海外投资和开拓国际市场扫除障碍并提供风险保护。在已经签署建立的“自由贸易区”中，除货物和服务自由贸易协定外，中国政府还在努力进行“投资自由化”协定的谈判工作。

此外，中国出口信用保险公司承办了中国的海外投资保险业务，主要承保对外直接投资中的汇兑限制、征收、战争及政治暴乱、政府违约等政治风险及部分商业风险，属于政策性保险业务。投资保险期限最长可达 20 年，赔偿比例高达 90%～95%。

应该说，中国政府目前已经基本建立起鼓励、支持和服务本国企业对外直接投资的制度政策框架和基本服务保障体系，对促进中国企业对外投资和开展国际化经营起到了重要的推动作用。但是，相对于日益增长的企业扩大对外投资的需求，中国政府在对外投资支持政策和服务体系的建设上，还有很大完善和创新的空间。

10.1.2　中国对外直接投资概况

从 20 世纪 90 年代末期中国政府提出实施“走出去”战略至今，中国对外直接投资得到快速发展，中国企业逐渐成为全球直接投资领域的一支新生力量。2010 年，中国对外直接投资净额为 688.1 亿美元，连续 9 年保持增长势头，年均增速近 50%。根据联合国贸易和发展会议(United Nations Conference on Trade and Development，UNCTAD)《2011 年世界投资报告》的数据，2010 年中国对外直接投资居全球第五位。

1. 中国对外投资的发展阶段

中国企业对外直接投资数据始于 1982 年，由 UNCTAD 统计发布。从 1982 至今，中国企业经过 30 多年的经营实践，取得了令人瞩目的成绩，投资遍布多个国家和地区。中国企业对外投资的发展进程大致可归为 4 个阶段，见表 10-1。

表 10-1　中国对外投资的发展阶段

时期	投资主体	投资领域	特点
20 世纪 80 年代初期	专业经贸公司和部分省市国际经济技术合作公司	主要集中在饮食、承包建筑工程、金融保险和咨询服务等行业	规模小、数目少，未形成规模
20 世纪 80 年代中后期	大型企业，如中国粮油、石化、五矿等大型专业性贸易公司	扩大到资源开发、加工、生产装配、工技贸结合等领域	投资额稳定增长，投资地区以亚洲居多，开始进入发达国家
20 世纪 90 年代	大型工商企业	涉及资源开发、加工装配、生产企业、交通运输、工程承包、医疗卫生、旅馆旅游和饮食业等	投资额迅速扩大，投资地理分布广、覆盖面大
21 世纪前 10 年	民营企业和中小企业	几乎覆盖了所有行业和领域	投资项目和数量快速增长，投资遍布世界各个国家

2. 中国对外直接投资的基本特征

随着中国经济实力的不断增强，中国对外直接投资持续快速增长，其基本特征主要表现在以下几个方面。

1) 对外投资主体多元化

2010 年末，中国对外直接投资主体达到了 13 000 多家，从境内投资者在中国工商行政管理部门登记注册情况看，近六成的境内投资者为有限责任公司，国有企业占 10.2% (较 2009 年下降 3.2 个百分点)，投资者按注册类型的构成如图 10.2 所示。

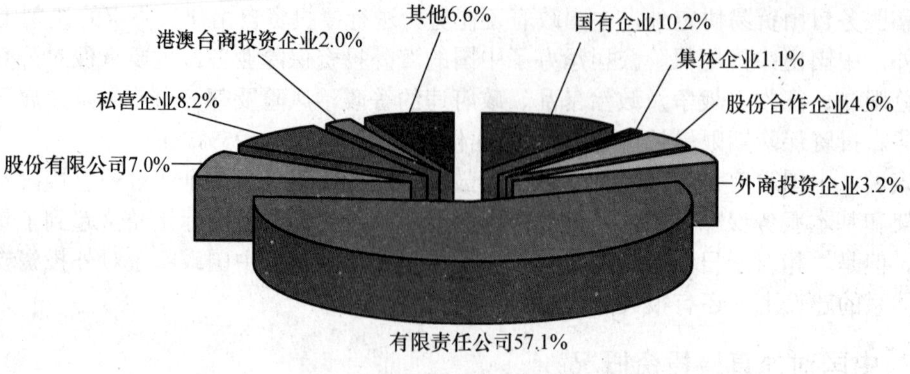

图 10.2　2010 年末境内投资者按登记注册类型的构成

(资料来源：商务部，国家统计局，国家外汇局. 2010 年度中国对外直接投资统计公报.)

2) 对外投资发展加快，规模持续扩大

近年来，我国对外投资流量屡创历史新高。2011 年我国境内投资者共对全球 132 个国家和地区的 3 391 家境外企业进行了非金融类直接投资，累计实现直接投资 600.7 亿美元，同比增长 1.8%。截至 2011 年底，我国境内投资者共在全球 178 个国家(地区)设立对外直接投资企业 1.8 万家，累计实现非金融类对外直接投资 3 220 亿美元。2003—2011 年中国对外直接投资情况如图 10.3 所示。

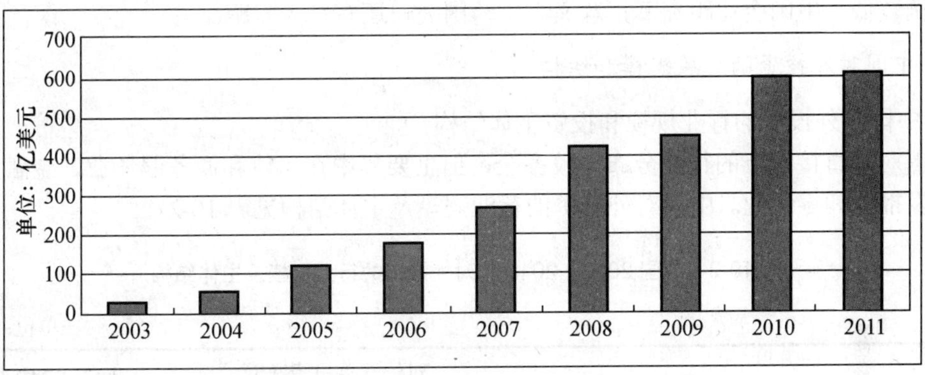

图 10.3　2003—2011 年中国对外直接投资情况

注：上图显示的对外直接投资为非金融类对外直接投资。

(资料来源：商务部，国家统计局，国家外汇局. 2010 年度中国对外直接投资统计公报.)

3) 对外投资领域广泛、方式多样

中国企业在“走出去”过程中，学习借鉴了国际经验，既有通过收购兼并，也有与当地企业合资及第三国企业联合投资、代资承包工程等方式。对外投资从绿地投资向跨国并购等多种形式扩展，2009 年并购投资占当年对外投资总额的 34%；对外承包工程从数量规模型向质量效益型转变。至 2010 年末，中国在全球 178 个国家(地区)设立了境外企业，投资覆盖率超过 70%，而且投资覆盖了国民经济所有行业类别。2010 年末境内投资者行业构成情况如图 10.4 所示。

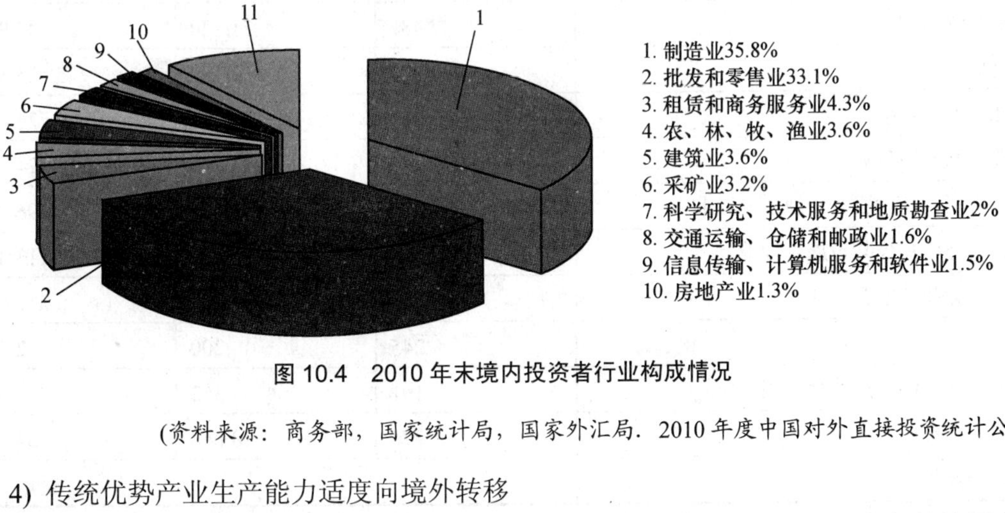

图 10.4　2010 年末境内投资者行业构成情况

(资料来源：商务部，国家统计局，国家外汇局. 2010 年度中国对外直接投资统计公报.)

4) 传统优势产业生产能力适度向境外转移

我国轻工、纺织、服装、机械、家用电器等行业充分发挥竞争优势，到有条件的国家和地区投资建设生产基地，开拓全球市场，带动国内设备、劳务和技术输出，对促进国内剩余生产能力转移、推动产业结构调整起到了积极作用。

5) 平均投资水平低

尽管近些年我国对外投资合作发展较快，但仍处于起步阶段。2009 年末，中国对外直接投资存量仅占全球存量的 1.3%，投资规模远不能与西方发达国家相比。欧美海外企业多占据行业高端，中国企业大多仍处于中、低端行业，国际化经验不足、管理人才缺乏、海外市场占有比例较低，中国企业距离真正意义上的跨国公司还有较大差距。

3. 中国对外投资的发展规模和结构

1) 中国对外投资的行业规模和投资主体结构

中国对外直接投资的行业分布比较齐全，但主要集中在租赁和商务服务业、金融业、采矿业以及批发和零售业。中国对外投资的行业规模及主体结构见表 10-2。

表 10-2 中国 2009—2010 年对外投资的行业规模及主体结构

单位：万美元

行业	对外直接投资净额		截至 2010 年对外直接投资存量
	2009	2010	
总计	5 652 899	6 881 131	31 721 059
农、林、牧、渔业	34 279	53 398	261 208
采矿业	1 334 309	571 486	4 466 064
制造业	224 097	466 417	1 780 166
电力、燃气及水的生产和供应业	46 807	100 643	341 068
建筑业	36 022	162 826	617 328
交通运输、仓储和邮政业	206 752	565 545	2 318 780
信息传输、计算机服务和软件业	27 813	50 612	840 624
批发和零售业	613 575	672 878	4 200 645
住宿和餐饮业	7 487	21 820	44 986
金融业	873 374	862 739	5 525 321
房地产业	93 814	161 308	726 642
租赁和商务服务业	2 047 378	3 028 070	9 724 605
科学研究、技术服务和地质勘查业	77 573	101 886	396 712
水利、环境和公共设施管理业	434	7 198	113 343
居民服务和其他服务业	26 773	32 105	322 974
教育	245	200	2 394
卫生、社会保障和社会福利业	191	3 352	3 616
文化、体育和娱乐业	1 976	18 648	34 583
公共管理和社会组织	—	—	—

从表 10-2 可以看出，中国对外投资主要的四个行业占对外直接投资存量的 70%以上。截至 2010 年末，中国商务服务业对外直接投资存量为 972.460 5 亿美元，占投资存量总额的 30.657%。金融业为 552.532 1 亿美元，占 17.42%。采矿业为 446.606 4 亿美元，占 14.08%，主要是石油和天然气开采业、黑色金属、有色金属等矿采选业。批发零售业为 420.064 5 亿美元，占 13.25%。

具体分析中国对外直接投资的行业分布，金融业的对外直接投资增长迅速，这与近几年中国几大银行陆续上市、其经营机制迅速改善和资本充足率进一步提高有密切的关系，表明中国银行业的国际竞争力有了较大幅度的提升。采矿业主要是中国的一些资源寻求企业对一些自然资源丰富的发展中国家直接投资，如中东地区和南美洲、非洲国家。这有利于我们充分利用全球资源，减轻国内的资源、能源压力，也体现了中国采矿业已经在一定程度上具有技术竞争优势。而其他很多商业服务和批发零售企业的对外投资，实行迂回式的间接出口方式，投资领域主要集中于劳动密集型产业。

2) 中国对外投资的地区规模和结构

表 10-3 以 2009 年和 2010 年的数据为依据，显示了中国对外投资的国别(地区)分布基本情况。

表 10-3　中国 2009—2010 年对外投资的国别(地区)分布

单位：万美元

国家(地区)	对外直接投资净额		截至 2010 年对外直接投资存量
	2009	2010	
合计	5 652 899	6 881 131	31 721 059
亚洲	4 040 759	4 489 046	22 814 597
中国香港	3 560 057	3 850 521	19 905 557
印度尼西亚	22 609	20 131	115 044
日本	8 410	33 799	110 563
中国澳门	45 634	9 604	222 929
新加坡	141 425	111 850	606 910
韩国	26 512	−72 168	63 725
泰国	4 977	69 987	108 000
越南	11 239	30 513	98 660
非洲	143 887	211 199	1 304 212
阿尔及利亚	22 876	18 600	93 726
苏丹	1 930	3 096	61 336
几内亚	2 698	974	13 641
马达加斯加	4 256	3 358	22 987
尼日利亚	17 186	18 489	121 085
南非	4 159	41 117	415 298
欧洲	335 272	676 019	1 571 031
英国	19 217	33 033	135 835
德国	17 921	41 235	150 229

续表

国家(地区)	对外直接投资净额		截至2010年对外直接投资存量
	2009	2010	
法国	4 519	2 641	24 362
俄罗斯	34 822	56 772	278 756
拉丁美洲	732 790	1 053 827	4 387 564
巴哈马	100		160
开曼群岛	536 630	349 613	1 725 627
墨西哥	82	2 673	15 287
英属维尔京群岛	161 205	611 976	2 324 276
北美洲	152 193	262 144	782 926
加拿大	61 313	114 229	260 260
美国	90 874	130 829	487 399
大洋洲	247 998	188 896	860 729
澳大利亚	243 643	170 170	786 775
新西兰	902	6 375	15 911

从表10-3可以看出，中国对外直接投资中，亚洲、非洲地区投资覆盖率最高，且在亚洲分布最为集中。至2010年底，中国的1.6万多家境外企业共分布在全球178个国家和地区，其中亚洲、非洲地区投资覆盖率分别达到90%和85%。从境外企业的地区分布看，亚洲是中国设立境外企业最为集中的地区，其次为欧洲，非洲居第三位。

中国真实的对外直接投资主要是技术和效益寻求型企业对发达国家的直接投资，投资形式为建立技术研究中心、营销管理中心等；而对非洲的投资和兼并则主要出于对战略资源和劳动力成本等方面的考虑。

4. 中国对外直接投资的发展趋势

中国的对外直接投资是从2003年以来开始快速增长的。2003年中国的对外直接投资额只有29亿美元，此后急剧扩张，到2008年就达到559亿美元，成为对外直接投资额最大的发展中国家。截至2010年底，对外直接投资流量达到595亿美元，存量超过3 000亿美元。与2000年的10亿美元流量相比，增长了58倍；与2005年的123亿美元相比，也增长了3.84倍。过去10年的年平均增长率为89%。

目前中国的对外直接投资规模远小于利用外商直接投资的规模，还处于对外投资发展的起步阶段。但是中国的国家政府及各主管部门都在加大对企业境外投资的扶植力度，从外交、外汇、税收、海关、信贷、保险以及多双边合作等多个方面给予支持。“十二五”规划强调通过转变经济结构，由原来的投资消费拉动经济、以出口为主，转为出口与进口为主、“引进来”和“走出去”并重，中国企业到海外投资成为一种趋势。

1) 对外直接投资规模将继续加大

自2000年至今，中国的对外直接投资也进入到一个井喷阶段。在过去10多年里，中国经济平均增长速度为10.4%，过去5年里平均增长速度为11.2%。中国陆续超过德国和日本，于2010年底成为世界第二大经济体。

随着经济实力的不断增强，中国一方面具有对外直接投资的强烈需求(尤其是我国工业化快速发展急需足够的资源能源)，另一方面也具有了一定的国际视野和资金实力。再加上国家实施了“走出去”战略，如果中国经济能以 8%左右的速度平稳快速增长，那么，即便我国对外直接投资的速度较“十一五”适度趋缓，10 年后也会达到相当的高度。据国家商务部新闻发言人姚坚预测，未来 5～10 年，中国的对外直接投资将达到与吸收外国直接投资相当的水平。

2) 投资区域向拉美、东南亚等地转移

除了国内经济政策的引导和优惠政策外，中国对外直接投资向拉美等发展中国家转移，更多的是因美国经济危机和欧洲债务危机所致，后者市场逐渐萎缩，使得中国投资者不得不将目光转向拉美等地。

在对外经贸 500 强企业论坛上，相关人士提及中国企业对外直接投资的意愿日益强烈，投资对象也有了一些新的变化。除了对美国的投资有了显著的提升外，对外直接投资总体流向了东亚、东南亚以及拉美国家，拉美增长了 14%，东亚和东南亚增长了 30%。除上述地区外，贸促会最新发布的 2011 年度《中国企业“走出去”发展报告》显示，非洲正在成为吸引中国投资的新热点。2010 年末中国境外企业地区构成情况见表 10-4。

表 10-4　2010 年末中国境外企业地区构成情况

地区	境外企业数据/家	比重
亚洲	8 591	53.4%
非洲	1 955	12.1%
欧洲	2 386	14.8%
拉丁美洲	791	4.9%
北美洲	1 867	11.6%
大洋洲	517	3.2%
合计	16 107	100.0%

(资料来源：商务部，国家统计局，国家外汇局．2010 年度中国对外直接投资统计公报.)

3) 对外投资的产业结构不断升级

自从 2003 年中国开始加强了对环保、能耗问题的管理，企业需要逐步承担污染成本，高能耗和高污染企业也开始有了对外转移生产能力的需求。近年来，国内生产成本上升，国内企业也开始积极寻求向外转移生产能力和技术升级。随着我国逐步进入工业化后期，工业发展速度放缓，资源能源类的对外投资比重将缩小。而作为世界制造业大国，未来中国制造业输出的比例将逐步增大。

据报道，进入 2009 年以来，除中国大型国有及国有控股能源、矿产资源类企业频频单独或联合参与并购国外能源或矿产资源企业及其股权外，中国国内的家电、汽车、机械、服装等制造业企业，也开始积极参与并购国外同类型企业的资产和股份。

4) 跨国并购逐步成为最主要的投资方式

跨国并购在我国对外投资中的比例也在提高。2009 年收购项下的直接投资为 192 亿美元，占当年投资总额的 34%。2010 年以收购方式实现的直接投资 238 亿美元，占投资总额的 40.3%。收购领域主要涉及采矿业、制造业、电子生产和供应业、专业技术服务业等。随着我国对外直接投资的不断深化，跨国并购的比重仍会上升。

10.1.3 中国对外直接投资战略

现阶段，我国加快对外直接投资的力度既有内部发展的动力，也有跨越外部障碍、缓解外部压力的原因。这就决定我国对外直接投资必须要有“战略性”。

1. 中国对外投资的目标定位

近年来，国内经济发展方式正在朝着资源节约型、消费拉动型、出口导向型及技术创新型方向转化。配合国内经济发展方式转变，中国对外投资的目标应定位在以下几个方面。

(1) 致力于提升中国的国际实力。在未来10～20年为中国培育一批像丰田、三菱、松下的跨国集团，增加中国的软实力。

(2) 拓宽有利于缓解经济发展瓶颈的境外资源类投资合作的渠道和领域。

(3) 有助于国内产业结构优化升级，能够带动国内产品、设备和技术等出口和劳务输出的境外生产型设施和基础设施投资，并有助于提高中国企业的国际化经营水平。

(4) 有利于获得国际先进技术、管理经验和专业人才的境外研发中心投资，提高中国企业的创新能力。

(5) 有利于到境外从事贸易分销、银行、电子信息、物流航运等业务，增强服务业的国际竞争能力。

2. 中国对外投资的主体选择战略

随着中国参与国际竞争能力的增强和企业跨国经营能力的提升，未来中国对外投资的主体有以下几种。

(1) 中央境外企业和中央企业所属的境外子企业。国有企业有较强的政府背景，信誉高，在“走出去”战略中成为我国对外直接投资的主力之一。这些企业海外投资的主要目的是稳定国内资源供应，通过掌握上游资源，从中获益。

(2) 具有比较优势的企业。主要包括纺织、成衣、家电以及一些大中型企业和企业集团等。这些企业走出去能够较快地接近市场，同时可以减少和缓和对外贸易摩擦。

(3) 金融企业。中国银行和1979年后恢复发展起来的信托投资公司、保险公司等。他们具有人才、资金和渠道(国内外)方面的优势进行对外直接投资。随着金融危机的逐步消退及人民币国际化程度的进一步提高，国内大型金融企业通过跨国并购和参股等形式进入国际市场投资的机会增多。

(4) 高新技术企业。主要包括通信、IT 等，这类企业走出去是为了参与全球竞争，通过全球市场分摊研发成本，实现跨越式发展。

3. 中国对外投资的区域选择

在选择对外投资的区域时，必须对区位条件做出分析，区位因素涵盖面很广，需要指出的是，对于不同性质的企业，看中的区位条件也是不同的，在此主要把企业类型划分为3种，贸易型、生产型和研发型，分别需要关注的区位要素见表10-5。

表 10-5 不同类型的企业需要关注的区位要素

企业类型	关注的东道国区位要素
贸易型	市场大或有发展潜力、国际化的商务环境、接近主要市场、与主要市场国关系良好，利于企业建立全球营销网络

续表

企业类型	关注的东道国区位要素
生产型	政治稳定、外资政策优惠，宏观经济稳定、优越的生产要素条件，资源要素有互补性、接近主要市场地，向别国出口便利、东道国产品的国际形象好，有利“原产国”效应、全球竞争对手的存在
研发型	世界工业创新的主要源泉、具有高素质或低成本的研究与开发人员，拥有迅速增长的消费群体，便于把握新型消费需求

(资料来源：董小森. 中国跨国经营企业对外直接投资区位环境分析. 经济纵横，2004.11.)

环顾世界各个地区，在投资软硬环境、资源禀赋和经济发展水平方面各有特色，而对于中国企业而言，应根据自己本身的特点进行区位选择。

1) 以发展中国家作为我国企业对外直接投资的主要区位选择

首先，我国地处亚洲，与东南亚周边国家和地区有着良好的合作关系以及相似的经济发展水平、产业结构、需求偏好等，这些有利因素使得我国企业的进入障碍较小；其次，中国的纺织、服装、家电、机械等技术成熟且竞争激烈的边际产业具有较强的比较优势，产品深受欢迎；第三，发展中国家和地区经济发展较快，市场容量大，不但创造了现实市场，也形成了良好的投资环境；第四，还可以利用东道国享有的优惠贸易条件，把产品销往第三国。

2) 有选择地增加对发达国家的投资

从现实情况来看，我国应该以吸取先进技术和管理经验、紧跟世界潮流为目的，有战略、有步骤、有实效、有重点地发展对美日欧等发达国家的投资。因为其拥有优良的投资环境：经济发展水平高、科技发达、基础设施完善、社会稳定、投资法律法规健全、金融市场发达、各类人才丰富，是对外直接投资的理想场所。

对发达国家的对外直接投资可以获取先进技术和管理经验，把掌握的高新技术反馈回国内。投资的方式可以跨国并购或者自己设立研发中心为主。目前，一些企业已经实施这种战略并取得了一定的成果。例如，华为集团分别在美国的硅谷、达拉斯、瑞典、印度、俄罗斯成立了实验室；海尔集团在美国设立了研发机构；联想在中国香港和美国设立了研发和技术信息中心，并进一步并购了 IBM 的个人电脑业务。

3) 积极谨慎地发展对独联体和东欧国家的投资

前苏联与东欧国家由于政体上的巨大变动，为我国企业跨国投资提供了千载难逢的机遇。首先，这些国家拥有仅次于发达国家的工业基础、民众的教育和工人的技术水平，拥有丰富的自然资源和广阔的市场，是一个潜在的巨大市场和自然资源供应地；其次，这些国家由于过去经济发展战略上的失误，其产品出口能力较差，在国际市场上缺乏竞争力，而中国产品物美价廉，比欧美产品更适合于该地区的市场需求；第三，其中不少国家与我国地理位置相近，由于历史的原因，与我国政府和企业有着长期的友好交往和联系，从而为跨国投资提供了条件。

4. 中国对外投资方式的选择战略

中国企业对外直接投资的目的主要是寻求国外的自然资源和学习先进的技术和管理经验，企业可以根据其投资目的、行业特点及东道国环境选择恰当的投资方式。

1) 根据跨国公司的投资目的制定投资方式

对于基础资源寻求型的对外投资，投资方式最好选择与当地企业合作开发或者是增资入股，这样有利于低成本获得稀缺资源；对于核心技术寻求型的对外投资，投资方式可以选择跨国并购或者自我研发为主。

2) 根据行业特性制定投资方式

对于一些中国有优势的行业在进行边际产业转移型的对外投资时，可以选择在国外直接投资建厂或者合资经营等绿地投资方式；对于在国内加工能力盈余而上游资源缺乏的行业，企业为建立稳定的上下游供货渠道，可以在不寻求企业经营权和控制权的前提下，以低比例参股国外上游企业的形式对外投资合作。

3) 根据东道国的投资环境制定投资方式

对发展中国家的对外直接投资方式，应以新建、合资为主，有利于发挥这两种投资方式的优点。因为新建和合资的方式可以节约外汇资金，有利于利用当地企业的市场开发优势尽快占领市场，弥补新建企业所需时间较长的不足。另外，在我国经济结构需要调整、贸易摩擦日益增多的情况下，在发展中国家建立境外经贸合作区将会成为我国企业集群式“走出去”的新模式。

相关链接

中国石油化工集团公司宣布收购瑞士 Addax 石油公司

图 10.5 中石化收购 Addax

中国石油化工集团公司(以下简称中石化)2009 年 8 月 18 日宣布，以每股 52.8 加元的价格成功收购总部位于瑞士的 Addax 石油公司(如图 10.5 所示)，这是截至 2009 年 8 月我国公司进行海外资产收购最大的一笔成功交易。

Addax 石油公司成立于 1994 年，是一家独立石油公司，在多伦多和伦敦上市。其普通股股数为 1.576 亿股，有员工 860 多人。公司经营状况良好，2008 年全年实现总收入 37.62 亿美元，净利润 7.84 亿美元。公司经营活动现金流为 15.21 亿美元。

中石化于 2009 年 2 月开始跟踪收购 Addax 石油公司，并于 2009 年 6 月 24 日签署收购协议，以每股 52.8 加元的价格收购 Addax 石油公司全部发行在外的普通股。

中石化表示，鉴于 Addax 石油公司具有较为完善的生产经营管理机构和团队，为了确保交割后项目的正常运营，中石化决定保留原 Addax 石油公司的管理团队和全体员工，只派少量管理和技术人员参与公司管理，争取将 Addax 石油公司建设成中石化集团内部真正的国际油气勘探开发公司。

中石化还表示，Addax 石油公司油气资产结构合理，品质优良，剩余石油储量及产量规模较大，油气增储、增产潜力较大。收购 Addax 石油公司有利于改善中石化集团的资源结构，进一步优化海外油气资产结构，实现海外油气勘探开发的跨越式发展，提高我国原油供应的安全性和稳定性。

(资料来源：http://www.gov.cn/jrzg/2009-08/18/content_1395697.htm.)

5. 中国对外投资的发展对策

面对国内外环境的新变化，要使中国的对外投资更快地发展，现阶段中国对外投资的发展对策可以从以下几个方面来确定。

1) 以政府为主导营造对外直接投资的友好环境

首先，营造互信的政治环境，保持中国对外投资的整体政治环境稳定趋好；其次，营造优惠便利的投资贸易环境，通过加快完善多边、双边的投资合作机制，签订相关协定，为对外投资企业创造良好的外部环境，维护企业境外投资的合法权益；第三，营造和谐友善的社会环境，在努力减少各类经贸摩擦带来的负面效应的同时，提升东道国对中国企业的认知度和接纳度。

2) 以政策为支撑完善对外直接投资的促进体系

首先，完善对外投资法律政策体系。对外投资需要法律的保护和支持，加快推进对外投资法律法规体系的建设，适时推出《对外投资管理条例》，促进对外投资管理进一步规范化。其次，要完善对外投资管理和促进机制，加大对外投资的财政支持力度；完善已有的对外投资企业申报备案制度，充分利用现有的对外投资促进渠道和资源，提高对外投资促进的效率和效益。此外在整合对外经济技术专项资金等促进对外投资资金项目基础上，尝试建立对外投资促进专项基金。第三，要改进和完善对海外投资企业的信息服务工作。通过建立社会中介服务机构，为企业提供全方位的服务，帮助企业了解东道国的多方面信息。逐步完善企业对外投资的法律、财务、工程技术咨询等服务体系，支持行业协会和商会发挥自律、协调等多项功能。

3) 以企业为主体创新对外直接投资的策略方式

一是要引导中国大型企业在全球布局产业链，形成对外投资战略性产业集群；二是支持部分企业在国际重要市场的建立战略支点；三是要加快金融企业"走出去"，以金融企业带动非金融企业，从而加快非金融企业对外投资的步伐。

4) 以社会力量为载体提升对外直接投资的保障能力

首先，大力培养从事对外投资的人才。中国企业应该充分发挥政府、企业和高校在国际化人才培养的作用，有针对性地培养一系列适应中国企业对外投资的经营管理、金融、语言和专业技术人才。其次，增强国际社会对中国企业的认知度。依托国内各类媒体和非政府组织，引导中国企业在东道国积极履行社会责任，提高中国企业的美誉度。

10.2　中国吸引海外直接投资

自 20 世纪 80 年代以来，中国政府确立了对外开放的基本国策，积极地推进和发展对外经济技术合作、交流和贸易往来，吸收利用国外资金和先进技术，鼓励外商直接投资成为中国对外开放政策的重要组成部分。随着引进外商直接投资流量的逐年增加，规模不断扩大，外商直接投资成为中国利用外资的主要渠道，对中国经济发展发挥了重大作用。

10.2.1　中国吸引海外直接投资概况

1978 年我国实现对外开放以来，利用外资工作不断取得进展。尤其是 1992 年邓小平南方讲话后，我国年度实际使用对外直接投资超过间接投资额，占据了主体地位。我国加入 WTO 后，外商直接投资显著增加，连续成为发展中国家中吸收外商直接投资最多的国家，吸收外资逐步进入成熟阶段，外资经济已经成为我国经济极其重要的组成部分。

1. 中国吸引海外直接投资的发展阶段

吸收海外直接投资是我国利用外资的核心内容，其发展进程大致可归为五个阶段，见表 10-6。

表 10-6　中国吸引外商直接投资的发展阶段

时期	特征	引资区域	外资流向	引资产业
起步阶段：1979—1986 年	对外直接投资规模极为有限；地区分布不合理	主要来自于中国香港、澳门地区	广东、福建两省及其他沿海城市	劳动密集型的加工项目和宾馆、服务设施等第三产业项目

续表

时期	特征	引资区域	外资流向	引资产业
稳步发展阶段：1987—1991年	对外直接投资的地区分布有所扩大	主要来自于中国香港、澳门、台湾地区，有所扩大	仍以沿海地区为主	有较大改善，生产型、出口型项目增多
高速发展阶段：1992—1995年	扩大对外开放领域和地区，投资规模急剧扩张；投资方式多样化	以美国、欧盟为代表的大型跨国公司投资增加	开始由沿海向内地扩展	对外直接投资的产业结构呈现高级化趋势
调整与提高阶段：1996—2001年	对外直接投资的质量提高，且外资到位率提高	以欧美等发达国家为主；世界著名跨国公司绝大多数进入中国投资	一些内陆省份城市和西部地区投资环境较好的城市成为新的投资热点	第二产业投资所占比重上升，第三产业投资所占比重相对下降；对外直接投资的技术含量明显增加
成熟稳定阶段：2001年至今	外商投资的平均项目规模超过前四个阶段；外商独资成为对外直接投资的主要形式	仍以欧美等发达国家为主	中西部利用外资增速快于东部地区	投资领域拓宽，遍及制造业、服务业、农业和基础设施等领域；跨国公司在华设立研究与开发机构

2. 中国吸引海外直接投资的基本特征

中国在吸引外商直接投资(外商直接投资)方面一向非常成功。由于中国较为良好的投资环境、低廉的工资和近几年来国内市场的迅速增长，通过外商独资、合资、合作等方式，吸引了大量的外商投资。其基本特征主要表现在以下几个方面。

(1) 对外直接投资稳步增长，投资规模不断扩大。改革开放初期每年利用外资 20 多亿美元，2010 年中国累计吸收外资 1 057.4 亿美元，并首次突破千亿美元。30 多年来，利用外资的规模增长了几十倍，并且增长的速度也很快。1979—2010 年中国引进外资的规模增长状况见表 10-7。

表 10-7　1979—2010 年中国引进外资规模增长状况

(项目单位：个　金额单位：亿美元)

年份	总计		对外借款		外商直接投资		外商其他投资额
	项目	金额	项目	金额	项目	金额	
1979—1984	3 841	181.87	117	130.41	3 724	41.04	10.42
1985	3 145	47.60	72	25.06	3 073	19.56	2.98
1986	1 551	76.28	53	50.14	1 498	22.44	3.70
1987	2 289	84.52	56	58.05	2 233	23.14	3.33
1988	6 063	102.26	118	64.87	5 945	31.94	5.45
1989	5 909	100.60	130	62.86	5 779	33.92	3.81
1990	7 371	102.89	98	65.34	7 273	34.87	2.68
1991	13 086	115.54	108	68.88	12 978	43.66	3.00
1992	48 858	192.03	94	79.11	48 764	110.08	2.84
1993	83 595	389.60	158	111.89	83 437	275.15	2.56

续表

年份	总计		对外借款		外商直接投资		外商其他投资额
	项目	金额	项目	金额	项目	金额	
1994	47 646	432.13	97	92.67	47 549	337.67	1.79
1995	37 184	481.33	173	103.27	37 011	375.21	2.85
1996	24 673	548.05	117	126.69	24 556	417.26	4.10
1997	21 138	644.08	137	120.21	21 001	452.57	71.30
1998	19 850	585.57	51	110.00	19 799	454.63	20.94
1999	17 022	526.59	104	102.12	16 918	403.19	21.28
2000	22 347	593.56		100.00	22 347	407.15	86.41
2001	26 140	496.72			26 140	468.78	27.94
2002	34 171	550.11			34 171	527.43	22.68
2003	41 081	561.40			41 081	535.05	26.35
2004	43 664	640.72			43 664	606.30	34.42
2005	44 001	638.05			44 001	603.25	34.80
2006	41 473	670.76			41 473	630.21	40.55
2007	37 871	783.39			37 871	747.68	35.72
2008	27 514	952.53			27 514	923.95	28.58
2009	23 435	918.04			23 435	900.33	17.71
2010	27 406	1 088.21			27 406	1 057.35	30.86
1979—2010	712 324	12 504.43			710 641	10 483.81	549.05

注：从2000年起不含对外借款数。

(资料来源：国家统计局. 中国统计年鉴. 北京：中国统计出版社，2011.)

(2) 利用外资的方式多样化。随着国家和企业信用水平不断提高，国内传统产业布局基本完成，从最早的“三资”逐步发展，出现合作开发、外商投资股份制企业等多种投资方式，而新建投资与企业并购均成为外商直接投资的重要方式。

(3) 投资来源地多元化。改革开放后一定时期内，中国利用外资的市场主要是亚洲。20世纪80年代后期以来，来自西方国家的投资越来越多。自2000年以来，第三世界有不少国家对中国投资，规模不断扩大，项目不断增多。总体来看，来自亚洲的投资仍处于主导地位，但投资来源地多元化的趋势日益明显。2008—2010年中国引进外商直接投资的情况见表10-8。

(4) 投资结构逐步优化。过去外商投资项目中劳动密集型企业、宾馆、游乐设施有一定的比例，而现在高新技术产业、现代制造业、现代服务业、保险业、农业等外商投资的规模越来越大。2010年中国按行业分外商直接投资的情况见表10-9。

表 10-8　2008—2010 年中国引进外商直接投资情况

(单位：万美元)

国别(地区)	2009	2010
	外商直接投资	外商直接投资
总计	9 003 267	10 573 235
亚洲	6 062 289	7 759 215
非洲	130 969	127 992
欧洲	551 771	592 183
拉丁美洲	1 468 433	—
北美洲	367 672	—
大洋洲及太平洋岛屿	252 877	—
其他	169 256	—

(资料来源：国家统计局. 中国统计年鉴. 北京：中国统计出版社，2010.)

表 10-9　2010 年中国按行业分外商直接投资

行业	合同项目/个	实际使用金额/万美元
总计	27 406	10 573 524
农、林、牧、渔业	929	191 195
采矿业	92	68 440
制造业	11 047	4 959 058
电力、燃气及水的生产和供应业	210	212 477
建筑业	276	146 062
交通运输、仓储和邮政业	396	224 373
信息传输、计算机服务和软件业	1 046	248 667
批发和零售业	6 786	659 566
住宿和餐饮业	579	93 494
金融业	85	112 347
房地产业	689	2 398 556
租赁和商务服务业	3 418	713 023
科学研究、技术服务和地质勘查业	1 299	196 692
水利、环境和公共设施管理业	143	90 859
居民服务和其他服务业	217	205 268
教育	12	818
卫生、社会保障和社会福利业	12	9 017
文化、体育和娱乐业	168	43 612
公共管理和社会组织	2	—

(资料来源：国家统计局. 中国统计年鉴. 北京：中国统计出版社，2010.)

(5) 中国吸收外商直接投资地区分布的非均衡性正在改变。过去外商投资主要集中在东部沿海发达地区，其中 80%以上的外资都集中在该地区，中西部欠发达地区利用外资很少。目前，虽然外商投资仍然主要集中在东部地区，但外商对中西部地区的投资有了大幅度增长。

3. 外商直接投资的方式

自 20 世纪 90 年代以来，中国利用外商直接投资的方式向多元化发展，目前中国利用外商直接投资的方式主要有中外合资经营企业、中外合作经营企业、外资企业(外商独资经营企业)以及合作开发。2000 年，外商独资企业投资金额首次超过合资经营企业，已上升为我国目前利用外资的最主要的形式。2009—2010 年中国利用外商直接投资的情况表 10-10。

表 10-10　2009—2010 年中国利用外商直接投资情况

指标	2009		2010	
	项目/个	实际使用金额/亿美元	项目/个	实际使用金额/亿美元
总计	23 435	918.04	27 406	1 088.21
外商直接投资	23 435	900.33	27 406	1 057.35
合资经营企业	4 283	172.73	4 970	224.98
合作经营企业	390	20.34	300	16.16
外资企业	18 741	686.82	22 085	809.75
外商投资股份制企业	21	20.44	51	6.46
合作开发	—	—	—	—
其他	—	—	—	—

(资料来源：国家统计局. 中国统计年鉴. 北京：中国统计出版社，2010.)

1) 中外合资经营企业

中外合资经营企业又称股权式合营企业，它是外国公司、企业和其他经济组织或个人同中国的公司、企业或其他经济组织在中国境内共同投资举办的企业。其特点是合营各方共同投资、共同经营、按各自的出资比例共担风险、共负盈亏。各方出资折算成一定的出资比例，外国合营者的出资比例一般不低于 25%。

中外合资经营企业是中国利用外商直接投资各种方式中最早兴办的一种，目前在吸收外资中还占有相当比重。

2) 中外合作经营企业

中外合作经营企业又称契约式合营企业，它是由外国公司、企业和其他经济组织或个人同中国的公司、企业或其他经济组织在中国境内共同投资或提供合作条件举办的企业。各方的权利和义务在各方签订的合同中确定。举办中外合作经营企业一般由外国合作者提供全部或大部分资金，中方提供土地、厂房、可利用的设备、设施，有的也提供一定量的资金。

3) 外商独资经营企业

外商独资企业是指外国的公司、企业、其他经济组织或者个人依照中国法律在中国境内设立的全部资本由外国投资者投资的企业。根据外资企业法的规定，设立外资企业必须有利于我国国民经济的发展，并应至少符合下列一项条件，即采用国际先进技术和设备的；产品全部或者大部分出口的。

外资企业的组织形式一般为有限责任公司，是我国目前最主要的利用外商直接投资的方式。其主要特征是经中国政府批准注册的外资股份为100%的纯外资股权的经济实体，但不包括外国的企业、公司或其他经济组织在中国境内的分支机构。

4) 合作开发

合作开发是海上和陆上石油合作勘探开发的简称。它是目前国际上在自然资源领域广泛使用的一种经济合作方式，其最大的特点是高风险、高投入、高收益。合作开发一般分为三个阶段，即勘探、开发和生产阶段。合作开发比较以上三种方式，所占比重很小。

5) 新的投资方式

在不断扩大投资领域、进一步开放国内市场的同时，我们还在积极探索和拓展利用外资的新方式。例如，BOT(Build-Operate-Transfer，是私人资本参与基础设施建设，向社会提供公共服务的一种特殊的投资方式，包括建设、经营、移交3个过程)、投资性公司、外商投资股份公司及并购等。

以上几种主要的外商直接投资方式特点比较见表10-11。

表10-11 外商直接投资主要方式特点比较

项目	合资经营企业	合作经营企业	合作开发企业	外资企业	外商投资股份制企业
法律依据	中外合资经营法	中外合作经营企业法	中外合作经营企业法	外资企业法	公司法
法律地位	中国法人	中国法人型或合伙型	合作各方自为法人	中国法人	中国法人
法律形式	有限责任公司	有限责任公司	有限责任公司	有限责任公司	股份有限公司
经营类型	股权式	契约式	契约式	股权式	股权式
企业最高权力机构	董事会	董事会或联合管委会	联合管委会	董事会或其他形式的经营管理机构	股东大会
管理方式	共同经营管理	共同管理或一方管理或委托第三方管理	共同管理或一方管理或委托第三方管理	独家管理	股东大会下设执行机构董事会和行使监察职责的监事会
收益分配	按各方注册资本的比例分配	按合同约定分配	按合同约定分配	按章程的规定分配	按股票份额分配股利
投资收回	资本股权在合营期内不得减少、不许抽回、不能擅自转让；只能从净利润中回收或结业清算时收回	各方投资在合作期内可提前收回	各方投资在合作期内可提前收回	与合资企业相同	股东在交易所内可随时转让股票
结业清算	清偿债务后的剩余资产按各方注册资本的比例分配	外商在合作期内先行收回投资的，企业全部固定资产归中方所有，不再清算	外商在合作期内先行收回投资的，企业全部固定资产归中方所有，不再清算	清偿债务后的剩余资产归外方所有	清偿债务后的剩余资产按股东持有的股份比例分配

(资料来源：杨大楷．国际投资学．3版．上海：上海财经大学出版社，2003.)

4. 外商直接投资的发展趋势

改革开放30多年来，外资对我国经济社会发展的贡献不可小视，改变了我国经济运行的轨迹，加速了我国参加经济全球化的步伐，使我国快速融入全球经济的主流。2010年4月出台的《国务院关于进一步做好利用外资工作的若干意见》将进一步优化中国的投资环境，增强中国对外资的吸引力，大大促进外商在华扩大经营范围和投资力度。

随着经济的发展，外商直接投资的发展趋势已经出现了各种各样的变化，其主要变化发展趋势如下所述。

1) 外商直接投资独资化趋向进一步加剧

我国加入 WTO 10 多年来，实际使用外商直接投资金额中，外资企业为 4 976.8 亿美元，占 71%，中外合资企业为 1 641.86 美元，占 23.45%，而通过中外合作企业和外商投资股份制形式实际使用的外商直接投资占比仅为 4.1%和 1.1%。近年来新增外商直接投资呈现独资化趋向。

2) 服务业将逐渐成为投资重点，且市场控制力将加强

“十一五”时期是中国服务业改革与发展的重要时期，服务业尤其是现代服务业成为外资加速进入的行业，特别是金融业、电信业、物流业以及会计、法律、计算机等服务业成为外资流入的重要部门。截至 2010 年的累计数据表明，第二产业实际使用外资金额占比(62.85%)远大于第三产业(35.17%)，这反映了近几年来第三产业越来越受到境外投资者重视的现实。

3) 投资向中西部地区转移

中国的中西部地区在土地、能源、劳动力的成本方面还是有优势的，随着东部地区生产要素成本的上升，中西部地区将迎来利用外资的良好机遇。再加上西部大开发、东北等老工业基地振兴和中部崛起战略的实施，这些地方的基础设施、管理水平、人才素质也不断得到提高，具备了更多的承接外商投资，特别是劳动密集型外商投资的条件。

4) 投资结构升级换代

伴随着外商投资规模扩大，我国将积极稳妥推进服务业开放，鼓励外资兴办各类医疗机构和职业教育培训机构；鼓励外资参与重点产业调整和振兴；引导外资投向高端制造、高新技术产业、新能源、节能环保和现代服务业等领域；鼓励跨国公司在华设立地区总部、研发中心、采购中心、利润核算中心等功能性机构。同时还将积极引导外商对发展循环经济、可再生能源等领域的投资。

相关链接

台湾奇宏科技正式落户成都

2011 年 11 月 23 日，全球最大的台式电脑 CPU 散热器供应商台湾奇宏科技股份有限公司(Asia Vital Components，AVC)与成都高新区签署投资合作协议，在成都高新区西部园区建设奇宏科技机箱、散热器生产基地和研发中心，项目总投资 7 200 万美元，建成投产后年产值将达 62 亿元人民币。

AVC 董事长沈庆行直率地表达了 AVC 在成都未来发展的“远景图”：AVC 将把未来在大陆研发、生产的投资增量全部放在成都，将把 AVC 成都项目建成在大陆发展的核心支撑。成都项目将按两个进度进行投入开发，第一阶段主要涉及 IT 部分，而第二阶段是 AVC 的核心技术研发中心布局成都。沈庆行表示，在 2～3 年内，AVC 成都项目的研发、生产团队将达到 5 000 人，而项目也将采取“研发”与“生产”并举的模式，进行持续扩容。

在决定“西进”之前，沈庆行和他的团队对成都交通物流、研发人才、生活环境进行了全方位摸底，一个他们忽略的要素，让他们坚定了来蓉决心，“新欧亚大陆桥一旦贯通，成都将是辐射欧洲、南亚的交通枢纽核心城市，而就大陆市场，成都的辐射力也足以支撑整个中西部。”他们经过测算，国际物流通过海运，从深圳到欧洲，大概需要 40 天时间，但经由新欧亚大陆桥，时间可以缩短到 12 天，若通关等渠道顺畅，预计 8 天就能运到目的地。

此外，成都的竞争优势不仅表现在成本较低，还具有综合人才优势、研发创新等要素，因此 AVC 才会把未来发展的全部增量都“托付”给成都。

(资料来源：http://www.chengdu.gov.cn/qiye/detail.jsp? id=370191.)

10.2.2 中国吸引海外直接投资策略

在国际直接投资和技术转移不断发展的形势下，中国必须充分利用新的国际分工和国际产业调整机会，提高外资质量和科技含量，并充分吸收跨国公司技术外溢和扩散效应，在此基础上培育中国内生的创新能力。中国应该创新引进外资的思路，并从以下几个方面调整战略吸引海外直接投资。

1. 优化国内投资环境

改革开放 30 多年来，我国的投资环境虽有了极大的改善，但仍存在着不少问题。我们应进一步做好以下几方面的工作，不断优化国内投资环境，吸引外商直接投资。

(1) 努力发展国内经济，保持经济的持续稳定发展，完善基础设施建设。据有关调查，外国直接投资更趋向于流入政治、经济环境稳定的国家。经济的发展离不开交通、水电等基础设施的同步建设；基础设施的完备情况，直接关系到外商的经营规模与成本，是外资考察东道国投资环境的一项重要因素。

(2) 改善生态环境，缩小地区差异。东中西部经济发展中存在的巨大差距，是全面建设小康社会必须解决的问题。要在进一步改善东部地区基础设施条件的同时，加强中西部地区基础设施建设，完善生态环境，缩小中西部与东部的差距，协同区域经济协调发展。

(3) 提高公民科学文化素质，加快培育国际化人才。通过高素质人才吸引外商在华投资研究开发领域，为中国企业近距离向跨国公司学习，充分利用和承接其技术外溢的效应，将其转换为自身的技术。

(4) 营造良好的政治与经济环境。改善体制环境、政策环境、法治环境和公共服务环境，建立和完善外商投资企业投诉处理体系，保护外商的合法权益。同时拓宽外商投资企业境内融资渠道，加大各级金融机构对外商投资企业的信贷支持。

2. 完善相关政策，优化利用外资结构

外国资本进入中国的更多是为了获取高额利润并占领中国市场，政府必须在引进外资的过程中充分发挥必要的引导和调控作用，通过制定规范可行的政策机制，引导外资进入那些最需要的行业和领域。

(1) 根据中国国情和国际法律以及国际惯例，进一步完善外商投资法律法规体系，依据当前的发展战略对外资进行行业引导。例如，自 2010 年 12 月 1 日起，中国对外商投资企业、外国企业及外籍个人征收城市维护建设税和教育费附加。这意味着外资享受“超国民待遇”的时代正式终结，标志着我国下一步引进外资工作将更加注重而且必须注重引资质量。同时政府将对新能源、新能源汽车、节能环保、新一代信息技术、生物工程、高端装备制造以及新材料七大战略性新兴产业的支持力度进一步加大，而且高度重视绿色发展以及创新能力建设，以拉动技术投资。

(2) 要充分考虑我国产业安全问题。从维护国际经济安全出发，对于关系国计民生、涉及国民经济命脉的产业，在引进和利用外资时必须高度警惕，注意开放的有序性和稳妥性，在关系国民经济命脉的重要行业和关键领域切实维护国有经济的支配地位。同时要加强对相关产业的外资进入实施安全审查制度建设，从准入、股权控制比例等方面进行引导和调控。

3. 调整区域性吸引外资政策，促进区域协调发展

现阶段我国经济发展不平衡，必须对先前向东部沿海地区倾斜的引资政策进行调整。首先，要积极推进内外资企业税率并轨，逐渐取消对东部地区的外资企业优惠政策；其次，要保留甚至扩大对中西部以及东北地区的优惠待遇，鼓励外资参与西部大开发、中部崛起与东北老工业基地战略。

我国西部地区资源丰富，市场潜力巨大，对国外资本有很强的吸引力。随着投资环境的改善以及西部大开发战略的启动，许多跨国公司都加大了对中国西部地区的投资力度。因此，要充分利用全方位开放和西部大开发战略实施的机遇，有限放开西部地区在一些领域对外商投资的限制，积极吸引外商参与西部地区的基础设施建设、特色农业和生态工程建设以及国有企业嫁接改造。

本 章 小 结

改革开放伊始，中国政府就做出了走出国门办企业的战略决策。中国对外直接投资经历了 4 个发展阶段，各个阶段表现出了渐进式的发展特征。随着国内企业实力的增强，中国对外投资的规模有了显著增长，对外投资流量屡创历史新高。

在积极发展对外投资的同时，中国也在积极引入外商直接投资。中国吸引外商直接投资经历了 5 个阶段，吸引外资的行业和区域也在不断发生变化。目前中国已成为全球第二大经济体，吸引外资的规模仍将适度扩大，但是在引进外资的政策和战略上会根据国情适当调整。

课 后 习 题

1. 名词解释

(1) 中外合资经营企业　　(2) 中外合作经营企业

(3) 外商独资经营企业　　(4) 合作开发

(5) BOT

2. 简答题

(1) 简述中国对外直接投资的基本特征。

(2) 简述外商直接投资的方式。

(3) 简述中国吸引外商直接投资的基本特征。

3. 论述题

(1) 试述中国对外直接投资的战略。

(2) 试比较外商直接投资几种方式的特点。

(3) 试述中国吸引外商直接投资的战略。

4. 案例分析题

中铝公司与力拓集团于 2009 年 2 月 12 日签署了合作与执行协议，以总计 195 亿美元战略入股力拓集团。中铝公司就本交易完成了 210 亿美元的融资安排，并获得了澳大利亚竞争与消费者保护委员会、德国联邦企

业联合管理局、美国外国投资委员会等监管机构的批准。力拓集团在2009年6月5日撤销了双方的合作交易，依据协议向中铝支付了1.95亿美元的违约金，并与必和必拓就合资经营铁矿石业务达成协议。中铝收购力拓的案例以失败告终。

请查阅相关资料，并根据本项目中国对外直接投资的相关知识解释中铝收购力拓失败的原因。

课后阅读

中联重科引领中国工程机械企业进军海外市场

2011年，中联重科进军海外市场捷报频传。中联混凝土机械品质获得俄罗斯政府及相关企业认可；成套设备参与非洲最大斜拉桥建设；52米长臂架泵车首次进驻沙特，并签订起重机出口沙特最大单；30台泵车出口日本，实现中国零的突破；销售服务网点覆盖巴西全境……这一系列国际化发展进程使中联重科跻身全球工程机械八强行列。

1. 致力技术进步，打破国外技术垄断

拥有核心技术是中联重科打破国外技术垄断和彰显民族品牌力量的最佳利器。中联重科从成立开始就以高新技术为核心竞争力，坚持专业化发展方向，通过整合全球资源，建立了适应产品发展和市场发展的全球化采购体系。中联重科还通过收购全球领先企业——世界三大混凝土机械巨头之一的CIFA公司获得国际最先进的关键技术，快速提升了研发能力，从而成为全球最大规模的混凝土机械制造企业。

2. 致力管理创新，助推企业产能升级

为了实现中联重科的可持续发展，公司将管理创新作为实施国际化品牌战略的制度保障。中联重科通过推行事业部制的管控模式提高管理团队的执行力，降低运行成本，改善管理效率。除此之外，中联重科的管理创新还体现在对自身企业文化的继承和发展上，形成了包括价值观、分支理念及廉洁文化在内的企业文化体系。

3. 致力文化交融，彰显民族品牌力量

中联重科进军国际市场，在尊重理解各国文化差异的同时，还十分注重民族品牌文化与当地文化的交融。

在后金融危机时代，面对机遇与挑战，身处其中的工程机械企业如何精确有力地把握新机遇，应对和化解一系列的新挑战，成为企业可持续发展的重大课题。中联重科作为全球工程机械行业的领军企业，肩负行业民族品牌国际化的历史使命，正致力于将这张“中国制造”的国际化民族品牌名片传递至世界各个角落。

（资料来源：http://xiaofei.qianlong.com/45344/2011/10/26/5364@7447056.htm.）

参 考 文 献

[1] [美]保罗·克鲁格曼．国际经济学[M]．4版．海闻，等译．北京：中国人民大学出版社，1998.

[2] 陈湛匀．国际投资学[M]．上海：复旦大学出版社，2008.

[3] 程远忠．中小企业海外上市指南[M]．2版．北京：中国发展出版社，2009.

[4] 杜奇华，梁蓓．国际投资[M]．北京：对外经济贸易大学出版社，2006.

[5] 杜奇华．国际投资[M]．北京：高等教育出版社，2006.

[6] [美]帕特里克·A·高根．兼并、收购和公司重组[M]．4版．顾苏秦，李朝晖，译．北京：中国人民大学出版社，2010.

[7] 江小娟．我国对外投资的战略意义与政策建议[J]．中国外汇管理，2000(11).

[8] 孔淑红．国际投资学[M]．3版．北京：对外经济贸易大学出版社，2010.

[9] 吕博．对中国企业境外投资的政策思考[J]．对外经贸实务，1998(10).

[10] 卢进勇．入世与中国民营企业的海外投资[J]．国际经济合作，2000(12).

[11] 卢进勇，杜奇华，闫实强．国际投资与跨国公司案例库[M]．北京：对外经济贸易大学出版社，2005.

[12] 卢汉林．国际投资学[M]．2版．武汉：武汉大学出版社，2010.

[13] 闫定军，周德魁，刘良云．国际投资[M]．北京：清华大学出版社，2005.

[14] [美]迈克尔·波特．竞争优势[M]．陈小悦，译．北京：华夏出版社，1997.

[15] 任淮秀．国际投资学[M]．3版．北京：中国人民大学出版社，2011.

[16] 人本投资集团企业融资团队．企业境外及香港上市全程指引[M]．北京：化学工业出版社，2009.

[17] [美]索尔尼克，麦克利维．国际投资[M]．6版．张成思，译．北京：中国人民大学出版社，2009.

[18] [美]苏布拉马尼亚姆，怀尔德．财务报表分析[M]．10版．宋小明，译．北京：中国人民大学出版社，2009.

[19] 吴晓东．国际投资学[M]．成都：西南财经大学出版社，2005.

[20] 邢会强．最新经典企业上市案例评鉴[M]．北京：中信出版社，2009.

[21] 邢会强，孙红伟．最新经典私募案例评鉴[M]．北京：中信出版社，2009.

[22] [日]小岛清．对外贸易论[M]．周宝廉，译．天津：南开大学出版社，1987.

[23] 杨大楷．国际投资学[M]．上海：上海财经大学出版社，2003.

[24] 张小蒂，王焕祥．国际投资与跨国公司[M]．杭州：浙江大学出版社，2004.

[25] 张先治，陈友邦．财务分析[M]．5版．大连：东北财经大学出版社，2010.

[26] 章昌裕．国际投资学[M]．大连：东北财经大学出版社，2009.

[27] 綦建红．国际投资学教程[M]．2版．北京：清华大学出版社，2008.

[28] 中华人民共和国商务部．国别贸易投资环境报告[M]．北京：人民出版社，2004.

[29] Brian J. Aitken, Ann E. Harrison. *Do domestic firms benefit from direct foreign investment: Evidence from Venezuela*[J]. American Economic Review, 1999, 89, 605-618.

[30] Buckley. P. J. *Studies in International Business*[M]. London: St. Martin's press,1992.

[31] Buckley, Mark C. Casson. *Models of the Multinational Enterprise* [J]. Journal of International Business Studies,1998,29 (1).

[32] Barro R, Sala-i-Martin X. *Economic Growth*[M]. New York: McGraw-Hill, 1995.

[33] Blonigen B. A. *Firm-specific: assets and the link between exchange rates and foreign direct investment*[J]. American Economic Review, 1997, 87 (3): 447– 465.

[34] Borensztein E, De Gregorio J, Lee J. -W. *How does foreign direct investment affect economic growth*[J]. Journal of International Economics, 1998, 45: 115–135.

[35] Caves R. *Multinational Enterprise and Economic Analysis*[M]. UK: Cambridge University Press, 1996.

[36] Dunning J. H, Narula R. *The Investment Development Path Revisited:Some Emerging Issues*[M]. London:Routledge,1996.

[37] Dunning J. H. *Explaining the International Direct Investment Position of Countries:Towards a Dynamic or Developmental Approach*[J]. Weltwirtschaftliches Archiv. vol. 1981, 117: 30–64.

[38] Froot K, Stein J. *Exchange rates and foreign direct investment: an imperfect capital market approach*[J]. Quarterly Journal of Economics, 1991, 106: 1191–1217.

[39] Goldsmith R. W. *Financial Structure and Development*[M]. New Haven: Yale University Press, 1969.

[40] Graham, Edward and Paul R. Krugman. *Foreign Direct investment in the United States*[J]. 3rd ed. Washington: Institute for International Economics, 1995.

[41] Hufbauer Gary C. , Jeffrey J. Schott. *North American Free Trade: Issues and Recommendations*[J]. Washington: Institute for International Economics, 1992.

[42] Hirschman A. O. *The Strategy of Economic Development*[M]. New Haven: Yale University Press, 1958.

[43] Hull L, Tesar L. Risk. *Specialization and the Composition of International Capital Flows*[J]. Working Paper, 2003.

[44] King R, Levine R. *Finance and growth: Schumpeter might be right*[J]. Quarterly Journal of Economics, 1993a, 108: 717– 738.

[45] King R, Levine R. *Finance entrepreneurship and growth: theory and evidence*[J]. Journal of Monetary Economics, 1993b, 32: 513– 542.

[46] Klein M, Rosengren E. *The real exchange rate and foreign direct investment in the United States: relative wealth vs. relative wage effects*[J]. Journal of International Economics, 1994, 36, 373–389.

[47] Levine R, Zervos S. *Stock markets, banks and economic growth*[J]. American Economic Review, 1998,88: 537–558.

[48] Lemoine, Francoise. *FDI and Opening up the Chinese Economy*[J]. CEPII Working Paper 2000-11,Paris: Centre d'Etudes Prospectives et d'Information Internationale, 2000.

[49] Moran T. H. *Foreign Direct Investment and Development*[J]. Washington: Institute for International Economics, 1998.

[50] Mankiw G. N, Romer D, Weil D. N. *A contribution to the empirics of economic growth*[J]. Quarterly Journal of Economics, 1992,107 (2): 407–437.

[51] Narula R, Dunning J. H. *Industrial Development, Globalization and Multinational Enterprises: New Realities for Developing Countries*[J]. Oxford Development Studies, Vol, 2001,28: 141−167.

[52] Narula R. *Multinational Investment and Economic Structure*[M]. London and New York: Routledge, 1996.

[53] Parikh K. S. (Ed.) *India Development Report*[M]. Delhi :Oxford University Press, 1997.

[54] Rosen Daniel H. *Behind the Open Door – Foreign Enterprises in the Chinese Marketplace*[J]. Washington: Institute for International Economics, 1999.

[55] Rodriguez-Clare. *Multinationals, linkages, and economic development*[J]. American Economic Review, 1996, 86 (4): 852– 873.

[56] Solow Robert M. *A Contribution to the Theory of Economic Growth*[J]. Quarterly Journal of Economics, Vol, 1956, 70: 65–94.

[57] Shapiro. Alan C. *Multinational Financial Management*[M]. 5th ed. Prentice Hall, Inc., 1996.

[58] Streeten. P. *Foreign Investment, Transnationals, and Developing Countries*[M]. London: Macmillan,1997.

[59] United Nations. *World Investment Report 2009: Foreign Direct Investment and the Challenge of Development* [C]. United Nations Publication,2009.

[60] United Nations. *World Investment Report 2010: Foreign Direct Investment and the Challenge of Development* [C]. United Nations Publication,2010.

[61] Wei Shang Jin. *Foreign Direct Investment in China: Sources and Consequences, in Takatoshi Ito and Anne Krueger, editors, Financial Deregulation and Integration in East Asia* [M]. Chicago: University of Chicago Press, 1996.

[62] Wheeler D, Mody A. *International investment location decisions: the case of US firms*[J]. Journal of International Economics, 1992, 33, 57–76.

[63] The World Bank. *Global Development Finance Report*. Washington, D.C., 2010.

[64] Wurgler J. *Financial Markets and the allocation of capital*[J]. Journal of Financial Economics, 2002, 58: 187– 214.

[65] Xu B. *Multinational enterprises, technology diffusion, and host country productivity growth*[J]. Journal of Development Economics , 2000, 62: 477– 493.

北京大学出版社高职高专经管类规划教材书目

财务会计类

序号	书　　名	标准书号	主编	定价	出版年份	配套情况
1	统计学基础	978-7-81117-756-5	阮红伟	30	2009	ppt
2	统计学原理	978-7-81117-825-8	廖江平　刘登辉	25	2009	ppt
3	统计学原理与实务	978-7-5038-4836-0	姜长文　简家进	26	2009	ppt
4	实用统计基础与案例	978-7-301-20409-2	黄彬红	35	2012	ppt
5	经济法原理与实务	978-7-5038-4846-9	孙晓平　邓敬才	38	2009	ppt
6	经济法实用教程	978-7-81117-675-9	胡卫东　吕　玮	39	2009	ppt
7	财经法规	978-7-81117-885-2	李　萍　亓文会	35	2009	ppt
8	会计基本技能	978-7-5655-0067-1	高东升　王立新	26	2010	ppt
9	会计基础实训	978-7-301-19964-0	刘春才	29	2012	ppt
10	企业会计基础	978-7-301-20460-3	徐炳炎	33	2012	ppt/浙江省重点教材建设项目网站
11	基础会计	978-7-5655-0062-6	常　美	28	2010	ppt
12	基础会计教程	978-7-81117-753-4	侯　颖	30	2009	ppt
13	基础会计教程与实训	978-7-5038-4845-2	李　洁　王美玲	28	2009	ppt
14	基础会计教程与实训（第 2 版）	978-7-301-16075-6	李　洁	30	2011	ppt
15	基础会计实训教程	978-7-5038-5017-2	王桂梅	20	2009	ppt
16	基础会计原理与实务	978-7-5038-4849-0	侯旭华　缑宇英	28	2009	ppt
17	财务管理教程与实训	978-7-5038-4837-7	张　红　景云霞	37	2008	ppt
18	财务会计	978-7-5655-0117-3	张双兰　李桂梅	40	2011	ppt
19	财务会计	978-7-301-20951-6	张严心　金敬辉	32	2012	ppt
20	财务会计（第 2 版）	978-7-81117-975-6	李　哲　等	32	2010	ppt
21	财务会计实用教程	978-7-5038-5027-1	丁增稳　高　从	36	2008	ppt
22	财务活动管理	978-7-5655-0162-3	石兰东	26	2011	ppt
23	财务管理	978-7-5655-0328-3	翟其红	29	2011	ppt
24	财务管理	978-7-301-17843-0	林　琳　蔡伟新	35	2011	ppt
25	Excel 财务管理应用	978-7-5655-0358-0	陈立稳	33	2011	ppt
26	成本会计	978-7-81117-592-9	李桂梅	28	2009	ppt
27	成本会计	978-7-5655-0130-2	陈东领　周美容	25	2010	ppt
28	成本会计	978-7-301-19409-6	徐亚明　吴雯雯	24	2011	ppt
29	成本费用核算	978-7-5655-0165-4	王　磊	27	2011	ppt
30	成本会计实务	978-7-301-19308-2	王书果	36	2011	ppt
31	成本会计实训教程	978-7-81117-542-4	贺英莲	23	2008	ppt
32	审计学原理与实务	978-7-5038-4843-8	马西牛　杨印山	32	2007	ppt
33	审计业务操作	978-7-5655-0171-5	涂申清	30	2011	ppt
34	审计业务操作全程实训教程	978-7-5655-0259-0	涂申清	26	2011	ppt
35	税务会计实用教程	978-7-5038-4848-3	李克桥　郭　华	37	2008	ppt
36	涉税业务核算	978-7-301-18287-1	周常青	29	2011	ppt
37	企业纳税实务	978-7-5655-0188-3	司宇佳	25	2011	ppt
38	企业纳税与筹划实务	978-7-301-20193-0	郭武燕	38	2012	ppt
39	会计电算化实用教程	978-7-5038-4853-7	张耀武	28	2008	ppt
40	会计电算化实用教程（第 2 版）	978-7-301-09400-6	刘东辉	20	2008	ppt
41	会计英语	978-7-5038-5012-7	杨　洪	28	2009	ppt
42	行业特殊业务核算	978-7-301-18204-8	余　浩	20	2011	ppt
43	财经英语阅读	978-7-81117-952-1	朱　琳	29	2010	ppt
44	资产评估	978-7-81117-645-2	董亚红	40	2009	ppt
45	预算会计	978-7-301-20440-5	冯　萍	39	2012	ppt
46	电算会计综合实习	978-7-301-21096-3	陈立稳　陈　健	38	2012	ppt

金融贸易类

序号	书　　名	标准书号	主编	定价	出版日期	配套情况
47	国际结算	978-7-5038-4844-5	徐新伟	32	2009	ppt
48	国际结算	978-7-81117-842-5	黎国英	25	2009	ppt
49	货币银行学	978-7-5038-4838-4	曹　艺　卞桂英	28	2009	ppt
50	国际金融基础与实务	978-7-5038-4839-1	冷丽莲　刘金波	33	2008	ppt
51	国际贸易概论	978-7-81117-841-8	黎国英　张新亚	28	2009	ppt
52	国际贸易理论与实务	978-7-5038-4852-0	程敏然　贺亚茹	40	2008	ppt
53	国际商务谈判	978-7-81117-532-5	卞桂英　刘金波	33	2008	ppt
54	国际商法实用教程	978-7-5655-0060-2	聂红梅　史亚洲	35	2010	ppt
55	进出口贸易实务	978-7-5038-4842-1	周学明　金　敏	30	2008	ppt
56	金融英语	978-7-81117-537-0	刘　娣	24	2009	ppt/省级精品课程网站
57	财政基础与实务	978-7-5038-4840-7	才凤玲　张云莺	34	2007	ppt
58	财政与金融	978-7-5038-4856-8	谢利人　郝巧亮	37	2008	ppt
59	国际贸易实务	978-7-301-19393-8	李湘滇　刘亚玲	34	2011	ppt